序：首相

1941年5月的一个周六，临近午夜时分，一波战机出现在伦敦上空，在皎洁的月光里显现出清晰的轮廓。然而，当它们呼啸着掠过威斯敏斯特大桥，整个街道都被点燃了，大火从威斯敏斯特修道院爆发出来，大本钟也被弹片击中了。无情的火焰迅速吞噬了国会的辩论厅。屋顶瞬间倾塌，过道也纷纷塌陷，而那些在过去数十年里见证过无数次著名辩论的绿色真皮长椅都被坍塌的钢筋石料掩埋了。唯一屹立不倒的只剩下被火烧焦得面目全非的墙。

第二天下午，伦敦的一部分街区仍然在燃烧着，烟味四处弥漫，温斯顿·丘吉尔来到国会大楼视察灾情。这是阿道夫·希特勒对大不列颠开战的第二个春天，而丘吉尔出任首相刚刚满一年。出乎所有人意料，被炸得漆黑而千疮百孔的大本钟经受住了炮火的摧残，依然顽强地在准点报时。由于空袭发生在深夜，大楼里基本无人，因此只有三名遇难者，其中包括两名警察。然而放眼整个伦敦，所有医院的急诊室都爆满了，伤亡人数超过三千。情况几乎比闪电战那晚更惨烈。

丘吉尔穿过凌乱的碎石堆，驻足在几根烧焦的横梁旁，沉重地凝视着废墟。这个没了屋顶、历经沧桑的房间，被直射下来的苍白阳光点亮了，充斥在空气中的灰尘在光束里乱舞。除了能让人领略到敌军的战术意图，那里没有任何有价值的东西幸存。从一个方面来说，这不过是经受过当代战争洗礼的珍贵建筑名单里最新上榜的一个。然而更深层的损失是它作为伦敦政治生活中心的象征，无异于代表伦敦政坛承受了当头一击。火光闪过，希特勒的炮弹便毫不留情地摧毁了世界最重要的民主政治的代表之一。就像丘吉尔后来所说的那样：“我们的老下议院被炸得支离破碎了。”[1]

对丘吉尔而言，这个损失也是私人的。首相自从四十年前第一次踏进这个房间以来，在这里度过了许多难忘的时光。彼时，他还是个满脸雀斑的红发青年，身形瘦弱，却有一双锋锐的蓝眼睛。他后来说，就是在这里，“我学到了我的手艺”[2]。而他的父亲伦道夫·丘吉尔勋爵曾作为迪斯雷利的盟友、格莱斯顿的敌手站在这里。他那出生于美国的母亲——不屈不挠的珍妮，也曾坐在女士旁听席自豪地看着丈夫慷慨激昂的初次演讲。从20世纪初期和当时的政坛大腕约瑟夫·张伯伦斗智斗勇，到后来又挑战约瑟夫的次子——内维尔（内维尔在20世纪30年代曾严重误判希特勒），丘吉尔曾在这里经历了和盟友、政敌的无数次唇舌交战。

也就是在这里，他享受过凯旋的喜悦，也承受过失败的苦楚；发表过许多精彩的演说，偶尔也有那么一次无趣的；获得了许多褒奖，也激怒了少数一些人。在他政治生涯早期的一次声嘶力竭的辩论里，一个政敌气得跳起来抢了发言人的国会法规合订册砸到他脸上，丘吉尔顿时血流满面而让他终身难忘。1936年爱德华八世退位危机期间，当他在这里发表支持英王的言论时，反对派的咆哮声响彻整个房间让他不得不沉默，这也让一些人预言他的政治生涯走到了尽头。

就在希特勒的战机往这里投下炸弹的三天前，既是丘吉尔的老朋友也是长期竞争对手的戴维·劳合·乔治曾在辩论里挺身而出，抱怨挫折令人沮丧，直言战争前景黯淡。那天是5月7日，星期三，那次该算是他

1　摘自1941年6月8日温斯顿·S. 丘吉尔写给伦道夫·丘吉尔的信（收录于1941年出版的《丘吉尔战时文件：日益扩大的战争》（*The Churchill War Papers*: *The Ever Widening War*），第766页）。关于5月10日至11日袭击的背景，请参阅：1941年5月13日《议事录》（*Hansard*），上议院，“空袭伤亡损失”；1941年5月12日《纽约时报》（*NYT*），罗伯特·P. 博斯特，“伦敦遭受严重打击”；1941年5月13日《纽约时报》（*NYT*），“英国下议院将准时开会”；费尔，《国会大厦》（*The House of Parliament*），第34页；1941年6月2日《生活》（*Life*），“纳粹摧毁了英国文化的伟大纪念碑”；科尔维尔，《权力边缘》（*The Fringes of Power*），第385–386页；温斯顿·S. 丘吉尔《第二次世界大战：大联盟》（*The Second World War*: *The Grand Alliance*），第46–47页。

2　莫兰，《日记》（*Diaries*），第131页。

在这个老辩论厅的最后一次演讲里，丘吉尔对劳合·乔治的悲观看法给予了激动人心的回应，他激情澎湃地声明了自己对取得战争胜利的信心："我确信我们没有必要惧怕暴风雨，来吧！就让它咆哮，就让它肆虐。我们必将安然度过。"

但不会有谁能想到，暴风雨这么迅速地呼啸着摧毁了他演说的这个地方。

而今，俯视着这个在腥风血雨的周六夜里被摧残成废墟的房间，他的眼泪夺眶而出，顺着脸颊不断流淌下来。站在他近处的记者注意到："他丝毫没有试图忍住眼泪，甚至没有想要去擦。"他一只手插在外套口袋里，脚就像在瓦砾堆上落地生根了一样，在阳光里久久伫立着。有那么一瞬间，他看起来就像是在空袭里奇迹般幸存的雕像。

再一恍惚，他已经控制住自己的情绪，果断地决定："辩论厅必须要完整复原重建。"[1]

随后，他转身小心翼翼地走回到了等候他的专车上。人们聚集在外面，大街上四处散落着炮弹的碎片，"水沟被风吹来的烧焦了的纸片填满了"。嘈杂的背景声里夹杂着"玻璃被炸得叮里当啷的声音"，一位目击者后来曾形容这是战争中"最恐怖的声音之一"。但丘吉尔没有表露出任何优柔寡断或者沮丧的迹象，他处之泰然地挥手示意，而人们也激动地呐喊着向他致敬。[2]

历史向来是成王败寇，丘吉尔晚年的光辉形象背后，这个热情洋溢的年轻人努力攀升至显赫地位的故事却长期被忽视，偶尔言及也仅仅是他当时太过激进以致声名扫地被逐出政府。但其实从多个方面来看，这恰恰是他的政治生涯中最多姿多彩的时期，将他的个性展现得淋漓尽致。这是一段令人振奋的时期，充满了高度的戏剧性、政治阴谋、非凡的勇

1 温斯顿·S. 丘吉尔在提出正式要求时说："我们塑造我们的建筑，然后我们的建筑塑造我们。新的辩论厅要尽一切可能恢复它以前的样子，舒适而又庄严。"（摘自1943年10月28日《议事录》（*Hansard*），"下议院重建"）修复完成于1950年。

2 《议事录》（*Hansard*），下议院，"战争局面"，1941年5月11日；伊登，《丘吉尔画像》（*Portrait of Churchill*），第64页。

气和严重的误判。

丘吉尔深信自己应当早早地便有扬名立万的机会，长时间的蛰伏对野心勃勃急于求成的他而言十分难以忍受。当他在65岁那年终于成为首相之时，他已经有了十足的准备胜任这个职位，也顺理成章地成为人们心目中的英雄，只是不再是那个令人兴奋和着迷的青年。

毫无疑问，经过其毕生的准备和努力，这位在国会废墟里流泪的伟人已成为更好的领袖。在遥远的爱德华七世时代，只有二三十岁的他已经成功登上世界舞台，成为一名朝气蓬勃、活力四射的青年才俊。早期经历的所有精彩和挫折都是使他成为二战胜利者不可或缺的因素。作为当时举世瞩目的政坛新星，年轻的温斯顿怀揣着成功的梦想开始了他的政治生涯，却以戏剧化的失败告终，令人震惊的陨落一如他的横空出世。于是四十多岁时，他把大部分精力都放在了写作上，俨然一个大势已去、退隐江湖的人。

一如丘吉尔晚年坦陈的那样，他年轻时被严重误解，以至于在很多人眼里他“是个怪人，虽然后来也是，但当时更招人憎恨和排斥”。[1]而他后半生所做的一切都是为了实现自己年轻时的诺言。

1　1950年10月20日温斯顿·S. 丘吉尔给帕梅拉·(普罗登·)利顿的信(私人收藏)。

前言：年轻的巨人

温斯顿·丘吉尔的成就并非一蹴而就。他用一种清醒而系统的方式，展示了一个年轻人如何成为自身所处的动荡时代的英雄。他改写了自己的政治生涯，就好像做了一个宏伟的实验来证明他能在自己的时代实现理想，固执地用这种方式反击了所有的挫折和那些不懂欣赏他的人的恶毒的嘲讽。他的许多同辈人都认同他的故事就像维多利亚时代著名的托马斯·卡莱尔笔下“伟人的传记”，但丘吉尔到底算不算伟人一直是个有激烈争议的话题，而直到现在对有些人来说依然如此。尽管如此，他很少怀疑自己的命运，拼命使自己成为大英帝国最富活力和想象力的政治家。

写就他传奇的核心要素是一种永不言败的精神，这种精神一定程度上来自形成于青年时期并终生影响着他的浪漫气质。丘吉尔青少年时期所秉持的强烈个人理念导致了这种性格的形成。他曾在早期一次政治演讲里宣称：“我相信人格的力量”[1]，坚定地认为改写历史的从来都是伟大领袖们的雄心壮志，而不是那些声势浩大的运动或某个非人性化的体系。他说过：“我们生活在一个动荡却鲜有英雄的年代，如果不想成为体制的奴隶，就必须大胆创新、反复试验、冷静客观地看待永不退缩的思想带来的一切后果。”[2]

对丘吉尔而言，政党施政纲领的细节并不重要，重要的是如何组织起一个能战胜一切挑战的、充满活力的国家领导班子。几乎从一开始，批评家们就把他看作一个对权力极为饥渴的自大狂，说他是“哈巴狗的

1　摘自温斯顿·S. 丘吉尔1901年11月21日在利物浦政治学协会的演讲，参见《演讲全集》（*CS*），第110页。（《演讲全集》指《温斯顿·S. 丘吉尔：1897–1963演讲全集》8卷。罗伯特·罗德·詹姆斯编著，纽约：切尔西出版社，1974年出版。后同。）

2　1907年6月29日《黑与白》（*Black & White*），“国会里的草案”。

化身”和“统治阶级的皮条客”[1]。但他觉得自己是个有着崇高理想和果断行动力的极富创造性的人物。他嘲讽批评家们的鼠目寸光，认为改变是历史的必然，曾掷地有声地争辩道：“将要发生的改变是好事情，如果迟迟不变，我就要做那个改变世界的人。”[2]

就像他一个政敌说的那样，他的耳朵“对历史的号角极为敏感”。从自己的传奇祖先约翰·丘吉尔的英勇事迹里，他强烈地感受到了历史赋予他的庄严使命。约翰·丘吉尔是第一位马尔伯勒公爵，1704年曾率军取得了布伦海姆战役的辉煌胜利。丘吉尔对自己的祖先十分引以为傲，称其为“神一般的人物”，曾扬扬得意地吹嘘公爵“攻无不克，战无不胜”。而他父亲早期的盟友本杰明·迪斯雷利的非凡理念也激励了年少的他。他曾经赞赏迪斯雷利作为领导人最令人钦佩的特质之一是“他怀着一种浪漫的激情深爱着自己的国家”，而这同样适用于他自己。

和年轻时的迪斯雷利一样，传奇一生的浪漫主义诗人——拜伦勋爵的著作深刻激发了他热情的天性。丘吉尔晚年时常让他的崇拜者们惊讶的是，他会随时就忽然背诵出拜伦诗篇里的长句。他能如此孜孜不倦，就像他的女儿莎拉在1945年某次旅行时惊讶地发现的：“父亲悠闲而郑重地背诵了一个多小时拜伦的《恰尔德·哈洛德游记》，然后睡了大概30分钟。”1941年，当富兰克林·罗斯福提议将同盟国家称为“联合国”时，丘吉尔立刻答应了，在回复里他引用了拜伦关于滑铁卢战役的一句诗：“就是在这里，盟军剑之所向，我们的国人曾英勇奋战！”

丘吉尔并不是为了炫耀自己的博学。从年少时，他便认为拜伦既是思想上的巨人也是行动上的巨人，是个鼓舞人心的榜样。拜伦的所有诗篇他都熟悉得不能再熟悉，仿佛一一深刻在他脑海里，信手拈来。战时临危受命出任首相时，他著名的就职演说里有着这样振聋发聩的战斗口号：“我没有别的，只有热血、辛劳、眼泪和汗水献给大家”。这个口号

1　1905年5月，美国《每月评论》(*American Monthly Review of Reviews*)，“温斯顿·丘吉尔在下议院”。

2　哈索尔，《爱德华·马什传记》(*A Biography of Edward Marsh*)，第565页。

呼应了拜伦在其最著名的政治讽刺诗《青铜时代》中对统治阶级的严厉抨击，其时大不列颠的贵族们送“他们的同胞去战斗”，自己却靠着战争聚敛了数百万的财富。拜伦在诗中讽刺贵族们“安全地躲在自家的谷仓里”，心安理得地花着“沾满了同胞血汗泪水的钱财”。

这位诗人既是热血的冒险家，又是目空一切的自由思想家，更是骄傲的梦想家，他的传奇生涯鼓舞着年轻的丘吉尔，但同时又告诫了他如此高调生活的危险。他们俩有一些共同点，首先他们都是贵族出身，都曾在哈罗公学求学——虽然中间隔了许多年。他们都曾经沉迷于拿破仑的荣辱沉浮，并且都在自己桌上摆放了这位法国领袖的半身像。丘吉尔尤其着迷于拜伦的《狂热的内在》，这首诗用诗意的语言歌颂了拿破仑的雄心壮志。在两次世界大战之间的那些年，丘吉尔一直活在拜伦的精神世界里，他最珍贵的财产之一是他在1906年买到的17册合订本的《拜伦全集》。25岁那年，丘吉尔出版了自己唯一的小说《萨伏罗拉》，在书中他以一个虚构的国家作为背景，描绘了年轻的男主人公拜伦式的冒险生活。故事的主人公“热情、高尚而勇敢”，不顾一切地追求自由和浪漫。

和拜伦一样，丘吉尔也是自己历史的记录者。在他二十出头时快速写成的一系列书里，他生动地描绘了自己作为军人和战地记者所经历过的冒险。晚年时，他曾经说：“在我25岁的时候，我写的书已经跟摩西的一样多了。”通过那5本散文集和那些报纸上发表的文章，几乎所有英国人都了解了1895至1900年期间丘吉尔游历于三大洲之间的所有壮举。他当时过着小说人物一样跌宕起伏的冒险生活，在印度边境和孟加拉骑兵交战过，在古巴和西班牙军队一起搜寻过叛军，还跟随19世纪英国最好的骑兵团在尼罗河流域证明了自己的实力，而其中最戏剧化的情节，是在南非被布尔人俘虏以后孤身越狱，成功穿越了数百英里的敌方领地后重获自由。就像当时一本著名杂志所说：“他自编自导自演了自己的传奇故事。”

年轻的丘吉尔缺乏作为一个拜伦式英雄的冷峻外表，他苍白的圆脸上并没有诗人那般深邃而轮廓分明的五官，但他有不输人后的热忱。他享受冒险，喜欢用夸张的手势，反思自己的失败但不沉溺，经常感情外露。他坚信为了生存必须要敢于孤注一掷。他选择的这种生活方式与他父亲伦道夫勋爵息息相关，无论是其鲁莽的个性，还是反复无常的政治生涯，甚至在45岁便英年早逝的事实，在他这个最特别的崇拜者的眼里都和拜伦勋爵如出一辙。

1895年伦道夫逝世后不久，《星期六评论》的编辑曾将这位政治家与那位诗人相提并论："这两位十分相似，马修·阿诺德先生曾说拜伦勋爵是继莎士比亚之后英国文坛最重要且不可或缺的力量，而我们同样可以说，伦道夫·丘吉尔勋爵是继克伦威尔之后英国政坛上最重要的不可或缺的力量。"这样的褒奖，虽然言过其实，却给温斯顿留下了深刻的印象，后来他曾赞美《星期六评论》最大的贡献就是发表了关于他父亲的"文章里最好的一篇"。

年轻的温斯顿·丘吉尔全心臣服于拜伦的浪漫主义政治理念。他的许多爱德华七世时代的同代人都十分清楚这对他的影响。丘吉尔的崇拜者们将其看作决心改善普通人命运的改革家，他的言行举止让他们想起了遥远的过去，许多英雄豪杰也出身贫寒。某个报社编辑曾经评论丘吉尔这种冲劲十足的风格让人想到"月光里达达的马蹄声，鹿砦上刀剑交错的铿锵声。是乏味的政坛里一股激动人心的浪漫气息"。一个朋友这样说过他："他的世界被他用自己的方式打造成了一首壮观的英雄诗。"

除了坚信自己是个英雄，丘吉尔也神奇地让其他人都相信了这点。拜伦那些饱含能量、激情和政治理想的诗篇，激发了这个年轻人的想象力，指引他如何理解世界，也让他明白世界将怎样看待他。

丘吉尔的浪漫主义并不只体现在国家事务上。传记作者们总是刻意忽略他其实天生多情，而把他描绘成一个不擅长和异性打交道的小呆瓜，偶尔尝试调情的结果也不过是对方心不在焉地跟他"走走过场"。

事实却并非如此。他根本不是一个害羞生涩的人，早在十几岁的时候，他就对伦敦社交场上的美人们表现出了浓烈的兴趣。有一天晚上在皇家大剧院，他忽然从谈笑风生的人群里站起来，对当时正被扫黄队攻击的妓女们赞美了一番，引发了一阵骚动，差点让自己成为丑闻。丘吉尔在被赶出去之前对同行狂欢的人问道：“英国男人在伦敦哪里总是受欢迎的呢？总是微笑着和他打招呼又会和他喝一杯的是谁呢？永远真诚、永远真实又是谁呢？是帝国大道上的小姐们啊。”

在他中年的安稳日子里，丘吉尔回想起这次突然爆发也是他第一次公开演说的时候，自嘲地说：“我是在一个多少不那么完美的地方上演了我的演讲处女秀。”

在他二十几岁到三十岁出头那几年，他追求过三个女人，都是当时公认最美的女人。虽然她们都拒绝了他的求婚，但都对他印象十分深刻，并且一直到老都和他保持着深厚的友谊。在她们三个眼里，他并不是个乳臭未干靠不住的小伙子，而是一个会打马球，热衷于参观画廊和博物馆，经常参加伦敦西区的聚会，博览群书，对追求女人有着极大热忱的风流人物。

那时候，他优雅美丽的堂嫂康苏微洛·范德比尔特形容他的性格“多情而有活力”，说他“总是兴致勃勃地体验生活的一切，无论是运动、爱情、冒险还是工作”。

他是如此“多情”以致当他终于决定结婚时，还花了一周时间远离未婚妻往返1100英里去了一座遥远的苏格兰城堡，在那还有另外一位钟情于他的年轻女人等着他的解释。这趟忧心忡忡的旅行仅仅发生在他伦敦婚礼的三周前，其中的故事在本书之后的章节里将首次被披露。

作为一个单身汉，他总是努力让自己打扮得很时髦。戴体面的大礼帽，拿一支手杖，把领子弄得笔挺，穿双排扣大衣还别着怀表。他对内衣的选择也延续了对服装的好品味，基本都是昂贵的真丝制品。他曾经为自己每年购买真丝内衣的花费辩解道：“这些都是我必不可少的享受。”和他对香槟、上等雪茄等其他奢侈品的狂热一样，这是他典型的奢侈方式。他后来曾经反思过：“我的人生中从来没有过喝不到香槟的日子。”

从他政治生涯的开端，他的机智和得体的言语便十分引人注目。

1900年，就在他取得第一次国会竞选胜利前夕，他形容一个政治候选人就像是一个“被要求站着，其实想要坐下，但却要倒下去的人”。这个年轻人还评价他社交圈里那些珠光宝气的女人个个都想成为特洛伊的海伦，婉转嘲讽了辉煌的爱德华七世时代竞争的激烈性。当一个朋友说到某年轻女人的脸能引发至少两百艘大船起航追逐的时候，丘吉尔回应道：“不可能，顶多就是一艘小渔船或者小炮艇。”

在他五十多岁的时候，丘吉尔为自己政治生涯开始之前的生活做了个总结。《我的早年生活》写到爱德华时代的开始就骤然停笔，他的形象停留在1901年仍然未婚也还没在政坛打滚的时候。读者们非常想知道的是，这个卓尔不群的年轻人，是如何用自己的方式攀上权力金字塔的顶峰，尤其是在这一政治体系是由那些经验丰富的老人们主导的情况下。在这本书里，我就要从丘吉尔停下的地方开始追溯他的足迹，看他如何从政坛新人晋升为英国内阁最杰出的成员之一，而这段旅程将从他26岁开始到他50岁之前结束。在这个故事的最后一章里，当新世纪的世界面临着来自德国的攻击时，丘吉尔因作为第一海军大臣率领舰队准备出击而备受关注。在那些令人飘飘然的日子里，他还仍然是政府里的年轻面孔，许多人都希望他能从战争里脱颖而出成为下一任首相。

但在接下来的一年里，一切都事与愿违。他的计划一个接一个地遭受失败，要么就因为缺乏支持而搁浅。原本的盟友都调转矛头反对他，而政敌们对于他的失败都感到欢欣鼓舞。当这位年轻的政治家终于认识到自己对他人太过于轻信，并错估了自己宏伟理念的可行性时，一切已经太迟了。

地中海东部加里波第战役的损失惨重使他备受责难，他被英国媒体攻击为“国家威胁”并很快失去了自己在政府里的重要地位。德国媒体嘲笑他说“加里波第伯爵”的头衔非他莫属，并开玩笑说他是伦敦的现代路西法：“伦敦社交场上最美丽的晨星从天堂陨落了。”1915年底，丘吉尔辞去了自己最后的职务，忍辱负重地穿着陆军少校的军装赶赴法国战场。

虽然他从这次失败里学到的经验对于后来的成功是极为重要的，但在当时这确实是个毁灭性的打击，让他在多年以后都能感受那时的锥心之痛。

几度沉浮之间，他创建了英国现代海军，尝试进行彻底的社会改革，无数次和那些认为他还不够激进的人进行争论；他从各种各样的人生危机中坚持过来，树立了无数政敌，也结交了一些知己；他几次坠入爱河，之后成为了别人的丈夫和父亲；他令两代英国君主对他爱恨交加，又对德国战车宣战；他冒着生命危险接受飞行员训练，也处决过一些声名狼藉的杀人犯，还曾在一战西线的战壕里经受致命炮火的袭击。

他屡次证明了自己能在面对经验丰富的年长的对手时以智取胜，对于自己运用政治艺术的能力感到满意，骄傲之情溢于言表。他作为立法者和政府官员所体现出的能力令人印象十分深刻，让崇拜者和批评家感到震惊，这也教会他如何克服官僚主义和政敌的干扰，尽快把各项事务推行下去。奉持着爱德华时代新形成的改革精神，他学会了质疑自己的贵族教养和寻求全新途径解决旧疑难杂症。职业和个人生活里的挫折让他拥有了宽容的美德，也告诫了他自负的危险。关于友谊，他也学会了珍惜忠诚而提防背叛。

在他人生以“4”开头快结束的时候，他终于明白了自己的天赋能让他走得多远，又能让他摔得多重。他的政治理念随着时光流逝一再调整，但却永恒不变地遵从着自己早期的大胆宣言：“我相信人格的力量。”而这本传记就旨在探索他人格力量的核心。

纵观温斯顿·丘吉尔的一生，从1874年11月30日出生于迪斯雷利任首相的英国，到1965年1月24日去世于以甲壳虫乐队的音乐闻名于世的英国，他在世界舞台上扮演了许多个角色。即便在他不再年轻又不得志的四十几岁落幕，他的故事仍然会是20世纪最精彩的故事之一，有引人入胜的追梦情节，也有发人深省的悲剧。幸运的是，他的故事还有第二幕。

第一部分

1901 — 1905

第1章

新世界

“这个事实让我十分自豪，”在给母亲的信里他写到，“100万我的同龄人里也没一个能像我一样，在没有任何本金的情况下两年内挣到10000英镑。”此时，看起来他拥有了一切必要的晋升条件：天赋、野心、勇气、关系、一小笔财富和一两个福星，即将在维多利亚的继承者爱德华七世国王的新时代里大展拳脚。

1.“在去温尼伯的火车上”

20世纪初的一个寒冷冬夜，一个26岁的年轻男人正在密不透风的列车车厢里给一个美丽的女人写信。他时不时看看窗外，一望无际的草原上风雪弥漫，没有半点星光点缀的无尽夜空无声无息地笼罩下来。在远离家乡四千多英里的旅途上，他疲惫而孤单。他的上一站是美国明尼苏达州的圣保罗，而此刻正前方是加拿大边境。

“在去温尼伯的火车上，”温斯顿·丘吉尔在他的信纸顶端用黑色墨水这样写道，紧接着加上了日期，“1901年1月20日，”随后他省略了繁复的敬语尊称，直接写下了：“帕梅拉。”这位十分迷人的女士是丘吉尔青年时代的挚爱，她凭借自己的魅力和美貌赢得了“伦敦社交场上最闪耀的明星”的美誉。诚如他在相识不久时的告白，她浑身散发着一种奇特的魅力，让他沉醉不已。但不幸的是，许多男人都跟他英雄所见略同。

至少两年多的时间里，温斯顿一直持续地给她写饱含深情的长信以诉衷肠。“我对你的爱是如此深刻而强烈，”他在一封信里这样表白，“没有什么能动摇我对你的心意。”在印度相识的那一年，她和他都是22岁。其时，他还只是个骑兵军官，而她是殖民官的女儿。他们一起骑过大象，在她家共进过晚餐，在一些聚会上客气文雅地交谈过。在相识大概一年半以后，他们双双回到了英格兰，温斯顿下定决心要俘获佳人芳心。但他很快意识到，自己心仪的这位美人，凭借着她无比魅惑的灰色眼睛，媲美白瓷的皮肤和柔顺的黑发，吸引了众多追求者。她轻而易举地成为每场舞会的焦点，游刃有余地穿梭于各种各样的男人中间，以至于一位她社交界的朋友在日后笑称她为当时最八面玲珑的人。

丘吉尔面对激烈的竞争毫无怯意，他试着用自己文字的力量去打动她。于是一天早上，他把自己的小说《萨伏罗拉》的手稿送到她的门前，随着那一大沓厚厚的手稿附上的还有一封信，强调说明了这个故事像一面镜子一样忠实反映了作者的思想。如果她愿意赏脸翻阅，他在信里这样预言："我相信一定会有所触动。"但这次尝试以失败告终，之后的文字攻势也屡战屡败，他百折不挠地选择了孤注一掷。几个月后的一封信里，他写下了这样的豪言壮语："嫁给我，我会征服世界，让世界臣服在你的脚下。"[1]

这在他应该是非常真诚而郑重的承诺，但在帕梅拉看来却不过是狂妄而不切实际的花言巧语。无奈之下，他只好暂时重新回到自己对从军和写作的追求，期待能有其他使她刮目相看的机会。于是，在英国与德兰士瓦共和国争夺金矿、钻石和王权的布尔战争爆发以后，丘吉尔毅然奔赴几千英里以外的南非。他随身带着三张帕梅拉的不同照片，小心地藏在一个特制的钱包里，一有机会便拿出来久久凝视，以此来确保自己对她的爱历久弥新。1899年底他被布尔人俘虏后关押在比勒陀利亚，期间他给她写了张便条，勇敢乐观的爱慕之情溢于言表："置身于这些新鲜生动的场景里，我时常想你。"他的山盟海誓虽然无法让她倾心，却也并非完全不为所动。因此，当他母亲告知帕梅拉他越狱后获得平安的消息时，她言简意赅地回了封电报："谢天谢地。"

成为英雄、荣归故里的丘吉尔有了重整旗鼓追求帕梅拉的勇气，因为他认为他懂得了她的心意。他告诉自己的母亲："没有任何人能像我一样理解她。"1900年10月的某个美好日子，他精心挑选了一个引人入胜的地点，向她求婚了。他先是让他的朋友沃里克伯爵夫人邀请帕梅拉到家里——古老而庄严的沃里克城堡共度周末，然后在高耸的堡垒和庄严的城墙的见证下，这个满怀希望的求婚者邀请了帕梅拉去城堡外波澜壮阔的埃文河划船赏景。一切都很顺利，直到他们一起划着船徜徉时他问出了那个重要问题。她拒绝了他，这让他心碎不已。

1　1898年11月28日温斯顿·S. 丘吉尔写给帕梅拉·普罗登的信，《姊妹篇》（*CV*），第1卷第989页。（《姊妹篇》为丘吉尔·伦道夫和马丁·吉尔伯特：《温斯顿·S. 丘吉尔：姊妹篇》，5卷。波士顿：霍顿·米夫林出版社，1966–1979年出版。后同。）

同年12月，当他毅然决定远赴加拿大和美国，进行有关他南非奇遇的巡回演讲时，他依旧沉浸于她的魅力无法自拔，仍然确信她是“唯一一个能让他幸福的女人”。现在，在他借着列车里昏暗的灯光给她写信的这个当下，距离那次失败的求婚已经过去三个月了。火车穿过明尼苏达州北部向着加拿大边境飞驰着，而他在那个浪漫的城堡里经历过的心碎恍惚间似乎只是一场噩梦。于是他想着从遥远的地球另一端再给她写封信，也许这样能打动她的芳心，突破她的心防呢。

2. 世界知名青年的赚钱能力

自从与帕梅拉印度初见以后的这几年里，他已然成了世界知名的青年才俊，能文能武且前途一片光明。温尼伯的报纸将他的来访作为头条新闻报道，而他的演讲也将会毫无悬念听众爆满。即将迎来他演讲的温尼伯剧院挂上了黑色大字的海报：“温斯顿·S. 丘吉尔，我眼里的战争。”演讲的票价从50美分到1.5美元不等。

除了《萨伏罗拉》，在温尼伯的书店橱窗里热售的还有他另外两本著作：讲述他在南非如何越狱重获自由的《伦敦至莱迪史密斯，途经比勒陀利亚之旅》，以及记录他曾亲历的英国与苏丹战争的《河上之战》。后者于1899年分两卷出版，美国著名的战地记者理查德·哈丁·戴维斯曾评论道：“这样一本书，人们会以为它出自某位曾在埃及战斗多年，以笔代剑回顾自己戎马一生的中将之手。事实上，却出自一位没来得及在尼罗河畔把自己晒黑的少尉之手，这是十分出人意料的。”

温斯顿向帕梅拉许诺过要为她征服世界，而他确实是那种言出必行的男人。但她却还是拒绝了他。尽管如此，无论他身在何处，她的音容笑貌始终萦绕在他脑海里，他仍然相信在他预想过的辉煌将来里会有她的一席之地。在颠簸的火车上，他继续写道：“我们之间的联系将一直存在，即使不会变得更强烈，也会万古长存。”[1]

钱是妨碍他们关系的主要障碍之一，像帕梅拉这样的美人嫁给一个超级富豪才是众望所归。当丘吉尔以前所在骑兵团的指挥官，温文尔雅的约翰·布拉巴宗上校听说温斯顿和帕梅拉不会结婚的消息后，曾直言不讳道："她应该会成为某位富豪的妻子。"而丘吉尔，虽然祖父是位公爵，但事实上只继承了相对并不可观的遗产。伦道夫勋爵留下了不少债务，而温斯顿那热衷社交和玩乐的母亲还是个不折不扣无可救药挥霍无度的享乐分子。（珍妮就如她的一个朋友所言："如果她的鞋少于四十双，她就不知道该如何生活了。"）

马尔伯勒家族真正的财富掌控者是温斯顿的堂兄，查尔斯·理查德·约翰·斯宾塞·丘吉尔，第九代马尔伯勒公爵，昵称"桑尼"。这位年轻公爵和康苏微洛·范德比尔特的结合为整个家族增添了数百万的资产。但直到1897年康苏微洛生下自己的长子之前，温斯顿一直是爵位和包括布伦海姆宫在内家族所有财富的第一顺位继承人。不过对于温斯顿而言，有许多其他通往荣耀的道路已经展开，他并没有太大兴趣也并不满足于区区一个公爵头衔。实际上，他的祖母并不看好他成为一个真正的贵族，老太太俨然活着的维多利亚女王时代的文物，戴着助听器都仍然坚持体面地戴着蕾丝花边帽。对她而言，温斯顿显然太过野心勃勃、张扬而不受控制。这位雍容华贵的老公爵夫人在康苏微洛嫁给桑尼时，便严肃地告知："你的首要任务就是尽快生个孩子，必须是个儿子。我实在无法忍受让那个自命不凡的温斯顿继承公爵爵位。"[2]

在大部分人看来，桑尼性格傲慢而易怒，但小他三岁的温斯顿却视其为自己为数不多最忠诚的朋友之一，总是能看到他最好的一面。丘吉尔后来在谈到他们早期的关系时曾说："桑尼和我就好像亲兄弟一样。"这位年轻的公爵对自己的堂弟十分引以为傲，准许其自由出入布伦海姆宫。1900年，他甚至把自己位于伦敦上流街区——蒙特街105号的单身

1 1901年1月21日温斯顿·S.丘吉尔写给帕梅拉·普罗登的信（私人收藏）。

2 马什，《若干人》（*A number of People*），第154页。

公寓借给其居住。丘吉尔搬进去一个月以后，便向帕梅拉求婚了。[1]

因为与此同时，温斯顿还获得了一份新的工作，但这个新工作并不能令他的财务状况有所改善。事实上，这个工作没有任何报酬。十月初，作为布尔战争的青年英雄，他代表保守党在曼彻斯特郊区的奥尔德姆选区参选，最终胜出赢得了国会的一席之地，开启了自己的政治生涯。丘吉尔的胜选预示了保守党最终在1900年秋季大选的全面胜利，他随即被誉为将在2月正式进入国会并为其带来一番新景象的政坛新星。在这样的情况下向帕梅拉求婚，似乎是个不错的主意。但还没有任何迹象表明国会议员将会有薪水可拿，他也就依然不能给未来的新娘任何可靠的财务保障。

几年前帕梅拉的母亲在印度遭蛇咬不幸去世，格兰比女士——后来的拉特兰公爵夫人——便像妈妈一样照顾着帕梅拉。作为帕梅拉的大恩人兼闺中密友，她毫不犹豫地建议其等候其他更富有的追求者的求婚。丘吉尔深知自己处于不利地位。去南非之前，他在给帕梅拉的信里谈到关于他们的关系时说："结婚必须具备两个条件：钱和双方共同的意愿。我们缺了其中一个，又或许两个都没有。"虽然还没赢得她的芳心，但至少他得努力去证明自己，只要需要就能挣到一些钱。从南非回来以后他立即想出来一个雄心勃勃的计划。

作为一个十分受欢迎的演说家，他计划在大选以后花一整个月的时间到超过两打的英国城镇演讲布尔战争的奇遇。他夸口说自己能通过这次巡回演讲挣到2000英镑，这相当于当时伦敦报社编辑一整年的收入。实际上，整个十一月的演讲场场爆满，他赚了那个数字的两倍。这让他接下来的北美之行所获得的财富相形失色，这次行程开始于当年12月，在他踏上开往严寒的温尼伯的火车时已接近尾声了。[2]

1　莫兰，《日记》(*Diaries*)，第348页。

2　1899年3月6日温斯顿·S.丘吉尔写给帕梅拉·普罗登的信(私人收藏)。

3. 失控的渥太华

1901年1月21日，星期一午餐时分，戴着礼帽、穿着带毛领的时髦双排扣大衣的丘吉尔抵达了温尼伯。一小队人马迎接了他，其中包括了时任该省副总督的衣冠楚楚的粮食大亨。周围的温度只有零下12摄氏度，刺骨的寒风把街道上的雪吹得到处飘摇，整个城市的气氛冷到极点。但显然天气并不是让那里的人们拉长脸的原因，他们早就习惯了严寒。

这个遥远的边疆小城，用丘吉尔的话来说“离大英帝国任何一个重要城镇都有十万八千里远”，是因为当天的最新消息而阴云笼罩。当天早上的报纸头条统统都是：维多利亚女王弥留，已到临终时刻。这件即将发生的大事让许多忠诚的加拿大人心神不宁。

81岁的一国之君病危的消息在过去几天里迅速传开了，现在她的生命看起来将要走到尽头，大英帝国女王的臣民们还在学着面对这位年迈的统治者正在逐渐消逝的事实。一位历史学家后来评论道：“看起来即将发生的就好像自然过程的大逆转，绝大多数臣民都不知道没有维多利亚女王统治的日子是什么样的。”即使是对那些在她身边看着她从最后一次患病以来备受折磨的人来说，她的去世也是个极大的变故。阿盖尔公爵后来形容她的临终时刻“就像是一艘有着三层甲板的巨轮的沉没，她努力挣扎却还是一点点地隐没不见”。[1]

在他起程去加拿大之前，丘吉尔看到了关于女王病重的第一手报道，在给帕梅拉的信里他提到了这件事。虽然他并不太清楚家乡这出戏剧演变的具体情况，却已经开始想象后维多利亚时代的世界将会上演什么新剧情。

就眼前而言，他担心国会将会被解散，如此他将需要在接下来的几

1 斯特雷奇，《维多利亚女王》（*Queen Victoria*），第23页。

周里重新参加大选。这意味着他得取消接下来的行程也会损失余下的演讲收入。在他写给帕梅拉的信里谈到这个不乐观的前景，他试图让自己看起来没心没肺的："等着瞧，【女王之死】怎么会搅乱我的全部计划，让国家和温斯顿都很忐忑啊。"[1]

但此次此刻，这个王室的戏剧性事件对温尼伯剧院的票房却是件好事情。在这个只有五万人口的小城，丘吉尔晚上演讲的门票售出了一千多张，座位不够只好在大厅后面和乐池里添放了许多额外的椅子。对这些离英国王室小小世界非常遥远的加拿大人而言，身为贵族兼国会议员，伦道夫勋爵的这个儿子代表着他们与帝国统治阶级最紧密的联系。在重大的改变悬而未决的当下，很值得花来之不易的一美元，去听这位连夜赶了五百多英里路的著名人物演讲一次。

对于他来访的高预期值点燃了丘吉尔，之前在边界线的另一边并不怎么顺利。他的美国之行遭遇了许多挫折，让他赚得非但没有在英国多，反而少了一大半。去过的那些城市，要么听众很少要么反应冷淡，要么两者皆是。在华盛顿他的票房收入只有大约50英镑，在巴尔的摩是35英镑，而在哈特福特仅有令人尴尬的10英镑。

许多的德裔和荷兰裔美国人都赞成布尔独立，自然也不会善待一个以为殖民者战斗而出名的英国人。而许多爱尔兰裔美国人对英国抱有长期的不满，丘吉尔感受到了他们"非常强烈的敌对情绪……在芝加哥，我遭到了大声反对"。当丘吉尔在演讲时用"幻灯机"放出一个在战争里全副武装的布尔农民的凶悍面目时，有一名观众甚至欢呼了不止一次。丘吉尔的回应承认了早期荷兰殖民者的战斗实力，但也保持安全距离地声明他并不能欣赏布尔军人。他说："要打击他们是对的，【但】并没必要跟他们开战。"[2]

（丘吉尔早就已经证明过他能妥善地处理混乱场面。在他10月参加竞选活动时就有人嘲笑他的年轻，大喊大叫问他："你妈知道你在外面

1　1901年1月21日温斯顿·S.丘吉尔写给帕梅拉·普罗登的信（私人收藏）。

2　温斯顿·S.丘吉尔，《我的早年生活》（*My Early Life*），第362页。

吗？”而他回应道：“是的，先生，而且等票选结果公布了，我妈就会知道我在里面了。”)[1]

丘吉尔这次巡回演讲是由一个叫梅杰·詹姆斯·庞德的美国人承办的，这个华而不实的推手本身是个在内战中获得过荣誉勋章的战争英雄。这位老少校习惯于向演讲的名人们做出夸张的承诺，总是吹牛说一定能满堂红，挣很多钱，而当结果适得其反时他总有一些煞有介事的借口。他最著名的客户马克·吐温，曾经对另外一个演讲者这样评论他：“如果你能赚到庞德说的一半，你就该知足还得感谢上帝，因为从来没人有这么幸运。”但丘吉尔很艰难才认识到这个事实，当他发现自己没有被有效地推广时已经太晚了，而那位少校还拿着十分不合理的门票销售提成。两人之间爆发了一次争吵，年轻的演讲者威胁说要放弃仅仅进行了一半的巡回演讲。但这个丘吉尔嘴里“粗俗的美国佬”，却抱怨他的客户只是在利用他来保证旅途舒适，欺骗他为一切花销买单。

梅杰·庞德曾愤愤不平地对一个朋友说：“你知道那个年轻人做了些什么吗？他每天早餐都要喝一品脱香槟，买单的人却是我！”

12月丘吉尔在加拿大东部巡回演讲时，两人的矛盾日益升级。想着与美国佬的较量自己现在占据了“主场”优势，他清楚表明，如果自己拿不到更多钱便绝不会回到美国继续演讲。12月27日，那位少校突然现身于这个不受控制的客户在渥太华的演讲现场，并在后台与其当面对质。

这个留着灰白胡子的魁梧男人厉声责备了还不到五英尺八英寸的丘吉尔，并要求后者无条件停止讨价还价继续演讲，整个场面看起来就好像《圣经》里的长老在对走投无路的罪人施压。但年轻人却固执己见，丝毫不肯退让，宣布要取消第二天晚上在安大略湖畔城市布兰特福德的演讲，而当时门票都已经售罄了。

他说：“庞德，我不会去的。我根本从中得不到什么好处。你看看这次渥太华的演讲这么成功，我也就只能拿到300美金。”

“你是在拒绝去布兰特福德？”梅杰·庞德问道。

---

1 “政治家的机智反驳”，《商会周刊》(*Chamber's Journal*)，1900年11月17日。

“是的……我们现在如果不处理好，我不会去那或者其他任何地方！”

老少校从来没有遭遇过这么顽强的反抗。他在一次与威廉·匡斯瑞尔率领的游击队残酷的近身肉搏战里赢得了自己的荣誉勋章，而后者是个十分无情的敌人。他根本没想到年轻的丘吉尔居然不肯屈服。

他对媒体发泄了自己的不满，很快边界两边的报纸都把他打造成了一个忘恩负义、唯利是图、完全不尊重工作的英国贵族的受害者。票款退还给了那些夜晚被毁了的失望的听众们以后，一个加拿大记者写道：“温斯顿·丘吉尔是今夜这个城市里最不受欢迎的人。”[1]

很快丘吉尔意识到坏的媒体影响造成的威胁正在让事情失控，也损害了他在演讲圈里的声誉。他朝庞德怒道：“你发给媒体的声明造成了相当大的损失！”这两位新老战斗英雄之间的僵局，最终以老的那位卸甲投降告终，他答应和丘吉尔公平分配利润。

“终于还是按我的条件达成和解了，”温斯顿自豪地在给母亲的信里报告说，“我打算继续我的巡回演讲。”

咬咬牙，他准备重新开始那让人筋疲力尽的行程安排，在去加拿大温尼伯演讲之前，他要先去密歇根州、伊利诺伊州、密苏里州和明尼苏达州。最终他还是没能放弃剩下的演讲收入。让他特别后悔的是无法修复庞德的污蔑对他形象的损害，而当时在加拿大有那么一个人他十分希望给其留下个好印象。

在他纠缠于这次公开争执的时候，正身处渥太华总督官邸，而其他客人之中有前来拜访总督夫人——明托夫人的帕梅拉·普罗登。温斯顿几周前就知道他跟帕梅拉将会同时在加拿大的同一个地方逗留，而如果他的巡回演讲一切顺利，他回去以后就有第二次机会向她证明自己的成功并不是刹那的烟火，挣钱是他能轻易解决的事情。然而事与愿违，当他来到明托勋爵夫妇美轮美奂的总督府做客时，巡回演讲的前景堪忧，而他还因为和庞德的纠纷陷入了一场意想不到的批判风潮里。

1 “演讲者在罢工”，《每日邮报》（*Daily Mail*），1900年12月29日。

在他们简短的会面时间里，帕梅拉客气而疏远。温斯顿对这个两个月前刚刚拒绝了他求婚的女人的整体印象是“十分漂亮而且看起来非常开心”。而他在给母亲写信时说到与帕梅拉的谈话时，最多也只能说“我们没有聊到什么不愉快的话题”。他曾经期待能和帕梅拉分享自己的辉煌时刻，让她看见他沐浴在加拿大听众的赞美里，并且因为演讲带来的稳定收入而过得很好。但就因为庞德，辉煌不复存在了。丘吉尔黯然离开了渥太华，而帕梅拉很快回到了伦敦忙碌的社交生活中。而在之后不到三年便过世了的那位少校，从来都不明白自己是如何搞砸了这个年轻英国男人的旅程。

4. 温尼伯排山倒海的掌声

丘吉尔这次横跨半个北美的漫长旅程里当然也有沮丧的时候，其中包括一次由他被控诉在圣保罗的旅馆里对来访者态度粗暴而引发的争议。都懒得去听听他本人的故事版本，一家偏听偏信的当地报纸便说他是一个“头等无赖”，并建议要让他为自己“孩子气的狂妄”付出代价。在许多美国人眼里，丘吉尔对自己太自信，也太自豪于大英帝国以至于不招人喜欢，而且还总能让人飞快地挑出毛病。即便是胸襟广阔的西奥多·罗斯福在他抵美的第一周见到他时，也有那么一瞬间“不喜欢”他，随后他批评年轻的丘吉尔“对名声所带来的廉价崇拜”表现出了“过度渴望”。这个评论出自一个曾经大呼“天字第一号讲坛属于我了”，热衷于借由自己的总统职位受到关注的人之口，实在是有点奇怪。后来当爱丽丝·罗斯福·朗沃斯晚年被问到她父亲当时为什么不喜欢丘吉尔时，她说：“因为他们太像了。”

虽然温尼伯的城市规模和地理位置看起来都很没有前途，但却成为丘吉尔巡回演讲里最好的一站，因为在这个城市里丘吉尔终于有机会充分发挥进行了一次无比精彩的演讲。当他穿过大雪纷飞的黑暗来到温尼伯剧院演讲时，剧场门外聚集着的五百多个只买到站票的群众等候入场，这大大鼓舞了他。几乎没人发现他的到来，因为他裹在一件之前某个下午在商业街上哈德逊湾公司的店里买的厚重裘皮大衣里，让人很难认出来是他。

在后台，他冲到幕布后面偷看着外面，想预先看看听众的情况。正如经理后来确认的那样，这是这个剧院有史以来人最多的一次。从舒服地坐在包厢里的公众领袖到被挤到后墙上的农民，听众来自各个阶级。坐在舞台近前的社会精英们呈现出了一幅让人印象深刻的景象，丘吉尔打趣说，男士们都穿着晚礼服，而“女士们只穿了一半”。[1]

“人山人海让他热血沸腾”，丘吉尔曾在《萨伏罗拉》这样描述他的英雄。而当灯光转暗大幕拉开，隆重登台的他此刻无疑也同样血脉偾张，心潮澎湃。听众席里“爆发出一阵排山倒海的掌声”，随后他开始讲述自己那不同寻常的故事：有关他作为一名战地记者是如何航行到了南非，随英国部队在一列装甲列车上遭到了全副武装的布尔战士的袭击，在一场激烈的战役后被俘成了囚犯，却在被囚禁仅仅三周之后便自己逃了出来。当丘吉尔描述如何利用星星指引自己逃亡成功重获自由，让搜索他的布尔军队无功而返时，听众们沉浸在故事的生动情节里几乎没有发出一点声响。他在一个煤矿里躲了几天，在那些秘密支持英国的民工之间得到了暂时的庇护。

“唯一陪伴我的，”他向寂静的听众席说道，“是一群有着粉红眼睛的白兔。不管怎样，每天早上我还能在布尔的报纸上看到关于我被俘的各种版本的报道。布尔人向来被称为一个无知而未开化的群体，作为一个新闻工作者，就尊重明智的预测和丰富的想象力而言，我敢说他们的报纸不亚于任何一种文明世界的产物。”

当他讲述到被一辆火车偷运到了葡属东非，蓬头垢面、疲惫不堪的

1　1901年1月22日温斯顿·S.丘吉尔写珍妮·丘吉尔的信，《姊妹篇》(*CV*)，第1卷第1231页。

他终于在英国领事馆重获自由时，他一会儿诙谐一会儿夸张，让听众的思绪始终随着悬念起伏不定。直到现在，他仍然回味着自己的壮举，显然对自己打败了那些怪人很是得意。关于自己在黑暗中的逃亡，他说："一路上的星星们都在为我战斗。"当他的演讲结束，欢呼和掌声也渐渐消失时，一些听众一定在想等待着他的下一个奇遇是什么。在二十六岁的时候，他经历过的就已经够人家过几辈子的了。

毫无疑问，他期待着大事发生。从女王生病的消息里，他意识到重大的改变即将来临。他为听众们念了关于女王情况的最新公告，而那天深夜演讲结束时，许多人都觉得第二天早上醒来便会听到维多利亚去世的消息。因为着急知道最新消息，丘吉尔和副总督一起回到总督府，彻夜未眠。他是个好客人，一直不停唱着对温尼伯的赞歌。他说这是个"伟大的城市"，对大英帝国的将来至关重要。他号称："加拿大西部就像是大不列颠的补给站，我回去以后一定要跟我选区的选民说，曾经对这些忠心耿耿支持他们的人们演讲过。"然后他很满意地注意到，这些话让他的听众们发出了自豪的呼声。

第二天下午一点，温尼伯收到渥太华发来的电报，女王在自己位于怀特岛的家中过世了。就是一个简单直接的通告："我们的好女王去世了。"伴着长鸣的丧钟，丘吉尔赶往车站，他计划搭乘两点大北铁路公司的火车回美国。许多商家都在橱窗里挂上了黑框的女王像。市政厅广场的一根石柱上的女王半身石像也披上了黑纱。

丘吉尔为大家对这个不幸消息如此迅速的回应而感动。他后来评论道："这个遥远的大雪弥漫的城市，已经降半旗开始垂首默哀。"

他已经收到消息说国会将不会被解散，他也就得以能够完成剩下的十天行程。他已经预定了二月初离开纽约的船票。这两个月的工作他一共才挣到1600英镑，远远低于他最开始预期的5000英镑。然而，他演讲所挣的钱加上过去两年他的稿费的总数，让他完全有理由高兴。"这个事实让我十分自豪，"在给母亲的信里他写道，"100万我的同龄人里也没有一个能像我一样，在没有任何本金的情况下两年内挣到10000英镑。”[1]

这笔钱足够支撑他在接下来几年里，把自己打造成为下议院里一个举足轻重的人物。此时，看起来他拥有了一切必要的晋升条件：天赋、野心、勇气、关系、一小笔财富和一两个福星，即将在维多利亚的继承者爱德华七世国王的新时代里大展拳脚。只是帕梅拉，或者某个跟帕梅拉类似的人，却不在这幅宏伟蓝图里。

在纽约，一个记者要求他澄清南非逃亡故事的一个细节："据说当时有一位荷兰少女爱上了你并帮助你逃跑，而你自己曾经说过那是天意。这是真的吗？"

丘吉尔的回答很敏捷。想着爱情和星星之间的有趣联系，他温柔地笑着说道："有时候就是一回事呀。"[2]

1 1901年1月22日和1月1日，温斯顿·S.丘吉尔写珍妮·丘吉尔的信，《姊妹篇》（*CV*），第1卷第1231页和第1225页。

2 "丘吉尔认为每个战士都需要行动"，《纽约时报》（*NYT*），1900年12月9日。

第2章

家族事务

桑尼把新娘交给了新郎，温斯顿则给了穿着礼服的母亲“一个巨大的拥抱”来表示自己的支持。他对婚礼并不热心，但他并不想让她失望，而之前他也声明过自己不会试图影响她的决定。他在给她的信里说，她唯一需要“考虑的就只是她自己的幸福”。

1. 准备初次演讲

1901年2月10日夜里，筋疲力尽的丘吉尔回到了家。此时，他已经在世界各地冒险五年有余，共计旅行超过六万英里。在梅菲尔的一幢富丽堂皇的陶土色大楼里，堂兄桑尼借给他的舒适房间正等着他回来，里面积攒了一大捆的信件和报纸等着他拆看查阅。他应该闲散地休息几个星期，处理这期间落下的各种事务，重新熟悉在被赫伯斯·乔治·威尔斯称作“现代世界那个大雨滂沱的中心”——伦敦的生活。连每天睡同一张床都有了一种新鲜的乐趣。就像他后来所说的：“五个多月的时间里除了每个星期天，我每天晚上都要演讲一个小时或者更多，还经常一天两次，再加上没完没了的旅途奔波，通常都是在夜里，基本上很少能在一张床上睡两次。而这之前一年更是要么行军，要么战斗在根本没有屋顶和床的地方。”[1]

但他早就计划好了回来以后的安排，因此除了短暂休息基本没什么机会享受其他。在穿着貂皮裹得像熊一样的爱德华国王举行了国会开幕大典四天以后，丘吉尔穿着一身祭奠前女王的孝服出现在那里，看起来得体、庄重而高贵。那天下午他作为新议员宣誓了，只等了不到一个礼拜就发表了自己的初次演说。其他不那么著名的新成员，往往要过数月甚至数年才敢在议院里演说，但丘吉尔迫不及待地要利用之前的宣传旋风脱颖而出，并证明自己值得被关注。毕竟他近期已经举行过更大型的演讲，所以他并不畏惧国会里聚光灯的耀眼光芒。

但无论如何，这次的听众是前所未有的。下议院聚集了本土许多最好的演说家和辩论家，他们懂得一切修辞技巧，彼此针锋相对磨炼技巧多年，经验老到。早在丘吉尔还蹒跚学步的时候，其中最著名的一些便

1　温斯顿·S.丘吉尔，《我的早年生活》(*My Early Life*)，第363页。

发表了自己的初次演说。下议院由瘦弱但从容高贵的亚瑟·贝尔福领导，就在丘吉尔出生之前，他赢得了自己的初次选举，很早之前就确立了自己的名声，作为一名经验老到的辩论家，他以能迅速推翻对手论据的机敏推理著称。而在野党那边，公认的大师是四十九岁的赫伯特·阿斯奎斯，这位毕业于牛津的律师以其直率而有条理的风格，被其自由党的同僚称为“大锤子”。[1]

在巡回演讲上已经演示了自己讲故事的能力，丘吉尔现在打算要证明自己能充分透彻地阐明观点。为了已经等待多年的这一刻，他花了很多天反复琢磨和牢记自己的观点，以确保不会出任何差错。他在自己房间的镜子前假装自己是在议院里演说。这后来成为他习惯性的准备方式，也适用于其他类似的困扰。一个朋友回忆道：“一整天，都能听到他低沉浑厚的声音在反复审查自己的论据和遣词造句，伴随着响亮的敲家具的声响从房间里传出来。”

一切都要是完美的，从整理得一丝不苟的长大衣翻领到紧握的拳头在空中挥舞的方式。他决定把自己的主要观点列个小单子在演讲时拿在手上，当作最后一层保护措施。他对自己强大的记忆力十分自信。他曾向一位国会速写作家吹嘘道：“如果我看了一篇文章四遍以上，就能把它完美地刻在记忆里并能随时没有任何疏漏和错误地背诵出来。”[2]

几年前，他曾经在一篇叫“修辞学的脚手架”的文章里总结过自己关于演讲术的一些观点，推断说所有伟大的演讲都把普通的词以舒适的节奏说出来，从而令人对复杂的观点印象深刻。他尤其推崇威廉·詹宁斯·布莱恩在1896年对金本位制的激情批判：“你们不该把带刺的王冠硬压在劳动人民的额头上，你们也不该把人类钉死在黄金十字架上。”从他刚成年一直到晚年，为了发现那些能成为被他在某次随笔里称作“政党的口号和民族的信条”的醒目排比句，丘吉尔的眼睛和耳朵一直紧密协调合作。

1 加德纳，《先知、神父和国王》（*Prophets*，*Priests and Kings*），第27页。

2 加德纳，《先知、神父和国王》（*Prophets*，*Priests and Kings*），第105页。

虽然为自己作为年轻冒险家的名声而自豪，但他希望自己也能作为一个有学问的人被认可和尊重。他并不后悔接受大学教育，但他永远是自己最好的老师，独立阅读帮了他很大的忙。在政治斗争中，他希望以知识作为武器胜出，带着丰富的论据和比对手更深刻的对问题的思考投入每一场辩论。当其他的政客们满足于从报纸和政党小册子上获得信息时，他求知若渴地阅读了不计其数的书。他政治生涯早期一位评论员非常有趣地记录道，丘吉尔开始“和蓝皮书一起生活，抱着百科全书睡觉”。而他身边一些亲近的人很怀疑他有没有睡够。他的一位家族朋友这样写过：“他的工作能量和他对工作的激情一样惊人。他到底有没有休息过或者睡过觉，我真不知道。”[1]

2. 初次演讲和妇女旁听席

2月18日，当议员们吃过晚餐回到议院里准备参加晚间会议时，阿斯奎斯和贝尔福都按惯例坐在自己的位子上。煤气灯隐藏在头顶上高高悬挂的玻璃面板里，照亮了狭窄的辩论厅，房间的一端被配置了扬声器的椅子和放满了书与厚重的橡木盒子的长桌子占据了。辩论也许会持续到午夜，有时候甚至更晚，而在一些参观者眼里晚上的议院是最好的，因为“灯光照耀着充满了温暖、热情和活力的房间”。当伦道夫勋爵的儿子将要演讲的消息传开后，两边的五排长椅都迅速坐满了人，而周围的走道上也挤满了新闻工作者和访客。

走进房间，丘吉尔发现所有人都在紧紧盯着他，好奇地看着他走向自己的位置手上却只握着一张手写的便条。一个记者认为，这位新议员就好像“在舞台上彩排的时候被密切注视的新演员一样被注视着，而他的精彩演出被十分期待”。一些议员记录道，温斯顿选择了第二排角落

1 詹姆斯，《丘吉尔》（*Churchill*），第15页。

的一个位置入座，就在他们曾经习惯于看到他父亲就座的主席台后面。这位儿子很巧妙地引发了他与伦道夫勋爵不可避免的比较，后者的大理石半身像熠熠生辉地伫立在不远处的议员休息室的入口。

在他的国会初次演说里，丘吉尔明智地选择了比较平和的方式，避免展现出任何有压迫感的辩才。就像家人和朋友建议他的那样，最好是选一个他熟悉的主题，然后就算是假装也要用一种谦虚的语调和方式来讲。布尔战争仍然在苟延残喘，所以他致力于解决那些妨碍战争迅速结束和创造合理秩序的难题。首先，反抗势力的剩余资金要被削弱。他力主推行一种能强势压倒顽固势力并切断其补给的复兴政策。这是一个十分合理的策略，他用了一种任何一个岛国民众都能理解的方式描绘了它的影响，让它看起来是唯一顺理成章的回应。

在演讲的最后，他说："随着资金补给越来越少，布尔人将被迫花精力解决日益增多的困难，而且将不仅要面对改革浪潮的冲击，还有新兴潮流的力量。"

无论如何，他说得很清楚，他并没有任何羞辱或者消灭敌军的兴趣。他声明，任何企图让他们的反抗"痛苦而危险"的计划，都应该也是"让【他们】能怀着敬畏之心承受得起的"。他情愿容许对方在考虑责任的时候有自己的立场。他说："如果我是一个布尔人，我会希望在战场上战斗。"这惹来了一些托利派盟友低声的抱怨，但他这个公平的见解为他赢得了批评战争的政敌们的尊敬。

作为他演说的结束，他把政治放到一边开始回忆赞美起自己的父亲，后来他这段话作为一次关于孝心的动人表达赢得了交口称赞。他并没有提及伦道夫勋爵的名字，但他的关联显然是更有效的，巧妙呈现了一种对那位丘吉尔留下的一切的共享理念。在演讲了近三刻钟以后，他暂停下来环顾了整个挤满了人的房间，说道："我必须要向各位表达我的感恩之情，否则我不能安然入座。因为有各位仁慈而耐心的支持，我才能站在议院里讲这番话。我十分清楚之所以能被赐予这个荣幸，并不是因为我本人，而是由于在座许多尊敬的议员们至今仍然保留某些灿烂的回忆。”[1]

毫无疑问，这是一次前途无量的初次表演，也被许多人看作是一次胜利。《每日电讯报》评论说丘吉尔“满足了最高期望值”，而《每日快报》报道说“他的魅力折服了人山人海的议院”。当演讲变得流畅之后他很自在，但起初他有些小挣扎，抱着胳膊想掩饰自己的紧张。在场的一些人看到他年轻的面孔有些受打击，说他光滑白皙的皮肤能让他轻易被当成“18岁的小伙子”。另外一些则失望于他并没有表现出太多他们在新闻里追随过其冒险的那个英雄人物的痕迹。“国会里有许多人都比他看起来更像理想中的无所畏惧的战士和行者，”一位记者抱怨说，“虽然不能以貌取人，但当他今晚站在下议院里，确实没有人们期待看到的一位体魄强健的英勇人物的精明健美。非常诚实地说，他看起来很学院派而且弱不禁风。”

这个年轻人在字母“S”的发音上也有麻烦，尽管他曾历尽千辛万苦试着去克服但一点效果也没有。他还将经年与这个难题做斗争，到处问询专家的建议和没完没了地练绕口令，比如这句：“我不能看见（see）西班牙（Spanish）船队（ships），是因为它们不在视线（sight）里。”[2]

温斯顿·丘吉尔是很容易被低估的。任何一个了解他的人都知道他比呈现出来的要丰富而有内涵得多。比方说，那些觉得他表面上没有英雄气概的人看不到的是，裹在那件看起来不合身的袍子大衣里的手臂上，有一个在灰尘弥漫的战地医院被医生剃掉一块肉而留下的疤。那是在恩图曼战役之后，另一名军官受了后来被描述为“他右臂上令人震惊的剑伤”需要植皮，于是丘吉尔自告奋勇地贡献了一块自己的肉。这个过程是由剃刀完成的，也没有任何麻醉措施，于是“像魔鬼一样疼”。温斯顿很少提到这件事，但那天勇敢的他显然跟“很学院派而且弱不禁风”一点关系也没有。相比之下，在议院里演讲不过是小菜一碟，而他后来形容这是一次既让人筋疲力尽又让人激动不已的体验——“看起来很糟糕，

1 《议事录》（*Hansard*），“议会最热情洋溢的演讲”，1901年2月19日。

2 吉尔伯特，《丘吉尔》（*Churchill*），第135页。

毛骨悚然却美味可口”。[1]

一些对温斯顿的演讲特别密切关注的观众，坐在妇女旁听席里一个高高在上的黄铜屏风后面的狭窄座位上看着他。由康苏微洛·马尔伯勒和丘吉尔家族其他女人作陪，温斯顿的母亲来到议院表现自己的支持，但按照规定，她们这一小队人马被隔绝在妇女旁听席的格子窗后面，几乎什么也看不见。这个黑暗的区域里挤满了穿着丝缎、戴着礼帽的贵妇，这些女人占据着“特权地位……但只被那位演说者的体系承认”。而在这些女性观众下面的那些议员们就基本都是像某个当代小说家所言：“灰暗的外形，很不起眼，凑在一起就看起来一片黯淡。”

珍妮·丘吉尔对这个地点十分熟悉，在伦道夫的全盛时期她经常过来听他演讲。她已经习惯了旁听席的不便和屈辱，但也对自己的不满直言不讳。1908年她这样写道：“为了效仿东方流行的习俗从男性视线里隐藏起来，有时候50个甚至更多的女人，要被那些无礼的英国立法者们赶进这个狭小黑暗的笼子里。以一种极不自在的姿势坐在第一排的女士们，膝盖抵着格子窗，脖子伸得直直的，而如果她们想要听到什么，耳朵就必须时刻保持警觉，却还被认为是在享受着一种伟大的特权。而那些坐在第二排的，借着第一排的礼让，也许能隐约瞥见下面的那些大神们。剩下的就真的只能求助于她们的想象了，或者撤退到后面的一个小房间里，在那里至少她们还能喝着茶窃窃私语。”[2]

1885年，当有人要求给这个旁听席安装独立照明时，首相的儿子赫伯特·格莱斯顿提出反对。根据国会辩论的官方记录，他驳回了这个请求，理由是“女士们来到旁听席是为了听和看议会里正在发生什么，而他并不认为照明问题跟这个有什么关系”。记录里并没有留下那些坐在黑暗里的女人们对这则言论的看法。

对有些单身议员来说，妇女旁听席的黑暗偏僻却对他们的求爱过程

---

1 温斯顿·S.丘吉尔，《我的早年生活》（*My Early Life*），第197–198页；莫兰，《日记》（*Diaries*），第556页。

2 沃德，《科里顿家族》（*The Coryston Family*），第3–4页。

大有好处。在把茶室和那个“笼子”隔开了的走廊上，侍从们时常忙于帮席上的议员们和格子窗后面他们想要获得其注意的女士们交换纸条。以一种夸张的幻想风格，某位爱德华七世时代的议院专家描述了一个年轻议员在一次令人信服的演说之后收到了一张纸条，“边读着纸条他一边开心地微笑着抬头看了看妇女旁听席，而透过格子窗在那里有两只明亮的眼睛隐隐约约地闪烁着。”[1]

在旁听席里女人们是不应该交谈的。那里至少贴了四张保持沉默的指令。但耳边的悄悄话却一直是珍妮的兴趣来源。她觉得她们是下面那些政客们风云变幻的命运的最佳指南，诸如社交界的主妇们如何策划她们下一个晚餐会或者年轻美人们的下一个战利品，她都会仔细聆听。她有着极好的听力，还能令人震惊地精确模仿那些对话供她朋友们消遣：

> “那是某某先生吗？”她旁边一位金发碧眼的美人惊呼出声。
>
> “把你的眼镜借给我一下。对，是他！我想知道他今天晚上能不能和我共进晚餐。”
>
> （“嘘！”那位正在讲话的男人的一个亲戚想让她们闭嘴。）“真烦人，我们才十三岁。我想我得让门房帮我给他递张纸条。”（“嘘！”）“我能马上就得到回复，真方便！”（“嘘！嘘！”）
>
> “这个一直嘘我的讨厌女人是谁啊？”

珍妮率一众亲友早早抵达旁听席来听温斯顿的演说，这一定程度上鼓励了这些女士之中一位恭敬有心的听众。除了戴着陪嫁珠宝、一如既往让人目眩神迷的马尔伯勒公爵夫人康苏微洛之外，她还带来了温斯顿的四位姑姑，个个都是盛装出席。科妮莉亚、罗莎蒙德、芬妮和乔治亚娜，伦道夫勋爵这些姐妹在青年时期都曾经是最受关注的美人，而且每一个都嫁得很好。其中最受温斯顿尊重的一位是科妮莉亚，也就是富有而极具政治影响力的温伯恩夫人，能获得这位女主人在其俯瞰格林公园

1 《议事录》（*Hansard*），“女士旁听席”，1885年3月30日。

的伦敦府邸举办的晚宴请帖是极大的荣幸。珍妮和她出身名门的亲戚朋友们将适时地在幕后有效促进温斯顿的事业，他的一个政敌后来怨天尤人道：“丘吉尔什么也没有，但他却得到了英格兰一些最聪明的女人们的支持。这才是他成功的真正原因。”

自伦道夫过世以后，珍妮一直热心地运用着自己的影响力帮助温斯顿。凭借自己的魅力和丰富的社会经验，珍妮通过在适当的时间对那些最有影响力的报社编辑、将军和政治家们得体地游说，减轻了他在国外的冒险经历与在国内表现出来的政治野心的负面影响。丘吉尔中年时开玩笑道：“她做到了殚精竭虑、排除万难、万无一失。”当他1898年极力想得到基齐纳勋爵在苏丹的部队里一个职位时，他转而向珍妮求助，请她帮忙游说从威尔士亲王往下的所有人。他对她写道：“您的智慧、美丽和外交手腕，一定能克服所有障碍。”[1]

3. 光芒四射的美人

不过外交手腕通常并不是她的强项，无与伦比的美貌和智慧才是。这位大起大落的华尔街投机者的女儿，成长于纽约和巴黎，在二十岁时嫁给了伦道夫，这在当时让他那个期盼有一个更富贵的新娘的家庭很失望。几乎从一开始这就是个问题重重的婚姻，那个骄傲乖僻的丈夫和这个热情性急的新娘之间时常有很多意志冲突。但只要是她所到之处，转过头就能找到倾慕她的人。她早期的迷恋者之一罗斯摩尔勋爵，在其晚年时依依不舍地回忆她道：“社交场许多美人来来去去，但我想很少甚至没有任何一个能比得上她。”

维多利亚女王的一个孙女描绘巅峰时期的珍妮是一个“光芒四射的

1 温斯顿·S. 丘吉尔，《我的早年生活》(*My Early Life*)，第151–152页；1898年2月16日温斯顿·S.丘吉尔写珍妮·丘吉尔的信，《姊妹篇》(*CV*)，第1卷第882页。

美人。她的眼睛又大又黑，她的嘴巴动起来有着令人愉快的、几近淘气的弧度，蓝黑色的头发无比光滑”。玛戈·阿斯奎斯回忆说，她第一眼见到伦道夫夫人时就好像被奇迹击中了：“她有着豹子一样的额头，还有像是能把你看穿那样放肆的大眼睛。她是那么迷人以至于我跟着她一直走，直到碰到了能告诉我她是谁的人。”男人和女人都着迷于她有着异国情调的容貌，有一个倾慕者曾经称呼她“热带风情美人”，而她总是戴着的闪亮的手镯和一颗别在头发上、只要她一摇头就熠熠闪闪的钻石星星，无疑让她的魅力锦上添花。

她手腕上有个蛇形图案的“精致文身”。那是当时最优秀的文身艺术家汤姆·莱利的作品，偶尔会吸引人惊奇得不可置信的目光，但是很难得一见。就像1906年9月30日的《纽约时报》这样说到珍妮：“她的左手腕上有一个精雕细琢的文身图案，穿晚礼服时总会戴一个宽手镯遮起来，很少有人知道它的存在。”

她喜欢让人惊讶，也知道有些人开始期待她会说一些或者做一些不按牌理出牌的事情。作为一个美国人，她觉得自己有权利从旧社会的风俗里解放出来一些，而如果正义和真相到了嘴边也应该勇敢说出自己的想法。起初英国人对她所接受的外国教育的偏见让她有些恼火，但她学会了无视且偶尔还会利用他们。她回忆自己早期婚姻生活时曾说：“在英格兰，和在欧洲大陆一样，美国女人被看作一种奇怪且不正常的生物，有着介乎于‘印第安人’和‘快活女孩’之间的习惯和生活方式。任何一种古怪的天性在她们身上出现都不奇怪。但如果她说话、着装和行为看起来像一个有教养的女人，就总是会引起很大的惊讶，而且总会被用一句婉转的话赞美：‘我完全没想到你居然是美国人！’”

她不是个好欺负的人。有一次，她邀请乔治·萧伯纳共进午餐以增进彼此的了解，他给了一个不怎么温和的回应，依稀提到作为一个素食者，他不愿意与一个被他在别的地方称为“食肉一族”的人一起吃饭。他的电报开头非常直率：“当然不行！”然后问道：“我做了什么惹得你这么来攻击我众所周知的习惯？”珍妮很快以牙还牙地回答道：“我对您的习惯一无所知，希望它们不像您的风度这么糟糕。”[1]

相比较生活节制的萧伯纳，她更喜欢他在戏剧界里那个声名狼藉、放浪形骸的对手——奥斯卡·王尔德。她有一句最喜欢的话来自他某一个戏剧，还曾经有一次当她引用的时候跟一些男性朋友吵起来，她怎么都说服不了他们那句话出自王尔德之手。她跟他们打赌她是对的并立即给那位剧作家写了张纸条要他确认。王尔德回复道：“多么无趣的男人啊！他们应该听聪明女人说话，看漂亮女人。而现在这样的情况，对这样一个才华和美貌兼备的女人，他们应该要有承认她被口头授意过的普通常识。”是的，他还写道，她告诉她朋友们时所引用的他的话完全正确：“圣人和罪人之间的唯一差别是：每一个圣人都有过去，而每一个罪人都有未来！”[2]

虽然她早期的社交生活让她忙得没时间做一个称职专心的母亲，但她深情而生气勃勃的性格却让温斯顿和她谦逊忠诚的次子杰克十分爱戴。作为男孩子，他们对她任性的个性有些懊恼，从不知道她什么时候在哪会出现。她总是忘记生日也经常不回信，像一阵风一样在他们生活里来了又走，偶尔让人觉得她只是个一闪而过的幻觉，并不是一个有血有肉、真实存在的人。温斯顿对她的忽视心存埋怨，但总是试着安慰自己，也许她是“一个童话里的公主”——飘忽不定而难以捉摸。

小男孩们对她不感兴趣，但年轻男人却会。当温斯顿成年以后，他忽然发现她是一个他可以依靠的热心伙伴。当他发现她能给他带来不可估量的益处后，他变得欣赏她对社交生活的热情且佩服她有时公然挑衅惯例的怡然自得。他喜欢她的大无畏，她的忠心耿耿、她精灵般的微笑和她没心没肺的开朗笑声。他把她性格当中的独立倾向归功于她随心所欲的父亲，后者在残酷的华尔街金融世界里的冒险经历一直让他十分着迷。后来有一次当他仔细观察他纽约外祖父莱昂纳多·杰罗姆的一张照

1 康沃利斯－韦斯特，《回忆录》(*Reminiscences*)，第60页和第381–282页。

2 王尔德，《书信全集》(*Complete Letters*)，第566–567页。

片时，他注意到："很凶猛。我是他们唯一温顺的产物。"[1]

4. 珍妮结婚了

当她四十七岁那年她儿子发表处女演说时，珍妮是她亲近的女性朋友们羡慕的对象，不仅是因为她永葆青春的姣好容貌，更是因为在伦道夫勋爵过世五年之后，她嫁给了伦敦最帅的单身汉之一，乔治·康沃利斯－韦斯特。对方足足比她小了二十几岁。乔治是一个狂热的运动分子，也是个殷勤的都市男人，没什么出众之处。但他的健美身材、军人的胡子、强壮的下巴和明亮的眼睛都让珍妮觉得魅力难挡。只比温斯顿大两个星期的他看起来比实际年龄要成熟得多，在19世纪晚期当他爱上寡妇珍妮时，他觉得"她看起来不超过三十岁，而她的魅力和活力跟她的年轻外表旗鼓相当"。

他出生于大富之家，父母健在，自己并没有继承什么财富，而他居然想放弃自己在丰厚遗产竞争中的机会，就为了娶一个资产有限、年龄却几乎是他两倍的寡妇，这让他父母怒不可遏。根据一则新闻报道，他们很是大惊小怪，伦道夫夫人和乔治母亲之间差点爆发了一场"社交之战"。珍妮的大部分亲朋好友都还是忠诚地参加了于1900年7月举行的婚礼，但预留给新郎亲友的席位却空荡荡的。一般来说，这样的一场婚礼会闹得满城风雨，沸沸扬扬，而珍妮也应该会发现自己被大部分社交圈排斥在外。就连威尔士亲王也警告过她不要嫁给年轻的乔治。但结局却是非同寻常的，亲王和其他一些最顶层圈子里的尊贵人物最终还是接受了她的决定，要么亲自出席了婚礼，要么奉上了精心准备的礼物。

她知道自己在冒一个极大的风险，而且她的第二次婚姻也许会很短

---

1 温斯顿·S.丘吉尔，《我的早年生活》(*My Early Life*)，第4页；莫兰，《日记》(*Diaries*)，第637页。

命。但她总是会竭尽所能地享受浪漫。就像英俊的乔治后来提到她时所说："如果有什么美好的事物吸引了她，她就一定要得到它，半点也不会考虑为此将要付出的代价。"但他好像并没明白自己也是她渴望得到的美好事物之一，且双方都没有足够严肃地思考过要如何维持他们的婚姻。她曾告诉一个朋友："当然了，吸引力不会永远持续下去。但干吗不尽情享受现在所拥有的，让自己和其他人在开始下个阶段时高高兴兴的呢？"[1]

美国报纸形容这场在骑士桥圣保罗教堂举行的婚礼庄重但"压抑"。乔治在圣坛上"看起来不知为何很紧张"，而"伦道夫夫人十分沉着且看起来对自己很满意"。事实上，珍妮"看来好像是唯一一个兴高采烈的人"。桑尼把新娘交给了新郎，温斯顿则给了穿着礼服的母亲"一个巨大的拥抱"来表示自己的支持。他对婚礼并不热心，但他并不想让她失望，而之前他也声明过自己不会试图影响她的决定。他在给她的信里说，她唯一需要"考虑的就只是她自己的幸福"。[2]

正如温斯顿和其他人担心的那样，珍妮将会后悔自己的决定。但在这次婚姻最开始的一两年里她很开心，自豪地接受"乔治·康沃利斯-威斯特太太"这个不带头衔的新身份取代了"伦道夫·丘吉尔勋爵夫人"。在短期内，她这个决定唯一的代价也许将会由温斯顿来承受。她轰动的七月婚礼距离他向帕梅拉·普罗登求婚仅仅不到三个月。帕梅拉有很多其他理由说不，但珍妮的婚礼确实会让任何一个年轻女人对给这样一个鲁莽而有争议的人物当儿媳妇心存疑虑。同意成为温斯顿的妻子意味着要接受许多负担，不仅是他野心勃勃的事业和苛求完美的性格所带来的那些，还包括融入一个家族所引起的。尤其是当这个家族里有着像珍妮和康苏微洛这样令人印象深刻的女人，还有那些坐在黑暗的旁听席里看着她们的小亲戚在下议院里初露锋芒的高贵的丘吉尔小姐们。

1　康沃利斯-韦斯特，《爱德华盛世》(*Edwardian Hey-Days*)，第102页和119页。

2　"丘吉尔女士现在是韦斯特夫人了"，《芝加哥论坛报》(*Chicago Tribune*)，1900年7月29日；1899年9月3日温斯顿·S.丘吉尔写珍妮·丘吉尔的信，《姊妹篇》(*CV*)，第1卷第1045页。

因此，几周后在伦敦，当温斯顿见到帕梅拉并发现她对他们的关系并没有改观时，他并不惊讶。她很乐意将他视为一个朋友，但也仅此而已。自从上次见过她以来，只有一件事情有变化。他可怜兮兮地对他母亲写道，她“比以前更可爱了”。[1]

1 1901年3月26日温斯顿·S.丘吉尔写珍妮·丘吉尔的信,《姊妹篇》(*CV*),第2卷第49页。

第3章

天生斗士

丘吉尔认为政府的改革计划不过是个幌子，昂贵的军队扩张才是其真实目的。于是在下议院就此事进行辩论的第一个晚上，他花了一个小时将其批判得一文不值。这是他政治生涯里最好的演讲之一——有说服力、实用性强且有先见之明。

1. 首相索尔兹伯里

在他赢得国会选举之前某一年，丘吉尔受邀与一位事业发展到了尽头的维多利亚时代的政治家共进午餐。这位小名叫“君宝”的威廉·弗农·哈考特爵士，是一位“福斯达夫式的人物”，他喜欢透过金边眼镜盯着这位期待获得他青睐的极富可塑性的年轻人，并对他“耳语几番国会的秘密”。每每当他因为自己的玩笑乐不可支的时候，六英尺三英寸高的庞大身躯从头到脚的每一寸都在颤抖，而其中一大半他已经重复了很多年了。但年轻的丘吉尔仍然听得很认真的样子，他十分想知道未来会怎样。于是他问那位老人家，接下来会发生什么大事？

威廉爵士答道：“我亲爱的温斯顿啊，我这一辈子的经验让我确信什么也不会发生。”

他只是半开玩笑。在这个被英国经济和军事力量统治的世纪里享受了自己漫长而繁华的一生以后，英雄迟暮的威廉爵士生活在一个舒适的世界里，而不是《荒凉山庄》里莱斯特·戴德罗克爵士生活的那个不同的世界——“一个被太多的珠宝商的棉花和细羊毛包裹起来的世界，他们听不到更广阔的世界里车水马龙的声音，看不到自己还在围着太阳转”。丘吉尔比同龄的大部分年轻人都超前，他已经着眼于那个冲击着他生长的秩序井然的世界的广阔天地，并且已经打起精神准备迎接那不可避免的冲突。

20世纪20年代，当丘吉尔回忆起哈考特的话，他评论道：“在我看来，从那时候起事情就没有消停过……我们航行在有着漩涡和涟漪的平静河流上，看起来离呼啸而下的瀑布还有着遥不可及的距离，但我们却已然在瀑布中被甩出去，并在它狂暴的急流里苦苦挣扎。”[1]

1 温斯顿·S.丘吉尔，《当代伟人》(*Great Contemporaries*)，第23页。

对1901年那个急于求成的年轻丘吉尔而言，未来仍然阴云笼罩，因为事实上有太多的维多利亚时代的人还在操控着这个国家。他自己党派的上层阶级全是些白胡子老头，以形象威严的首相索尔兹伯里勋爵为首，他那个拥有哈特菲尔德宫的赛西斯家族从伊丽莎白时代起就是统治阶级的一员。索尔兹伯里在自己的巅峰时期是极为精明的政治家，如今却已然变得十分沉闷而颓废，也越来越疏于日常事务的处理。他总是感觉呼吸困难，这迫使他只能端坐在椅子上睡觉。（他于1903年逝世，后来有传言说他是从椅子上摔了下去导致一条腿受伤，然后发展成了“腿伤溃烂引发的败血症”。）许多年来他唯一做的运动是，在他房子周围的柏油小路上非常缓慢地骑一辆巨大的“古董三轮车”，上坡的时候还有仆人在后面帮忙推。

“他看起来很享受他的运动，”一位哈特菲尔德的游客回忆起这位首相时说，“但总让人觉得恐怖，生怕他被那些都把他当成猎物的孙子们中的一些伏击了。”（其中两个被他们母亲发现在小路附近的一堵墙上准备了“巨大一壶水”等着索尔兹伯里过来。）[1]

日益衰退的视力和记性烦扰了这位首相最后的时光。他习惯性地在上议院里打盹，浓密的胡须垂在他胸前。有一首叫《矮胖子》的讽刺诗里嘲笑说，唯一确定能让他保持清醒的公众事件是“一场管乐团比赛”。在一次漫长的官方庆典上，他半睁着自己模糊的眼睛昏昏欲睡地打量着房间，忽然朦胧地感觉到有个人正站在旁边朝他微笑。他转过去对另外一个人悄悄问道：“我这位年轻朋友是谁？”传回来的答案是：“您的大儿子。”

索尔兹伯里野心勃勃的前任私人秘书寇松勋爵，对这位年迈的政治家拒绝退休的行为不能理解，私下批评他是“顶端上那一截奇怪、强大、高深莫测、才华横溢却碍事的朽木”。在丘吉尔国会生涯早期的一个晚上，他和另外一些年轻政客一起和索尔兹伯里共进了晚餐，回想起那天回家的路上，他们之中就有个人大声地猜想了执掌如此高位的感受，“还

1　马尔科姆，《空置的宝座》（*Vacant Thrones*），第8页。

有快要死了”的感觉。[1]

有一种猜测广泛流传着，那就是无论索尔兹伯里什么时候离任，接任他的都将会是他忠于职守却傲慢的外甥——亚瑟·贝尔福。（傲慢源于某次他出访纽约，被告知一栋新摩天大楼是防火的，贝尔福轻蔑地瞥了一眼然后说：“真可惜。”）为了确保塞西尔家族在他死后能继续长期影响公共事务，这位首相在他的行政机关里安插了许多亲属，其中包括一个任职海军大臣的女婿。政治媒体因此开始称政府为“无限制的塞西尔旅馆”。贝尔福是身居要职的三位外甥之一，曾经有一个批评家尖刻地评论道：“一位斯巴达女人把自己所有的儿子都献给了她的祖国。我们的索尔兹伯里勋爵奉献了他的外甥们，在爱国精神上丝毫不落人后。”[2]

2. 政治团体：胡里干

早在他赢得国会里自己的一席之地以前，丘吉尔就煞费苦心地培养着索尔兹伯里对他的好感。他给他写过一些充满敬意的便笺，还把《河上之战》题献给了他，赞美这位领导者是一位“带领着保守党长期执政并使国家繁荣兴旺的英明领袖”。更重要的是，在他下议院生涯的第一年，便第一时间与索尔兹伯里的小儿子——休·塞西尔勋爵建立了十分亲密的友谊。鉴于其家族掌握着保守党，丘吉尔有充分的理由寻求和休之间的牢固纽带，以期在“塞西尔旅馆”下一次重组之前让自己成为某种家族荣誉成员。

不幸的是，他花了很长时间才发现这个绰号叫林科的休根本没有追随其父亲足迹的意愿。他太固执己见，根本不可能成为任何人共同进退

---

1 吉尔摩，《寇松》（*Curzon*），第128页；温斯顿·S. 丘吉尔，《我的早年生活》（*My Early Life*），第370页。

2 露西，《贝尔福议会》（*The Balfourian Parliament*），第7页。

的伙伴，他总是把很多时间花在奢华舒适的哈特菲尔德宫里研究学术性问题，收藏着无价的古书及手稿的家族图书馆成为他从牛津完成正式学业后继续自己研究的绝佳场所。虽然他和温斯顿都有对戏剧的热爱和对历史的沉迷，但他实在缺乏野心，也对他父亲给家庭成员分发的政治利益毫无兴趣。作为一个虔诚的国教徒，他一直想成为一名神职人员，却最终选择了在下议院占据一席之位，时不时抓住机会在那些激发了他偏执思想的问题上说教。

最初他对丘吉尔是谨慎提防的，觉得他太冲动且“相当感性，沉迷于舞文弄墨来表达情绪，不是很深刻”。他喜欢无情的事实，而不是缥缈的幻想。有一次，他的注意力被一轮漂亮的夕阳吸引了，他看了一眼然后扔下一句干巴巴的评语转身走了：“嗯，挺好看的。”

然而在一定程度上，正是温斯顿对浪漫精神的推崇让他认为与索尔兹伯里儿子的联盟是值得拥有的。这个被某个同时代人形容是“一副又长又薄摇摇欲坠的躯干上撑着一张皱巴巴的年轻老脸”的书呆子林科，在温斯顿活跃过度的想象里，变成了一个拖着贵族光环的阴影却很是鼓舞人心的同伴。他把他看作一个重生了的健壮骑士——“一位真正的保守党员，一个来自17世纪的人”，正如他后来所说，这位骑士将加入他重振保守党的战斗。（没那么令人愉快的是，有另外的说法认为休更像是“一位十四世纪的苦行者”。他自己的哥哥们给他取了林科这个绰号，是因为他们经常笑话他看起来像是缺少了进化环节。）[1]

最终丘吉尔的热情和奉承还是赢得了年轻塞西尔的青睐。他们与即将和女演员莉莉·兰特里的女儿订婚的英俊的社交红人伊恩马尔科姆，以及像珀西勋爵和亚瑟·斯坦利阁下这样一些贵族的儿子们等其他少数一些议员们一起，形成了一个乐于接纳新观念和新方法的独立政治小团体。温斯顿唯恐天下不乱，自豪地散布消息说新团体希望被称作“胡里干”[2]。他私下向自己的圈子透露说他想要“培养一个宝贵的政治特性——

1 温斯顿·S.丘吉尔，《思想与冒险》（*Thoughts and Adventures*），第53页。

2 胡里干：Hooligans，直译为“街头流氓”。

渴望争执”。成立于17世纪80年代初期的第四党是他的灵感源泉之一，那是他父亲的政治“散兵”连，亚瑟·贝尔福还曾经年少轻狂地冲动加入过很短一段时间。

搬弄是非并不是他的朋友们最想要的。他们看起来更喜欢在吃夜宵的时候没完没了地讨论。而在其他议员们的印象里，胡里干“实际上主要是一个晚餐俱乐部，而据大堂里的流言说，马尔科姆先生的特殊功能就是为那些晚餐埋单”。通常这个小团体每周四晚上在议院里的一个餐厅集合，但也会去布伦海姆或者其他贵族城堡进行周末聚会。康苏微洛曾经回忆起胡里干在布伦海姆的某次晚宴，所有人都“陶醉于温斯顿的滔滔不绝，直到午夜仍流连忘返”。（和丘吉尔不同，休·塞西尔是一个有耐心的好的倾听者。有一次一个喋喋不休的朋友问他：“休勋爵，我让你觉得无聊了吗？”而他礼貌地回答说：“还没有。”）[1]

有那么一段时间，只比温斯顿大几岁的如雕塑般庄严优美的萨瑟兰公爵夫人，成了这个小团体的灵感源泉。他们被邀请到她在苏格兰的城堡里做客，参加她在伦敦的府邸——斯塔福宫里举办的奢侈聚会。在她的舞厅里，“上千支蜡烛闪烁在枝形吊灯上”，她总是人们注意力的中心，看起来游刃有余地在光洁的地板上漂移，穿梭在自己的客人之间。有人回忆说她看起来就像“芦苇一样纤瘦，金色长发随意地打了个结，皮肤就像海贝的心脏一样透明”。而她的一些迷人的客人们想知道她对温斯顿有什么看法。在斯塔福宫的一次派对之后，有个社会八卦抱怨说丘吉尔“周旋在三位公爵夫人之间”，还把香槟洒到了“他贡献了自己整个晚上的海伦·斯图尔特小姐这位高大的金发女继承人的大腿上”。（被家里人亲切叫作“柏蒂”的海伦小姐是温斯顿的远房表姐，从儿时便是他的朋友。）

公爵夫人想要从她的倾慕者和像丘吉尔这样的追随者那里获得的，貌似是清白无邪的热爱。从一开始，他的叛逆性格就激起了她的兴趣。虽然在那些派对里她非常享受，但除了社交技巧和美貌，她渴望被更多

---

1 塞西尔，《哈特菲尔德宅邸的塞西尔家族》（*The Cecils of Hatfield House*），第303页。

地了解。她认为自己是一个社会改革者，近年来一直致力于帮助工人阶级获得更好的居住条件、医疗护理和职业。她最钟爱的项目之一就是复兴苏格兰制作哈里斯粗花呢的纺织家庭作坊。让这位名叫米莉森特的公爵夫人痛苦的是，大众媒体居然嘲弄地称她为“爱管闲事的米莉”。她不屑理睬这种无稽之谈且坚持做自己的好事，很大程度上是因为得到了自己的忠实拥趸在主流媒体上的鼓励。其中最有说服力的一个就是温斯顿·丘吉尔，他给《泰晤士报》写了封信赞美她的行动主义，并谴责了一位“对‘万能的公爵夫人’冷嘲热讽”的匿名批评家。

她想要挑战上流阶级里更多反对改革的成员们的观念，也十分好奇胡里干是否能做一些动摇托利党的事情。“说到一位不幸的公爵夫人可能是一个煽动者，”几年以后她说，“我努力成了一个。”她那比她年长许多的丈夫，也就是她年仅十七岁时候就娶了她的人，对丘吉尔的小团体却并没有和她一样的好奇心。他认为他们不怀好意，甚至凭一时意气要求他妻子取消已经发给了休和温斯顿的派对请帖。这位老公爵很快软化了自己的反对态度，而米莉森特在随后许多年里都喜欢回忆这个插曲，因为她当时被她这两位年轻朋友的不同回复逗得乐不可支。她曾对一位闺中密友说道：

> 我至今还保留着他们写给我的回信。因为这两封信非常明显地体现了他们俩截然相反的性情。休·塞西尔这样写道：“我亲爱的米莉，我很遗憾也很理解你的处境。你能给我个面子告诉我下周哪天有空能跟我一起吃个午饭吗？”至于温斯顿，就完全缺乏塞西尔家族这种众所周知的涵养，他写了一封怒气冲天的信让我笑得不行，直接号称只要公爵还活着他就绝不会再踏进我家里半步。[1]

作为他们政治独立性的一个展示，胡里干会见过几次前自由党首相

1　米莉森特关于塞西尔和丘吉尔回信的回忆，参见库姆斯《温斯顿·丘吉尔爵士》(*Sir Winston Churchill*)，第111–112页。

罗斯伯里勋爵，有时会去他位于萨里郡和白金汉郡的乡村别墅过周末。丘吉尔把这些周末拜访变成了真正的冒险，因为他总是开着刚刚学会的汽车去目的地。他在方向盘前手忙脚乱，而车子的噪声又大，没有任何一个其他的胡里干成员愿意坐他的车。在某次拜访过后他给罗斯伯里勋爵写信道："我的车恐怕吓着了您的马，我正在学习开车，所以这是个相当危险的时期。"[1]

罗斯伯里请这个小团体吃饭喝酒，且十分高兴看到老索尔兹伯里的小儿子来向他请教政治智慧，老索尔兹伯里是他的宿敌，并在1895年打败他成为首相。而休·塞西尔却尴尬于他的胡里干伙伴对这位自由党政治家的好客肆无忌惮的享受。丘吉尔曾说他的朋友忍受着"自己关于社交礼仪的崇高道德标准所带来的不便"。实际上，过分讲究的休觉得自己必须要替胡里干道歉。于是他给那位主人写道："我非常抱歉地说我的同事们表现得很糟糕。"[2]

但丘吉尔觉得这些拜访很振奋人心，并不仅仅因为他父亲是罗斯伯里勋爵的一位密友。他喜欢听关于他父亲政治生涯的故事，并作为一个渴望给父亲的名声以荣誉的、自豪的儿子受到了欢迎。在一个除了胡里干还有许多其他客人在场的聚会上，罗斯伯里经常中断讨论然后亲切地指着温斯顿对所有人宣布："在问过这个男孩之前，请不要得出任何结论。"很少有人能这样称呼他还能让他不生气，但罗斯伯里可以，因为他的身份，也因为他是那么明显地欣赏温斯顿早熟的心智。他和他的圈子都认同伦道夫的这个儿子"年轻的肩膀上长着一颗非常成熟的头脑"。

罗斯伯里的存在不仅让温斯顿觉得能和父亲的过去紧密联系，还能让他感受到从古至今的历史冲击。关于这位前首相，他后来写道："过去就好像近在他手边，也是他最为依赖的顾问。他看起来就好像沉浸在学

1　1901年7月24日温斯顿·S.丘吉尔写给罗斯伯里勋爵的信，《姊妹篇》(*CV*)，第2卷第76页。

2　1901年8月6日"胡里干"写给罗斯伯里勋爵的信，《姊妹篇》(*CV*)，第2卷第77页。

问和历史里，看待时事的时候也总是带着一种古代权威的气派。他的声音悦耳而低沉，时常在你听他说话的时候，会恍惚觉得是在和逝去的那些世纪交流，也仿佛能感知到这个岛上发生过的一连串的传说。”[1]

罗斯伯里所拥有的豪华房子和珍贵财产让温斯顿目眩神迷。一幅巨大的油画特别吸引了他的目光。他给罗斯伯里写信说：“昨天当我看着拿破仑的画像时，沉浸在一种很奇怪的感觉里。它看起来就好像渗透着他的人格，而我感觉自己好像在偷窥他正在工作的那个房间，刚刚才为了避免被看见而及时地躲闪开来。”

因为丘吉尔脑子里的拿破仑形象基本上是经由他的阅读形成的，因此当他忽然看到了栩栩如生的英雄正从杰克－路易·大卫的画布上盯着他看时难免被吓得目瞪口呆。这幅画的名字叫《在杜伊勒里宫中学习的拿破仑皇帝》，完成于滑铁卢战役发生的三年前，直立有大概2米高。这幅画作于19世纪80年代，被罗斯伯里获得，他与罗斯柴尔德家族继承人的婚姻让他有了足够的钱买几乎任何他想要的珍宝。大家都知道他有时候会站在两幅画前演练自己的演说，这幅是其中之一，而另外一幅甚至还更大些，十分引人注目，是吉尔伯特·斯图尔特笔下的乔治·华盛顿（也就是那幅所谓的兰斯顿画像）。一位家庭成员回忆道：“他把它们当成合唱队。”温斯顿对那幅拿破仑画像的魔力效果所表达的震惊让罗斯伯里给了他一个一反常态直率的坦白。关于那幅生动的图画，他说：“我发现他有时候会从画布里走出来。”[2]

丘吉尔大概希望拜访罗斯伯里的家和布伦海姆宫能激励胡里干。但在他朋友眼里这些事情纯属玩乐，并不指望借此培养宿命的责任感。他们并不能分享他对伟人和不朽著作的特别激情。他们也没有迫切的渴望想要发起一场针对保守党领导人的自满的激烈攻击。

1　哈罗德·贝格比，《大师角色》（*Master Workers*），第161页；温斯顿·S.丘吉尔，《当代伟人》（*Great Contemporaries*），第16–17页。

2　1901年9月5日罗斯伯里勋爵写给温斯顿·S.丘吉尔的信，《姊妹篇》（*CV*），第2卷第78–79页。

无论从哪个方面，索尔兹伯里勋爵都没有担心过这个小团体。他从不认为胡里干能有什么很大的作为，也许是因为他实在太了解自己的儿子了。据伊恩·马尔科姆说，正是首相本人想出了一个聪明的方式去无视他们的活动。他嘲笑他们应该更名为“跟在他小儿子后面的胡里干”。这个名字让一些保守党人动弹不得，也让另外一些人仅仅把这个小团体看成一个嘲笑的对象。

在胡里干解散以后很久，丘吉尔仍一直试图和那个古怪的休保持良好的关系。但在那一年或小团体最活跃的那段时间里，温斯顿经常被他朋友爱在细枝末节上浪费时间的癖好折磨得筋疲力尽。作为一个玩票性质的政客，休最开心的就是能碰到那些涉及一些似乎只有他能明白细节的纠结问题。当其他人都在严肃坚决地想要解决战争与和平的问题时，他却在反对一个关于允许鳏夫和小姨子结婚的有争议的法案。三十年过后，丘吉尔想到休对这个“与已故妻子姐妹结婚”的尴尬法案所进行过的猛烈抨击时，仍然会摇头并觉得不可理喻。（这个问题持续辩论了好多年，于是吉尔伯特和萨利文找时间编了个讽刺的小段子：“他应该和已故妻子的姐妹一起戳破年度水泡和婚姻。”）[1]

3. 保守党神童

1901年春，当单身的休忙于警告下议院允许一个男人娶他故去妻子的姐妹会把“马场”的行事方式变成一种神圣的制度时，丘吉尔正准备向自己党内最重要的立法项目之一发起攻击。“我天生就是反对派”是拜伦最著名的宣言，而现在丘吉尔已经准备好要上演一些属于他自己的拜伦式的戏码。他想要向索尔兹伯里和其他塞西尔旅馆的成员证明，不能理所当然地把他当成一个普通的后座议员。

1 温斯顿·S.丘吉尔，《思想与冒险》（*Thoughts and Adventures*），第53–56页。

迫在眉睫的是政府关于对布尔战争中因不计其数的失败而名誉扫地的军队进行改革的计划。所有人都知道改制必须淘汰无能的军官和过时的练兵方式。正如赫伯特·乔治·威尔斯后来评论的那样："在全世界的嘲弄轻蔑中，我们的帝国几乎被一些农民打败了。好几年前我们就敏锐地感觉到了这个状况，直到现在才终于开始质疑自己了。"等到1902年5月终于达成了和平协议的时候，这场开始不过是为了打击"无用的小国家"的所谓"茶时战争"已经牺牲了2.2万名英国士兵。

在各个层面都存在的军事和政治上的错误判断导致这场战争被拖延了太长时间。这些问题削弱了丘吉尔对军队的信心，导致他私下抱怨说这场战争"过程是可耻的，结局是残忍而荒谬的"。在这场"小小战争"里，那些在维多利亚女王时期享有盛名数十年的司令官们，面对使用新型武器和非常规战略的布尔人时表现得措手不及。雷德弗斯·布勒爵士将军在战争早期犯了如此多的错误，导致他成为高层无能的代表，并被嘲弄地称为"颠三倒四的布勒爵士"。在一次关于派往南非的马和骡子数量的无趣讨论里，当爱尔兰议员蒂姆·希利站起来问一名政府大臣时表达了对许多事情的幻灭感："绅士阁下是否要阐明有多少头驴被派往南非了？"[1]

丘吉尔认为政府的改革计划不过是个幌子，昂贵的军队扩张才是其真实目的。于是在下议院就此事进行辩论的第一个晚上，他花了一个小时将其批判得一文不值。这是他政治生涯里最好的演讲之一——有说服力、实用性强且有先见之明。他听起来一点也不像是第一年进入下议院的新人，反而像是经验丰富的老手。那个计划包括了建立一支远征部队去解决来自一个欧洲对手的潜在威胁。他认为被提议建立的部队实在太小了，不会有什么用。但政府似乎仍然认为这支军队能选择性地打击一支敌军并很快凯旋。

"一场欧洲战争除了是一次残酷而令人心碎的努力，别无其他可能。"他警告说："如果我们想要在这样的战争里享受胜利的苦涩果实，就必须要求这整个稳定的国家，耗时数年，彻底暂停发展各个成熟的行

1 《议事录》(*Hansard*)，下议院，"料理马和骡"，1900年12月3日。

业，集中社会上所有的重要资源全力以赴。”

由于他自己曾亲历战火的经验，他远比他的大多数同事更理解现代战争的可怕后果。他告诉下议院，在南非的这场战争只不过提供了未来等待着军队的屠杀的一斑。一场真实的冲突将会立刻吞噬那支被建议成立的远征军。他提议，把钱花在建设海军上是更明智的，坚称成为海军强国是保卫大不列颠群岛以及帝国权威的最安全途径。

他提出了一个严峻的新现实，明确宣称国王能像在棋盘上一样随意摆弄军队数年的日子一去不复返了。“现在，当强有力的人民互相推动着对方，当科技和文明的力量能扫除一切困难并减轻他们的愤怒，一场欧洲战争只能收获被征服的废墟、几乎同样致命的商业混乱以及疲惫的征服者们。人民发动的战争将会比国王发动的战争更可怕。”

这些话语铿锵有力掷地有声，虽然房间里有一些人认为这不过是要嘴皮子而不以为然，但另外一些却陷入了沉思。甚至那位昏昏欲睡的维多利亚时代的老政治家威廉·哈考特爵士，也深受感动流露出一贯得意的表情，且惊叹于这个年轻人对整个战争的鲜明描述。他并不确定自己理解了所有的含义，但有一件事是非常清楚的，丘吉尔将会成为未来议院里最强有力的声音。第二天他匆匆写了个纸条祝贺丘吉尔说：“演讲的辉煌成功为你在下议院的未来打下了不可动摇的坚实基础。”[1]

亚瑟·贝尔福却并不买账。作为下议院的领导，他的职责是让计划按原样通过，但丘吉尔的批判里每一个字眼都在质疑这次改制的合理性。大多数人都在这个问题上支持贝尔福，但这并不能阻止他对自己这个刚愎自用的同事感到愤怒。他曾告诉一个朋友，说温斯顿“令人惊讶的自负让他非常犹豫”，而这次对立的展示不过是一个噱头，“因为既无法给计划定罪，也没有任何论据，有的仅仅是自我标榜”。演讲的大部分时间里，他都横眉“怒视”着那位年轻的麻烦制造者。但丘吉尔阐明了自己的观点，他将不会被忽略。

---

1 《议事录》(*Hansard*)，下议院，“军队组织”，1901年5月13日；威廉·哈考特写给温斯顿·S.丘吉尔的信，《姊妹篇》(*CV*)，第2卷第69页。

几天后，著名的周刊杂志《黑与白》宣布："一个新人物的出现让死气沉沉的下议院重现生机。"一位经验老到的政治观察家称他为"保守党神童"并郑重宣告他将永远不会忘记"这个对自己长辈授课的男孩"的见解。诚然，丘吉尔有重要的话想说，也并不害怕说出来，但更重要的是，他想要做一些更重要的工作。他很快做出了这样的结论："一位认真的保守党员变成了一个沉默的苦工，穿梭在各个休息室之间的走廊上辛苦拉着选票，他很想知道自己到底为什么要来威斯敏斯特。雄心勃勃的青年要么开始批判甚至敌对，要么在别的地方寻求发泄自己精力的出口。"[1]

保守党领导层的当务之急是如何处置丘吉尔。是否应该给他个一官半职好让他能安静一段时间？还是应该耐心些，试着慢慢孤立他直到他认识到自己的过错？随着时间的推移，贝尔福决定最好的方式就是按兵不动。

但期望丘吉尔能等待时机并不是个好主意。放任其自流，他就不会收敛自己对政府处理军队事务方法的批判。事实上，他很快把效益和经济相关的所有问题当成了自己的特别主题。但很明显，他还有着更大的计划，就像"大锤子"留意到一幅关于他的漫画中提到的那样，他的兴趣列表如下："下议院——及其改制。大不列颠军队——及其改制。大不列颠海军——及其改制。世界——及其改制。"

1 "消逝的时间"，《黑与白》(*Black & White*)，1901年5月18日；"策略和武器"，《维斯敏斯特要闻》(*Westminster Budget*)，1901年5月17日。

第4章

公爵的微笑

一如丘吉尔清楚知道的那样，集会表面团结的景象下隐藏着贝尔福和张伯伦之间的激烈竞争，这两个人都想获得联盟的领导权。丘吉尔决定要利用这种紧张。这样的把戏容易偷鸡不成蚀把米，但丘吉尔实在太急于求成了，所以不惜背水一战以求出奇制胜，而他似乎也愿意承受这种风险。

1. 修复心碎

随着大众对他的好奇心日益增长，丘吉尔开始收到非常多的信件和请帖，多到能把他淹没其中。还剩下至少一百封信没回的时候，他对他母亲抱怨说自己快要“被追死了”。但他无法抗拒这种关注，1901年的他简直就像和自己答应参加的各种社交活动订婚了。每周都有几个晚上要参加在别人家里或者俱乐部里举行的晚宴，而每个月剩下的时间基本都被各种庆祝酒会、午餐会、演讲、义卖和其他活动占据了。

5月的一个下午，在一位报社编辑款待的午餐上，他发现自己坐在了夏洛克・福尔摩斯的缔造者和印度总督夫人之间。他和曾在布尔战争中短暂服役过的亚瑟・柯南・道尔，有许多可以聊的话题，这两个男人也都很乐意和对方交谈。但丘吉尔也同样乐意在魅力四射的玛丽那儿碰碰自己的运气，这位寇松勋爵夫人正在英格兰享受自己的悠长假期，而她挚爱的丈夫仍在印度履行着自己作为总督的职责。

玛丽是一个有十足幽默细胞的精致美人，她喜欢开玩笑，也开得起玩笑。丘吉尔因为自己的母亲而对她有一种特殊的迷恋感觉。她和珍妮一样，是个年纪轻轻就嫁入上流社会的美国人，成为大英帝国有史以来最年轻的总督夫人时，她年仅二十八岁。在这个长假期间，她写给寇松勋爵的信里，时常会开玩笑地提到温斯顿，说他的自负让她又气又乐。

在试图向自己丈夫介绍胡里干的时候，她很开心地写道，这个小团体的“宗旨”是“教会温斯顿别说太多话”。然而，作为他的主要特色，在他们一起吃午饭的过程中他除了讲话没干别的，一直在跟她讲前一天晚上他所做的关于军队改制的“伟大演讲”。她对寇松写道，他自信满满的，自信到“他看起来把这次演讲看作是他有史以来最大的成功”。

事实上，丘吉尔身上有其他一些让她钦佩的品质，让她很想知道什么样的妻子是他想要的。一直到假期结束，她都在努力钻研这个问题并获得了一些进展。她热衷于各种传奇、绯闻和丑闻故事，也会和渴望了解家乡社交和政治消息的最新细节的寇松分享这一切。她的首要发现是温斯顿终于放弃了赢得帕梅拉的爱情的全部希望。6月，和珍妮及温斯顿一起待了一个晚上之后，她写信告诉自己的丈夫，有一位新的女人进入了那个年轻男人的生活："现在来讲一点点绯闻吧。艾蒂搞定了温斯顿，他现在完全被她吸引住啦，帕梅拉·普罗登完全出局啦。"[1]

爱德华时代的许多男人都在一段不愉快的浪漫史结束后，获得过来自艾蒂·格林菲尔勋爵夫人的慷慨关怀，这成了他们获得暂时慰藉的最佳良药。在一位年轻朋友嘴里，她"对一颗破碎的心而言，是最温柔的同伴"。这个幸运地拥有一双极富魅力的深蓝色眼睛的女人，只要她低下头藏起那充满诱惑的眼神，然后在耳语一些暧昧情话时，适时抬头看他一眼，她就能轻易地捕获任何一个男人的心。

这是个有着幸福美满的婚姻的女人，还是个溺爱孩子的母亲，但这些都并不能抑制她想要自己的生活里有各种各样的男人的渴望，虽然她似乎很小心地避免了跟他们之间的任何一个有实质性的关系。作家及艺术家马克斯·比尔博姆在一首短小含蓄的社会讽刺诗里，把艾蒂描绘成一个"男人标本的收藏家"。他在诗里暗示说，她就像个女王，"高高在上地坐着，召唤那些合她胃口的家伙们出现"。她和蔼可亲的丈夫，也就是后来成为德斯博罗勋爵的威利·格林菲尔，对她和其他男人的关系从来没有表现出任何兴趣。他自顾自地陶醉在自己的无害爱好里。有时候厌烦了艾蒂派对上的无趣寒暄，他就会有节奏地把胳膊抬起又放下，高兴地假装自己正在泰晤士河上划船——这是他最喜欢的活动之一。

当艾蒂开始帮温斯顿修复他破碎的心时，她已经三十出头了，但她轻盈的身形更像个二十岁的姑娘（她社交场上的一个对手说她的腰"是你见过的最细的"）。她十分清楚建立一段强有力的关系的基础，无非就是些由衷体贴的话语、温暖的拥抱和蜻蜓点水般暧昧的吻。（19世纪90年

1　寇松，《寇松夫人的印度》（*Lady Curzon' s India*），第81、93和106页。

代，她曾是SOULS的重要人物，SOULS是关系亲密的小团体，聚集了上流社会里那些因为对艺术的共同热爱而建立了深厚友谊的美学家们。）一位被她挑逗得坐立不安的年轻倾慕者曾哀怨地写道："你遗忘我，就像遗忘了你自己一个优雅迷人的微笑。"有些男人则欣赏她的克制，且满足于被她的温暖微笑治愈而并不会要求更多。其中一个曾表白道："我非常非常喜欢你，虽然我首先爱我的妻子然后就是你，但这些都远远不够表达我对你认真的爱。"

她给温斯顿的大概比一双同情的耳朵和一副当他倾吐困扰时能把头靠在上面休息的柔软香肩还要更多一点。她似乎把他当成了一个需要比他更懂得爱的人来安慰的天真男孩。而她必然很快便清楚了他和帕梅拉的关系完结得并不漂亮。这次情感的动荡是那么严重，以至于数月之后温斯顿和帕梅拉在瞥见对方的时候，脸上都还流露出受伤的神情。他不能抑制自己对她的拒绝久久不散的怨恨，而她则因为他对艾蒂和其他人抱怨了她而有些受伤。

在他们的紧张偶遇里，还有过两次真情流露的惊鸿一瞥。第一次是在某次舞会上，温斯顿大步走向她并要求知道"她是不是没有自尊心，因为他听说她准备四处去说他对她很恶劣"。帕梅拉否认了他的指责，却私下告诉别人他的话伤她很深。第二个插曲发生在温斯顿的姑姑科妮莉亚举办的大型晚会上。迟到的他走进了一个房间，看见帕梅拉和另一个女人一起站在火边。她穿着一袭白色的缎子礼服，身上的钻石在火光里显得越发光彩夺目。他走近了她，却似乎太沉醉于她的美而说不出半个字来，甚至连另外那个女人是谁都没能认出来。他朝帕梅拉伸出了手，但她并不理睬也拒绝跟他讲话。这是一个十分丢脸的时刻，而当他姑父过来招呼她去用餐时情况就越发糟糕，她就好像当温斯顿不存在一样，直接从他面前走过去了。

1902年初，帕梅拉即将嫁给一位伯爵的消息传来，对方就是那位住在内布沃斯宫那座雄伟的哥特式府邸里的利顿勋爵。《每日纪事报》当时报道说："她现在达成了一桩联姻，也值得这么久的等待。"丘吉尔的传记作者们普遍认为，温斯顿和帕梅拉之所以渐行渐远，很大程度上是因为他不够努力才没能留住这位“如花美眷”。悲剧的是，事实是他从一开始就完全弄错了她的性格，自行想象了一些她根本没有的品质。她并不是他崇拜的那种超凡脱俗的人，不过是一个很难被区区一个男人满足的、有着许多庸俗欲望的年轻女人。真正终结他们关系的并不是被普遍认定的他的“惰性”，或不够有钱有势，而是她的水性杨花。直到接受利顿勋爵的求婚之前，她一直都是脚踏几条船，同时把几段关系玩弄于股掌之间。甚至在她结婚以后，也始终和别的男人保持着来往。

珍妮的姐姐莱奥妮回忆说，当温斯顿终于明白帕梅拉误导了他以后震惊得不知所措。一天早上，“看起来病恹恹又心烦意乱的”他来找莱奥妮寻求安慰，告诉她：“我在我房间里来来回回走了一整个晚上，一秒钟也没躺下，一直走到早上天亮。”一直被她的美貌所蒙蔽，温斯顿也许只猜测过帕梅拉到底把她的感情分给了多少人。然而在他们的关系中早就有过警告迹象。他那通常毫不武断的弟弟杰克就曾断言过她不可信，认为她是一个“对其他三个男人也和对温斯顿一样”的“恶心的骗子”。据传闻，她甚至曾经和地位超然的自由党政治家赫伯特·亨利·阿斯奎斯有过一段短暂的罗曼史，而他比她大了22岁。阿斯奎斯晚年时，有人问到过他对帕梅拉·普罗登的看法，他曾私下对贴身圈子透露说，她是一个让人目眩神迷的女人，获得了“她那个时代的情色场上最大的成功”。[1]

帕梅拉的生活里总是有太多的男人，这种情况在很多年里从来没变过。事实上，她最富激情的一次外遇发生在她近四十岁的时候，她与艾蒂的一个儿子——英俊的朱利安·格林菲尔一起坠入了爱河。引诱这个比自己年轻的男人的结果，是她在格林菲尔家族里作为那个“邪恶的伯爵夫人”而出名了。

---

1 辛西娅·阿斯奎斯，《日记：1915—1918》(*Diaries: 1915—1918*)，第154页。

2. 温暖友谊

当帕梅拉与利顿订婚的消息被宣布的时候，丘吉尔没有表现出任何一点怨恨或者冷嘲热讽的迹象。相反，他给这对夫妇寄了一封亲切的便笺，祝愿他们婚姻幸福并承诺将永远是他们忠诚的朋友。无论如何，结束对帕梅拉的长期爱慕是一次发人深省的经验，他永远不会忘怀。艾蒂的温柔体贴帮助他抛开了烦恼，而她同时也是那种能让他对自己想象的迷人未来恢复一些信念的人。如疾风骤雨般告别了帕梅拉之后，他欣然接受了艾蒂式的没有任何妨碍的温暖友谊，他们既没有谈论婚姻问题所带来的困扰，也不用承担任何丑闻带来的严重风险。

她分享了他浪漫的人生观——把人生看作一次充满了激昂情绪的英勇尝试。她十分喜欢阅读诗歌，在之后的岁月里她总是引用一句自己最喜欢的诗来作为信的结尾，那句诗出自丁尼生的《尤利西斯》，描述了一颗“英雄般的心”的人生目标：“战斗，探索，体验，且永不屈服。”在她房间的一张桌子上，放了一份她的美国朋友奥利弗·温德尔·福尔摩斯的演讲稿，里面阐明了一个丘吉尔毫无疑问会赞同的信念。福尔摩斯对一群内战退伍老兵演说道：“在我们年轻时候，我们的内心激烈如火。这是为了让我们从最初便知晓，人生是如何意味深长而又热烈激昂。无论一个人是接过命运女神的铁铲，埋头深掘，还是挥舞梦想之神的斧与绳，破冰而上，他和那仅属于他的成功所需要的，就是带着一颗强有力的心去完成使命。”

艾蒂的许多迷人话语，在温斯顿身上有着不可思议的效果，于是接下来的几年里他一次又一次地回来寻求她的鼓励和启发。正如艾蒂的一个朋友所言：“西多妮是一个女巫，而温斯顿的魅力是她的花冠下那棵大大的月桂树。”丘吉尔的朋友们很快就会意识到他和艾蒂亲近到时常会在一起互吐心声。因为很快，她便开始到处对公众炫耀她的新朋友。1901年7月20日那天，一本配图周刊特载了一幅“议员温斯顿·丘吉尔先生”在海德公园的照片，照片里他和艾蒂及其丈夫威利一起，谈笑风生地坐在一辆马车上。

休·塞西尔担心丘吉尔对艾蒂的信任欠考虑欠妥，尤其是艾蒂的朋友里还包括了不少议院两派的政客。他唯恐胡里干的秘密被温斯顿口无遮拦地泄露，于是教训他说：“我再重申一遍在谈话中有所保留的必要性，你可能已经对格林菲尔夫人说过的那些让我感到恐惧战栗！”

对丘吉尔而言，艾蒂周身散发的魅力和她在塔普洛庄园的享乐生活有很大的关系，那幢红砖大宅坐落于泰晤士河上，被高高的山形墙和尖顶的角楼环绕，展现出“一派令灵魂舒展的景象”。夏天的周末，这座房子里就会挤满了宾客，享用主人准备的丰盛早餐和晚餐，在河上悠闲地划船，在树林里惬意地散步，打打网球，在草坪的茶桌旁聊天或参加深夜的猜谜游戏。“没人能比她招待得更令人愉快。”康苏微洛·马尔伯勒回忆起艾蒂时如是说。“那里有夏天格外可爱的泰晤士河，树林里隐秘的林荫小道且总是能和一位和蔼可亲的骑士形影不离。”就是在这样的林荫小道上，温斯顿和艾蒂建立了他们深厚的友谊，他们一起漫步林间讨论着政治与人生，还能一睹几英里外温莎城堡的浪漫风采。

聚会上时常会闹得很凶，有一次当穿着大衣、戴着礼帽的丘吉尔从伦敦过来刚到，就被粗鲁地扔进了河里。他看起来没事，这倒也算是一项好的运动，虽然他更乐意去掌控晚餐后的讨论。在塔普洛的某次聚会过后，被逗乐了的艾蒂写道：“温斯顿主导了壁炉前的所有谈话，他完全就是对着镜子里的自己在演讲，那真是个热情可爱的听众。”当话题转到昵称上，温斯顿被问到他有没有被取过什么小名，他回答道：“没有，除了‘那个小畜生丘吉尔’。”

丘吉尔的传记里很少会提到艾蒂，但实际上，她在有生之年一直是他的朋友和支持者，且晚年时因为得知自己早前对他的信心终于得以证明而感到十分心满意足。1947年，第二次世界大战之后，她已经年近八十，而她那在自己的时代风靡众生的魅力已经被遗忘很久了。但她并没有忘记多年前她和丘吉尔曾经有过的亲密。她写了些感激的话给她“挚爱的温斯顿”，告诉他：“我时常想起你，想起我们曾经有过的那些时光，还有我们曾经对于彼此的意义。”[1]

3. 布伦海姆宫

对于丘吉尔，塔普洛还有一个特别重要的意义，那就是它曾经属于一位曾和马尔伯勒公爵在布伦海姆战役中并肩作战过的将军。这位奥克尼伯爵18世纪初期曾在欧洲战场上纵横十年，是一名无所畏惧的步兵团领袖，丘吉尔在20世纪30年代写的马尔伯勒公爵传记里将他称为“英勇的奥克尼”。从军队退休以后，这位公爵同时获得了塔普洛庄园和相邻的克莱夫登庄园的所有权，并且就在这两座庄园里度过了自己最后的二十五年。对大部分艾蒂的客人来说，树林和河流再美好也不过仅仅是他们的活动场所，但借用丘吉尔献给索尔兹伯里的话，过去始终就在温斯顿手边，每一次对塔普洛的拜访都会让他联想到自己杰出的祖先，也让他手边的过去更加生动丰满。

当然，在大概四十英里以外的布伦海姆宫，这些精神遗产得到了最好的继承和体现。在那里，丘吉尔曾沉醉于研究家族史和从数不胜数的象征着马尔伯勒荣耀的纪念品里收集灵感。但布伦海姆宫并不仅仅有历史意义。正如这个家族在1901年证明了的那样，过去的胜利直到今天仍然有着它们的用处。

在这片历史悠久的土地上，一场计划在8月举行的大型政治集会正在酝酿。这次集会旨在促进保守党的团结，但实际上除了布伦海姆的本土明星丘吉尔，并没有其他人从中得到什么好处。这是一场全国只有少

1　达文波特－海因斯，《艾蒂》（*Ettie*），第93、161－162和363页。

数家庭能负担得起的盛大庆典。因此这也是对保守党的一个提醒，那就是：无论温斯顿看起来有多么年轻而又招人烦，他背后的家族都仍然是一股不容小觑的力量，因此他和任何塞西尔旅馆的成员一样有足够的理由期待晋升。

设计布伦海姆宫的是从剧作家转行成建筑师的约翰·范布勒爵士，因此建筑风格上多少有些夸张的戏剧性特点。每一个来到这座有着宏伟庭院的巴洛克风格的城堡参观的人，都不禁被它两侧高耸的柱廊、正前方隐约可见的科林斯式门廊和像哨兵一样矗立在屋顶的密涅瓦女神雕像所震慑。装饰着外墙面的是象征着马尔伯勒军事胜利的雕刻图案，包括盔甲、刀、剑、鼓和战旗。作为那位公爵打败不列颠敌人的胜利象征，两个被捆绑起来的俘虏明显被隔离地坐在密涅瓦背后。所有这些设计都是为了激发人们对那位战无不胜的英雄的敬畏，而这不同凡响的宫殿是国家赐予他的完美礼物——他的最后一个战利品。

获得了这样一座隆重的纪念碑，那位伟大的公爵也就没再费心跟后辈讲述自己的作为，便心安理得地进了坟墓。“他对自己的丰功伟绩保持了彻底的沉默，而他的答案就是这座大宅。”丘吉尔曾如是解读他的祖先。[1]

就算温斯顿能对自己的成就保持缄默，那座大宅却胜过千言万语，时刻彰显着他血统里流传的战斗精神和无限的野心。像那位公爵一样，他在战场上赢得了威望；像他父亲一样，他想成为那个时代卓尔不群的政治人物。在伦敦，批评家们可以随意藐视他的不可一世，也可以嘲笑他年少轻狂，厚颜无耻。但置身于富丽堂皇的布伦海姆宫，却很难嘲弄他什么。这里的每一块石头都在讲述着那些史诗般的传奇壮举，而其建筑结构的宏伟和牢固似乎都预示着丘吉尔家族的成功将永远延续。

现在困扰着这座大宅和它最新的佼佼者的重要问题是，在20世纪里从前的那些英雄们是否还有足够的意义。在这样一个商业、技术和社会改革稳定发展时期的开端，哪里还需要另一个征服敌人的马尔伯勒公爵呢，难道就像丘吉尔某次说的：“岛边吗？”英雄们还是能在像布尔战争

1　温斯顿·S.丘吉尔，《马尔伯勒》(*Marlborough*)，第754页。

那样有限的军事行动里发挥自己的作用，但其他人又为什么要指望有一个像马尔伯勒公爵那样的战斗巨人呢？并没有哪个新政治暴君的崛起而让这片大陆置身于危险之中。下一个前线似乎是国内对经济公正和基本人权等问题日益增长的不满情绪。虽然那些被铭刻在布伦海姆宫的信念仍然有着打动人的力量，但它们现在却有沦为某个毫不相干的时代的古怪残余的危险。而后来，温斯顿在他的大半生里，都在心神不宁地试图兼顾那个英雄主义盛行的旧世界和这个期待低调王者的新世界。

4. 名望险中求

在8月集会的那个周六早上，工人们都在布伦海姆宫的大庭院里忙着摆放长椅，预计将会有120位议员和他们从全国各地赶来的3000名拥护者入座。一个舞台依着门廊搭建在了台阶上，舞台中间放置了一块巨大的传声板以保证最后一排也能听到演讲者的声音。为了给这样大型的集会提供午餐，一小队佣人从凌晨开始便在草地上一个大帐篷里忙碌着，在那里宾客们很快可以享用到烤鸡和约克郡火腿，随后还备有乳酪蛋糕和法式甜点。另外还有超过一千瓶的香槟就在手边等着被一饮而尽。

温斯顿的堂兄为这次请客很是尽心尽力。桑尼似乎相信这次集会能加强他在保守党人及其自由党联合派盟友（反对爱尔兰自治的思想独立的自由党人）之间的影响力。但几乎没人对他的政治技能有很高的评价。看起来更像是在当天的庆祝活动里扮演了重要角色的珍妮，用自己无与伦比的魅力让桑尼以为他在为自己的利益努力，实际上却是为温斯顿服务。他在当天的任务仅仅是当一个和蔼可亲的主人和对客人们致简短的欢迎词。而主要活动则预留给了两场演说，分别来自亚瑟·贝尔福和大权在握的殖民大臣，被某些人称为“帝国大臣”的约瑟夫·张伯伦。

但还有着第三位演讲者被邀请发表简短的结束词。在这种庆典上，一般都是由一位年长的政府成员来担任这个位置。但相反，并不让人意外的是，这个机会给了温斯顿。虽然包括他胡里干的同伴休·塞西尔和伊安·马尔科姆在内的其他议员们，都只能坐着欢呼，但他们受到了那么盛情的款待，也就并没有什么怨恨的理由。和其他人不一样，他们是在主餐厅而不是帐篷里用餐，并在狭长的图书馆里享受了一场音乐会，随后还专门被安排参观了这座威严的殿堂。而珍妮、康苏微洛·马尔伯勒和米莉森特·萨瑟兰这三位魅力四射的女士始终穿梭在他们中间，尽最大努力确保这些政客心情愉快。

珍妮十分熟悉这座大宅的历史也很乐意充当导游。在早些年纯粹为了好玩，她和她一些朋友会时不时穿上旧衣服戴着旧帽子混进某个旅行团里，被每个月固定日子工作的志愿导游带着参观这座大宅。他们热衷于偷听大家的谈话，以了解外人对这个地方的真实看法。有一天，当听到一个美国游客看到全家福以后的反应时，她差点把自己笑死了。那个游客很大声地说："天，这些丘吉尔们眼睛真红！"

当两点刚过，院子里人开始人山人海的时候，阳光十分明媚，所有人都觉得天气很完美。这些酒足饭饱且"身着盛装"的保守党信徒们，一边交谈着、唱着爱国歌曲，一边等着他们的领袖上台。而当大门向公众敞开以后，人数立刻膨胀到七千以上。为了保持秩序，一些全副武装的警察在场地里巡逻。一个势利的批评家事后抱怨有太多不该出现的人被允许进来了，冷嘲热讽地说："有人发现能在里面找到几个税吏。"[1]

在一阵如雷贯耳的欢呼声中，由他美国妻子陪同的张伯伦及贝尔福入场了，贝尔福坐在了舞台中间的一个座位上，两旁分别坐着米莉森特和珍妮。普通的新闻摄影记者们就在附近，但最近有一个相关人员加入了他们的队伍——为了将要在伦敦和其他主要城镇开业的新电影院，一位"电影人"正在猛摇自己机器的手柄以捕捉记录所有的动作。仿佛是为了帮助这部电影摄影机，一些闲云懒懒散散地飘过来，映在了这座宫殿

1 "联合主义者的集会"，《维斯敏斯特要闻》（*Westminster Budget*），1901年8月16日。

高高的窗户里。

在1895和1900年两次大选中给了敌人两次致命打击之后，贝尔福的保守党和张伯伦的自由党联合派之间的联盟对很多人来说似乎都是不可征服的，而这两位领袖非常乐意在这个美好夏日里鼓励这一观点。他们把那些自由党对手定义为“小英格兰人”，还是南非战争问题上的小气批评家，更无法像欣赏王权那样去看待不列颠辉煌的未来。贝尔福声称，公众已经不再相信那个已经“不可救药地分裂了的”自由党；而张伯伦得意忘形地吹嘘说，保守党和自由党联合派的联盟才是唯一“真正的国家党派”。

轮到温斯顿演讲的时候，他原本应该抓住机会简单讲讲团结的话题且适当地对他的领导们在集会上的讲话表示感谢。他开始得挺好的，感谢了大家出席这次盛会，并用一种轻松愉快的方式解释了自己之所以会被选中演讲，“一定程度上是因为他是公爵的亲戚，另外他人生第一次见光就是在布伦海姆宫”。但接下来他选择了做些冒险的事情。该对领导们致谢的时候，他几乎没怎么提贝尔福，却对张伯伦赞不绝口。

他宣称在自由党执政的那些糟糕日子里，殖民部曾经是一个非常沉闷的地方，派过去的部长们经常都是些混时间的“跛脚鸭”。但约瑟夫·张伯伦彻底改革了这个部门，因此他希望所有人都知道他十分高兴能和“这位掌管着殖民部的男人”共享“同一个讲台”，这“将在未来的日子里被看成也许是过去50年里英国历史上最不同寻常的一页”。[1]

一如丘吉尔清楚知道的那样，集会表面团结的景象下隐藏着贝尔福和张伯伦之间的激烈竞争，这两个人都想获得联盟的领导权。丘吉尔决定要利用这种紧张。他闭口不谈任何涉及布尔战争教训的相关话题，反而不知廉耻地拍张伯伦的马屁，而后者从一开始就因对冲突处理不当而备受指责。丘吉尔这是在挑拨离间。如果以后贝尔福不给他面子，也许张伯伦会。但也许结果更好的是，这两个男人也许都会认定出于自己的

---

1 “联合主义者在布伦海姆集会”，《每日快报》(*Daily Express*)，1901年8月12日；“联合主义者在布伦海姆”，《劳埃德新闻周刊》(*Lloyd's Weekly*)，1901年8月11日。

利益考虑应该给他安排个有用的职位，还要尽快。

这样的把戏容易偷鸡不成反蚀把米，但丘吉尔实在太急于求成了，所以不惜背水一战以求出奇制胜，而他似乎也愿意承担这种风险。也就是这种态度让他著名的祖先在欧洲战场上攻无不克。

事实上，当康苏微洛坐在讲台上听着所有的演讲时，她任由自己的目光游荡，最后越过密密麻麻的人头，落到了远处郁郁葱葱的草坡上巍然屹立的一根圆柱上，那是一座高达二十五英尺的雕像，毫无疑问正是那位传奇公爵。她后来曾写道："我几乎可以察觉，老公爵的脸上出现了一抹心满意足的微笑。"她以为那位老贵族将会为桑尼在集会上获得的成功而高兴。但实际上，就算那天第一任马尔伯勒公爵真的有显灵为谁微笑了，那也一定是为了那个热血小伙，也就是他那位十分敏锐且迫切想把他的军事战略应用到政治博弈里的仰慕者。

第5章

帝国梦想

张伯伦认为他发现的关税的作用是成就大英帝国的那把金钥匙。他一心一意想要通过打造一个强大的统一的市场来释放帝国的无限潜能，而关税壁垒将在与外国的激烈竞争里保护这个市场。这个经济联盟很快将会变成政治联盟，接下来就会成为一个宏伟而不可分割的“帝国联邦”。他的梦想就是成为这个联邦里的乔治·华盛顿。

1. 戴兰花的张伯伦

约瑟夫·张伯伦并不需要家族关系或者通过继承来支撑自己的政治生涯。他有一整个城市为他投票。在伯明翰，他就是王道。他是个维多利亚时代的成功故事，一个白手起家的人，通过大规模生产不起眼的螺丝钉再低价售出，在市场上独占鳌头，成为富甲一方的实业家。他变成了伯明翰最大的雇主之一，然后选择了从政，作为一个改革派市长改变了这个城市，随后又把这座城市变成他在国会里的忠实拥趸。清理了贫民窟，改善了供水，还建造了许多令人赞叹的城市建筑。在超过三十年的时间里，他一直主导着这个城市的政治生活。他是未被加冕却当之无愧的市政王。但在普通市民眼里，他却一直只是那个“好老乔”[1]。

在1900年大选期间，他帮助丘吉尔参加竞选，想利用自己在工业区的知名度来提高这个年轻人赢得奥尔德姆工人选票的机会。他们一起乘坐一辆敞篷马车来到了一个公众大厅，却在入口处惊讶地看到了一大群反对布尔战争的示威民众。伴着“震耳欲聋的嘘声”，很快他们便被愤怒的示威者们包围起来，这一对搭档在人群中几乎寸步难移，但让丘吉尔没齿难忘的是，已经六十几岁的张伯伦是如何冷静自若地以他的方式穿过了人群。而当他们终于走到了目的地，听着平台上迎接他们的支持者们震天动地的欢呼声，张伯伦脸上洋溢着心满意足的神情。他转向丘吉尔，一脸不自觉的骄傲，说道：“我第一次来这里的时候，是为了卖螺丝给他们。”

在赢得选举之后，张伯伦邀请他这位新同事到海布里待上几天，那是他在伯明翰的府邸。

虽然乔喜欢把自己描绘成普通工人阶级的一个忠实朋友，但多年以

1　乔（Joe）是约瑟夫的昵称。

来他已经养成了非常昂贵奢侈的品位，而当他设宴款待这位布伦海姆的孩子时似乎很乐意炫耀这点。温斯顿曾回忆说：“晚餐的时候，他以最容光焕发的状态用一瓶1834年的波特酒招待了我。”[1]远比他这瓶六十六年的陈酿更令人惊叹难忘的，是他那十二个种满了兰花的温室，还有另外的十二个种满了不那么稀奇的各种鲜花。一个二十五岁的职员专门负责照顾着这些植物，因此张伯伦总是有新鲜的兰花来装饰他的扣眼，这种矫揉造作的做法和他时时戴着的单片眼镜一起，成了他的特征之一，曾经有一位新闻工作者这样描绘过他的单片眼镜：“一块圆圆的玻璃镶在一个和老祖母的婚戒一样薄的金圆框里。”[2]

在国会的辩论里，他会很好地利用这个单片眼镜来造成不同效果。有时候他会像一个拿着显微镜的科学家，透过镜片冷漠而轻蔑地盯着一个对手，又或者把它摘下来用他的手帕反复擦拭镜片，以这样戏剧化的停顿方式让整个下议院都在悬念中忐忑不安。一位议员回忆道：“当他被打断的时候，他就会故意调整眼睛上镜片的位置，急切地把身体往前倾，还用手指着他对手的方向，咕噜着说完他尖锐但机敏的巧辩，然后再反弹回去站直。”[3]即使是坐在绿色真皮长凳上休息时，当他一边透过他的金边眼镜审视着对手，一边用手拨弄着胸前像拳头般大小的鲜艳兰花，看起来也还是很吓人。他总是穿得整齐讲究，胡子刮得干干净净，一点也不像他那个年代的人。

然而兰花、单片眼镜和昂贵的波特酒都不足以让索尔兹伯里勋爵和亚瑟·贝尔福忘记，乔不过是个一切都得感谢螺丝的中产阶级制造商。作为政治伙伴和一个有能力的内阁部长他非常有利用价值，但塞西尔家族的成员和他们的圈子并不承认他是和他们有着相同社会地位的人。贝尔福曾经以他能做到的最屈尊的方式，写信对一个朋友说：“乔，虽然我

1 参见温斯顿·S. 丘吉尔所著《我的早年生活》（*My Early Life*），第359–360页及《当代伟人》（*Great Contemporaries*），第64页。

2 麦金托什，《约瑟夫·张伯伦》（*Joseph Chamberlain*），第257页。

3 马尔科姆，《空置的宝座》（*Vacant Thrones*），第96页。

们都很爱他，但他并不能完全彻底地跟我们混在一起，不能跟我们融合在一起。为什么呢？我也说不出来，但我是这么感觉的。”[1]他那些贵族同僚在表达他们的保留意见时就没有那么顾虑周全了。“张伯伦的问题都来自他的教养，”位高权重的朝臣埃舍尔勋爵说，“虽然他很聪明，但从来没有学到过其他人在某个知名的公立学校或大学里学到的自我约束。我说的其他人是指那些跟他一样有雄才大略的人。”[2]

丘吉尔并不认同这些势利的质疑。他钦佩乔那“光芒四射而又暗潮汹涌”的能量，还知道就算将来领导下议院的是贝尔福，但张伯伦也会是“那个真正影响大局的人。他才是广为群众所知的人”。[3]正如一个时事评论员所言，张伯伦的问题是“他就像个晴雨表，却始终站在风口浪尖上”。[4]和丘吉尔一样，他很冲动且野心勃勃。他在激进左派的自由党开始了自己的国会生涯，一度被认为政治理念过于极端，导致维多利亚女王曾向格莱斯顿施压要求其加强对这个“无法无天的同事”的控制。虽然现在他和保守党联手，但总有人担心他再度改变自己的方针。而目前，丘吉尔试图保持住他对自己的青睐，以防错过任何高层变化而产生的晋升机会。

他对乔的友好方式就跟他对罗斯伯里勋爵一样，像对父辈一样尊敬，邀请他促膝夜谈，有一次甚至聊到了深夜两点。许多年后当他再回首这段时期，他坦言：“我和他有过的发自肺腑的知心交谈比和我自己父亲的还要多得多。”张伯伦很乐意给他建议和鼓励，而当觉得他需要慈父般的关怀时，也义不容辞地扮演了父亲的角色。但他已经有两个长大了的儿子需要他操心。大儿子奥斯丁，是他父亲名副其实的仰慕者，他似乎致力于把自己打造成一个复制品，也学乔一样戴着单片眼镜和种植兰花，

1 参见泽贝尔所著《贝尔福》（*Balfour*），第79页引用的1892年3月15日亚瑟·贝尔福写给艾尔寇勋爵夫人的信。

2 布雷特，《日记和信件》（*Journals and Letters*），第1卷第319页。

3 奥斯丁·张伯伦，《政治的内核》（*Politics from Inside*），第367页。

4 加德纳，《社会支柱》（*Pillars of Society*），第41页。

追求着自己的政治生涯。[1]

在那时候，奥斯丁和他的弟弟内维尔看起来还没有太大区别。1902年的某一天，当温斯顿和奥斯丁一起在米莉森特·萨瑟兰位于苏格兰的家里做客时，他们进行了一场关于他们政治抱负的谈话。温斯顿直率地问道："你想成为什么？"奥斯丁小心翼翼地回答说，他"一直认为任何一个英国人都想要拥有的，就是海军部里一个舒适的办公室，和最让人引以为傲的职位之一的海军大臣的头衔"。温斯顿对此表现出了毫不避讳的蔑视。对他而言，他政治生涯的目标只有一个，就是登顶，而其他所有那些权力和荣耀，无论多么舒适而令人陶醉，都不过是垫脚石而已。奥斯丁对他这个反应永生难忘。他后来回忆道："温斯顿对我那'可怜的抱负'嗤之以鼻。"[2]

至于内维尔，1902年他正致力于证明他复制自己父亲在生意上的成功。但他并没有取得很大的进展。19世纪90年代，他被父亲派去管理巴哈马的一个剑麻种植园，他一丝不苟、兢兢业业地工作，以求赚取更多的利润，却经历了一而再再而三的挫折，在多年的失败努力后不得不放弃了。这次失败的教训十分惨痛，损失了他父亲共计50000英镑的资产。尽管乔花了最大的心思去化解这次打击，但整个家族仍然在数年里受到了很大影响。为了满足对其他家族成员的承诺，内维尔能够继承到的遗产实质上被大大削减了。他后来只继承到他父亲财产里的3000英镑[3]。

2. 伯明翰暴乱

张伯伦早期作为实业家的成功要归功于无情地削减成本和对底线的

---

1 艾莱斯顿，《张伯伦家族》(*The Chamberlains*)，第53页。

2 奥斯丁·张伯伦，《政治的内核》(*Politics from Inside*)，第367页。

3 马什，《约瑟夫·张伯伦》(*Joseph Chamberlain*)，第53页。

敏锐认知，但现在这个强硬而求胜心切的性情，基本上都隐藏在了那个他精心打造的彬彬有礼的政治家的外壳里。曾经有那么一次机会，丘吉尔在他身上瞥见过以前那个残酷的“螺丝贸易之王”[1]，于是他一直蠢蠢欲动地想要弄清楚“到底有怎样极端的怨恨”潜伏在“我这位和蔼可亲、谦恭有礼又精神抖擞的同伴”[2]体内。

对布尔战争抨击得最猛烈的批评家之一，是一位来自威尔士的自由党议员，留着浓密胡子、眼神锋利放肆的戴维·劳合·乔治。他挑起了日益增多的一系列针对张伯伦的人身攻击，宣称伯明翰制造的武器和其他战争补给品的销售给乔和他的朋友们带来了巨大的利润。直接瞄准心脏，他把他的敌人描绘成一个冷漠无情的花花公子，当“六千英里以外”的士兵们因为他而惨遭屠杀的时候，他却“漫步在他的兰花之间”[3]。1901年一位政治新闻记者曾写道：“几乎没有人愿意‘与乔正面对抗’，只有一个人这么做了，并且还顽固地坚持着。那就是劳合·乔治先生，一位斗志昂扬、火眼金睛的小威尔士人，发现了欺负张伯伦先生的乐趣。”[4]

劳合·乔治那热情洋溢而慷慨激昂的演说成功地把他打造成了一个民族英雄，但也差点导致了他自己的暴力死亡，那是在十二月的一个寒冷夜晚，他去伯明翰市政厅为一个自由党集会演说，而成千上万的暴民包围了那座大楼。

当劳合·乔治在楼里演讲的时候，人群用锤子攻击了大门并冲了进来。那座漂亮的新古典主义风格的大楼顿时变成了双方阵营交战的战场。石头和酒瓶横飞，窗户都被砸碎了，玻璃像雨一样朝所有人落下来。当一波愤怒的抗议者咆哮着“叛徒”[5]涌向讲台时，一小队警察护送着劳合·乔治向大厅另外一面撤退，并准备反击。

---

1 “贸易场上的年轻人”，《清教徒》(*Puritan*)，1899年10月。

2 温斯顿·S. 丘吉尔，《当代伟人》(*Great Contemporaries*)，第73页。

3 艾莱斯顿，《张伯伦家族》(*The Chamberlains*)，第135页。

4 “崭新的下议院”，《活着的时代》(*Living Age*)，1901年3月16日。

5 “伯明翰抗议布尔战争集会上发生暴乱”，《纽约时报》(*NYT*)，1901年12月19日。

因为担心暴民们占了上风，当地的一个传奇人物——足智多谋的警察局长查尔斯·拉夫特尔让劳合·乔治换上警服伪装成了警察，并护送他从备用通道离开了那座大楼。这位政客完成了一次干净利落的逃跑，但却有数名暴民和警察在冲突中受了重伤。一个年轻人被杀了。《泰晤士报》报道说："报告说有很多人头破血流。"[1]而令当地自由党协会惊愕的是，他们被命令要承担那座大楼所有的损失。

当在伦敦的丘吉尔得知这个消息，他不敢置信地摇了摇头，然后立刻拿起笔给伯明翰一个著名的保守党熟人写信表达自己的看法。他写道："看到今天报纸上关于暴乱的消息让我觉得十分恶心，我希望保守党和这件事情没有任何关系。"他说，这整件事都让他想起一些"以前的故事"[2]。他提到了1884年曾有一次，伦道夫·丘吉尔勋爵在伯明翰举办的某个集会上，张伯伦的一些支持者也闹过事。乔曾经高声否认自己和这个事件有任何关联，虽然他和伦道夫当时对立而且经常互相攻击对方。温斯顿现在担心张伯伦又想让自己的老把戏重演，只不过这一次，这个卑鄙的手法看起来一反常态地十分极端。

而张伯伦的话对事态的解决没有任何帮助，他说虽然他"对损失深感遗憾"，但他"不能因为伯明翰市民抗议劳合·乔治先生的出现就责怪他们什么"。[3]当被一个议员问到为什么人们会让劳合·乔治逃跑了时，张伯伦故意忽视了这个问题，仅仅说："所有人都关心的事就是没人关心的事。"[4]但这座城市已经表明了自己的立场。批判乔可能会引火烧身。在一场"好的党派斗争"里，张伯伦几周后说道："当我被攻击了，我就会试着以牙还牙讨回公道。"[5]

---

1 "劳合·乔治先生在伯明翰"及"伯明翰暴乱"，伦敦《泰晤士报》(*Times*)，1901年12月19日。

2 1901年12月19日温斯顿·S. 丘吉尔写给J. 摩尔·贝利的信，《姊妹篇》(*CV*)，第2卷第1103页。

3 "伯明翰和自由演说"，《回声报》(*Echo*)，1901年12月19日。

4 艾莱斯顿，《张伯伦家族》(*The Chamberlains*)，第136页。

5 "我不会让步"，《每日邮报》(*Daily Mail*)，1902年1月13日。

这是件让人心惊肉跳的事情，丘吉尔一直被自己怀疑是张伯伦的人策划了整件事情的念头困扰着。《泰晤士报》也暗示了这个阴险的联系，发表了一份由一位支持者发给在海布里的乔的电报，那是当地一个名叫约瑟夫·彭特兰的著名政客，一个学校董事会的副主席。这份电报在那位自由党议员刚刚勉强逃脱不久就发来。彭特兰在电报里自豪地宣布："劳合·乔治这个叛徒没被允许说一个字。两万市民和其他人都毫无例外地信任政府，并赞美您为国王和国家所做出的独一无二且毫无保留的贡献。"[1]

丘吉尔越是思考关于那次暴乱的事情，就越是心烦。那时候他对劳合·乔治并不那么了解，但他对他并没有什么好印象，私下里说他是"一个粗俗唠叨的小无赖"。[2]但无论如何，想到一场政治博弈能如此轻易地演变成群众暴动，他很是义愤填膺。虽然他很喜欢拿政治博弈和战争比较，但在一个民主国家，政治应该是通过言语和思想来战斗，而不是武器。("停止谋杀，开始辩论"是他在1920年新芬运动里，给爱尔兰共和党领袖的忠告。)为了把事情做好，他明白必须要做出一些困难的选择，而这个过程往往很煎熬且很不招人待见。他很乐于和他的对手光明正大地对骂，有必要的时候还会转换忠诚的对象，但总是有个限度，而张伯伦却跨过了这个底线。这是温斯顿的成长中另一个恍然大悟的时刻，也再一次窥见了爱德华时代的黑暗。

他对在伯明翰的那个保守党熟人说，用来对付劳合·乔治的这种方法已经不能仅仅用"可耻"来形容，更是一种"自我毁灭"。"想到如果劳合·乔治先生被暴徒殴打甚至残忍杀害，将会对帝国在南非的事业造成多么大的损害，我便不寒而栗。"[3]

---

1 "劳合·乔治先生在伯明翰"，《泰晤士报》(*Times*)，1901年12月19日。约瑟夫·G. 彭特兰是个印刷商，曾在伯明翰学院董事会任职，后任职于市议会。

2 1920年10月2日温斯顿·S. 丘吉尔写给谢恩·莱斯利的信。吉尔伯特，《丘吉尔》(*Churchill*)，第425–426页。

3 1901年12月23日温斯顿·S. 丘吉尔写给J. 摩尔·贝利的信，《姊妹篇》(*CV*)，第2卷第1104页。

3. 张伯伦和胡里干

伯明翰暴乱以后，丘吉尔便小心地和张伯伦保持着距离。1902年1月初的一次保守党会议上，他没有给乔及其支持者们找任何借口。他承认劳合·乔治确实发表过一些煽动性的言论，但双方无论谁都没必要有任何过度反应。他说："应该存在有不用打破窗户就能给政治问题足够光亮的方法。"[1]

这个插曲让他对党派忠实拥护者们日渐增长的不满情绪大开眼界，他们的态度似乎在最近几个月里从自鸣得意、沾沾自喜变成了对自由党那些吹毛求疵的人的怨恨和仇视。战争当中的错误和造成的损失，与政府的许多薄弱环节有关，而来自劳合·乔治及其他人的那些尖锐刺耳的批评动摇了保守党对自己影响力的信心。丘吉尔能感觉到正在恶化的情绪起伏不定地挣扎着。在暴乱发生之后几周，他告诉罗斯伯里勋爵："保守党现在的心态冷酷无情而又杀气腾腾。"[2]

丘吉尔的政治前景突如其来地变得严峻起来。他曾给贝尔福造成过太多麻烦，而现在才意识到张伯伦的阵营里有超过他预期多得多的麻烦。他的小团体胡里干也是前所未有地感觉孤立。他们并没有发现什么能成就他们自己的大事情，而他们的独立精神却和那个正四面楚歌的政党越来越不和谐。局面让人有些沮丧，丘吉尔担心他把自己逼到了一个死角里。3月的时候，他作为议员正好进入第二个年头，他半真半假地开玩笑

1　温斯顿·S. 丘吉尔，《演讲全集》（*CS*），第114页，1902年1月9日黑潭，保守党协会会议。

2　1902年1月17日温斯顿·S. 丘吉尔写给罗斯伯里勋爵的信，《姊妹篇》（*CV*），第2卷第1114页。

说自己是“一个有年轻病还过于独立的政客”。[1]

就在第二个月，张伯伦斥责了丘吉尔和胡里干坚持要展示他们的所谓独立性毫无意义，且在他看来是十分幼稚的行为。那发生在临近4月底的一个周四晚上，胡里干刚刚在一件涉及近期被从南非监狱释放的一位报社编辑的事情上，对政府投了反对票。阿尔伯特·卡特赖特因为宣称基齐纳勋爵命令其部队射杀囚犯而被判有诽谤罪。现在卡特赖特想要回到英国以诉说自己的遭遇，但南非那边的英国官员却在阻止他回来。丘吉尔在辩论中怒斥道，他们没有任何权利“去控诉一个已经按正当法律要求服完全部刑期的人。不但没有权利，也没有任何理由。是什么原因让政府害怕卡特赖特先生呢？”[2]

这个问题最终在政府的支持下解决了，当八点左右胡里干离开辩论厅的时候仍然个个激情澎湃，而很快他们发现张伯伦本人加入了他们的晚餐。

“今天下午在议院里，你们打了个漂亮的小仗，”当张伯伦赶到的时候，他说道，“我希望你们享受这一切。”[3]

在丘吉尔的记忆里，乔当时的第一句话是：“我在跟一群坏人用餐。”[4]

张伯伦生气的时候有个习惯，说话会不同寻常地温柔。听着就会让人感觉毛骨悚然。一位新闻工作者曾说过乔的声音“平稳但夹杂着咝咝声，越是事情严重的时候就听起来反而越是温和”。[5]

“只有在你们自己的政府对的时候才支持它的好处是什么？”张伯伦问道，“当它处于这样的困境的时候，你们才更应该施以援手。”

这些年轻人试图解释自己的行为，但乔在意的并不只是卡特赖特的案子。他想知道胡里干会不会一直是让政府如鲠在喉的存在。有没有什

1 温斯顿·S. 丘吉尔，《演讲全集》(*CS*)，第135页，1902年3月19日曼彻斯特，保守党俱乐部晚宴。

2 《议事录》(*Hansard*)，下议院，“卡特赖特先生的拘留”，1902年4月24日。

3 马尔科姆，《空置的宝座》(*Vacant Thrones*)，第95和97页。

4 温斯顿·S. 丘吉尔，《我的早年生活》(*My Early Life*)，第371页。

5 加德纳，《社会支柱》(*The Pillars of Society*)，第47–48页。

么办法能让他们俯首听命呢？

“你们这个小团伙到底有没有信念？”他问道，“而如果有的话，都是什么呢？”

这个开门见山的问法让胡里干心慌意乱。最后是他们之间拥有最高贵族头衔的珀西伯爵，给了这位伯明翰的头儿一个答案。试图让自己听起来更聪明些，他提炼了三个词分别描述了休·塞西尔在伦理和精神问题上的困扰、温斯顿减少政府浪费的愿望和他自己对中东的兴趣。他告诉张伯伦，胡里干的信念就是：“纯粹、节俭和波斯湾。”

“噢，我明白了，”乔一边透过他的单片眼镜意味深长地看着他们，一边回复说，“我觉得不如说是一意孤行、人身攻击和新闻界。”

毫不留情给了胡里干一个下马威之后，乔轻松起来，开始享用他的晚餐，又回到了他以往和蔼可亲的风格。接下来他就只是消磨时间，一边抽烟一边闲聊，还一边喝着他最喜欢的午夜酒——一种“香槟和黑啤酒的混合物”。

那天晚上快结束的时候，他十分悠闲地对这个小团体说了一些所谓的忠告，要他们在接下来的几个月里仔细掂量。“你们这些年轻人这么隆重地款待了我，作为回报我将告诉你们一些价值不可估量的秘密。”

他轻轻说出了一个神奇的词：“关税！”这毫无疑问是他给他们最好的暗示。

就像年轻的胡里干成员伊安·马尔科姆记得的那样，张伯伦继续解释道：“你们这些年轻人为什么不就一些真正值得的问题去抗争？比如说在世界竞争里保护我们的市场，或者和殖民地建立一个更紧密的经济联盟？”小团体礼貌地听着，但并没有做出任何回应和评论。到了该回家的时间，他们个个精神抖擞地分道扬镳了[1]。

1　胡里干晚餐上的谈话内容摘自两位目击证人仍健在时的记述，请分别参见马尔科姆：《空置的宝座》（*Vacant Thrones*），第97–98页及温斯顿·S. 丘吉尔：《我的早年生活》（*My Early Life*），第371–372页。至于马尔科姆记述的更早版本，请参见他的“国会内外”，发表于1910年1月15日《活着的时代》（*Lining Age*）。

老谋深算的乔和他们分享的这个“秘密”，后来确实为丘吉尔和他的朋友们提供了一个“值得为之抗争”的理由。但并不是乔所预期的那样。他们将利用这个秘密来反对他，而这个秘密最终导致了他的毁灭。他政治生涯里最重要的战役马上就要拉开帷幕，而温斯顿则将很快作为他最顽固的反对者之一登场。

4. 贝尔福任首相

张伯伦认为他发现的关税的作用是成就大英帝国的那把金钥匙。他一心一意想要通过打造一个强大的统一的市场来释放帝国的无限潜能，而关税壁垒将在与外国的激烈竞争里保护这个市场。这个经济联盟很快将会变成政治联盟，接下来就会成为一个宏伟而不可分割的“帝国联邦”，这个所谓的联邦就是类似于一个由至高无上的国会管理的，代表了英格兰、苏格兰、威尔士、爱尔兰、加拿大、澳大利亚和其他大国的大不列颠联合王国。他在利物浦商会的一个会议上宣称：“大不列颠的子民将遍布全世界，并且肩并肩、齐心协力地守护我们的共同利益以及共同权利。”[1]

他的梦想就是成为这个联邦里的乔治·华盛顿，作为一位帝国之父而名垂青史，而乔这个梦想的起点也许是先成为那个至高无上的国会的首领。然而，把一个巨大的帝国用某种特殊政策团结起来并不是一个容易完成的事业。选民们通常首先考虑的就是自己那部分世界的需要，下议院的大部分代表也并不会赞同乔提出来的这个构想。他们更倾向于保护自由贸易和便宜的进口食物。过去半个世纪的经济政策一直秉持着这些原则，但张伯伦已经准备要废除这些游戏规则了。他在伯明翰的名气和在下议院的权力误导了他，他错误地估计了他的计划将遭到反对的激

1 马什，《约瑟夫·张伯伦》（*Joseph Chamberlain*），第307页和第425页。

烈程度。

就连一次死里逃生都没能让他重新评估他野心勃勃的事业。距他对胡里干透露他的“秘密”还不到三个月的一天，当他驾着一辆双轮马车沿着华特霍尔走时，他的马失蹄了，他被狠狠甩到了前面的玻璃板上，前额被割伤了。伤口有三英寸深，骨头都露了出来。在查令十字医院的医生赶到帮他处理之前，他流了有500毫升的血。那是1902年7月7日，是个周日，刚好是他六十六岁生日的前一天。他的身体受到了很大的冲击，以至于医生让他卧床休息了两周，第一周在医院，而接下来的一周就在他伦敦的家里。这次强制休息给了他许多思考自己未来的时间，但当他8月回复到自己正常的日程里时，他对于他的帝国梦的热情没有减少半分。唯一需要做的就只是选个合适的时间和地点去对公众宣布他的伟大计划了。

当张伯伦还在努力从事故中复原时，他的支持者们焦急不安地等待着有关他健康的最新消息，索尔兹伯里勋爵和他的外甥贝尔福决定要在此时进行重大改变。最近几周，索尔兹伯里的健康状况越来越恶化，顿时流言四起，说他很快将要让出自己的办公室。就连爱德华国王也担心他的首相不能再继续胜任自己的工作了。他给了索尔兹伯里一张自己的新照片，而索尔兹伯里困惑地凝视了照片好一会，然后把照片上的人错认成了另外某个人，还把照片扔到了一边。“可怜的老布勒。”他对脸又大又圆长得有些像那位愚昧至极的“颠三倒四”的布勒将军的国王说道。[1]

张伯伦的事故发生不到一周的时间，索尔兹伯里辞职了，贝尔福接任成为首相。乔被咨询过也认可了这个变化，但他事先发出信号表明自己乐意继续留在殖民部。无论如何，这次行事看起来十分仓促，因此各个位置上的塞西尔旅馆成员都在担心乔会在身体恢复以后改变主意。他们还并不明白他早已经不满足于区区首相的职位，而要追求一个更辉煌的未来，在那个未来里他将成为一个巨无霸帝国的政治巨头。

为了让乔的家族确信站在塞西尔旅馆一边能给他们带来荣誉，贝尔

1 林赛，《克劳福德文件》（*The Crowford Papers*），第67页。

福送给了奥斯丁·张伯伦一个“小李子”[1]——邮政大臣。而其他的变动包括一位新的财政大臣得到了任命，一位胡里干成员——珀西伯爵也获得了一个部长职位。但丘吉尔什么也没有。他只能站在一边看着贝尔福证明，引诱一个温斯顿的同党离开他们的小团体是多么易如反掌的事情。夏天快结束的时候，这位新首相看起来已经牢牢握住了自己的权力，而丘吉尔被留在一个再没有什么可以失去却有充分理由继续他无望战斗的境地里。

5. 旅行速成课

这样的战斗之一就开始于一次去埃及的旅行。丘吉尔决定回到尼罗河畔，早几年在《河上之战》里他曾经栩栩如生地描绘过那里。这一次，他的目的地是帝国制造的最新奇迹，花了差不多四年时间和巨大的成本刚刚建造完成的阿斯旺水坝。这道大坝足有一英里长，即便它如此壮观，也并没有像丘吉尔此次旅行的同伴那样让他兴趣盎然。

与他同行的是一群由欧内斯特·卡塞尔爵士带领的大名鼎鼎的人物，而爵士本人是一位卓尔不群的德裔金融家，为建造水坝筹集到了250万英镑贷款。卡塞尔邀请他作为嘉宾来参加12月10日举行的大坝揭幕典礼。同行的其他人里还有曾担任财政大臣七年的迈克·希克斯·毕驰爵士，这年夏天刚刚从内阁辞职。他和张伯伦就关税问题进行初期讨论时产生了分歧，尽管当时还并没有对外公布，但他仍然辞职了。不管怎样，对丘吉尔而言重要的是，他现在有机会能和王国里两位主要财政专家近距离同行，待上好几个星期。事实上，卡塞尔是爱德华国王最亲近的财政顾问。

丘吉尔把这次旅行变成了一次速成课，学习的主要内容就是张伯伦

1 英文中“李子”还有称心如意的（工作或职业）之意。

来年将要提及的那些主题——预算、关税和经济增长。他不仅能迅速吸收大部分信息，还总是能问对问题并立刻找到一个难题的关键所在。航行在美妙的地中海和尼罗河上时，并不会有很多年轻人愿意把自己这么多的假期用来这样学习，但这对丘吉尔而言纯粹是件快乐的事。

他在为一场长期斗争做准备，而他那被很多人崇拜的对手，年龄是他的两倍且十分难以对付。这个挑战的诱惑对他而言是不可抗拒的。11月，他写道，“把大不列颠帝国用栅栏围起来”是毫无意义的，“为什么我们要拒绝世界贸易提供的各种各样的好东西呢？”[1]

在他二十八岁生日刚刚过后，丘吉尔从开罗给他母亲发回了好消息，迈克·希克斯·毕驰爵士帮了他很大的忙。他写道：“和他的谈话让我很高兴。他真是一个又好又真的朋友，而我们在政治上的所有见解都差不多一致……我能想见合作的很多可能性。”[2]

另外，当他回到家以后，他还向弗朗西斯·莫沃特爵士进行了深度咨询，这位长期担任财务部常务秘书的爵士，曾为迪斯雷利和格莱斯顿提供了无数有关财政事项的建议。“他是我从父亲那里继承过来的朋友之一。”丘吉尔后来提到弗朗西斯爵士时如是说。事实上，这三位帮助他准备这场和张伯伦的贸易保护主义的战斗的老人家，都曾经是伦道夫勋爵的朋友。每一位似乎都认为这个老朋友的儿子前途光明，看好他从这场为他们所熟知的问题而进行斗争的重大公共行动里脱颖而出。看着这位小辈把自己完全投入到学习的旋风里，他们倍感欣慰。很久以后丘吉尔曾抱怨：“我必须在八周内学好经济。”[3]

对温斯顿的辅导激起了老弗朗西斯爵士的激情，他当时已经临近退

---

1 1902年11月14日温斯顿·S. 丘吉尔写给欧内斯特·弗莱彻的信，《姊妹篇》（*CV*），第2卷第1174页。

2 1902年12月19日写给珍妮·丘吉尔的信，《姊妹篇》（*CV*），第2卷第1175页。吉尔伯特［《丘吉尔》（*Churchill*）第153页］说温斯顿·S. 丘吉尔11月20日离开英格兰前往埃及，但1902年11月18日的《回声报》（*Echo*）刊登的“阿斯旺水坝”却说明卡塞尔和丘吉尔是11月18日起程的。

3 温斯顿·S. 丘吉尔，《思想和冒险》（*Thoughts and Adventures*），第52页。

休且对19世纪80年代伦道夫任财政大臣那个短暂却精彩的时期十分怀念。温斯顿回忆起他们的谈话时说："他很喜欢跟我说关于伦道夫勋爵的事情。伦道夫多快就学会了公共财政的基本原理啦，他如何坚决地为公有经济和削减军备战斗啦，还有和他一起工作并协助他是多么有意思的事情啦等等。"[1]

这个时候温斯顿的能量是如此惊人，他不仅准备在与张伯伦不可避免的冲突里创造历史，还准备记录下来。他花了几个月的时间从一位他父亲的传记作者那里收集信息，而当他起程去阿斯旺的时候，他就已经开始了这项工作。无论是欧内斯特·卡塞尔还是迈克·希克斯·毕驰都十分乐意分享他们关于伦道夫的记忆，以填补历史记录的遗漏。

在这次旅程里，温斯顿一直随身带着一个巨大的锡制的手提箱，里面有好几个隔层分别放着纸笔、五花八门的笔记和几本书。他一有空的时候就会把注意力放在这本传记上，每天早上都早起工作。在阿斯旺时，他在卡塞尔的轮船甲板上给他母亲写了封信，在这封信里他保证道："这本书正在取得进展。"[2]

那一整天他都是自己一个人待着。同行的其他人都去参观水坝了。但他更乐意在河上找个安静祥和的地方工作，书写过去，思考未来，偶尔抬头欣赏一下埃及美妙的风光，回顾一下其他的文明在漫长时光里的沉浮。

1　博纳姆·卡特，《丘吉尔》（*Churchill*），第77页。

2　1902年12月9日温斯顿·S. 丘吉尔写给珍妮·丘吉尔的信，《姊妹篇》（*CV*），第2卷第1176页。

第6章

巨大的裂变

丘吉尔一直在寻找着一个能让他平步青云的机会，而现在张伯伦给了他一个。他不需要再和他的胡里干同伴继续在那些微不足道的小事情上心不在焉地纠缠，因为自由贸易给他提供了一个非常大的主题足以让他获得国内外的一致关注。就他关心的而言，路线已经明确地画好了。

1. 张伯伦的贸易保护主义宣言

赫伯特·维维安是丘吉尔在新闻界最早的拥护者之一，这位毕业于剑桥的英俊作家希望某一天能开始自己的政治生涯。20世纪初，当他需要建议或者获得国会里最新的小道消息时，他就会去找通常心情都很好的丘吉尔。但1903年5月的某天早上，当他来到温斯顿在伦敦的公寓，却发现他看上去心事重重。他在房间里来回踱着步，一边慢慢搓捻着腰上的怀表链，一边"陷入沉思，眉头皱得像是打了个结"。[1]

赫伯特还没有看到当天的报纸，正是里面的内容让他的朋友显出这副沉思的样子。铺天盖地的全是张伯伦前一晚在伯明翰发表的一个重要演说。

那位权倾朝野的殖民大臣终于发表了他的重大公告，公然提倡为贸易保护主义立法，宣称此举将团结帝国所有的经济力量并使它能抵挡来自一切对手的竞争。5月15日晚上，在一曲管风琴演奏的《今日英雄得胜归》中，市政厅迎来了到访的张伯伦，随后他引导听众们想象了一个封闭的帝国圈子里祥和繁荣的景象，"自强自立且自给自足"。[2]他对人群郑重宣告，一旦关税的神奇力量在享有特权的避风港里开始滋养贸易，这个新时代很快就会到来。就像乔解释的那样，这个帝国特惠制的体系早就应该运行，而他的追随者们热情地响应了他，欢呼声久久不散。[3]

整个早上，丘吉尔都在反复揣摩这个演说。他转向赫伯特·维维安，一脸严肃地说道："好吧，政治终于开始变得刺激了。"

---

1 "人格研究：温斯顿·丘吉尔"，《帕尔摩尔杂志》(*Pall Mall Magazine*)，1905年4月。

2 张伯伦，《帝国联盟与关税改革》(*Imperial Union and Tariff Reform*)，第18页。

3 "帝国的关税"，《每日快报》(*Daily Express*)，1902年5月16日。

当他的朋友问到张伯伦的计划有没有任何实现的可能时，温斯顿立刻驳回了这种可能性。

他断言道："他犯了一个不可挽回的大错。他没能认识到他这个行动会造成的所有后果。我相信这将成为他政治生涯的致命一击。这个国家永远不会在食物上征税，而缺少了食物税就不可能有什么保护作用了。"

"那你接下来打算做什么？"赫伯特问道。

"做？"丘吉尔反诘道。"对这种恶劣的事情必须要打击到底。"他激动起来，听起来就好像忽然变成了一个对着一大群人演讲的竞选者。"必须通过所有的平台来谴责它，必须像抵制那些恶心的瘟疫一样去抵制它。我们面对的是我们党和国家历史上最险恶的危机。"[1]

丘吉尔一直在寻找着一个能让他平步青云的机会，而现在张伯伦给了他一个。他不需要再和他的胡里干同伴继续在那些微不足道的小事情上心不在焉地纠缠，因为自由贸易给他提供了一个非常大的主题，足以让他获得国内外的一致关注。就他关心的而言，路线已经明确地画好了。在国内，因为生活消费的增加，帝国特惠制将威胁到普通人民的生活。在国际社会，它加大了发生能轻易演变成战争的经济冲突的可能性。

在张伯伦演说的第二周，丘吉尔公开警告了这个特惠制在国内的威胁，他说，在评估了帝国之后，"我们绝不能忽视也不能小看我们广大工人阶级的最迫切需要和国家财富的真正来源"[2]。在他的政界同伴之间，他着重强调了来自海外的危险。5月20日他写道："我当然也希望建立一个独立自给的帝国。但大国互相依存的世界比它们各自独立的世界要好得多，只有这样，才可能因为风雨同舟而相安无事。"[3]（这响应了那句古老

1　"人格研究：温斯顿·丘吉尔"，《帕尔摩尔杂志》（*Pall Mall Magazine*），1905年4月。

2　1903年5月21日温斯顿·S. 丘吉尔关于"自由贸易"的演讲，《演讲全集》（*CS*），第191页。

3　1903年5月20日温斯顿·S. 丘吉尔写给J. 摩尔·贝利的信，《姊妹篇》（*CV*），第2卷第1183页。

的自由主义信条："一旦货物没有穿过边境，军队就会。"）[1]

一个局外人也许会猜想乔赢得这场游戏的胜算更大些。毕竟，他在伯明翰的政治基础广泛而深厚，而温斯顿的支持者相对而言要少很多。乔的官方职位赋予了他权力和影响力，而在一个极为看重年龄和经验的政治气候里，他显然比一个仅仅当了两年多后座议员的年轻人要有优势得多。然而温斯顿对乔的看法是正确的。这位老人家大错已铸成。张伯伦还没醒悟，但丘吉尔却看到了贸易保护主义最终将从内部瓦解政府且激励助长自由党反对派。

事实上，一些自由党领导人对这个伯明翰演说的反应简直可以说是欢欣鼓舞。赫伯特·阿斯奎斯在看完《泰晤士报》对这件事的报道后，和丘吉尔一样确信这种妄图脱离自由贸易的想法将会给那位殖民大臣带来灭顶之灾。他认为这肯定也会把政府拖垮。他得意扬扬地晃着《泰晤士报》，告诉他的妻子玛戈："今天这真是个好消息啊！我们统治国家只是个时间问题啦！"[2]同样，戴维·劳合·乔治也感觉离胜利不远了。他说："张伯伦先生在英国政坛呼风唤雨的日子很快就会结束，对于他这样一个政客而言，这是个很合理的结局。"[3]

2. 丘吉尔的反对

虽然丘吉尔为这场反对贸易保护主义的伟大斗争做好了准备，但张伯伦作为一个狡猾的对手已经花了好几个月时间在幕后运作，寻求来自内阁的必要支持。然而他并不怎么走运。张伯伦犯了个低级错误，还没

1 关于货物和边境的古语有时候会被认为出自法国古典自由主义哲学家德雷里克·巴斯夏。

2 玛戈·阿斯奎斯，《自传》（*Autobiography*），第228页。

3 艾莱斯顿，《张伯伦家族》（*The Chamberlains*），第144页。

有获得内阁全力支持就宣布了他的计划，而当他终于意识到自己的许多同事要么选择中立，要么决定反对他到底时，已经太迟了。他似乎原本以为整个国家都会热情地团结在他身后，内阁也就很快便会妥协。但现在，他预想的那种势不可挡的支持力量并没有出现，他需要贝尔福站出来对他表示毫无保留的支持。

然而，那个时代再也没有哪个政客比贝尔福更擅长模棱两可地含糊其词，丘吉尔曾经说他“就像一只强健优雅的猫能巧妙地穿过一条泥泞不堪的街而不沾染半点污秽一样”[1]，能狡猾地避开所有复杂的纠缠。贝尔福发表了一系列令人极其费解的声明，成功地让人几乎无法辨认他关于贸易保护的立场。5月底，当丘吉尔试图从他那里得到个明确答案时，贝尔福厚颜无耻地解释说关税不过是张伯伦一个“和殖民地建立财政联盟”的计划的附带产物。他用这样老奸巨猾的方式定义了这个问题，还一本正经地告诉丘吉尔：“我从来没觉得张伯伦在提倡什么贸易保护。”[2]

七八月间的炎热日子里，丘吉尔把对这种推诿的失望公之于众了。首先，他在下议院里站起来批评张伯伦对自由贸易发起了这样“一场深思熟虑的阴险攻击”，却拒绝就这个问题进行真正的辩论。接着，几天以后，他指责了贝尔福没有直截了当地和任何一方的支持者交涉。他巧妙地在一系列的推测里植入了冷嘲热讽的暗示，让人觉得这位首相正在采取一种“虚伪”而“有失尊严”的拖延策略。他提醒贝尔福必须尽快表态，不然很快就会“发现自己处境艰难”。就在那时，那位首相打断了丘吉尔对他将来的臆测。他用自己一贯温文尔雅的做派对所有人说道：“我不会有事的。”[3]

但这些冷嘲热讽却一语中的。张伯伦感觉自己遭到了背叛。鉴于他们之前有过的友好关系，他认为丘吉尔对他的人身攻击尤其不厚道。对

1　温斯顿·S. 丘吉尔，《当代伟人》(*Great Contemporaries*)，第249页。

2　1903年5月26日贝尔福写给温斯顿·S. 丘吉尔的信，《姊妹篇》(*CV*)，第2卷第1185页。

3　《议事录》(*Hansard*)，下议院，“糖公约条例草案”，1903年7月29日；“统一基金”，1903年8月14日。

乔而言，忠诚意味着一切，他非常明确地表达了自己的失望。他在去议院辩论厅路上的走廊里碰到了温斯顿，乔停顿了足够长的时间，留给了他以前的朋友一个永生难忘的表情。事后在写给珍妮的信里，温斯顿描绘说那是“一个不同寻常的责备表情，就好像在说‘你怎么能抛弃我’”。[1]

正如他向他母亲坦白的那样，丘吉尔对于自己和张伯伦分道扬镳感到遗憾。他仍然很钦佩那位老人家，但他并不怀疑将来。乔正在走一条下坡路。即使如此，丘吉尔仍然给他写了个便笺，说他很遗憾他们的政见不同了，且着重质疑了乔当时的那个表情。

几乎是立刻便收到了回复，满篇都是借口和含蓄的指责。信的开头对那个走廊上的表情给出了一个牵强的解释。张伯伦说：“恐怕是我的近视造成的错觉，我不会因为政治上的对立而心存怨恨。”

他接下来表示自己从来没有指望过绝对的忠诚，但他似乎现在才确信温斯顿已经在攻击党的领导层这条路上走得太远了。他怀疑这个年轻人将很快“转移”到自由党的阵营。他没有表现出任何会后悔失去他的迹象，只是说他讨厌变成温斯顿那些尖锐言辞的攻击对象。

他写道：“你的演讲真的有必要那么针对个人吗？你可以就事论事地攻击一个政策，但没有必要把各种各样的罪名安到那个制定者头上。”[2]

如果几天前在议院里，张伯伦没有自打耳光地侮辱他，温斯顿也许会把这个忠告更当回事。他把他描绘成一个没有能力保持稳定航向的肤浅青年，而他说的任何话都不能采信。他警告同行的内阁大臣们“不要妄想从我的朋友阁下那里得到宝贵而持久的信任”，还回忆了自己的惨痛教训，丘吉尔是如何推开了他的友谊之手。“我还记得我的朋友阁下刚刚加入国会的那个时候，我做了我能做的一切去保护他在这里的一席之地。我也记得在他最热情高涨的那个时期，是怎样心甘情愿又全心全意

1　1903年8月12日温斯顿·S. 丘吉尔写给珍妮·丘吉尔的信，《姊妹篇》(*CV*)，第2卷第1218页。

2　1903年8月15日约瑟夫·张伯伦写给温斯顿·S. 丘吉尔的信，《姊妹篇》(*CV*)，第2卷第1219–1220页。

地支持着自己的党派和政府。”

张伯伦正要对丘吉尔实施最严重的一击，把他说成是个政治投机分子，这时反对派的一位议员大声质问道：“那你自己是什么？变得最多的人是谁？”这对乔是个提醒，他在多年前曾经在爱尔兰自治的问题上抛弃了自由党，类似的指控无疑也适用于他自己。这引起了一场咆哮比赛，让整个议院陷入了骚乱当中，直到保持秩序的呼声被重复了无数次才渐渐恢复平静。

当张伯伦终于能重新开始他的进攻时，他打赌丘吉尔不敢在那些赞成帝国特惠制的工业重镇开展自己的反对活动。一位友好的后座议员提醒他巡回演讲包括伯明翰在内。“噢！伯明翰！”他说得就好像刚刚才得知温斯顿要去那里演讲一样。这是张伯伦最中意的挑战。在议院里批评他很容易，但他哪个对手有勇气敢在伯明翰试试？不论张伯伦觉得他敢不敢，丘吉尔都已经打算要那么做了。如果劳合·乔治愿意冒险去那演讲，那他也可以。从那一刻起，伯明翰就注定会出现在他秋天的行程里。[1]

3. 与韦伯夫人共进晚餐

在忙着反对贸易保护期间，丘吉尔还和一个女人有过一次奇妙的会晤，而那个女人曾经和乔·张伯伦有过感情纠葛。7月8日那天在伦敦，丘吉尔和著名的费边主义思想家、活动家西德尼以及他的妻子比阿特丽斯·韦伯共进了晚餐。为了推进他们的社会改革计划，韦伯夫妇当时正在四处寻找盟友，而他们想知道丘吉尔对他们的工作会不会有帮助。比阿特丽斯时值中年，但在她二十几岁时曾不顾一切地爱过乔，而他比她大了二十几岁。

1 《议事录》(*Hansard*)，下议院，“糖公约条例草案”，1903年7月29日。

他们相遇在19世纪80年代，他那时还处在很激进的阶段，而她觉得自己深爱着他强大的人格直到她彻底弄清楚了他到底有多强大。两度成为鳏夫（两任妻子均因难产去世）之后，张伯伦其时正在花时间寻找自己的新妻子，脑子里有一些要求，就像他告诉比阿特丽斯的那样，其中之一是要完全遵从他的观点。他当时解释说："听到我的观点被反驳是件让我很痛苦的事情。"[1]

她不愿意屈从于他的意志，于是结束了他们的关系。她近距离观察了他的人格却并不喜欢自己所发现的那些。她曾经总结道："就性情而言，他是个热情的家伙，也是个独裁的暴君。和他那种真诚的热情并存的，是一种镇压所有反对他的意志的强烈欲望，以及一种把他的脚踩到别人的脖子上的渴望。"[2]

晚餐时的谈话里，她和丘吉尔聊到了一些他和张伯伦正在进行的那场斗争，但不能确定她有没有提到过自己跟他的对手之间的旧感情。对她而言，那场感情结束得太痛苦，在沮丧之际她选择了嫁给西德尼·韦伯，而他看起来跟乔完全相反，就像她描述的那样，这是一个有着"小蝌蚪身材"、瘦弱邋遢的知识分子。西德尼向她求婚时给了她一张自己的肖像照片，她回应道："别，亲爱的，我甚至都不会看你的照片一眼的，那太可怕啦。我要嫁的只是你的聪明才智。"[3]

和西德尼在一起的生活，让她变成了一个十分冷静理智的人，于是那顿晚餐期间她仔细观察了温斯顿，就好像把他当作某个新的解剖标本那样。他在她的分析里表现得比张伯伦要好得多，但在她日记里她笔下他的形象却基本上是负面的。从她冷漠的、中年人的视角来看，他太情绪化了，对自己太自满而且还太不成熟。她还认为他的性格里有太多"美国投机者"的成分，让他的英国贵族血统黯然失色。也许仅仅是因为那些成功的美国人经常会让她觉得烦。（取代了比阿特丽斯，乔选择了

1　麦肯齐，《费边社》（*The Fabians*），第126页。

2　亨特，《建设耶路撒冷》（*Building Jerusalem*），第366页。

3　霍尔罗伊德，《萧伯纳传》（*Bernard Shaw*），第1卷第263–264页。

美国格罗弗·克利夫兰总统战争部长的女儿作为自己第三任妻子。她来自马萨诸塞州的萨勒姆，名叫玛丽·恩迪科特，而乔喜欢称呼她为他的“清教徒少女”。比阿特丽斯并不怎么惊讶，还承认玛丽是个“热心肠，但她多少有点狭隘的天性让这热心很有限”。)[1]

晚餐过后几天，韦伯夫人给丘吉尔写了一封很友好的信，推荐了一些关于自由贸易问题的阅读材料。她没有表露出一丁点私人感觉，虽然她觉得他并没有能让自己从她推荐的那些有价值的书里获益的精神能量。这其中还包括了一本她自己的书，连同一个附录，敦促他去研究“产业寄生关系和有关自由贸易争议的国家最基本政策”。[2]她始终专心致力于统计学和抽象理论的研究，因此如果丘吉尔能帮忙推广她最喜欢的福利计划之一，她还是会愿意认可他，但除了他那些不太靠谱的个人性格特征以外，她还怀疑他的智商潜力。

她在她的日记里这样写他：“第一印象，焦躁不安，几乎到了不堪的程度。缺乏能持久且镇定工作的能力。自我中心、狂妄自大、思想浅薄而又反动。但又有一定的个人魅力、过人的胆识和一些特别的地方，不是智力上而是性格上的特别……专门就喜欢谈他自己……对科学研究没有任何概念……但他的胆识、勇气、足智多谋和所受过的精英教育应该能让他成功。”[3]

---

1 韦伯，《比阿特丽斯·韦伯日记》（*The Diary of Beatrice Webb*），第2卷第287–288页。

2 1903年7月14日比阿特丽斯·韦伯写给温斯顿·S. 丘吉尔的信，《姊妹篇》（*CV*），第2卷第1213页。附录上韦伯推荐给温斯顿·S. 丘吉尔的那本她自己写的书，于1902年出版了合订本，书名简称为《工业民主》（*Industrial Democracy*）。

3 韦伯，《比阿特丽斯·韦伯日记》（*The Diary of Beatrice Webb*），第326页。

4. 丘吉尔的伯明翰之行

9月，丘吉尔感觉到社会趋势已经转向了反对张伯伦。月初开始有些传言，称内阁不可救药地分裂了，一些剧变即将来临。保守党领导层几乎没有人赞同乔对于帝国特惠制的热忱，只不过没人愿意公开指责他。无论他从何处着眼，乔都只能看到保守党领导层的袖手旁观。他恳求道："时间紧迫，我们都必须要表态，我想知道能和谁并肩作战。"然而，他穷尽全力也没办法赢得内阁的全力支持，他也就别无选择了。

9月11日，温斯顿在给他母亲的信里写道："约瑟夫·张伯伦显然被打败了。"[1]刚好整一周之后，张伯伦从内阁辞职了，结束了他八年的殖民大臣生涯。[2]这个公告一出，一时间更加人心惶惶，因为就在不久前的8月里，刚刚从首相位置上退下才一年的索尔兹伯里勋爵去世了。长期以来，索尔兹伯里和张伯伦都是政府的固定成员，现在却一位已然离世而另一位也辞职了，这让很多人都觉得难以接受。

乔花了好些天策划自己这一步，也并不把辞职看作一个被打败了的政客的行为。事实上，他把这看成是通过实现他那个帝国联盟梦想而强势回归的开始，而且他坚信自己能更有效率地从政府"外部"为这个梦想争取到足够的支持。[3]

丘吉尔从一开始便确信乔这个孤身作战的改革运动会失败，因此他做好了全力以赴斗争直到它彻底崩溃的准备。为了加速这场斗争的结束，他知道自己必须在张伯伦的主场对他开战。勇气可嘉的是，有一位胡里

---

1 1903年9月11日温斯顿·S. 丘吉尔写给珍妮·丘吉尔的信，《查特韦尔文件》(*CHAR*)28/27/18。

2 "张伯伦先生的辞职声明"，《每日邮报》(*Daily Mail*)，1903年9月18日。

3 马什，《约瑟夫·张伯伦》(*Joseph Chamberlain*)，第590–591页。

干成员同意11月陪他一起去伯明翰。这位勇敢的同志就是休·塞西尔勋爵，热衷于徒劳无功的事情的他似乎认为这次在伯明翰反对乔肯定会出问题。温斯顿知道他这位朋友能从失败里发掘一种“可悲的乐趣”。[1]不过，他还是会忍不住要鄙视一下这种喜好，时不时对休的哥哥来点黑色幽默抱怨一下。温斯顿曾经写道：“你最好在林基去伯明翰之前跟他诀别一下，你可能再也看不到他了。”[2]

承办这场演讲的当地主办者预计到了会有麻烦发生。他们的发言人告诉媒体：“我们预计会有一场骚乱，会议很有可能会被迫中断。”[3]演讲的前一天，许多拿了钱的暴徒忽然出现在街头，他们身上挂着标语牌，号召工人出动集结一个“千人部队”，好让丘吉尔知道他们对任何一个胆敢“跟我们的乔作对”[4]的人的看法。抱着要避免重复那场发生在劳合·乔治的演讲上的暴乱的想法，警察局长确保会有几百名警察在场维持秩序。

丘吉尔向张伯伦的老朋友约翰·莫尔利询问，有没有人在策划另外一场暴徒袭击。收到的答复并不让人放心。虽然莫尔利认为再发生那样一场骚乱“几乎不太可能”，他“十分确信除非乔希望发生什么，要不然什么也不会发生”。[5]

整个政界都屏住了呼吸，猜测着乔的追随者们究竟会做出何种反应。劳合·乔治这个相对而言微不足道的政客受到了他们的粗暴对待。但如果丘吉尔这个布尔战争的英雄或者休勋爵这个刚过世的前首相的儿子受到了半点伤害，又会有怎样的结果呢？而随着紧急关头一位客人加入了这两位国会小混混的行列后，风险越来越大了。珍妮不愿意让自己的儿

1　1903年10月24日温斯顿·S. 丘吉尔写给休·塞西尔的信（未发出），《姊妹篇》（*CV*），第2卷第1243页。

2　1902年11月2日温斯顿·S. 丘吉尔写给克兰伯恩·索尔兹伯里勋爵的信，《姊妹篇》（*CV*），第2卷第1248页。

3　“塞西尔和丘吉尔”，《每日快报》（*Daily Express*），1903年11月10日。

4　“愤怒的伯明翰”，《每日镜报》（*Daily Mirror*），1903年11月11日。

5　1903年11月3日温斯顿·S. 丘吉尔写给休·塞西尔的信，《姊妹篇》（*CV*），第2卷第1248页。

子单独面对那帮人，于是来到伯明翰陪温斯顿和休一同出席活动。这也就难怪一家全国性的报纸在活动当天评论道："激动人心的时刻，预计就在今晚。"[1]

11月11日晚上七点，意料之中的示威人群包围了市政厅。预计人数达到了四万。大批警力排列在重重路障后面，以防有任何没有票的人混进去。示威人群反复尝试突破但都被阻止住了。沮丧之际，一些人开始投掷石头且砸破了一些窗格玻璃。但大部分人，似乎满足于站在后面制造尽可能大的噪音，喊着口号唱着爱国歌曲。

四千名非常热情的听众挤满了大厅，而当温斯顿、休和珍妮出现在演讲台上时，绝大多数人表现出了热烈的欢迎态度，欢呼雀跃地挥舞着他们的帽子和手帕。在他演讲刚开始的时候，温斯顿经常被零散的质疑者打断，媒体称呼这些人为"令人啼笑皆非的绅士们"，但他特别注意了谈及张伯伦时都显得很是尊敬，而他温和的语调对听众而言有一种镇静作用。虽然外面的人群制造的噪音总是在提醒着来自乔的支持者们的威胁，丘吉尔始终没有表现出任何不安的迹象。[2]

他对听众们说道："我今天晚上来这里，不是要对任何人说任何尖酸刻薄的话。我来这里，只是想尽我所能地维护两个事业，无论对其中哪个，伯明翰都有着深刻的意义。其中一个是自由贸易的事业，而另外一个更重要的，是言论自由。"

他并没有一味煽动对乔那个贸易保护主义的具体计划的不满，闭口不谈那场争议的技术要点，而是给他的听众勾勒了一派更壮阔的前景，建立一个用强大的道德纽带连接起来的帝国，而不仅仅是靠经济和军事利益维系。他在这个前景里注入了一些个人喜好，回忆了他自己作为军人和战地记者在偏远地区参战的经历，并以一种浪漫的视角诠释了帝国主义，说那是一种让人们团结起来为公众利益服务的力量。无论事实到

---

1 "愤怒的伯明翰"，《每日镜报》(*Daily Mirror*)，1903年11月11日。

2 "自由贸易会议"，《每日快报》(*Daily Express*)，1903年11月12日；"自由食客在张伯伦的城市里演说"，《纽约时报》(*NYT*)，1903年11月12日。

底如何，比起张伯伦那些更老谋深算的计划，丘吉尔更喜欢这个崇高的帝国概念，且以此作为自己演讲的华丽结束而深深震撼了他的听众。

他说道："在我们帝国边界上演的战争与和平，我看过许多，足以知道如果英国统治遍布世界的领土的基础是物质，那不可能持续超过一年，也许连一个月都不行。我们统治的实力和辉煌并不来自任何物质的力量，而是源自道德优势、自由、正义、英国式的宽容和英国式的诚信。正如过去一样，将来也是要靠这些，我们才能把国王最珍贵的财产保留在一个不可侵犯的范围内。"[1]

戴维·劳合·乔治在伯明翰受到那样粗暴的对待，不光是因为他反对张伯伦，还因为他用了一种看起来很不爱国的方式来反对布尔战争。和他形成鲜明对比的是，丘吉尔在他的演讲里很明确地表明了自己并不缺乏爱国之心。而单就这个原因，乔的支持者们很难把他彻底妖魔化。毫无疑问，外面的人群一直到那天晚上最后都处在焦躁和愤怒之中，但当他结束自己演讲的时候，温斯顿成功征服了那些混进大厅抗议他来访的人。新闻报道说，当他坐下的时候喝彩声和掌声"震耳欲聋"。

也有记载说，当时珍妮的眼里饱含着泪水。她的儿子做了这么勇敢的事情，还做得这么好，她十分自豪能和他分享这一刻。他在真实战场上的功绩是她只能靠阅读来知晓的故事，但政治战场却让她有机会成为一名见证者，并且她只要在舞台上存在，就能证明胆量这种东西实实在在地存在于这整个家族。除此之外，多亏了警察局派出的优势警力和示威者们相对而言的克制，珍妮、温斯顿和休用不着伪装成警察便得以安全离开市政厅并返回了伦敦。这对张伯伦而言是一个耻辱的时刻，温斯顿谋定后战获得了胜利，并从这场对乔私人帝国中心的入侵中全身而退。[2]

并不以勇敢著称的休，后来被一家报纸单独挑出来表扬了他在面对

1　1903年11月11日，伯明翰市政厅，温斯顿·S. 丘吉尔，《演讲全集》(*CS*)，第220—224页。

2　一篇对伯明翰演讲大肆讽刺的文章里记录了珍妮的眼泪，这篇报道刊登于1903年11月14日出版的《星期六评论》(*Saturday Review*)的头版上。

危险时表现出来的非凡镇定。他紧跟着温斯顿之后在市政厅里进行了演讲，他展现出来的“政治勇气”令《每日镜报》十分惊讶。这家报纸并不怀疑他是真的在冒着生命危险。《镜报》评论道：“他当然不可能忘记劳合·乔治先生在这个中部资本城市经历过的危险遭遇，但他有话想在伯明翰说，于是完全把个人安危置之度外了。[1]

丘吉尔敏锐地意识到自己处在一场和乔的战争中。他对他们之间的冲突有这样的看法已经好几个月了。还在夏天的时候，某个阳光灿烂的日子，他坐在下议院的露台上接受了来自既是记者又是社会改革家的哈罗德·贝格比的采访，期间他透露了自己关于这个问题的一些想法。

贝格比问他：“政治就是你的一切吗？”

丘吉尔答道：“政治嘛，和战争很像，一样那么刺激，但也一样那么危险。”

贝格比想起一种夸张的说法称，有种新型致命武器能远距离射杀士兵而事先不被察觉，于是他问道：“那如果用那种新型来复枪呢？”

“好吧，在战争中，你顶多只能死一次，但在政治里可以死很多次。”[2]丘吉尔如是回答。

在他们采访的过程中，贝格比很快就意识到丘吉尔正在塑造自己的政治生涯，好让其经得起无数残酷斗争的压力，也担得起某些战斗失利的风险，尽管也许看起来就好像是灭顶之灾。因为他十分自信，他一定会重新崛起。事实上，虽然当时丘吉尔坚称自己不会离开保守党，但也已经愿意承认如果他继续留在党内，自由贸易事业的胜利将会给保守党带来不可估量的损失。他预计将会是“1832年以来最可怕的一次崩溃”。

---

1 “我们的明星”，《每日镜报》（*Daily Mirror*），1903年11月16日。

2 理查德·M. 朗沃斯在其编著的优秀著作《丘吉尔亲选：语录精粹》（*Churchill by Himself: The Definitive Collection of Quotations*）（2008年版）中，收录了这个对话的一部分，但特别说明了来源不详：“很多参考资料都引用了这句评论，但出处不明。”实际上确实是出自哈罗德·贝格比发表于1903年9月《帕尔摩尔杂志》（*Pall Mall Magazine*）上的“大师角色：议员，温斯顿·丘吉尔先生”。贝格比后来在他自己的著作《大师角色》（*Master Workers*）里转载了这篇采访，详见该书第161–177页。

于是贝格比问道，那为什么要留在这样一个置恐怖的预兆于不顾的党派里呢？

这个问题激起了这位年轻议员的斗志，他透露说，他认为这场和张伯伦的斗争，不仅仅是一场关于经济和帝国政策的争论，更是一场事关党派未来的战争。

温斯顿说道："我是个保守党员，我拥有和其他任何人一样多的党内权利，就算是某些来自伯明翰的人也一样。他们不能把我驱逐出党。"

听起来就和他六十多岁成为首相时一样，温斯顿发誓要和他的敌手们在战场上血战到底。"我要坚守住我们的党，和反动派战斗到底。这是毋庸置疑的，一丁点犹豫都没有。"

丘吉尔的豪言壮语十分有说服力，贝格比结束采访离开的时候，认为刚刚和自己交谈的是欧洲最有前途的年轻人之一。"在我看来，只要他身体没问题，就可以放心预言他会成为政界历史上的一个伟大人物。就这个问题，他的一个朋友曾对我这么说：'如果你从他的过去展望他的未来，你会发现他正在问鼎宝座的途中。'"

贝格比能看到有个障碍横在温斯顿的前进途中，那就是他在之前的短暂人生里树立的那些敌人，越来越多的敌人。挑战权威人士的习惯导致他总是会受到来自各个方面的攻击，防不胜防。贝格比写道："不得不承认，在某些社交圈里，丘吉尔先生就是众人的眼中钉、肉中刺。"[1]

5. 再次坠入爱河

温斯顿的政治生活进入了一个白热化的阶段，而与此同时，他再一次深深坠入了爱河。这次的这位女主角甚至比帕梅拉还要更迷人且更难得。她就是埃塞尔·巴里摩尔，二十岁出头便是百老汇名噪一时的人物，

1 哈罗德·贝格比，《大师角色》（*Master Workers*），第161—177页。

也是英国的一位常客。很多年的夏天，她都会和朋友一起在伦敦或各个乡下别院避暑，还和米莉森特·萨瑟兰来往得特别密切，而米莉想要制作一出戏让埃塞尔出演主角。[1]

1902年，多亏了米莉森特的介绍，温斯顿认识了这个年轻女人，当时就如《纽约时报》报道的那样，埃塞尔“在伦敦备受瞩目”。[2]前一年夏天，他曾经见过在城里舞台上的她，那是一场只演出一个晚上的百老汇卖座喜剧，《水上骑兵金克斯上尉》。[3]正如他后来告诉她的那样，当她登场的那一刻，他便爱上了她。[4]

她对男人确实有那种吸引力。她总是穿着低胸紧身上衣配以漂亮的花和其他闪闪发光的饰品。在见过她第一面以后，资深探险家阿诺德·兰道写到她时，就好像他发现了一个具有某种新的异国血统的女人，称她为“一个漂亮的尤物，有着极度会说话的眼睛，一头浓密的黑发和令人神魂颠倒的仪态”[5]。对温斯顿而言，吸引他的并不仅仅是埃塞尔出众的外貌。还有她的声音，据说曾经被他形容是“温柔的、妩媚的、迷人而有磁性的”[6]。

她于1902年拜访了布伦海姆宫，同时成了康苏微洛和珍妮的朋友。第二年夏天，她受康苏微洛之邀到那座宫殿里度过了自己的一部分假期，也经常和温斯顿见面，然而，就像在她之前的帕梅拉一样，她的心意捉摸不定，总是投身于一个又一个的约会，过着一种非常忙碌的社交生

---

1 巴里摩尔在《回忆录》(*Memories*)中谈到了与萨瑟兰公爵夫人的亲密友谊，详见该书第106页及第124–127页。关于米莉森特和埃塞尔一起排演一出戏的计划，参见“宫廷与社交界”，《每日邮报》(*Daily Mail*)，1902年8月27日。

2 “伦敦戏剧和音乐新闻”，《纽约时报》(*NYT*)，1902年7月13日。

3 关于《金克斯上尉》(*Captain Jinks*)在伦敦的那一晚演出，参见埃塞尔在“欧神尼克的乘客们对船长的赞美”里的评论，《纽约时报》(*NYT*)，1901年8月15日。

4 关于埃塞尔所述温斯顿·S. 丘吉尔第一次见到她的感想，参见奥格威:《一本自传》(*An Autobiography*)，第63–64页。

5 兰道，《四面八方》(*Everywhere*)，第2卷第81页。

6 杰弗里·C. 沃德，“绝望的巴里摩尔家族”，《美国传统》(*American Heritage*)，1990年12月。

活。所有人都想见她。她去过华威城堡见伯爵夫人，在苏格兰阿斯奎斯家族租来的夏日别墅里拜访过他们，和罗斯伯里勋爵共进过晚餐，和亚瑟·贝尔福打过桥牌，还在伦敦被引见给了麦克斯·毕尔邦。

1903年夏的某一天，米莉森特请她去吃午餐。另外的客人就只有丘吉尔、米莉森特的兄弟罗斯林勋爵和美国小说家亨利·杰姆斯。埃塞尔后来回忆道："米莉犯了个错误，她问亨利·杰姆斯'你今天早上散步愉快吗？'而他说'是的'，接着便口若悬河滔滔不绝地讲了个不停——一场无比华丽的表演。"温斯顿根本没有任何机会去获得埃塞尔的关注。[1]

每当埃塞尔关注温斯顿的时候，最让她感兴趣的似乎是他的政治事业。她被胡里干和他们的策略深深吸引了，她曾经饶有兴趣地形容他们"无法无天"。她对英国政治的戏剧性很有兴趣，但她看起来并不明白在一场比如由丘吉尔发动反对张伯伦的斗争里，所有的喧闹和愤怒到底意味着什么。1903年秋天，她从纽约写了封信给温斯顿，让他知道她一直关注着来自英国的政治消息，似乎原本以为他会很开心。但她盛赞了一个错的人。

她兴致勃勃地写道："我一直对英格兰在发生的精彩的一切非常感兴趣。我忍不住觉得乔是这个世界上最才华横溢的人。我觉得他在格拉斯哥的演讲太精彩啦——他真的快成功了吗？"

对于一个年轻的美国人，很容易会因为温斯顿和乔在下议院里坐在同一边，就误以为他们一定在朝着同一个目标努力。张伯伦在1903年10月6日那天于格拉斯哥发表了支持"关税改革"的演讲，时间很长又内容复杂，以至于埃塞尔以为也许能用"才华横溢"来形容他。但这无疑是个让温斯顿不屑一顾的错误。因此比起表达自己的开心，他会花更多时间来向她把实际情况说明清楚。事实上，他很焦急地等待着她下一次的夏季来访。

1　巴里摩尔，《回忆录》（*Memories*），第125页。亨利·杰姆斯在1903年似乎和米莉森特有着很亲密的关系（参见杰姆斯：《亨利·杰姆斯：书信里的人生》（*Henry James: A Life in Letters*），第392–393页）。

此外，她的乐观态度也使得他相信这会是一次值得等待的来访。眼下，她正忙于在百老汇的一部新戏里演出，但她在信里表示自己在英国曾经错过了一个希望。来年春天会有一出戏在伦敦公演，她甚至有机会能在其中担任主角。同时，她还鼓励他把她放在心里。她温柔地命令道："亲爱的温斯顿，一定要经常写信。"他们的通信最后不可避免地终止了，但一定曾经持续了很长时间且激情澎湃，因为当他再次在伦敦见到她时，他已经准备好要向她求婚了。[1]

1　1903年10月底埃塞尔·巴里摩尔写给温斯顿·S. 丘吉尔的信，被分入"未知"类收录于《查特韦尔文件》（*CHAR*）1/25，但笔迹与巴里摩尔的相符，信封上写的位于西59街的地址正是她1903年在纽约的公寓（参见皮特斯：《巴里摩尔的家》（*The House of Barrymore*），第549页），还有一些内部引用将日期指向10月，其好莱坞新戏《凯特表姐》（*Cousin Kate*）于10月19日开演后不久。

第7章

出港

1904年5月31日，在那个下雨的下午，丘吉尔走进几乎空无一人的众议院，用《曼彻斯特卫报》的形容，“看了一眼自己曾经熟悉的位置……又快速的环视相对的坐席，坚定地迈上几步台阶，向主席鞠躬致意，突然转向右方，坐在了自由党的席位中。”

1. 酝酿

丘吉尔和张伯伦之间那场自相残杀的战争在1904年进入了高潮阶段。3月底的某个周二在下议院里，政府因为拒绝举行一次普选来让民意决定自由贸易的问题而遭到了来自反对派的严厉打击。劳合·乔治指挥了这次攻击，指出当保守党试图解决如何让贸易保护主义被选民们接受的问题时，有很多其他迫在眉睫的问题被政府视而不见，国家摇摇欲坠，人民无依无靠。

他盯着贝尔福，嘲笑了领导者忸怩作态地逃避做出明确表态并公开为之战斗。他断言道，这位首相想要假装整个国家都跟他一样有着骄傲自满的态度。

丘吉尔从贝尔福身后的座位上站了起来。这位首相能轻易猜到接下来将要发生的事：将有更多的批判来自这位本该拥护支持他的年轻人。借用一位激动的国会评论员所说的话，"贝尔福的脸上忽然凶相毕露，变得看起来就好像一只正张牙舞爪的猫"。就在那一瞬间，这位首相似乎觉得自己已经受够了温斯顿。他大步流星头也不回地走出了辩论厅，这种意气用事违背了他一贯的作风。

接下来更多不同寻常的事情发生了。帝国政府的大臣们一位接一位地站起来，追随他们的首领而去，大多数后座议员也纷纷照做。身为保守党员的纨绔公子威廉·伯德特库茨在走出去的途中停下来，用"一种刻意傲慢"的表情凝视着全场直到反对派开始朝他愤怒地咆哮，他才继续走了。几分钟内，执政党这边的座位一排排几乎全空了，除了十二三个赞成自由贸易的保守党员，和经受了来自自己党派这令人震惊的非难后，还站在那里试图继续自己演讲的温斯顿。

即使很惊讶，但他仍然完成了自己的演讲，也并没有放过贝尔福在领导上的失误。甚至可以说，他对那位首相的攻击比劳合·乔治还更严厉。他对那些乐意留下来听的议员们说："现在是时候由民众来裁定这项挂羊头卖狗肉的逃税政策了，他们有权利知道公众人物对公共问题的想法，也有权利了解政治领袖们所信奉的主要政治原则。"[1]

贝尔福的草率离席打破了议院的传统，也让他因此广受责难。按照他的典型做派，他自然不会为自己的离席承担任何责任，声称他的缺席是因为必须要赶赴"和财政大臣的一个约会"[2]，而他也并不是故意要让丘吉尔难堪。几乎没人相信他的说辞。一家报纸把他的"失控"看作是一个"小男生的滑稽表演和一种软弱的表现"[3]。《旁观者报》确信这次抗议是"一次以侮辱丘吉尔先生为目的的有组织的攻击"，并斥责保守党拒绝和这个"既勇敢又活力四射的"男人进行光明正大的较量。

与指责张伯伦为了个不切实际的帝国计划引起了党的分裂相比，贝尔福和其他人觉得把矛头对准丘吉尔和自己队伍中那些少数坚决拥护自由贸易的党员要容易得多。毫无疑问，温斯顿刚愎自用又盛气凌人，但乔亦是如此。然而，很少有人努力去接纳温斯顿的观点，或给他任何继续忠心于党的鼓励。保守党实际上非常需要一个敢于质疑老前辈的精力充沛的年轻人，但贝尔福太优柔寡断而张伯伦却太心胸狭窄，所以他们都不会重用温斯顿。反过来，丘吉尔慢慢得出了一个结论，那就是不能再继续留在一个由这样两个人领导的党派里。他们造就了一种忍无可忍的局面。乔强大得难以被忽视，却没有强大到能够为他的事业赢得辩论。贝尔福明明大权在握却反而选择了含糊其词。

关于离开，丘吉尔已经考虑了好几个月。秋天的时候，他在一封给休·塞西尔的信里透露了自己的倾向，说他对于"向一个毫无友善可言

1 《议事录》(*Hansard*)，下议院，"复活节议院休会期间"，1904年3月29日；"国会展望"，《回声报》(*Echo*)，1904年3月30日。

2 1904年4月2日，在名为"一周消息"的报道里，《旁观者报》(*Spectator*)提到了贝尔福用一个早先的约会作为借口。

3 关于批评贝尔福的行为是"小男生的滑稽表演"，参见"休会"，《劳埃德新闻周刊》(*Lloyd' s Weekly*)，1904年4月3日。

的党派假装友善，以及效忠于那些应该下台的领导们”感到十分厌倦。他甚至说：“我讨厌保守党。”他知道休对保守党的忠心根深蒂固，这些直言不讳的话必然会让他感觉很不舒服，因此他并没有把那封信寄出去。但到1903年底为止，他已经公开说过很多话，让休害怕他可能很快就会抛弃自己的保守党了。[1]

他这个朋友试图通过谈话把他从边缘拉回来，力劝他“继续在党内坚持斗争”，并且说服那些“持怀疑态度，并不太喜欢乔及其计划却因为对党派忠心耿耿而犹豫的”人。休想要他“努力和约瑟夫·张伯伦斗争，但是要用保守主义的态度”。[2]休还不明白，温斯顿并没有意向要奉持保守主义态度。无论如何，他自己的态度永远都是排在首要位置的。1904年3月《苏格兰人报》曾经正确地总结道：“他自己就是一个党派。”[3]

问题是会不会有哪个党派始终愿意给他足以让他开心的自主权。他将用他接下来的政治生涯来验证这个命题。与此同时，他激发了他迄今为止最好的追随者——也就是休——对乔的做法不可遏制的强烈愤慨。这种愤怒在春天爆发了。在从对伯明翰的攻击里挺过来以后，塞西尔理直气壮地和伟大的乔面对面对质了，并把他自己对他的看法告诉了乔。这次发难发生在议院的某次夜间会议上，激烈程度让许多议员们瞠目结舌。

自从辞职之后，张伯伦试图避免就贸易保护进行国会辩论，他更倾向于在公开演说里讨论这个问题，这样贝尔福和其他大臣就不必进一步卷入争议之中。然而，休·塞西尔胆敢在议院里直接指着乔叫他懦夫，就是因为他没有在适当的场合来讨论这个问题。议员们很难相信有任何人，尤其是休勋爵，敢如此愤然指责权倾一时的乔。但接下来那位书呆子贵族还进行了更煽动人心的控诉，说张伯伦让他想起了谢尔丹18世纪的戏剧作品《情敌》里的小丑角色——鲍伯·阿克雷斯。

1　1903年10月24日温斯顿·S. 丘吉尔写给休·塞西尔的信（未发出），《姊妹篇》（*CV*），第2卷第1243页。

2　1903年12月休·塞西尔写给温斯顿·S. 丘吉尔的信，《姊妹篇》（*CV*），第2卷第1267–1268。

3　《苏格兰人报》（*Scotsman*），1904年3月12日。

休说道：“我应该把我尊敬的朋友阁下比作那出喜剧里的鲍伯·阿克雷斯，鲍伯总是在战场以外的地方来放肆展示自己的胆量。而我这位朋友阁下，也像那个角色一样，从来不敢在下议院的辩论场上直面自己的对手。当鲍伯发现自己面临这种情况时，他的勇气就都从他指尖溜走了。”[1]

这个比较很是机智诙谐但也很有羞辱性，自由党员们对此报以哄堂大笑，而乔的朋友们则义愤填膺地咆哮着表示抗议。起初，张伯伦假装自己不在意。记者席上的一位成员曾评论道：“可以看到当休勋爵在讲话时，约瑟夫·张伯伦先生的脸上扭曲地笑开了花，他尽了最大可能让自己看起来像是一个把整件事当成个辩论会笑话来看的人。”[2]然而，当轮到乔回应的时候，他倾尽全力进行了反击，对休竟然斥责他缺乏勇气表示不屑一顾。如果这变成一场肉搏战，就根本没有对抗可言，乔完全就是在恃强凌弱。

一定程度上是因为他和丘吉尔的联盟，休才会在那天摆脱了塞西尔家族的阴影，揪住这个最大的问题，对当时最重要的政治家之一发起了攻击。就连他的首相表哥也对他突如其来的胆大妄为感到猝不及防。在那天晚上快结束的时候，他觉得自己必须要维护他那位前任内阁成员，也要让自己和休的评论划清界限。关于张伯伦，他说：“有时候我不得不伤心地说，各种针对他的最别出心裁的敌对行动，已经到了恶毒的程度，甚至是刻意丑化。然而，所有我听到过的，用来打倒他的攻击词汇里，哪怕是流言蜚语也好，直到今天晚上我也没有听到过任何一个是说他缺乏勇气的。”[3]

休天真地以为自己能就此从对这个畏畏缩缩的敌人的攻击里侥幸逃脱，但乔并不打算就这么放过他永远不会忘记的这天晚上受到的侮辱。他发誓要报仇，并开始在休所在的格林尼治选区里诋毁他的名声。温斯顿试图警告他的朋友注意危险，告诉他乔会抓住一切机会报复。他在信

1 《议事录》（*Hansard*），下议院，“自由食品”，1904年5月18日。

2 “展望，国会透视”，《回声报》（*Echo*），1904年5月19日。

3 “张伯伦在下议院被称为懦夫”，《纽约时报》（*NYT*），1904年5月19日。

里写道：“不要有任何幻想，他永远不会放弃。”[1]

毁掉塞西尔的政治生涯需要时间，但接下来的一年半里乔都在有条不紊地努力，他向自己的同僚们明确表态，他宁愿看到保守党“失去二十个席位，如果他们允许休勋爵再回到国会”。当休终于意识到乔把他当成了要在下次大选中击败的目标，甚至一度“每天花50英镑”就为了剥夺他的席位时，一切都为时已晚。休在1906年大选中惨败，他为此愤怒地谴责了张伯伦，言辞激烈地骂他是一个“忙着利用国会的帮凶对政敌实施文艺复兴式暗杀的”不择手段的怪物。相反很明智的，丘吉尔的深谋远虑让他避免了这样的命运，并且把他自己安放在了一个乔鞭长莫及的位置。[2]

2. 自由党导师

从他进入国会的那天起，丘吉尔便一直在寻找不用屈从于党派纪律的领导方式。他曾经寄希望于凭借自己纯粹的人格魅力，作为一个思想独立的保守党员被接受，其他人关心的会是他本人和他的所作所为，而不是因为他所处的党派等级。早在1901年，他就曾经告诉利物浦的一个学术社团：“没有什么事情比独立的人被扼杀更糟糕了，那意味着英格兰只允许两种观点的存在：执政党的观点和反对党的观点。永远都意见相同的内阁让我很是不安。我相信人格。”[3]

对于一个只有几个“桀骜不驯”的胡里干成员拥护的年轻人来说，这

1 1904年10月11日温斯顿·S. 丘吉尔写给休·塞西尔的信，《姊妹篇》(*CV*)，第2卷第1364页。

2 其他引用出自理查德·A. 伦佩尔：“1900-1914，休·塞西尔勋爵的国会生涯”，《英国研究》(*Journal of British Studies*)，1972年5月。

3 1901年11月21日温斯顿·S. 丘吉尔在利物浦治学协会的演讲，《演讲全集》(*CS*)，第110页。

是一个不切实际的立场。虽然党派里一些人觉得看到了希望，但更多人看到的只是狂妄。而且他制造的麻烦越多，他就越不受欢迎。在一场特别激烈的辩论当中，一位粗鲁的后座议员对他的回应异乎寻常。杰姆斯·L. 万克林，一位在南非大发横财的铁路投机者，某天下午丘吉尔指责他并叫他不要靠“大喊大叫来压人”时，他正跟着很多人一起在嘶声呐喊想要获得控制权。作为张伯伦的支持者，万克林对此十分不满。他第二天写信给温斯顿说：“请允许我警告你，如果我再受到来自任何像你一样的年轻人的无礼对待，我会知道我该怎么办。”[1]

好几个月以来，丘吉尔把奋力争取一个“中立的政府”的想法放在了一边，在他的概念里，这个他所谓的中立政府应该由罗斯伯里勋爵和其他来自两个主要党派中心的强权人物一起领导。他反复尝试想要让罗斯伯里因为这个想法而兴奋，但那位娇生惯养的贵族已经太习惯在自己庄园里的舒适生活，也就并无意愿让自己卷入一场障碍重重的新政治运动里。随着这个想法的夭折，再加上在保守党队伍里的日子越来越难过，温斯顿除了期待作为一个自由党人重新开始已经别无选择了。[2]

他在自由党内有几个朋友，尤其和那位维多利亚时代的政治家约翰·莫尔利在一起时感觉特别自在，因为这位老人家亲切而宽容，能和各种各样的政客保持亲密的关系，甚至包括乔·张伯伦在内。作为一名卓有成就的文学家、格莱斯顿指定的传记撰写人，同时也是虔诚的自由贸易的拥护者，莫尔利是一个老派的自由主义者，他倡导个人自由，反对反动派划分阶级和建立国教。私下里，他毕生都在努力守卫着政府，以保其在错综复杂的国际竞争里不败，也不会被国内沉重的负担压垮。他很高兴能成为温斯顿的思想及政治导师之一，给他推荐书籍，且偶尔谦逊而礼貌地为他提供些建议。根据莫尔利的建议，温斯顿仔细研究了

1　1904年2月5日杰姆斯·L. 万克林写给温斯顿·S. 丘吉尔的信，《姊妹篇》（*CV*），第2卷第1311页。

2　1902年10月10日温斯顿·S. 丘吉尔写给罗斯伯里勋爵的信，《姊妹篇》（*CV*），第2卷第1168页。

西博姆·朗特里具有奠基意义的著作《贫困：城市生活研究》，这让他第一次开始认真考虑如何能减轻英国最糟的贫民窟里的苦难。丘吉尔在看完那本书之后写道："在一个能主宰风云却无法洗清自身污垢的帝国里，我看不到什么繁荣景象。"[1]

作为一个冷静含蓄的人，莫尔利试图缓和温斯顿好斗的脾性，让他明白温和的意义，教他用一种深思熟虑的渐进的方式去制定并执行策略。他并没有获得很大的进展。多年后，他将要默默惋惜温斯顿选择了一头扎进复杂事务里，且错误估计了如他所言的"一波巨浪带来的无数泡沫"。[2]某一天他被告知，温斯顿又被发现在看另一本关于拿破仑的书，他失望地摇了摇头说："他应该多研究生活中那些默默无闻的英雄，根据拿破仑来塑造自己已经被他之前的许多人证明了是件多么危险的事情。"[3]

总的来说，自由党愿意接纳丘吉尔，包括他的缺点和他的全部。当他们看着他走遍全国去公开抨击张伯伦时，他们不能帮忙，但却对他的激情和他的说话方式印象深刻。但他们之中的明日之星们并没有哪个去接近他，除了劳合·乔治，他似乎很喜欢和温斯顿联手反对张伯伦这个想法。不是别的，正是这个共同的敌人让他们在舞台上靠拢了。但这也就足够了。甚至连乔的某些朋友都愿意承认的是，这两位的联手令人望而生畏。那位性情暴躁的万克林认为他们是一对将拉着自由党这辆马车极速前行的赛马。他在一封嘲笑劳合·乔治的信里对他写道："你们两个会是一对完美的搭档，但我非常抱歉要去尝试着驱赶你们。"[4]

在温斯顿看来，自由党有着很好的发展前景。他们在下议院的领袖亨利·坎贝尔－班纳曼爵士是个仪表堂堂又和蔼可亲的人，虚怀若谷又不爱出风头，并不擅长于掌控政党机器。当他成为自由党领袖以后，没

1 1901年12月23日温斯顿·S. 丘吉尔写给J. 摩尔·贝利的信，《姊妹篇》（*CV*），第2卷第1104页。

2 莫尔利，《回忆录》（*Recollections*），第2卷第255页。

3 玛戈·阿斯奎斯，《自传》（*Autobiography*），第251页。

4 1904年1月1日杰姆斯·L. 万克林写给戴维·劳合·乔治的信，转引自格里格：《劳合·乔治：人民的卫士》（*Lloyd George: The People's Champion*），第65页。

有任何人认为他是一个有着远大抱负的权威人士。他的才华是那么深藏不露，以至于《泰晤士报》称他是“一位能充分起到预热作用的领导人，直到有更威风凛凛的统帅出现”。[1]

3. 下议院失语

在后来几年，经常有指责认为丘吉尔离开保守党加入自由党，是因为能够在自由党内有更好的晋升机会。这当然是一个原因，但是另一个不能忽视的重要原因来自于张伯伦带给他的敌对氛围。还有一点值得铭记的是，在丘吉尔投靠对方政党前，他的政党——在他的首相领导下——早已离开了他，在那个3月的戏剧般的一天，众目睽睽之下，把他独自遗弃在了议会。从那时起，他就知道他不得不离开。

然而，他却不得不考虑何时以何种方式离开，不仅仅是离开贝尔福等人，而且是他的朋友，宁死也不会离开保守党的休爵士。正如休试图劝说他留在党内一样，他也在努力劝说他的好友跟他一起离开。但休一个字也听不进去。最终温斯顿不得不自己离开。

这种压力在4月22日温斯顿在下议院演说时显出端倪。他在谈到保守党与工人阶级关系的历史时，指出这两个阵营二十五年前的关系更好，而那时保守党“还不是现在这样的骗子”。他知道自己这么说有些得寸进尺，而党内成员很可能又一次退席抗议。然而，这次没有人离开，于是在他脑海似乎有什么东西忽然中断。他支吾着，思路突然消失。又试图继续，却发现自己什么也说不出来，于是在自己演讲结束前就被强令落座。他一度痛苦地低头；但最终还是离开了会议厅。对于他来说，失语实属不同寻常，以至于下议院多数人对他的困境报以真切的同情，并怀

1　1899年1月17日《泰晤士报》(*Times*)，转引自A. J. A. 莫里斯:“亨利·坎贝尔-班纳曼爵士”,《牛津国家人物传记词典》(*Oxford Dictionary of National Biography*)。

疑他可能是病了。

“下议院感人事件”，次日头条这样刊登。“温斯顿·丘吉尔先生无法继续他的演说。”后续报道质疑是否这个年轻人突然精神崩溃：“温斯顿先生在下议院里的突然失语自然而然引发朋友们大量的猜疑。作为政客的丘吉尔先生可能不受普遍欢迎，但人人都承认他将是未来的权势人物。”

他很快恢复过来，声称自己没有事，只是偶然不幸的失误。但明显是三月的退席困扰着他。事实上，在4月22日他就已经开始含蓄地表示“希望下议院不要对他参与讨论而感到愤恨”。

但除了围绕在他周围的政治风波之外，还有一件私事一直困扰在他心头，这件事鲜有人知。在六天之后他就要与他希望迎娶的女人再次见面。4月28日，埃塞尔·巴里摩尔会从纽约回来进行一场被赞助者期望取得巨大成功的新戏的预演。该戏计划于5月中旬上演，而温斯顿长久以来希望在5月末时——如果自己足够幸运——这位百老汇明星会答应留下来做他的妻子。

4. 坐在自由党席位中

查尔斯·佛罗曼，帮助埃塞尔开启美国事业的百老汇出品人，正依仗她通过主演年轻剧作家休伯特·亨利的《辛西娅》给他自己带来在伦敦的成功。这是她第一次亮相英国的戏剧作品。开幕当晚已经成为热议的话题，很大程度上是因为米莉森特·萨瑟兰——埃塞尔夏天的组织者——计划带着她所有的文艺上的和社会上的友人给这位明星举行一个热烈的招待会。在刚刚到来的两周，埃塞尔同米莉忙于满足她的社会义务同时完成她在温德姆剧院的预演，因此鲜有闲暇。但温斯顿急于单独见她，因此很快安排与她的晚餐。他的日程表上列出的晚餐时间是5月3日，她的名字被略写为“EB.”。

这次的会面在温斯顿向埃塞尔的求婚攻势中似乎仅仅是开始。多年之后他女儿将如此形容此次的罗曼史，“爸爸用鲜花和情信包围着她，每天晚上他都去克拉里奇饭店吃饭，那里也正是她每次演出结束后必去的地方”。垂暮之年的埃塞尔承认温斯顿曾经向她求过婚，并且她承认“她曾深深被他吸引过”。但由于忙于自己的演出，她并未立即给他一个明确肯定的答案。而后，当他逐渐接受在爱情的困境中摸爬滚打时，却出现了新的问题。这问题虽不是他造成的，却直接导致埃塞尔仓促离开伦敦并且把嫁给他的想法放到一边。

问题开始于5月16日，戏剧开幕当天。除了友善的观众之外，该戏剧彻底失败，尽管批评者肯定了巴里摩尔的演出，但他们对作者丝毫不留情。其中《泰晤士报》杂志的评论最为典型。这部戏根本不值一提，批评者评述说，“很难称它是被写出的。它几乎跟不存在一样。这不是一部戏剧，只能算是一个篇章，这个篇章没有别的，只有埃塞尔·巴里摩尔小姐”。最终的评定是只有这位明星的表演使这部戏值得一看，但就算是她的魅力也无法弥补空洞的情节和糟糕的对白。

温斯顿带着鲜花到了埃塞尔的化装间，但她知道这部戏有麻烦了，他也知道。“哦，我可怜的爱人。”他说。演出又勉强进行了两周，但在6月初就有传言会取消第十一场演出。对一个背负如此高希望的戏剧来说，演出之路太过短暂。尴尬的埃塞尔宣布自己会在最后一场演出结束后立即返回美国。结束场是令人遗憾的，《每日快报》称，“因为它不幸地缩短了迷人的美国演员埃塞尔·巴里摩尔小姐在伦敦的停留。很遗憾，佛罗曼先生没在另一部更吸引人的戏剧中‘推介’巴里摩尔小姐”。

埃塞尔不仅第一时间逃离了伦敦，而且直接来到了旧金山，她整个7月在当地的一个剧院演出，回避着纽约的聚光灯，因为那里流传着她在伦敦短暂时光的负面新闻。尽管她向一家旧金山报纸承认她自己在英国的停留十分令人失望，但她也表明她会很快返回。“伦敦对我来说非常重要。”她说。

但她并未提及温斯顿。她对他的所有兴趣都迅速消退，到了她再次出现在伦敦之时，一年已经过去，而她彼时也已委心于他人，没有给丘吉尔一点时间。“我十分爱她，”半个世纪后，他如此回忆道，“但她却丝毫没有给予我任何关注。”

他觅妻失败并不能归因于自己的不努力。他第二次的追求目标高远却又再次落空。

然而，对英国政治不甚了解的埃塞尔不会意识到，就在她为“辛西娅”拼搏努力之时，温斯顿自己也上演了一出简短的戏码。这部戏码没有引起很大的关注，它的重要意义当时也没有被很多人意识到，但对于那些理解个中重要性的人，它是难以忘怀的。

1904年5月31日，在那个下雨的下午，丘吉尔走进几乎空无一人的下议院，用《曼彻斯特卫报》的形容，“看了一眼自己曾经熟悉的位置……又快速地环视相对的座席，坚定地迈上几步台阶，向主席鞠躬致意，突然转向右方，坐在了自由党的席位中”。

坐在他旁边的男人不是普通的自由党成员。他是大卫·劳合·乔治——对乔和他的追随者来说已经是撒旦的化身了。丘吉尔与自己政党的决裂来得不能更加决绝了。所有的“胡里干”都离他而去，除了休，尽管他对劳合·乔治针对地主阶级和英国国教的批评十分反感，且发誓不会“接触这样一个……拿着竹篙的政治宣传品”。于是，在二十九岁那年，温斯顿跟随新的同盟重新开启了自己的政治生涯，且志向高远。

第8章

单身汉和女继承人

然而，好像还缺了点什么。很快就要到他三十岁生日了，但他还依然在寻找一个妻子。虽然在两次失败的求婚之后，他开始有些困惑。在他浪漫的人生理念里，很容易就会认为属于他的女人应该是一位魅力四射的戏剧性人物，周身散发着神秘疏远的气息。

1. 突破礼俗的下午茶

1904年底，记者赫伯特·维维安到下议院拜访了丘吉尔，对这位年轻议员受到的关注感到印象十分深刻。自从前一年他们在温斯顿的房间里见面以后，也就是张伯伦发起了那场注定失败的贸易保护运动以后，已经有很多改变发生了。这时的温斯顿已经越来越有民族英雄的风范，且处处都能体现出来。在去露台喝茶的路上，这两个男人和几个带着客人的议员擦肩而过，这些客人里有不少是精心打扮过的女人，温斯顿的出现在她们之间引起了一阵兴奋的骚动。赫伯特·维维安后来回忆道："我记得他当时引起的广泛兴趣，所有人都转过头来盯着他看，大部分人脸上都带着赞赏的微笑。他看起来不怎么在意自己引起的关注，只是一路妙语连珠地领着我走了。"

露台上所有的桌子都被占了，除了几张预留给上议院的。对丘吉尔而言，这并不是什么麻烦。他大步流星地跨过了那根把两个团体分隔开来的隐形的线，和他的朋友一起在一张空桌子旁边坐下了。然而，服务员们都被这突破礼俗的行为吓呆了，也拒绝给他们上茶。温斯顿站起身走回去他自己应该在的那一边，用手指着说道："那好吧。把茶放这儿，我自己端到那边去。"

后来，在那天下午的剩余时光里，再没有任何人打扰过丘吉尔和他的客人。他们聊了政治，就温斯顿所关心的而言，这应该是那个露台上唯一的谈话主题。他严厉地注视着那些正谈笑风生地喝着茶的访客们，说道："如果我有办法，我就会禁止所有这些没意义的闲聊。下议院应该是个工作的地方，而不是娱乐场所。"[1]

---

1 "人格研究：温斯顿·丘吉尔"，《帕尔摩尔杂志》(*Pall Mall Magazine*)，1905年4月。

就连在露台上，他也不可抑止地想要进行些改革。如今他是个自由党员，迫不及待地想要撵走保守党好把政府机器掌握在自己手上，修修这修修那，彻底卸除那些早就不再运作的部分，以便让整体运行得更好些。他不再是那个私底下嘲笑自己前辈的胡里干成员，而是一个准备成为万众瞩目焦点的政治明星，只要自由党在反对贸易保护主义的浪潮里上台，而这在他看来是必然会发生的事情。

政治漫画家们已经很频繁地在自己的作品里画到他，虽然其中有一个曾经抱怨说他的外貌对塑造一个好的漫画角色来说不够有特色，还话里有话地建议他应该戴个单片眼镜。[1]为了满足日益增长的对他的好奇，杜莎夫人蜡像馆还制作了他的蜡像，这引起了一小部分批评家的不满，他们认为他还远远不够格。刊登在一本周刊杂志上的一篇讽刺文章说："他赢得了宣传的最高荣誉。在声名狼藉之后做出的努力让他广受欢迎，从杀人犯和老千到百万富翁和王室成员，拥护他的人无处不在。世界属于那个懂得怎么宣传自己的人。"[2]

不过，也有许多人一点也不认为他的名望被夸大了。一位维多利亚时代的资深记者，大胡子老头 W. T. 斯特德在7月里写道："现在，温斯顿·丘吉尔站在了政治舞台的中央。他是后起之秀里最卓尔不群的那个，在许多方面都才华超众。"[3]接下来在8月里，一个热心的记者祝贺自由党如今有了丘吉尔和劳合·乔治这对强强联合的顶尖组合。他们联手所呈现的"斗牛犬精神"[4]最终将会把保守党置于死地。

自由党非常满意他们的这位新成员，甚至都没仔细地询问清楚他的整体政治观点。如今他到底已经成了一个真正的自由党员，还是只不过是个寻求尊重的持有不同政见的保守党员，包括丘吉尔本人在内的所有人似乎都乐意把这个答案，留到下次大选之时再揭晓。在眼下，最主要

---

1 "政客与漫画家"，《威斯敏斯特要闻》(*Westminster Budget*)，1904年9月2日。

2 "按照惯例"，《黑与白》(*Black & White*)，1904年7月2日。

3 "人物素描"，《评论回顾》(*Review of Reviews*)，1904年7月。

4 "人物轮廓"，《演说家》(*Speaker*)，1904年8月27日。

的事情就是削弱贝尔福的权威，直到他认清自己的绝望处境而下台，为新政府扫清一切障碍。

虽然那位首相在公开场合假装得好像一点也没有因为丘吉尔投奔自由党而烦恼，但他心里很清楚这次背叛给党内的其他人树立了一个坏榜样，因此他一直担心着还会有更多的损失。数月来，这一直困扰着他，而确实有一些保守党员脱离了他的掌控，加入了温斯顿那一边。让他万万想不到的是，休·塞西尔居然也开始动摇了，贝尔福感到无比焦虑，他近乎惶恐地给他表弟写了封信，求他“留在党内！！永远别提要离开党！”[1]

其实，休只不过是在听到乔一些让人恼火的评论后发泄一下情绪。但贝尔福不能再容忍任何杰出议员的尴尬背叛。把丘吉尔拱手让给了反对派已经够糟糕的了。他造成的危险显而易见。10月里，温斯顿告诉一个威尔士听众，他的目标是“让这个摧毁了国家信心的政府困扰、难堪直至垮台”。[2]

2. 狙击手劳合·乔治

在10月对威尔士进行访问期间，丘吉尔和劳合·乔治共享了讲台，后者说他这位新朋友正努力“稳固自己作为一名自由党新人的步伐”[3]。这实际上说明温斯顿现在有了劳合·乔治作为他学习现代自由主义的导师，而后者显然比那些维多利亚时代的老自由党人拥有更多的雄心壮志。新自由党想要利用政府权力来进行社会改革，大力改善老弱病残穷等弱势群体的生活。在他作为自由党员的“婴儿时期”，温斯顿希望能解除一些

1 威尔逊，《坎贝尔－班纳曼》（*Campbell Bannerman*），第419页。

2 1904年10月18日温斯顿·S. 丘吉尔在卡那封郡的演讲，《演讲全集》（*CS*），第368页。

3 1904年10月19日伦敦《泰晤士报》（*Times*），转引自托伊：《劳合·乔治与丘吉尔》（*Lloyd George & Churchill*），第33页。

贵族观念的禁锢，密切关注那些新的观念。但无论如何，他现在真正想要从劳合·乔治那里得到的，不是社会政策，而是一个推翻张伯伦和保守党的战争计划。正如他在威尔士对他的听众们说的那样，“劳合·乔治先生是自由党阵营中最优秀的战斗首领”[1]。（所有人都喜欢用名来称呼丘吉尔，但在政治场上很少有人会用戴维来称呼劳合·乔治，虽然私底下和他有着真诚友谊的温斯顿一般是那么叫他。）

和贝尔福的政府一决高下的愿望造就了英国政治历史上最不同寻常的合作关系之一。众所周知，直到那时林基·塞西尔一直是温斯顿在政治上唯一的搭档。而劳合·乔治是和塞西尔截然相反的一个人。宏伟的祖宅、深厚的高层关系、充足的个人收入和贵族头衔，所有这些都是那位出身卑微、靠自己白手起家打拼成自由党显赫人物的威尔士人所没有的。性格也完全不同于休勋爵那一本正经的苦行僧个性。劳合·乔治比丘吉尔年长了差不多十二岁，1904年时的他已经结婚十六年并已经是五个孩子的父亲。除非是刚巧对他的政治目的有帮助，否则他根本不太在意宗教信仰，而他对女人的浓厚兴趣让他经常处在偷情的状态。

从劳合·乔治身上完全看不到一位爱德华时期典型绅士的优雅做派，因此时常成为保守党员们嘲笑的对象，这也是为什么丘吉尔最初很容易误以为他是“一个粗俗唠叨的小无赖”。但在这几年里看着他挑战张伯伦，温斯顿根本不在乎这位自由党的斗士究竟是不是一位传统的绅士了。他纯粹是很欣慰从他身上看到了自己一直在寻找的那一种胡里干——一个掩护先遣部队的无所畏惧的狙击手。唯一的问题是，温斯顿总是坚持用一种浪漫的眼光看待他们的关系，就像他对休·塞西尔那样。他天真地以为这个合作关系从本质上来讲对他有利，而这位赤胆忠心的神射手永远也不会对他倒戈相向，从背后捅他刀子。

然而，丘吉尔就算再现实一些看待他们之间的关系，他也无论如何猜不到，很久以前劳合·乔治就已经下定决心不会让任何事情成为自己

1 1904年10月18日温斯顿·S. 丘吉尔在卡那封郡的演讲，《演讲全集》（*CS*），第368页。

问鼎权力巅峰的障碍，包括友谊在内。在19世纪80年代他写给自己妻子玛戈的一封坦白信里，他坦诚道："我最大的理想就是出人头地，我相信为了这个理想我愿意牺牲一切，除了正直。甚至如果爱情阻碍了我神圣信仰的前进之路，我也已经准备好随时把它抛弃。"[1]

对那些从早年在威尔士时便熟悉劳合·乔治的人而言，他这个新的合作关系显然很容易蜕变成激烈的竞争。就像他的朋友D. R. 丹尼尔曾经挑明的那样，不可避免的事情是丘吉尔和劳合·乔治"总有一天会狭路相逢，为了问鼎那至高无上的权力巅峰而一决高下"[2]。温斯顿也许猜想过如果那一天真的来临了，他将会是胜利的一方。但如果他们并不是面对面正大光明地对决，又会发生什么呢？他似乎并没怎么考虑过用后背对着劳合·乔治的危险。

无论如何有一点是好的，这两个男人的性格非常契合。虽然劳合·乔治从来没有任何在现实战场的经历，也从来没有从过军，但在政治舞台上他把自己看作一名战士。并不只是在温斯顿的想象里，这位自由党中坚分子是一位准备好攻城拔寨的勇猛首领。劳合·乔治一直把他的政敌看作是一些在必要情况下需要用无情炮火去清除的士兵。而他和丘吉尔不同的是，他看待战场的方式冷酷无情。

有一次在加的夫，他告诉他的听众："我想起一个美国士兵说的话，当他被问到：'当你用来复枪瞄准着对面的敌人时，你恨他们吗？'……他的答案是：'不，我并没有射击任何人。我只不过是对着一条战线在射击。'事实上，我一直就是这么做的。"[3]

1　约1885年劳合·乔治写给玛戈·欧文的信，收录于肯尼思·O. 摩根："乔治，戴维·劳合，第一代德威弗尔的劳合·乔治伯爵"，《牛津国家人物传记词典》（*Oxford Dictionary of National Biography*）。

2　格里格，《劳合·乔治：人民卫士》（*Lloyd George*：*The People' s Champion*），第66页。

3　格里格，《劳合·乔治：人民卫士》（*Lloyd George*：*The People' s Champion*），，第155页。

3. 在张伯伦家过夜

对丘吉尔来说，下一次大选将在一个全新的选区作战。作为一个自由党员，他在奥德汉姆不再有一席之地，于是他接受了一个临近曼彻斯特的参选邀请。虽然他并不能预知大选将在什么时候进行，却知道自己迫切需要进一步控制开销来保证竞选经费。他已经差不多把自己三年前攒下的钱都花光了，如今只能指望他写的伦道夫勋爵的传记能帮他再赚个满钵。但离写完还为时尚早。在过去的一年半里，各种紧张的政治活动耽误了他写这本书。他至少还需要一年的时间来完成它。

他一直生活得很好，花钱大手大脚。在他旅行期间，他总是住最好的酒店并且好吃好喝，尤其喜欢用牡蛎和香槟伺候自己。他还总是拿对身体有好处作借口，经常打马球，尽管花销不菲。

在埃塞尔·巴里摩尔毫无预警地逃离伦敦之前，他还曾经计划再去一次美国。当明确知道她那部戏会在6月结束时，他第一个想法是跟着她一起回纽约。5月31日那天，也就是他第一次坐到自由党阵营中的同一天，他接受了一个邀请，将作为他母亲的老朋友、纽约国会议员W.伯克·科克伦的客人出席7月举行的民主党全国大会。

推测起来，他应该可以寓工作于娱乐之中，在近距离观察美国政治体系之余，还能找到些时间继续对埃塞尔的温柔攻势。和科克伦这个强有力的自由贸易拥护者在一起，也给了他一个和自己钦佩的人讨论策略的机会。

但在6月中旬，也就是埃塞尔离开伦敦差不多一周以后，温斯顿写信告诉了科克伦自己不能前往的消息。他的决定很是出人意料，而他把原因归咎于需要继续与“张伯伦和他的伙伴们”斗争。但更有可能的是，5月底到6月中这段时间，他意识到花时间金钱去追逐不情愿的埃塞尔并不值得，尤其是她在最后关头决定了要去旧金山。[1]

结果他做了件明智的事情。他向来慷慨的朋友欧内斯特·卡塞尔邀请他去自己的一座别墅做客，这座华而不实的大别墅高高坐落在瑞士的阿尔卑斯山脉上，而温斯顿答应了。8月的一大半时间他都在那里，每天早上用来写他父亲的传记，下午用来徒步旅行，而晚上则用来阅读或者打打桥牌。天气也很完美，他每天晚上大敞着窗户睡得很香，晚餐还都是法国大厨精心准备的。这个假期，对他而言比横跨美国大陆追赶埃塞尔的脚步要舒服得多，也有成效得多。

卡塞尔是个十分精明敏锐的人物，他始终相信温斯顿有着过人的天赋，终有一天会在英国政坛大获全胜。作为一个有很多财产要去利用和保护的人，他总是小心地培养着和那些高层人士的友谊，即使其中有些人还没到功成名就的高度，比如像温斯顿这种情况。不过，他们的友谊基础远远不止金钱和影响力。他们真诚地欣赏对方，也十分享受和对方在一起的时光。1921年卡塞尔去世之后，温斯顿告诉这位银行家的孙女，也就是蒙巴顿勋爵夫人埃德温娜："我知道他非常喜欢我，也总是很信任我，尤其是在我处境艰难的时候。我对他的感情很真实也很深厚。"[2]

他在那本传记上取得了非常大的进展，因此当他回家时，他有着不同寻常的自信。事实上，自信到做了件大胆到连他自己都要目瞪口呆的事情。9月22日他到乔·张伯伦伯明翰府邸拜访了他，还留下过夜了。事后，丘吉尔几乎不敢相信自己做过的事情，并且只告诉了极少数几个朋友，还要求他们为此保密。

他给这次拜访找的借口是，他需要向乔打听一些关于伦道夫勋爵的信息。他勇敢地给他写了封信，要求他提供一些可能对传记有用的信

1　1904年6月19日温斯顿·S. 丘吉尔写给伯克·科克伦的信。关于全文以及科克伦对温斯顿·S. 丘吉尔的影响的精彩讨论，参见麦克门纳明和佐勒：《成为温斯顿·丘吉尔》(*Becoming Winston Churchill*)，第194页。

2　马丁·吉尔伯特，"丘吉尔的伦敦：重要地点和片刻时光的记忆陀螺"，1985年9月17日，伦敦，丘吉尔国际研究协会。

件。而比他还勇敢的是，乔邀请了他到海布里做客并过夜。那么针锋相对的敌人能用这种方式见面，这非常罕见，尤其他们仍然经常在政治舞台上互相破口大骂。但他们都无法拒绝这个在最后一战来临之前互相打探的机会。尽管他们之间龃龉不断，却也互相有着不可动摇的敬意。

就像以前他们还很友好的时候一样，乔拿出了昂贵的波特酒，他们熬夜畅聊着过去和一点点未来。几乎就像过去几年里从来没有发生过任何伤害他们关系的事情，他们又一次置身这座仍然和从前一样的宏伟豪宅里，而那几排培育着珍贵兰花的温室也还在那里。再一次在这里，当年长的那位带着僵硬的微笑、干巴巴地笑着回忆人生和传播智慧时，那个年轻的男人非常仔细地观察着他。

乔承认温斯顿加入自由党，是为自己的政治生涯做了件对的事情，但也警告他保守党将永远不会忘记他的这个决定，而他因此将要长期忍受各种辱骂伤害。差不多二十年前他也曾经转党，张伯伦比任何人都清楚被贴上背叛者标签后所要付出的代价。但他学到了十分宝贵的一课，他猜想温斯顿可能也已经学到了，那就是宝剑锋从磨砺出。他用自己温柔的声音说道："如果一个人对自己有把握，那只会让他愈发敏锐，也愈发无坚不摧。"

第二天告别的时候，他们都表现得十分礼貌和客气，但两个人都知道一年半载之内，他们之间的一个就将克敌制胜。乔试图让自己看起来对政府迟早会垮台这个事实不以为意。当他祝愿丘吉尔所写伦道夫勋爵的传记能大获成功时，他还表示希望这本书能在国家发生重大政治改变之前面世。他开玩笑道："公众没办法一次性承受两个轰动事件。"

尽管一直谈笑风生，温斯顿离开的时候还在思考着他从这个对手身上感觉到的弱点。稍后他做出了一个推断，乔和贝尔福最终将"自取灭亡并给他们的党派带来灭顶之灾"。他十分确信自由党将在下一次大选中以绝对优势获胜。而这次在海布里的会面，就好像是乔用自己的方式，在刀锋落下之前对胜利者脱帽致敬。[1]

如此，经过了喧嚣混乱的春天和夏天以后，丘吉尔期待着能享受自己辛勤工作的成果——传记出版后带来的财富和更多的名誉，以及打败乔的新政府里的一席之地。

4. 另一个难以企及的女人

然而，还是缺了点什么。很快就要到他三十岁生日了，但他还仍然在寻找妻子的过程中。媒体开始猜测他究竟会结婚然后安定下来，还是不知不觉就到了中年成了一个“坚定的独身主义者”，这个称号是那年年底一本社会杂志安在他头上的。这是他想要的最后一样东西。虽然在两次失败的求婚之后，他开始有些困惑。但总而言之，他不是那种会放弃的人。[2]

也许是因为他从来都认为自己没什么可以失去的，于是又看上了另一个他难以企及的女人。她就是他认识多年了的穆里尔·威尔逊。他们同年并且一直都很喜欢对方。在他们更年轻些的时候，两个人的名字曾有那么一两次被浪漫地连在一起，但那绯闻完全只是捕风捉影。在他们友谊的大部分时间里，她都以一种婉转的方式拒绝把他认真地当作一个潜在的配偶。其他男人似乎对她有着更大的吸引力。但他们也全都失望而归。过去十年里，一些英国最英俊和最有背景的男人，都尝试过想赢得她的芳心，但最终都铩羽而归。如今，因为她也马上就要三十岁了，

1 1904年9月24日那天，温斯顿·S. 丘吉尔写信告诉他母亲，他在两天前拜访了张伯伦，详见《姊妹篇》(*CV*)，第2卷第1456页。还可以参见1904年10月17日，温斯顿·S. 丘吉尔写给J. 摩尔·贝利的信，《姊妹篇》(*CV*)，第2卷第1366–1367页和约瑟夫·张伯伦写给温斯顿·S. 丘吉尔的信，《姊妹篇》(*CV*)，第2卷第1457页，及温斯顿·S. 丘吉尔，《当代伟人》(*Great Contemporaries*)，第73–74页。

2 “一周闲话”，《速写报》(*Sketch*)，1904年12月7日。

温斯顿也就有胆子希望她能考虑和他在一起的未来。

她深切地热爱自由，并不需要仓促地做任何事情。她生活得像个公主，从来没有缺过钱。她的父亲，亚瑟·威尔逊经营着世界最大的私人轮船公司，拥有一支有差不多一百条船的船队。到他1909年去世时，他已经是英国最富有的人之一，身价大约值四百万英镑（在首相的年收入大概是五千英镑的当时，这是一个十分惊人的数目）。这个家族在白金汉宫附近有一座府邸，在法国南部有一座占地广阔的别墅，在约克郡还有一个庄园叫克罗夫特庄园（这是19世纪90年代初一个臭名昭著的事件发生地，涉及一个客人在和威尔士亲王玩牌的时候出了老千）。

家族的财富并不是穆里尔唯一的魅力来源。她是个引人注目的可爱女人。埃塞尔·巴里摩尔的兄弟莱昂内尔说穆里尔是“我这一辈子见过的女人里最美丽的”。[1]在她二十出头的时候，美国媒体说她是“大不列颠最美丽的姑娘”。[2]她和年轻时的珍妮·丘吉尔有些相似，都有着迷人的小嘴、大大的眼睛和茂密的鬈发。传说中她的服装都是用最好的材料定制，剪裁得最能衬托她颀长苗条的身材。《伦敦日报》曾说：“异常漂亮，她到哪都不可能被忽略。”[3]

讲一口流利的法语，具有良好的幽默感，且男女通吃，她看起来就是个完美的天之骄女。有一本社会杂志曾经不由自主地赞美道：“她八面玲珑得十全十美。”[4]她甚至尝试过各种各样的职业，会定期在业余表演戏剧里演出。并不需要任何收入，她只是在庄园别墅的派对上或者在伦敦和其他地方的慈善舞台上为朋友们表演。在历史剧里她总是穿着令人过目难忘的道具服，像个女神一样在舞台上行走，让一些史诗时刻仿佛跃然眼前，她也因此名噪一时。穿着飘逸的白色礼服她看起来就像是“和平女神”，而穿上瓦格纳式的长袍她就变身成了“战争女神”。在演出

---

1 莱昂内尔·巴里摩尔，《我们巴里摩尔家族》（*We Barrymores*），第291页。

2 阿特伍德，《庄园庭院里的威尔逊家族》（*The Wilsons of Tranby Court*），第219页。

3 “著名女人”，《伦敦日报》（*London Journal*），1901年6月8日。

4 《卡塞尔杂志》（*Cassell' s Magazine*），1900年6月。

《历史的缪斯》时，她挥舞着宝剑饱含深情地注视着天空，成功地激发了温斯顿最深沉的热情。她穿着这类演出服的照片被刊登在爱德华时期的社会杂志上，当时她被誉为“我们舞台上最出色的业余女演员”。[1]

温斯顿·丘吉尔怎么可能会放过向“历史的缪斯”求爱的机会呢？当穆里尔给他一张她扮成某个寓言人物的照片时，他激动不已还信誓旦旦地声明会把它一直带在身上。用这样那样的方式，她在1904年秋天给了他足够的鼓励，让他觉得向她求婚也许能成功。他相信他们的长期友谊忽然转变成了一种更严肃的关系。然而，是他自作多情了。当他问出了那个至关重要的问题时，她毫不犹豫地拒绝了他，他只能再一次以心碎收场。

他求她重新考虑，伤心之余还写了封信告诉她，他愿意等她改变心意。他伤心欲绝地写道：“我在等你的时候会努力变得更好，为什么不可能有一天你会变得更在乎我呢？”他拼命想要说一些话去说服她，对她同时做出了一个诺言和一个预言。如果她愿意相信他，让他证明自己值得拥有她，她将不会失望。无论要花多少时间，他都会成为她的骄傲。然后是那个预言。他说：“我将拥有天时地利人和。”接着他还告诉她，他无法忍受自己的前行路上没有她做伴，因为他爱她。[2]

她似乎因为这封信有所动容，但还不足以让她改变心意。在1904年剩下来的时间里，甚至到第二年里，他持续不断地给她写信，两个人也还是会继续见面。他为她背诵了一首诗歌，然后推荐她去看一首能代表他心声的诗，那是罗伯特·彭斯的《玛丽·莫里森》，诗的内容里包括了这样一个问题：“你怎能伤他的心，他唯一的错只是爱着你？”他把她从头到尾赞美了个遍，告诉她只要能在她身边他就觉得开心，总是提醒她是如何完全占据了他的心。她时不时会答应和他跳支舞或让他陪她在夕阳里散步。但

1 关于穆里尔·威尔逊表演生涯的讨论，和那些她装扮成寓言人物的照片，参见里欧·特雷弗：“回忆查特斯沃斯庄园里的戏剧演出”，《帕尔摩尔杂志》（*Pall Mall Magazine*），1903年11月；乔治·A. 韦德：“业余戏剧表演”，《妇女王国》（*Lady's Realm*），1901年11月；克雷兰德：《威尔逊家族》（*Wilson Line*），第74页。

2 1904年12月25日温斯顿·S. 丘吉尔写给穆里尔·威尔逊的信（私人收藏）。

那把开启她心门的“钥匙”，他说他好像怎么也找不到。他写道：“你远远地存在着，高傲而耀眼，却像被冰雪覆盖的山峰一样冷漠。”[1]

然而，她对别人却并没有这么冷漠，温斯顿无法理解她为什么能花那么多时间和他的情敌们相处，而在他看来他们之间没有任何一个人比他更有吸引力。其实原因很简单，在当时，婚姻不在穆里尔的计划当中而已。她还有太多乐趣想要享受，根本不想安定。比起专情于温斯顿，她更喜欢和那些放荡不羁的花花公子们做伴，例如爱德华国王最亲密的朋友之一、葡萄牙大使路易斯·德·索维拉尔。

索维拉尔被一位社会历史学家称为他那个时代“最伟大的妇女之友”，他还有个绰号叫“蓝猴子”，起因是某些早已被遗忘的闺房轶事。在他去世数十年之后，在他的文件里找到了一封穆里尔写给他的情书，和许多来自其他爱德华时期的美人们的爱心小纸条放在一起，在这封信里，她挑逗地邀请他到自己家族在伦敦的府邸和她共度一个下午。她写道：“明天你会有时间和我一起吃午餐吗？我好孤单，虽然管家和鹦鹉是很好的陪伴。”[2]

她热衷于和像索维拉尔一样寡廉鲜耻的人共度私密时光，如此随性的意愿让温斯顿很是心烦意乱。她写给他的信幸存下来的很少，在其中一封里她写道不想跟他一起共进午餐，因为“这一顿饭肯定会让我很不喜欢”。[3]这样的断然回绝也让温斯顿非常难以接受。于是他告诉她，她拒绝嫁给他然后安定下来，这是“一个以珠弹雀、得不偿失的决定”。[4]

穆里尔乐意和温斯顿保持暧昧的感情互动，以让他持续拜倒在她的石榴裙下。她并不抗拒他的殷勤，因为他也一直很让她着迷。她只是并

1　穆里尔写给温斯顿·S. 丘吉尔的信已于1994年由克里斯蒂拍卖行售出。关于这些引用，参见拍卖目录及戴尔雅·阿尔贝：“丘吉尔的信说明他备受单恋折磨”，《独立报》（*Independent*），1994年4月28日。

2　布鲁克－谢泼德，《欧洲叔叔》（*Uncle of Europe*），第144—145页。

3　1907年8月穆里尔·威尔逊写给温斯顿·S. 丘吉尔的信，《查特韦尔文件》（*CHAR*）1/66/82。

4　1904年日期不详，温斯顿·S. 丘吉尔写给穆里尔·威尔逊的信。

不想过他过的那种生活。她对政治并没有多大兴趣，也不希望当她觉得自己需要去位于费拉角的家族府邸——马里兰别墅享受几周温暖阳光时，却只能被困在伦敦动弹不得。

事实上他也一直不肯放弃她，在接下来的一年里一直持续地表达着自己的心意，这成为伦敦甚至美国社交场上相当重要的八卦之一。有些人猜测他对她感兴趣只不过是因为她的富有。一个匿名的“朋友”告诉一本社会杂志说：“温斯顿必须要娶到钱。”[1]

诚然，威尔逊家族的财富毋庸置疑，但温斯顿是在和穆里尔保持了长期的友谊之后爱上了她，并不是因为她来自某个富可敌国的家族而突然被她吸引了。他很努力地通过写作赚钱，并将一直以此为生。只要埃塞尔愿意嫁给他，他也会很开心，即使她居无定所也并无财富可言。

他在穆里尔身上发现了许多和埃塞尔·巴里摩尔一样的优点，是他所钦佩的。在他浪漫的人生理念里，很容易就会认为属于他的女人应该是一位魅力四射的戏剧性人物，周身散发着神秘疏远的气息。有一些媒体预测温斯顿这次将能赢得美人归，穆里尔最终会同意嫁给他。有一家美国报纸取笑他，说他有三个强烈的野心：让伦道夫勋爵的传记大获成功，娶到穆里尔·威尔逊为妻和“留一脸大胡子”。但是，这位记者不带任何感情色彩地说道：“普遍认为这三个愿望里最难实现的是最后一个。”[2]

---

1 “温斯顿在蒙巴萨”，《旁观者报》(*Bystander*)，1907年12月4日。

2 “温斯顿·丘吉尔或将迎娶穆里尔·威尔逊小姐”，《旧金山呼声报》(*San Francisco Call*)，1905年10月8日。

第9章

幸运之子

温斯顿作为一个职业演说家兼作家用自己惊人的劳动证明了，他在身体力行地实践着自己的理论，“为生活赚足够的钱，不向任何人乞求任何事”。终于，伦道夫勋爵，这位去世时并没有给他的家庭留下太多东西的父亲，给温斯顿留下了一个比金钱更有价值的礼物。他留下了自己的人生作为榜样。

1. 伦道夫勋爵

在丘吉尔的想象里，他正逐步实现着自己的求爱计划，势如破竹。在他不顾一切想要娶到穆里尔·威尔逊的那段时间里，他写到了一个很像小说的场景，描述一对情侣订婚的过程。男主角是个二十几岁的英俊贵族，十九岁的女主角“艳色绝世”。他们相遇在古老的海滨度假胜地举行的一场晚会里，仅仅在三天的时间里便疯狂地陷入爱河之中。

丘吉尔写道：“他们认识的第三天晚上，是个无与伦比的美好夜晚。游艇的灯光在水面上闪烁着，点点繁星衬得夜空明亮如昼，气氛温暖而愉快。晚餐后他们单独在花园里，尽管才刚刚相爱，但他求婚成功了。”[1]

虚构的爱情看起来总是无忧无虑的。但这却并不是虚构的，虽然听起来很像。这只不过是作为传记撰写人的温斯顿描述了他父母达成婚约的那个夜晚。他母亲给他讲了这个故事，而他用浪漫的词句修饰了过去的记忆，让它呈现出来显得更美好，而这正反衬自己目前的失意。如果伦道夫勋爵能在和珍妮相遇三天内便毫不费力地赢得美人芳心，为什么三年过去了，温斯顿还不能找到自己的真命天女？

写这本传记的本意是为了向伦道夫勋爵致敬，但同时也是温斯顿了解他父亲人生的一个途径。他和伦道夫之间从来没有建立过很亲密的联系，虽然他曾经非常向往。他的父亲是一位悲剧人物，是一个野心勃勃、心直口快的政客，但却是一位失败的政治家；是一个极度渴望被关注，却从未得到过满足的焦躁不安的男人；是一个出身于伟大家族的天之骄子，却是个苛刻的丈夫和父亲。温斯顿的人生大部分时间都生活在伦道夫的阴影里，也就不可避免地会想他父亲留给他的一切究竟是恩赐还是诅咒。

1 温斯顿·S. 丘吉尔，《伦道夫·丘吉尔勋爵》(*Lord Randolph Churchill*)，第32页。

对他的人生而言，回答这个问题还为时尚早，但在书里他可以精心炮制一个天花乱坠的答案。他试图美化伦道夫的故事，想把他父亲打造成他自己的版本。他们有许多共同点，但那本传记里的温斯顿－伦道夫混合体看起来比真实的伦道夫更高贵更沉着，且更有决断力和远见。在许多章节里，温斯顿很可能更多地描写的是他自己而不是他父亲。他这样写伦道夫："他似乎是一个爱管闲事又自命不凡的人，一个混合着贵族的傲慢和民主的无情、嘲笑年长领导者还藐视权威的反抗者。"[1]

从温斯顿的书里呈现出来的伦道夫是一个试图激励自己的党派和国家成就伟大事业，却被反动势力和个人私利打败了的屡遭误解的英雄。他过早地折翼然后慢慢地陨落了。这是一个和拜伦勋爵如出一辙的贵族梦想家，他生得伟大却英年早逝，被那些缺乏想象力的人嘲笑，却被那些善解人意的心灵铭记。这本传记长达一千页，是一本不同凡响、光彩夺目的不朽著作，或许也可以把它看作是这位儿子收集了父亲生活的零乱片段，以一种浪漫的方式重新组合成了一种宣言，用来引导自己的政治生涯。

有一天，当温斯顿正在家里奋笔疾书那本传记时，伦道夫勋爵的老朋友之一、诗人威尔弗里德·斯卡文·布伦特过来拜访了他。夸夸其谈、乖僻邪谬还口无遮拦，布伦特被伦道夫性格里荒诞不经的这一面吸引了，并且总是用一种纵容的态度看待他朋友的这些缺点。和温斯顿一样，他也倾向于认为魅力四射却反复无常的伦道夫有一点像个拜伦式的英雄人物。因为，事实上，布伦特把拜伦勋爵奉若神明，着迷到甚至娶了这位诗人的孙女安娜贝拉·诺埃尔夫人为妻，并且总是喜欢认为"自己是拜伦重生"。[2]

听温斯顿谈论着这本传记时，布伦特十分震惊地从这位儿子身上看

1　温斯顿·S. 丘吉尔，《伦道夫·丘吉尔勋爵》(*Lord Randolph Churchill*)，第242页。

2　布伦特，《我的日记》(*My Diaries*)，第1卷第142页。关于布伦特对拜伦的迷恋，参见麦卡锡:《拜伦传》(*Byron*)，第562页。

到了那位父亲的影子。外表上并不怎么相似，但他认为温斯顿以一种不可思议的方式呈现了他父亲精神上的一些基本要素。“他整个思考方式、行为举止和他父亲相像到令人惊讶。”布伦特在他1904年8月的日记里如此写道：“他刚刚打完马球回来，这个矮小健壮的小鬼眼睛炯炯有神，让我想起了20年前的伦道夫。他从一个锡制铁盒里拿出了六周前我留下来的他父亲的信件，大声地读一些信的内容给我听让我解释其中的典故，然后我还给他简短介绍了发生在19世纪80年代初期，把伦道夫和我连接起来的那些政治奇遇。让我很感动的是，他矢志不渝地信奉着他父亲未竟的事业和战斗。”[1]

从最好的角度看，伦道夫勋爵机智诙谐、彬彬有礼、能言善辩且热情洋溢。从最坏的角度看，他太意气用事且行事鲁莽以至他的某些同辈认为他精神错乱了。德比勋爵曾经在1885年这样写他：“尽管他聪明绝顶，但完全不值得信任：他绝对不是位绅士，可能多多少少有点疯。”[2]就连他的好朋友罗斯伯里勋爵也写道，伦道夫一直因为某种“不稳定”而痛苦，在他晚年这种状况愈发严重，当时他的精神看起来“混乱甚至失常了”。[3]

温斯顿知道的是，而他父亲的一些同辈肯定也曾经那么猜想，数年来，伦道夫一直饱受梅毒的痛苦折磨，这个病最终也导致了他的死亡。虽然近年来有些说法称他的问题是脑肿瘤引起的，但这只不过是无稽之谈。然而，在维多利亚和爱德华时期，关于性病的话题是个很大的禁忌，温斯顿不得已只能在传记里用语焉不详的委婉说法解释他父亲的死因，说伦道夫是一种让那些“爱他的人饱受尴尬和悲痛折磨的可怕疾病”的受害者。[4]

在一本比较短的写伦道夫的书里，罗斯伯里勋爵用了一种更确定的

1　布伦特，《我的日记》（*My Diaries*），第2卷第104页。

2　福斯特，《伦道夫·丘吉尔勋爵》（*Lord Randolph Churchill*），第177页和第127页。

3　罗斯伯里，《伦道夫·丘吉尔勋爵》（*Lord Randolph Churchill*），第113页。

4　温斯顿·S. 丘吉尔，《伦道夫·丘吉尔勋爵》（*Lord Randolph Churchill*），第803和818页。

说法。写到他的朋友“一点一点地当众死去”，在他的描述里，那种病是一种“让他瘫痪最后死亡的残忍疾病”。更能说明问题的是，他写道伦道夫的身体在“他的病带来的隐秘毒害下”日渐恶化。[1]写伦道夫传记写得最好的现代传记作家罗伊·福斯特曾经写道，在这个问题上，专家鲁斯医生认为他的病人是患上了梅毒并“以相应的方法治疗了他”。[2]

乔治·E. 基斯医生在伦道夫勋爵生命的最后一年里密切关注了他，这位医生是英国妇科协会的会员，他在性病方面的专长显然让他能治疗两种性别的病人。他原本是珍妮的医生，在伦道夫勋爵走向死亡的最后几周里，她最大的恐惧之一是她丈夫的病情真相会闹得人尽皆知。她写信给自己的姐姐莱奥妮说：“广大民众甚至包括社交界都并不知道事实的真相，消息如果散布出去会很糟糕，将会对他的政治声誉和身后名声造成不可估量的伤害，对所有人来说都是件可怕的事情。”（伦道夫感染该病的时间和途径不详，但在很长一段时间里他和珍妮的关系很疏远，而她沉湎于自己的风流韵事里，看起来并没有因为她丈夫的疾病受到什么伤害。）[3]

温斯顿发现事情真相的时候他父亲还活着。虽然当时他年仅20岁，却很擅长从长辈那里得到自己想要的信息，还说服了鲁斯医生给他看诊断报告并告诉他“一切”。事后，他向自己的母亲解释了他的所作所为。他对她写道：“我没有告诉任何人，也不需要告诉你我有多担心。”[4]

温斯顿始终被他父亲的死亡困扰着。一来，看着伦道夫的病情日益恶化让人心神不宁；二来就像温斯顿在传记里说的那样，对他们家族而言，这整个体验很是“尴尬”。这对于一个想要把父亲当成偶像来崇拜的儿子来说也是件痛心疾首的事情。伦道夫去世的那个下雪的早晨让他终

1 罗斯伯里，《伦道夫·丘吉尔勋爵》（*Lord Randolph Churchill*），第72、71和114页。

2 福斯特，《伦道夫·丘吉尔勋爵》（*Lord Randolph Churchill*），第218页。

3 莱斯利，《伦道夫·丘吉尔勋爵》（*Lord Randolph Churchill*），第201页。

4 1894年11月2日温斯顿·S. 丘吉尔写给珍妮·丘吉尔的信，《姊妹篇》（*CV*），第1卷第1531页。

生难忘。半个世纪多以后，当他第二次出任首相之时，曾经对他的医生非常惊讶地说道："我可怜的爸爸死于1895年1月24日，这真是很久以前的事了。"那个日期深深刻在了他的记忆里。[1]

不可思议的是，他自己后来也是在同一天去世。在一个似乎距离爱德华时代无数时光以外的将来里，温斯顿在他九十岁那年，1965年1月24日早上，同时也是伦道夫去世七十周年的日子，走到了自己生命的终点。

2. 老朋友哈里斯

丘吉尔于1905年夏天快结束的时候完成了这本传记。写这本书是一次耗费身心的经历，他经常会劳累过度，样子憔悴到让那些在时机不佳的时候碰巧看到他的人大惊失色。一个记者夸张得就好像很快就能帮年轻的温斯顿写讣告，他说："'那个男孩'苍白、紧张、筋疲力尽的脸上什么也没有。就只是一张疲惫的脸，憔悴而厌倦。他说起话来就像个五十岁的人，非常缓慢，斟酌要说的话时，手就会不停地来回拨弄帽子或者随意地揉他疲惫的眼睛。"[2]

然而，温斯顿的身体恢复得出人意料地快，他能前一天还看起来精疲力竭，第二天就有了足够的精力去打马球或者奔赴离家两百多英里的地方演讲。也就是他这种用之不竭的精力时常让他的同辈们惊讶，也把他和其他那些认为表现得过于精力充沛就会显得粗俗的贵族子弟们区分开来。这也让他看起来和他父亲不一样，后者很爱玩但并不以埋头苦干勤奋工作出名。伦敦《每日新闻报》的主编A. G. 加德纳曾经写道："在这场游戏里，丘吉尔先生比他父亲更有优势，因为他在伦道夫勋爵的眼光、

1 莫兰，《日记》(*Diaries*)，第394页。

2 哈罗德·贝格比，"大师角色：议员，温斯顿·丘吉尔先生"，《帕尔摩尔杂志》(*Pall Mall Magazine*)，1903年9月。

勇气和直觉的基础上，还加上了他父亲并不具备的学问和勤勉。他工作起来和他玩的时候一样拼命，在下议院里攻击政敌时和他攻克学术难题时一样无畏。”[1]

有一位他所谓的“美国按摩员”曾一度帮助过他，这位在现代术语里被称作“按摩理疗师”的刚好也是位年长的美国女人。他告诉自己的朋友们，她是一位不可思议的专家。他向休·塞西尔强烈推荐了她，并保证那位女人绝对值得尊敬，说这位“可敬的虔诚的老妇人”能让林基的各种慢性病症被奇迹般地治愈。仅仅“四次按摩”，也就是四次治疗之后，温斯顿夸口说他的血液循环前所未有地通畅，心跳也十分有力。他开玩笑地告诉休她会“强迫你正确地循环和消化。然后你就能确信你会比乔活得久”。[2]

尽管在这本传记里投入了无数的时间和精力，但对于它的完成，丘吉尔并没有太多的感怀。他很开心完成了这么艰巨的任务，也终于把盘旋在他脑海多年的故事以书面形式记录下来了。如今他迫切地想知道出版商们会为它开出什么样的价码。在那个很多鼎鼎有名的作家都很满足于一本新书能为自己挣到几百英镑的时期，温斯顿期待能有几千。有一个出版商已经出到了4000英镑，但他确信自己能挣到更多。

为了能拿到最好的价钱，他去找了一个几乎不认识且本身并不是著作代理的男人，这个人以不善管理资金出名，不论是他自己的还是别人的。但无论如何，他有着无穷无尽的热情。身为作家兼编辑的弗兰克·哈里斯对温斯顿写道：“正常运作的话，这本书应该能让你赚到10000英镑，要不然我就不是人。”[3]

弗兰克·哈里斯在伦敦文学界是一个有争议的人物，20世纪初期他暂停编辑杂志而跑去摩纳哥开了个旅馆，这让他的事业开始走下坡路。

1　加德纳，《先知、神父和国王》（*Prophets*，*Priests and Kings*），第104页。

2　1905年11月30日温斯顿·S. 丘吉尔写给休·塞西尔的信，《姊妹篇》（*CV*），第2卷第1407页。

3　1905年10月7日弗兰克·哈里斯写给温斯顿·S. 丘吉尔的信，《姊妹篇》（*CV*），第2卷第1466页。

那次投资导致了他破产，于是他又回到伦敦挣扎着靠笔来谋生，正是这时温斯顿走进了他的生活。年近五十的他据说看起来就像个高级酒保，留着八字胡，黑发梳成了中分，浑身散发着世俗气息。他当时还没写那本给他带来最大恶名的情色回忆录——《我的生活和爱情》。那本书出版于20世纪20年代，当时他的生命已经快要到头，为了钱不顾一切。

和威尔弗里德·斯卡文·布伦特一样，哈里斯也是伦道夫勋爵的老朋友。他曾经是他的寻欢作乐的伙伴之一，用自己的方式生活，沉迷于酒精、女人和诗歌这惯常的三部曲带来的快乐。哈里斯从来不是个正派人物，而现在他作为维多利亚时代风光一时的编辑的日子也到头了，他在文学圈里越来越被看作是个放浪形骸的过时人物。乔治·萧伯纳形容他“既不是一流的，也不是二流的，甚至连末流都不是。他就只是不堪入目独一无二的他自己”[1]。

然而，温斯顿愿意让哈里斯成为自己的著作代理人，有个非常重要的原因。在他还主编《星期六评论》的那些风光日子里，哈里斯曾经写过向伦道夫勋爵致敬的文章，发表于1895年1月26日。就是在这篇文章里，他对伦道夫勋爵做出了充满激情的评价，称其是维多利亚时代后期政治舞台上的拜伦勋爵。十年来，这个比喻一直回响在温斯顿的想象里，如今他希望哈里斯也能为这部向伦道夫致敬的新作做出点贡献。[2]

关于他们短暂的合作，哈里斯回忆道：“看起来，他会知道我主要是因为在他父亲去世的时候，我写了然后发表在《星期六评论》上的那篇文章。他很诚恳地说那是‘铺天盖地的文章里最好的一篇’，再加上伦道夫的母亲，也就是马尔伯勒公爵夫人，一直炫耀说这篇文章让她确定了对自己最心爱儿子的天赋的判断。”

1　转引自霍尔罗伊德：《萧伯纳传》（*Bernard Shaw*），第1卷第407页。

2　1895年刊登在《星期六评论》（*Saturday Review*）上那篇关于伦道夫勋爵的文章，是哈里斯担任编辑的一篇头条新闻，而这篇文章出自他之手也是众所周知的。关于证据，参见“伦道夫·丘吉尔勋爵”，《评论回顾》（*Review of Reviews*），1895年3月。

3. 不向任何人乞求任何事

无论其他人对哈里斯的看法是怎样，温斯顿相信他父亲这位老朋友会明白这本传记的意义所在，也就能很好地向别人推销它。而且他的信任也确实没有被辜负。哈里斯意外成功地向出版商们推荐了这本书。他算无遗策，强调了温斯顿的知名度；宣传上的巨大潜力；这本书对政治生活的详细解读；这位儿子对他著名父亲混乱不幸的政治生涯的同情；以及对包括女王本人在内的维多利亚时期名人信件的大量引用。哈里斯虽然并没有获得一万的出价，但也很接近了。10月底，享有盛名的麦克米伦公司表示愿意出价8000英镑购买版权。

温斯顿喜出望外，告诉哈里斯："这能让我完全自食其力，你不会知道这对我而言意味着什么，它将确保我的成功，我实在是太感激你了！"

他按照最开始时他们达成的协议，付给了哈里斯400英镑。（他这位"代理"能获得超出4000英镑部分的百分之十。）他们的事情做完了，两个人也就分道扬镳了，温斯顿因此也成为极少数能从和弗兰克·哈里斯的财务牵扯里全身而退的人之一。哈里斯终其一生都挥霍无度，他死的时候几乎身无分文，也就无怪乎他会想起某一天曾鄙夷不屑地听着温斯顿教育他未雨绸缪的好处。温斯顿建议他："要赚足够生活的钱，不用向任何人乞求任何事。这是成功的前提条件，或者可以说，是体面生活的首要条件，是生存的基本需求。我们所有人在实现这一点之前，都应该做到心无旁骛。之后我们可以做自己喜欢做的事情，但一定要把这一点当作人生宗旨铭记不忘。"[1]

这些话对哈里斯毫无意义，但温斯顿作为一个职业演说家兼作家用自己惊人的劳动证明了，他在身体力行地实践着自己的理论，"为生活赚

1 哈里斯，《当代肖像》（*Contemporary*），第90、95和96页。

足够的钱，不向任何人乞求任何事”。终于，伦道夫勋爵，这位去世时并没有给他的家庭留下太多东西的父亲，给温斯顿留下了一个比金钱更有价值的礼物。他留下了自己的人生作为榜样，也给了他儿子一个值得讲述的故事，无论从财务还是其他方面，更是一个值得重塑以让其符合他自己的观点和目标的故事。

1905年，当这本传记的创作进入到最后阶段时，温斯顿并没有忘记自己要抓住一切机会让政府苦恼的使命。3月里，他对贝尔福及其党羽进行了一次掷地有声的控诉，痛斥他们是一群害怕在新的大选里“面对国民的判决”的不民主的蓄意阻挠者。丘吉尔说，现任首相之所以能身居此职，完全只是因为他叔叔把这个职位“当作一个私人遗产”交到了他手上。但这个头衔很快将在被充当“最高上诉法院”的全体选民驳回后被剥夺。用这种挖苦的方式，丘吉尔把贝尔福塑造成了一个身居要职却大权旁落的人。

4. 贝尔福辞职

到仲夏时，贝尔福已经被丘吉尔严厉谴责了很多次，但他看起来似乎对将要发生的更多攻击无动于衷。温斯顿于是嘲笑这位首相和他的伙伴们陷入了一种恍惚状态，表现得就好像埃德加·爱伦·坡的《瓦尔德马尔先生的病例之真相》里那个半死不活的人物，做着“某些虚弱古怪的举动”让所有人猜测着“死亡究竟会不会顷刻降临”。[1]

丘吉尔的奚落夹枪带棒咄咄逼人，以至于连一些他在自由党的新朋友都恳劝他要留些余地。一位好心的自由党议员对他说“我喜欢你的演说里有攻击性的部分”，但接下来警告说他们阵营里其他一些有着“更为温和的脆弱感情”的人，会因为温斯顿“蹂躏”保守党领袖的方式而变得

1 《议事录》(*Hansard*)，下议院，“议院讨论”，1905年3月15日和7月31日。

局促不安。随着这一年临近尾声，甚至连国王本人都觉得有必要给温斯顿一个警告。[1]

10月底他们一起共进了晚餐，一半的时间里，爱德华都在就丘吉尔针对贝尔福的恶毒攻击谴责他。这是一次非常不愉快的经历，温斯顿走的时候就像是一个被严厉训斥后离开校长办公室的失宠了的男生。事后他写道："我逆来顺受地接受了一切。"[2]为了确保温斯顿会自觉遵守规矩，国王稍后还寄给了他一篇报纸文章，那是来自一个普通记者的警告和斥责。国王陛下似乎认为还需要对温斯顿的礼仪多加指教。那位记者写道："有必要提醒丘吉尔，歇斯底里的语言暴力通常并不被视为具有政治家风度和品质的证据，而且国家希望那些渴望治理它的人展现一些证明自己能胜任的特质，至少，要看到他们有治理自己的能力。"[3]

然而，如果贝尔福继续紧握权力不放时间更久些，丘吉尔能不能管得住自己这是件让人怀疑的事情。到年底，这个事件的进程忽然加速了，而那位首相也终于发现自己到了走投无路的境地。他自己队伍里对他的支持开始分崩离析，而张伯伦也对他的再三推诿失去了耐性，要求他采取果断的行动。他命令首相解散国会，警告说："你再继续这样，保守党会巢倾卵覆。"[4]

但比起召集一次大选，这位首相宁愿选择让位。他不想直接面对"最高上诉法院"，而想迫使自由党作为看守政府进入下一次大选中。因此他在12月的第一个周一去找国王提交了自己的辞呈。早前就有消息泄露他打算这么做，因此也就没有人觉得惊讶。当他到达白金汉宫时，那里并没有什么人。国王刚刚参观了一个牲畜展览会回来，一时间完全没

1　1905年7月27日埃利班克的主人写给温斯顿·S. 丘吉尔的信，《姊妹篇》(*CV*)，第2卷第1399页。

2　1905年11月1日温斯顿·S. 丘吉尔写给罗斯伯里勋爵的信，《姊妹篇》(*CV*)，第2卷第1425页。

3　1906年1月2日西德尼·格雷维尔写给温斯顿·S. 丘吉尔的信，《姊妹篇》(*CV*)，第2卷第1480页。

4　马什，《约瑟夫·张伯伦》(*Joseph Chamberlain*)，第625页。

有庄严的感觉。从爱德华接受辞呈到贝尔福悄无声息地溜走，前后一共只花了二十分钟。

他的辞职既没让人多开心也没让人多伤心，不痛不痒。由于无法团结自己的党派，也没能挽救他和张伯伦原本的合作关系，他被迫要承认自己的失败并且做出了一拖再拖的退位决定。对于他的批评者而言，这是一个无所事事的政府的惨淡结局。《曼彻斯特卫报》将他的离开看作一个谴责裁决他的契机，借用了莎士比亚《尤里乌斯·恺撒》里那句："当乞丐死时，天上不会有彗星出现。"[1]

国王召见了自由党领袖亨利·坎贝尔－班纳曼爵士，令其组建一个新的政府。所有报纸上铺天盖地的全是关于全新的自由党内阁里各个职位人选的猜想。大多数名单上都没有丘吉尔的名字。《每日镜报》是个例外，认为他会出任邮政大臣。[2]在他为推翻贝尔福作了那么多努力之后，这样一个沉闷无趣的职位并不是他想要的。但他看起来很乐意耐心等待一个有价值的邀请，并十分自信很快就会收到这样一个邀请。12月初的时候他在给他母亲的信里写道："我等候着结果，但泰然自若。反正死生有命，富贵在天。"[3]

珍妮却没有这么镇定。美国大使怀特劳·瑞德曾听见她对朋友们说："下一届政府必须要把温斯顿收入内阁才行。就算他们没有，上帝也会帮他们这样做！"[4]

1　1905年12月6日《曼彻斯特卫报》（*Manchester Guardian*），转引自威尔逊:《坎贝尔－班纳曼》（*Campbell Bannerman*），第441页。

2　1905年12月5日《每日镜报》（*Daily Mirror*），在"面包和鱼"这篇文章里做出了新内阁猜想，给出了一个简要名单。

3　1905年12月4日温斯顿·S. 丘吉尔写给珍妮·丘吉尔的信，《姊妹篇》（*CV*），第2卷第1409页。

4　科尔狄索滋，《怀特劳·瑞德的一生》（*The life of Whitelaw Reid*），第2卷第317页。

第二部分

1906 — 1910

第10章

赢家与输家

在这个曾被张伯伦看作自己领地并执掌了八年的部门担任二把手，有着某种特别的满足感。对于一个被任命执掌这个属于上议院的部门的新人来说，这意味着丘吉尔将成为其在下议院里的代言人。结果也就是说，很大程度上他将扮演张伯伦曾经的角色。

1. 进入政府

对他党派里的某些人而言，那位要走马上任的新首相是一个沉闷又不起眼的老头，个性愉快和煦但有些肤浅。他们在亨利·坎贝尔－班纳曼爵士背后取笑他，并叫他“简大婶”。著名的理查德·霍尔丹是他最严厉的批评者之一，这位热爱引用德国哲学家名言的议员后来曾抱怨说，在他的记忆里，亨利勋爵“没有因为任何新想法被大众认同，因为事实上他也根本没有”。

结果到头来，经常被叫作坎班的这位老人家却给了他最严厉的批评者们一些很高的职位。阿斯奎斯成为财政大臣，爱德华·格雷爵士执掌了外交部，而霍尔丹则成了战争部的头头。劳合·乔治也作为贸易委员会主席进入了内阁。[1]

虽然党内很多人都认为丘吉尔还并不够资历胜任某个官职，但坎班却明白一件贝尔福没想通的事情——无视温斯顿会是个严重的错误。他需要被奖励，而这位新首相找到了一个不用让他进入内阁又能让他满意的方式。坎班提供的任命是财政部的财务次官，这是一个很有名望和前途的职位，薪水还高达2000英镑。这也就意味着，温斯顿将作为阿斯奎斯的助手且身负重任。对一个刚刚满三十一岁、成为自由党员也仅一年半的年轻人而言，这无疑是个丰厚的礼遇。

但丘吉尔却谢绝了这一任命，取而代之的是要求一个年薪仅有1500英镑、地位较低的职位。这是一个冒险的举动，却是个明智的选择。他对财政部知之甚少，也并不认为在阿斯奎斯的阴影里工作能实现他自己的野心。他告诉坎班，他想要出任殖民部次官，他对这个部门的了解远比财政部多得多。那位老人家仔细考虑过后答应了。

1　威尔逊，《坎贝尔－班纳曼》（*Campbell Bannerman*），第425–426页。

在这个曾被张伯伦看作自己领地并执掌了八年的部门担任二把手，有着某种特别的满足感。如果自由党最终能把乔的帝国梦想彻底击碎，温斯顿希望能在殖民部里发挥自己的作用。对于一个被任命执掌这个属于上议院的部门的新人来说，还有着其他额外的好处，这意味着丘吉尔将成为其在下议院里的代言人。也就是说，很大程度上他将扮演张伯伦曾经的角色。

新任殖民地事务大臣是第九代埃尔金伯爵，他的祖父在19世纪初曾将帕特农神庙里的大理石雕塑劫掠至英国。（拜伦勋爵把那位第七代伯爵看作破坏者，曾就此写道："从他们的提议被批准的那刻开始，就被诅咒了。"[1]）温斯顿认为他和这位贵族上司的相处不会有太多麻烦，因为他虽然是一位才能出众的管理者，却对政治并没有什么兴趣。埃尔金勋爵既不热衷演讲也不喜欢参加内阁辩论。丘吉尔认为自己能轻而易举地架空他，并且在大多数时候随心所欲。

起初，他要求去殖民部的决定也许让党内很多人感到不解，但有些眼光敏锐的旁观者很快便明白了他的计划。事实上，《笨拙周报》在丘吉尔加入殖民部之初就揭露了这个秘密。一位才华横溢的漫画家把温斯顿画成了一个年轻的希腊战士，骑着一匹贴有"殖民部"标签的风驰电掣的骏马冲锋陷阵。他的身后站着那位身着长袍、脚踩拖鞋、手里拿着权杖且胡子拉碴的埃尔金勋爵，试图靠抓住温斯顿飞扬的披风来勒停他。这整幅漫画看起来就好像一条帕特农神庙的雕带，画的标题是"一块埃尔金大理石"，还附上了一个注解，打趣地把创意归功于温斯顿本人。[2]

只有丘吉尔，能为一位勋爵工作却完全不把对方放在眼里，喧宾夺主。正如一位著名记者提到他时说："就算他只是一个微不足道的外套挂钩，也一定是它那一排里最突出的。"[3]

1　拜伦，《恰尔德·哈洛德游记》（*Childe Harold' s Pilgrimage*），第二篇章。

2　《笨拙周报》（*Punch*），1906年4月25日。在写给休·塞西尔的一封信里，温斯顿·S. 丘吉尔说明了自己放弃财政部选择殖民部的意图，但并没有给出理由解释为什么。

3　"关于政客们"，《一便士画报》（*Penny Illustrated Paper*），1910年12月17日。

2. 殖民部次官和他的私人秘书

丘吉尔成功进入政府的消息让他收到了很多朋友发来的贺信，其中包括休·塞西尔，好心提醒他避免进行“毫无价值”的演说，而要专注于把自己锻炼成一个十八般武艺样样精通的管理者。[1]温斯顿心情舒畅地接受了这个意见，且答应会尽自己最大的努力当好这个次官。

没有任何迹象表明他的新职位让穆里尔·威尔逊认为他更适合被当作一个丈夫候选人了，但却有另外一位旧情人回到了他的生活里。那就是帕梅拉，如今的利顿勋爵夫人。她逐步重新开始了和他的联系，清除了过去的怨恨和误会。他们时不时在聚会上碰面，而她和她丈夫还在内布沃斯庄园款待过他。温斯顿的平步青云让她刮目相看，她开始仰望他且渴望获得他的友谊。她情真意切又和蔼可亲，而他也心存感激地投木报琼。他们再一次开始互相写信，而帕梅拉还亲切地称呼他为“我的温斯顿”。[2]无论她曾经如何地让他失望过，他仍然深深记得他们早期的共处时光，也很开心她能再一次在他的生活里占有一席之地。

丘吉尔接受了到殖民部任职的邀请后没过几天，帕梅拉的好朋友格兰比夫人在伦敦举办了一次聚会，邀请了温斯顿参加。帕梅拉也是客人之一，同行的还有她的一个年轻朋友，那就是曾经在殖民部担任过张伯伦私人秘书的爱德华·马什。马什仍然还在殖民部里工作，是西非处的一名文职人员。格兰比夫人之所以会邀请他来参加这个聚会，是帕梅拉的主意。他比温斯顿还年长两岁，却对他十分敬畏，以至于当他们在聚

1　1905年12月18日休·塞西尔写给温斯顿·S. 丘吉尔的信，《姊妹篇》（*CV*），第2卷第1417页。

2　1907年9月14日帕梅拉·普罗登·利顿写给温斯顿·S. 丘吉尔的信，《查特韦尔文件》（*CHAR*）1/66/27。

会上见面时，他紧张得连说话都吞吞吐吐，更对温斯顿敬若上宾。

丘吉尔以前也见过他一两次，此时被他“夸张的殷勤”吓了一跳，于是问他为什么对他如此敬重。马什紧张地回答道：“因为您马上要来统治殖民部了，我也归您管。”

他从来没有惧怕过乔·张伯伦，对温斯顿却不一样。马什后来曾承认：“我有点怕他。”极度紧张又特别敏感，马什看起来似乎随时能被自己的影子吓得仓皇而逃。他比温斯顿要高几英寸，非常瘦，黝黑英俊，很难不被人注意到的是他浓密的眉毛，眉尾朝着他宽阔的额头两端高高挑起。他的声音有些刺耳，举止也有些轻佻。就第一印象而言，很容易让人兴致索然。[1]

即便如此，第二天在办公室里，马什却非常意外地听说丘吉尔想要他担任他的私人秘书。他不敢相信这是真的，因此当他意识到这是一次严肃的任命时，他开始恐慌了。他从媒体那看到过温斯顿毫不留情攻击张伯伦的那些故事，很担心自己会成为下一个受害者——一个温文尔雅的文职人员被一个残酷无情的工头虐待，战战兢兢地工作直到过劳死。离开办公室以后，他立刻跑去找他最信任的老朋友寻求建议，他这位朋友名叫伊迪斯，是利顿伯爵遗孀，也就是帕梅拉的婆婆。

所有的朋友都叫他埃迪，他差不多算是利顿家族的一个家庭成员。他是一位鼎鼎有名的医生唯一的儿子，是利顿勋爵维克多的密友——当时他们都在剑桥大学读书。后来他和维克多那放荡不羁的兄弟内维尔合住过一个公寓，内维尔是个画家，娶了威尔弗里德·斯卡文·布伦特的漂亮女儿朱迪斯为妻。正如埃迪后来写到的那样，内布沃斯成了“我第二个家”。帕梅拉认为他应该为温斯顿工作。但她很久以后才告诉埃迪这个想法。[2]

马什孤注一掷地央求那位公爵遗孀给他一些指导。她认识温斯顿和珍妮多年，虽然只是并不亲密的泛泛之交。她和伦道夫勋爵也曾经有过

1　马什，《若干人》(*A number of People*)，第148–149页。

2　马什，《若干人》(*A number of People*)，第143页。

些交情。因此她能理解马什的顾虑，但当他们坐下来讨论他的将来时，她给了他一些好的建议。她说："你见温斯顿第一面，看到的都是他的缺点，但接下来你可以把余生都用来发现他的优点。"[1]

受到鼓舞的马什同意了在当天晚上和丘吉尔共进晚餐，温斯顿表现得不仅魅力十足还很让人安心，使为他工作这个要求听起来十分合理。那天晚上结束的时候，埃迪接受了这个职位。知道自己将要在新的一年入主乔的旧领地，还有他曾经的一位助理如今为他工作，这让温斯顿感到十分心满意足。夜里马什写信告诉了帕梅拉他的这个决定。"我想我已经告诉过你我有多么钦佩温斯顿，所以我会尽力而为。为我祈祷吧。"[2]

几天之后他开始在温斯顿身边工作，在随后二十五年的大部分时间里他就像是一个固定配置，作为丘吉尔最信任的助手、亲信和朋友跟着他从一个部换到另一个部。为丘吉尔工作并不总是那么轻松，但他很快学会了承受温斯顿突如其来的火暴脾气。在他的自传里，他这样写道："我本人从来不怎么介意自己的头被咬掉，因为我知道他反正并不会把它扔进废纸篓里，反而还会很快便小心翼翼甚至郑重其事地给我装回脖子上。"[3]

温斯顿和埃迪一直看起来是不和谐的一对，但就像他的领导一样，马什身上最好的品质也需要时间来发现。他热爱所有的诗歌和艺术，总是生活得很朴素以省下每一分闲钱去买各种画作或者赞助那些他所钦佩的作家们。他是布鲁姆斯伯里艺术家邓肯·格兰特的画作最早的收藏者之一。

---

1 马什在谈到他与丘吉尔的早期关系时曾语焉不详地引用了一位"利顿夫人"的这句话（详见马什，《若干人》（*A number of People*），第149页），这似乎让吉尔伯特（详见《丘吉尔》（*Churchill*），第174页）和其他人都十分困惑。通常那句话都被认为是出自帕梅拉。但埃迪的密友克里斯多夫·哈索尔在他的《爱德华·马什传》（*A Biography of Edward Marsh*）（第119–120页）里澄清了，那句关于温斯顿·S. 丘吉尔的缺点和优点的评论出自利顿伯爵遗孀伊迪斯之口。

2 哈索尔，《爱德华·马什传》（*A Biography of Edward Marsh*），第120页。

3 马什，《若干人》（*A number of People*），第151页。

他后来成为诗人鲁伯特·布鲁克的好朋友和拥护者，并在1915年布鲁克去世后担任了他的遗著管理人。他还和他的朋友艾弗·诺维洛合作，一起创作了一首大受欢迎的歌曲。那首名叫《梦想之地》（1920）的歌曲曲子是诺维洛所作，但歌词却出自埃迪之手。那些歌词能让人明白为什么帕梅拉认为自己从前那位追求者会喜欢马什，这首歌彻底地暴露了这个害羞的文职人员拘谨刻板的外表下深藏着的一颗浪漫的心。幻想着自己的“梦想之地”，马什笔下那个更好的世界是昙花一现的幻象，始终闪现在没那么美好的俗世生活里：“有时候在某些珍贵的夜晚，平静清晰的幻象就会闪现；在我们怀疑恐惧的路上，闪烁着神秘非凡的幽光。”

从一个更实用的层面来看，埃迪对英语语法有着不同寻常的执着，他最喜欢做的事情便是在每一篇需要他检查的文档里搜寻并改正错误。他的领导们，包括丘吉尔在内，都对他这个才能赞赏有加，而他的老朋友们，其中一些似乎是在他的帮助下成了卓有成就的作家。萨默赛特·毛姆便是这样的作家朋友之一，在后来很长的时间里，他都会例行公事地把所有手稿交给埃迪研读。他们会为了在正式用语里能不能接受用“午餐”代替“午宴”而争论不休。埃迪坚持只能用“午宴”。毛姆虽然并不总是完全同意他的意见，但曾经给他写信说：“我认为你比英格兰其他任何人都要精于语法。”[1]

埃迪还发现了一个秘密，让他能在孜孜不倦的官场上长时间的工作里坚持下来。他是高效打盹的鼻祖。当他还很年轻的时候，他就开始训练自己“一动不动地”睡觉，这样他就能在教堂里打盹，但他的静止状态却不会引起任何人的注意。作为一个文职人员，他每天下午都会运用自己这项才能，直挺挺地坐着睡觉但看起来却像是在沉思。当有人打扰他的时候，他能迅速做出反应且看起来完全清醒，直到他再一次回到独自一人，这时也就能再次闭上眼睛睡觉。他教会了温斯顿这个被他称为

1　黑斯廷斯，《萨默赛特·毛姆的秘密生活》（*The Secret Live of Somerset Maugham*），第424–425页。

"午后昏迷"的技术。[1]

然而，在那些忙碌的日子里，这位新次官和他的助手总是睡得很少。一等到内阁就位，坎贝尔–班纳曼就准备通过在1月举行大选来寻求国民认可。温斯顿没有多少时间用来熟悉自己的新职责。1906年1月3日，丘吉尔抵达了曼彻斯特，此行是为了做一件埃尔金勋爵作为上议院成员不需要去做的事情——参加竞选。

为了帮他，埃迪也投身于这次行动之中，孤身一人坐火车来到了曼彻斯特，他们入住了位于中心火车站附近的米德兰旅馆。这是"一座崭新的庞大的"建筑，正如丘吉尔后来回忆的，"赤裸裸地炫耀着兰开夏郡那个时候的财富和权力"。同属于这个选区的贝尔福，住在附近的皇后旅馆里。这次匆忙的竞选活动将仅仅持续十天，因此候选人们在这个潮湿阴郁的冬天里为了这次紧张的战斗摩拳擦掌地准备着。[2]

3. 为温斯顿·丘吉尔和自由贸易投票

丘吉尔的对手是威廉·乔因森–希克斯，这是一位在宗教和禁酒问题上有着特别兴趣的保守党律师，还同样致力于扫黄和让更多汽车上路。他写了一本不知所云到令人抓狂的参考卷，标题是《英国高速公路的轻重机械牵引力法律》。乔因森–希克斯曾在1900年的竞选中被击败，虽然一些自由党员也许会把他看作一个微不足道的候选人而忽视他，但丘吉尔却选择了严肃对待他。

温斯顿到达曼彻斯特不久，写有"为温斯顿·丘吉尔和自由贸易投

2 哈索尔，《爱德华·马什传》(*A Biography of Edward Marsh*)，第19页。

1 温斯顿·S. 丘吉尔，《思想与冒险》(*Thoughts and Adventures*)，第220页。吉尔伯特在《丘吉尔》(*Churchill*)(第175页)中说温斯顿·S. 丘吉尔是1906年1月4日抵达曼彻斯特的，但在前一天晚上，温斯顿·S. 丘吉尔就在那里进行了自己第一次竞选演说。

票”口号的巨幅海报开始到处出现了。他的名字用了五英尺大的字来强调，而这条口号十分适合曼彻斯特，因为19世纪40年代由理查德·科布登和约翰·布莱特发起的老自由贸易运动就是在这里开始的。为了不落人后，乔因森－希克斯也定制了他自己的海报，把他自己的名字用五英尺大的字突显，但他的口号却并不怎么直接也不那么悦耳：“支持乔因森－希克斯和一致性”。这让很多人看了都直挠头。丘吉尔把这解读为他对手是在婉转地表示“他没像我一样改变自己的主意”。他用一句自嘲的玩笑话回击了这个诘难，他对参加竞选集会的人群说道：“我在为保守党工作的时候说过很多蠢话，而我之所以离开就是因为不想再继续说更多的蠢话。”[1]

这句话引发了人群里的笑声和欢呼声。温斯顿在竞选期间表现出一种斗志昂扬的状态，他看起来有取之不尽用之不竭的精力。他每天都起得很早，却直到深夜都仍在和支持者交谈。期间，他发表的演说多达四次，在人山人海的大厅或剧院里，又或者在横幅标语四处飘扬的摇摇欲坠的户外平台边缘。每天晚上，他都会为第二天的活动做好准备，并让埃迪花两到三个小时回复信件和电报。不论去哪里，他都会被自己的仰慕者团团围住，就像后人们对待流行明星那样。有一次，跟随着他的人群纷纷拥拥，导致一些人被踩踏，其中四个还被送到了皇家医院，包括了一个头被“挤得穿过了一个玻璃窗”的男人。

当丘吉尔住在米兰德旅馆的消息传出去以后，大量人群聚集到酒店大堂里和周围的街道上就为了一睹其真容。一位记者写道：“穿过旅馆走廊的时候，他被索要签名的追随者们困住了，都是些各种各样把他当英雄来崇拜的人。”他们都情真意切地称呼他“温斯顿”，还像老朋友一样握着他的手。至于乔因森－希克斯，他和贝尔福一起出现在一个盛大的集会上，且像往常一样能吸引属于他的大量人群，虽然他在一次会议之后也确实需要躲开一些朝他的马车扔过来的石头。有报纸称没人能想起

1　1906年1月10日温斯顿·S. 丘吉尔在奇塔姆山的演讲，《演讲全集》（*CS*），第545页。

什么时候曾经有过一次选举，像这样“气氛紧张，兴奋刺激”。[1]

一切似乎都在为丘吉尔扫清障碍。除了关于他竞选活动的正常报道，他也因为他那本伦道夫勋爵的传记获得了相当大的关注，那本传记在这场竞选战役的中段大张旗鼓地出版了。几乎获得了一致好评，不少人都惊讶于一位这么年轻的政客能把书写得那么好。一些评论家甚至理解且欣赏了整个故事的浪漫主义倾向，而完全没有理会这位传记作者对伦道夫政治重要性的夸大其词。《旁观者报》上的评论是格外公正的，指出了伦道夫曾经“光彩夺目但并没有傲视群雄”，但也承认在政治舞台上极少能“见到比这样一个三十岁成名，三十七岁成为自己党派的实质领袖，但四十几岁便陨落了的政治家更浪漫的政治生涯”。[2]

在这样一场斗争激烈的竞选期间推出他写的那本传记，温斯顿冒了很大的风险，因为也许会有人认为他不如他的父亲。然而，评论家们没能发现他是一个多么聪明的作者，巧妙地在自己父亲的故事里植入了自己的观点，而因为大选结果仍然悬而未决，他们也就并不敢妄断三十岁的温斯顿能像当年的伦道夫一样大放异彩。从许多方面看，这位儿子的政治生涯的飞速上升比起那位父亲当年要更引人注目，因为他更努力，做得更多，而拥有的要少得多。他没有那个迷人的头衔、美丽动人的妻子或者一个拿着公爵薪俸的父亲；但他比伦道夫勋爵更勇敢、更聪明也更坚强。然而，如果他在曼彻斯特遭遇惨败，这一切也就都没有意义了。

选举日是1月13日，一个周六。丘吉尔看起来对胜利信心满满。他的事业很受欢迎，还是个精力充沛的竞选者，反观保守党，还在挣扎着解释过去几年里的错误和搜寻一个坚定的未来方针。随着当晚结果的揭晓，贝尔福失去了自己的席位，令人惊愕地遭到了选民们的抛弃。温斯

1 对这次竞选最有趣的描述出现在《每日邮报》(*Daily Mail*)的一个系列报道里，由查尔斯·汉斯执笔，标题分别为：“温斯顿”、“曼彻斯特”、“为曼彻斯特而战”和“曼彻斯特的骚动”，分别发表于1906年1月5、11、12和13日。

2 “伦道夫·丘吉尔勋爵”，《旁观者报》(*Spectator*)，1906年1月6日。

顿和曼彻斯特地区其他六位自由党党员一样，赢得了令人愉快的多数票支持。这对于保守党而言是个彻头彻尾的灾难，却是自由党的全面胜利。容光焕发的丘吉尔被他的支持者们簇拥着参加了在米兰德旅馆举行的庆功晚宴。他曾经回忆道，所有的街道都“被人挤得水泄不通”。[1]

自由党一共赢得了377个席位，也就意味着保守党反对派的席位大幅下降到仅仅150席出头。保守党遭受的这个灾难彻头彻尾地应验了丘吉尔和其他人对张伯伦及贝尔福的预言。

在他的伯明翰选区，张伯伦幸免于那波打垮了他党派里很多人的败选潮，但他并不能消除这场为了实现其帝国野心的长期战役对他的身体和意志的消耗。他不能无视选民们的选择，也必须明白他的政治生涯除了结束已经别无可能。但他最终决定要继续下去。

但他坚持不了太久了。他的健康在衰退中。很多年来他一直吹嘘自己从来不锻炼，而他持续不断地抽烟对他的健康一点影响也没有。然而，大选结束六个月后，某天晚上刚刚参加完他70岁的生日聚会之后，他在自己的卧室里摔倒了。他的妻子发现了他，并试图把他从地板上拖到另一边。他遭受了一次严重的中风，导致了他右边半身不遂。

他能恢复一部分，但再也见不到他铿锵有力的演讲或精力充沛的活动了，虽然他的家人几个月来一直假装他仍然可能回到一种活跃的生活。他经常在公众面前出现，但却只是一个缩在轮椅里、渐渐枯萎的人，他的脸扭曲而苍白。他像原来那个自己的影子一样苟延残喘地活到了1914年，在他78岁生日之前几天去世了。贝尔福还将重新赢回自己的一席之地并复活自己的政治生命，但对于约瑟夫·张伯伦而言，1906年大选就是最后的狂欢。随着岁月的流逝，丘吉尔对乔的看法将变得成熟柔和，也将缓和他们曾经有过的激烈对抗。渐渐地，不好的记忆烟消云散了，而他更愿意记得的是他们在这场政治游戏里愉快共处的那些时刻。

在他们离开曼彻斯特之前，温斯顿和埃迪到处走了走，并且误入了一片贫民区。他们迅速地看了一圈，沉默地凝视着那些黑暗的小巷，然

1 温斯顿·S. 丘吉尔，《思想与冒险》（*Thoughts and Adventures*），第219页。

后温斯顿的脑海里忽然出现了一个不能抑制的想法。他说:“想象一下生活在这里其中一条街上,从来没有见过任何美好的东西,从来没有吃过任何美味佳肴,从来没说过任何聪明的话!”多年以后马什在自己的自传里引用了这几句话,而后来经常被用来当作指责丘吉尔势利的证据。但这样控诉的人,往往都只是断章取义地利用了这个引语而置埃迪的评论于不顾。他这样写道:“温斯顿环顾了四周,他感同身受的想象力被激发了。”[1]

丘吉尔并没有任何居高临下的意图。他只是试图理解这样贫困的一种生活对他而言意味着什么。像贝尔福那样的人不会长期沉浸在惊愕里,如果他们始终盯着最初的目标。温斯顿不会停止做他自己。他清楚地知道自己热爱什么和什么能让他快乐。但他有可能会从对自己事情的一贯的全神贯注里惊醒,看看周围并领会别人的观点,并且不懂就问。自从他从一个党换到了另一个党以后,他经常这么做,甚至在未来几年里更经常如此,因为他正处在一个满脑子都是新想法且尝试着付诸实践的年龄。

1 马什,《若干人》(*A number of People*),第149—150页。

第11章

他脚下的世界

相对于一个靠关税联接起来的帝国，丘吉尔更想要一个靠美好愿景、对法制和安全的共同承诺来管理的帝国。也许这从一开始便是个不切实际的目标，但在那些对帝国仍然有着浪漫幻想的日子里，丘吉尔全心全意地信仰着这个梦想。

1. 卢加德夫妇

曾经担任《泰晤士报》殖民版编辑的改革派记者芙罗拉·卢加德，已经准备好要迎接一场战斗。1906年2月初的一个早晨，她前往白厅想找温斯顿·丘吉尔讲讲道理。作为一名曾在非洲广泛游历过，丈夫还任职尼日利亚高级专员的狂热帝国分子，听说了伟大的帝国拥护者约瑟夫·张伯伦的那位年轻对手成为殖民部的二把手，这让她十分不悦。她为自己和丈夫做了些野心勃勃的计划，弗雷德里克·卢加德爵士正在几千英里以外的地方尽忠职守地辛勤工作着。而她害怕丘吉尔会成为他们的阻碍。

她打算让他知道，她不是那么好惹的等闲之辈。在那个很少有女人从事新闻工作的年代，她凭着自己的满腔热忱和不屈不挠的精神闯出了一番事业。当她想要某些事物，她就会努力工作去得到，于是她成功地成为在《泰晤士报》任职的第一位女性长期职员。作家兼非洲探险家玛丽·金斯利曾形容她是"一个娟秀俊俏、聪明正直的女人，但也强悍得像个钉子"。[1]

她来到了位于唐宁街的殖民部，求见那位新任次官，然后被带着穿过了长长的走廊来到丘吉尔的办公室。她没有预约，但带着她一贯自信的态度递给了马什她的名片，要求一次会面，然后就坐下来等待回复。她并不期待会受到热烈欢迎。半年前，保守党政府暂时同意了她丈夫关于在伦敦管理尼日利亚事务的请求。她听说过丘吉尔是反对这个安排的。如果她的信息被证实是正确的，她打算让他改变主意，她争辩说那个工作事实上并不需要弗雷德里克爵士成天待在非洲，而殖民部也需要他在

1　多萝西·O. 赫利和海伦·卡拉威，"芙罗拉·露易丝·卢加德女士，卢加德夫人"，《牛津国家人物传记词典》(*Oxford Dictionary of National Biography*)。

帝国主义方面的专长，他可以在部里进行对整个西非的管理操作。

坚持这样一个安排是让人惊讶万分又标新立异的行为。这意味着允许中年却刚刚结婚的卢加德夫妇，把西非当成属于他们自己的王国，可以自由来去。在他们看来，这个想法并不是那么不合理。这只是个改进系统的方式，也给那些模范公务人员提供了一个当之无愧的奖励。

但实际上却存在一个问题。那位高级专员有个污点记录，甚至连他这位巧舌如簧的新婚妻子也没办法搪塞。他在非洲期间，曾倾向于对那些不愿屈服于他的意志的部落进行大屠杀。在他的指挥下，一个全副武装的部队最近用炮火和子弹猛攻了一座由土墙和牛皮栅栏组成的简易要塞，导致了包括妇女儿童在内的一千二百余人丧生。

如果想要安抚西非人民，最好的解决方法是至少让他待在国内一整年。但卢加德夫妇却认为帝国注定要改善那些拥护英国统治的人的生活，而为了实现这一伟大荣耀，他们早就有心理准备会看到血流成河。

芙罗拉·卢加德并没有被赶走，反而被请进了丘吉尔的办公室且受到了友好接待。她被温斯顿年轻的外表吓了一跳，后来她对她的丈夫说，“一个像他这般年纪且羽翼未丰的男孩居然拥有如此的权力和影响力，这真是件荒唐的事情”。看起来他工作很是刻苦，桌子上堆满了文件和书籍。他们相互打量了片刻，然后她说了些恭维话作为开场，说是她看到了一些关于他的优秀报道。她说：“但在所有这些好事情里，我发现了这件不好的事情。”

他是不是真的反对弗雷德里克爵士的计划？他告诉她，是的，而且那还不是全部。统治尼日利亚的方式将会有重大改变。

他直率地告诉她：“有很多事情都是新下议院不能容忍的，将一定会被改革。”[1]

她原本并不知道，但现在应该也已经从他满桌的文件猜到了，丘吉尔全身心沉醉在殖民部的工作里，他不仅已经知道了卢加德提议的细节，

1　佩勒姆在《卢加德》(*Lugard*)里描述了这次芙罗拉·卢加德到殖民部拜访温斯顿·S. 丘吉尔的过程。详见第237–241页。

也已经获悉了他领导的远征军凶残成性。仅在一个星期之前，埃尔金勋爵已经命令卢加德停止对那些部落发动更多袭击，丘吉尔对此表示了赞同，对他的领导很尖锐地说道："这些反复发生并影响西非局势的流血事件，令人作呕而且心神不宁。此外，这整个计划很容易会被那些不熟悉帝国术语的人曲解成谋杀土著以攫取土地。"

至于弗雷德里克本人，丘吉尔根据相关文件里的证据迅速做出了结论，这位高级专员的真实野心是成为又一个帝国沙皇，把尼日利亚当成他自己的"闷热俄国"。[1]

卢加德夫妇代表了张伯伦的帝国梦想凶险的阴暗面。正是乔授权弗雷德里克筹建了这样一支相当于私人部队的驻西非边防部队，并且用现代化的武器武装了它，在西非地区强制实行英国的统治。芙罗拉·卢加德并不知道的是，埃尔金和丘吉尔打算终止她丈夫在非洲的一切活动。

在此期间，那个"男孩"仔细聆听了她的想法，并且半点也没让她感觉到他认为她丈夫要求的那些特权安排荒谬可笑。他已经告诉过埃尔金："我们不应该简化殖民部的职能，让它变成一个满是休假中的总督的万神殿。"芙罗拉·卢加德离开他的办公室时，以为凭借自己的学问和道理给丘吉尔留下了深刻的印象，但一个月后，当埃尔金正式拒绝了那个给她丈夫在伦敦和尼日利亚同样工作时间的提议时，她知道自己应该怪谁。在一封写给她丈夫的信里，她试图让自己看起来很乐观，告诉他要振作精神，也不要太把这次拒绝放在心上。这不过就是一次恶意打击，来自那个自命不凡的暴发户。[2]

她写道："人们像你一样努力工作，帝国也就渐渐建设好了。然后正当你要进行一次至关重要的快速袭击时，殖民部里就会有个像温斯顿·丘吉尔那样无知的男孩，在千钧一发之际蹦出来抓着你的胳膊。"[3]

---

1 关于对卢加德在西非的行动和温斯顿·S. 丘吉尔对他及其行为的看法的精辟总结，参见帕肯汉姆:《非洲之争》(*The Scramble for Africa*)，第651–653页。

2 卡兰德,《殖民部与尼日利亚》(*The Colonial Office and Nigeria*)，第96页。

3 佩勒姆,《卢加德》(*Lugard*)，第271页。

没过多久，殖民部的新主人便把卢加德从尼日利亚召回了，并劝服了他再回非洲并不是个好主意。第二年他被派遣到香港当总督，在那里他怎么折腾都无伤大雅。不过在丘吉尔和埃尔金离开殖民部以后，他成功获得了重回尼日利亚的机会并且导致了更多的流血牺牲，下令把俘获的叛军悬挂在公共场合以警告示众，还通过派遣大批部队向示威民众开火来镇压骚乱。1918年在阿贝奥库塔，他的手下屠杀了上千民众。[1]

芙罗拉曾对温斯顿说：“所有的文明都栖息在武力的基础之上，我敢保证这个世界上没有任何一个人比我丈夫不好战。他的政府本质上是一个和平的政府，只不过是通过镇压所有的暴乱来实现的。”

温斯顿似乎很尊重她不屈不挠的精神，总是表现得很诚恳，甚至承认弗雷德里克爵士为这个帝国做出了自己的贡献和个人牺牲。但丘吉尔拒绝认同他的镇压政策。有一天当芙罗拉应桑尼之邀在布伦海姆宫做客时见到了丘吉尔，她嘲笑了他的顾虑。她告诉他说“曼彻斯特那群给你们党派投票的乌合之众”根本不了解非洲。而他告诉她，前进的路很简单：“放弃尼日利亚的大部分领土，否则对我们而言太大了，很难控制！结束那个动辄兴师问罪的统治体系，并且满足于对剩下的小部分进行和平的管理。”

她不敢置信地直盯着他问道：“如果这些就是你的方案，你还怎么期待能让一个帝国变得繁荣？”[2]

2. 对帝国的浪漫幻想

丘吉尔一直在寻找一些让帝国体系运作的新途径，不用再凭借那些

---

1 D. C. 多沃德在“英属西非与利比里亚”里谈到了卢加德在阿贝奥库塔使用的暴力，《剑桥非洲史》(*The Cambridge History of Africa*)，第7卷第429页。

2 佩勒姆，《卢加德》(*Lugard*)，第276–278页。

暴力和高压的粗暴手段。在他那个时代，他确实承受了许多偏见，而在他漫长的一生中，他自己也犯下许多错误。但总的来说，他在殖民部的工作灿烂辉煌而有先见之明。

丘吉尔也很少会侮骂戏弄人了，除了有一次他在试图替政府辩护的时候，说某篇模棱两可的声明“谎话连篇”。[1]

凭借自己身为作家的多年经验，他很乐于把写作技巧运用到自己的另一个职业中，用既幽默风趣又贴切中肯的语言让那些通常很无聊的政府官方公告变得有声有色。就连乔纳森·斯威夫特也无法把丘吉尔对殖民部这一类部门里的官僚作风的那些讽刺批评改得更好些。

其中最精彩的是他针对一个除掉贝专纳某个非洲酋长的建议的长评，贝专纳是一个面积很大却毫不起眼的保护国。有个部落想要把他们的酋长干掉，于是殖民部建议把赛果玛酋长收押在一个遥远的小岛上。丘吉尔半认真半开玩笑地问道：“为什么就这样收手？”如果政府能不经过审讯就裁定把一个人驱逐出境甚至羁押下狱，为什么不干脆直接把他杀了好一了百了。

他还问道：“为什么不用那些没什么痛苦的药把他毒死？如果我们打算采用中世纪的手段，那至少也展示一下中世纪的勇气和决绝。想想这样能节省多少开支吧。一剂鸦片酊，顶多只要花五先令，就万事大吉了。”

埃尔金勋爵并没有因此觉得好笑。他一生的大部分时间都在英国复杂的官僚机构里摸爬滚打，在赛果玛这个案例上他并不认为有任何法律原则危如累卵。在这个案件里，他认为驱逐出境和羁押下狱都是必要的管理措施。当温斯顿拒不同意时，埃尔金一反常态地大发雷霆，并且拒绝承认赛果玛享有任何法律权利。他坚称：“这个人是个野蛮人，据说总是公然蔑视一切法律，谋划那些破坏和平的行动。”[2]

当情绪冷静下来之后，埃尔金对他的次官做出了些让步，他否决了

1 《议事录》(*Hansard*)，下议院，“国王的演讲”，1906年2月22日。

2 关于赛果玛的这段插曲的描述，参见罗纳德·西亚姆：“1905年8月在殖民部”，收录于斯坦斯基编著的《丘吉尔：一个侧面》(*Churchill: A Profile*)，第24–26页。

驱逐出境，并只是言简意赅地宣布了收押的判决。同样重要的是，他承认了这些行动是为了维护和平所采取的法外措施。埃尔金也许并没有意识到，丘吉尔并不只是想要用这些异议来表达自己，也是为了逐渐说服那位老人家好让他以后更好打交道。

托他的福，埃尔金选择了强势对抗。一天关于某个提议丘吉尔写道："我不能为此承担责任。"埃尔金简洁回复道："我能。"又有一次丘吉尔在一个备忘录结尾写道："这些是我的观点。"而埃尔金对此回复道："但不是我的。"[1]

他们对此乐此不疲，丘吉尔甚至会草率提笔在某些文档里划去自己反对的字句，就看那位殖民大臣会不会恢复那些改变。然而，埃尔金只用"保留不删"的校对符号或者在空白处坚决地写下"不删"，就悄无声息地解决了问题。[2]

尽管他们有着如此多的分歧，但在给帝国主义列车踩下刹车这一点上他们有着同样的决心。例如，在非洲，丘吉尔认为没有必要对那些太偏远难以控制的地方继续申明主权。他给埃尔金的建议和他之前对芙罗拉·卢加德说的一样："我们应当从大部分只是名义上占领却并无实质性管理的领土上撤退，而且我们应该集中资源在那些更稳定的地区发展铁路和经济建设。"

埃尔金认同并哀叹了一个事实，那就是在张伯伦和其他人的推动下，英国"投身于这场掠夺非洲大陆的游戏里"，而如今"却逃脱不了可怕的后果"。[3]

丘吉尔是帝国时代的产物，也想让帝国繁荣昌盛，但这并不意味着要忽略和破坏大英帝国的切身利益。在他看来，如果就为了让国旗能到

---

1 "这些是我的观点"，这句温斯顿·S. 丘吉尔对埃尔金发表的意见，原始来源是奥斯丁·张伯伦的《政治的内核》(*Politics from Inside*)，第459页。

2 其他关于温斯顿·S. 丘吉尔和埃尔金互相调笑逗弄的例子，引用自佩勒姆：《卢加德》(*Lugard*)，第269–270页。

3 1906年1月3日，温斯顿·S. 丘吉尔和埃尔金关于卢加德的备忘录，引用自佩勒姆：《卢加德》(*Lugard*)，第248–249页。

处飘扬，不顾因此带来的负担远远多于利益，而且还让当地的居民生活比以往更糟糕，这是对资源和生命的极大浪费。相对于一个靠关税连接起来的帝国，丘吉尔更想要一个靠美好愿景、对法治和安全的共同承诺来管理的帝国。也许这从一开始便是个不切实际的目标，但在那些对帝国仍然有着浪漫幻想的日子里，丘吉尔全心全意地信仰着这个梦想。

与此同时，他尽最大的努力阻止这个帝国用暴力来扩张自己的文明。他很快就发现，弗雷德里克·卢加德并不是唯一一个主张用武装力量镇压反对派的官员。当他获悉部队在东非杀了160人时，他强烈谴责了那场“杀戮”，并且恼羞成怒地挖苦道：“这样大规模地杀害手无寸铁的平民不可能是什么必要行为。”[1]

3.“成为一名一本正经的政客”

丘吉尔在殖民部的大部分工作都是典型的官僚苦差，但他一直清楚知道自己手中的权力对那些遥远地区的普通民众生活的影响，而其中大部分，仅仅是他看到的它们在地图上的那点颜色。他试图让自己始终记得，无论多么偏僻遥远，每一个殖民地都生活着那些真正值得伦敦关注的个人。据一位以前的主管说，他刚来时对职员们说的第一句话是：“让我们上楼去看看地图，找出这些地方都在哪里。”[2]

丘吉尔并没有很多帮手。殖民部里正式的文职人员少得出奇。各个级别加起来一共也只有35名办事员，12名私人或常务秘书，所有这些人都配备了足够数量的办公室信使和“女士打字机”。他们有足够忙得不能停歇的工作，但温斯顿还经常拿一些让这些老手们觉得很没面子的事烦

1　埃迪森，《丘吉尔在国内》《*Churchill on the Home Front*》，第54页。

2　阿诺德·怀特，“英国殖民地政府体系”，1900年1月《哈波斯月刊》《*Harper's Monthly Magazine*》。

他们。当英属圭亚那一个名不见经传的英格兰人没有收到回信时，丘吉尔就会责备他的员工，告诉他们不要“太呆板太骄傲，要回复这个男人忠诚而礼貌的来信。冷落一个潜在的支持者，就很有可能造就一个满怀怨恨的敌人”。[1]

忙碌于殖民部的工作和下议院的职务之间，他并没有太多时间给自己。1月里他搬离了蒙特街的公寓，住进了自己位于博尔顿街12号、靠近格林公园和丽兹酒店的家。从那里走到殖民部非常近，而他经常被人看见一大早赶往白厅，深夜才回家。他花了1000英镑获得了所有权，还另外花了200英镑装修了一下。这是一座狭小的红砖房子，对一个家庭来说会太拥挤，但对一个单身汉而言却足够宽敞舒适。[2]

凭借他通过传记赚的钱和他当时的薪水，他可以让自己过得很好，虽然也负担不起太过奢侈的生活。他当时工作非常努力，因此并不经常有时间待在家里，但他想要一个完全属于自己的地方，一个当漫长一天过完的时候可以完全放松的地方。

也许算是可以预见到的，他在部里最重要的工作都是和南非相关的。坎贝尔－班纳曼想要通过同意布尔人在德兰士瓦定居点的自治来推动达成和平协议。他把这看成是对他们同意结束战斗的奖励，也是一个通过在一场丑陋战争后给予他们显而易见的慷慨来赢得他们效忠的机会。但保守党把这看作是一次对国家的背叛，也是对那些为保卫帝国征服布尔而战斗过的人的侮辱。而丘吉尔则因为鼓励他的首相采取这次果敢无畏的行动，被赋予了具体执行和消除反对意见的职责。

他从前的敌人，布尔人，如今合作起来很愉快。而他从前的朋友，保守党人，恨不得置他于死地。他说的任何关于南非的话，做的任何与南非相关的事，都会引起他的对手们的愤怒。3月里，他在下议院里

1　西亚姆，“1905年8月在殖民部”，第29页。

2　有关购买和装修这座位于博尔顿街12号的房子的具体信息，出自1906年1月25日拉姆利和温斯顿·S. 丘吉尔的通信，《查特韦尔文件》（*CHAR*）1/59/2–3。曼彻斯特在《最后的雄狮：荣耀愿景》（*The Last Lion*：*Vision of Glory*）（第392页）里说那是温斯顿·S. 丘吉尔租的，这是不对的。

谈论了前任南非高级专员米尔纳勋爵的政治生涯，那是一位追随张伯伦的扩张主义者，也是一位保守党的英雄人物，而丘吉尔的言论让保守党人怒火中烧。他们认为他是在贬低那位刚刚退休的官员，因为他说："米尔纳勋爵从南非离开了，可能这一走就是永远，公众不会再记得他。曾经大权在握现在也没有了，曾经高高在上现在也不是了，曾经主宰着那些能影响历史进程的事件，现在没有能力对当今的政策产生一丝一毫的影响了。"

这是丘吉尔的雄辩辞令适得其反的一次偶然事件。早前已经有一些传言谴责米尔纳在南非期间失职渎职，而丘吉尔试图说明没有必要在这种情况下去谴责一个已经失势退位的人，但他说得太混沌又太居高临下了。他先认定了米尔纳确实有渎职之过错，但他接着想解释说这个过错只不过是因为"太追求个人权益"，曾经的错误最好把它"全部留在过去"。[1]

他轻描淡写的言语间谈到的这个问题，实际上是很严重的错误。南非的矿主们一直在虐待给他们干活的中国劳工，把他们当奴隶一样使用，而米尔纳的管理被指控纵容了这种虐行，允许实行鞭刑和其他不当刑罚。如今在上议院，米纳尔正因此接受问询，并且承认自己为了维持秩序认可了鞭刑，但他很后悔，也知道自己做错了。

丘吉尔和其他自由党领袖想要预防更多虐行发生，也不想因为过去被保守党拖进一场长期斗争里，特别是涉及的还是一位为帝国辛劳多年的领袖，总的来说也还算广受民众爱戴。但当他急着要埋葬过去且继续前进时，丘吉尔的话听起来就好像他也想把米纳尔勋爵一起埋了。保守党人必然会因为这个结论而跳脚，开始大喊大叫想让他闭嘴，声嘶力竭地喊着："耻辱！"对他们而言，米尔纳确实犯有渎职之罪的事实并没什么大不了。他们认为如今站在"胜利那方"的丘吉尔正在试图同时羞辱那位前任官员和垮台了的前政府，把他们当作废物一样看不起，甚至都懒得对他们实施轻微惩罚。

1 《议事录》(*Hansard*)，下议院，"南非(高级专员)"，1906年3月21日。

在这个问题上，丘吉尔越是能言善辩，反对派就越是恨他入骨。他们从他声如洪钟的抑扬顿挫里听到的是傲慢和轻蔑，那个语调比他话里话外想要表达的意思要伤人得多。失败的他们并不想要任何来自他的慷慨表演，因此他们似乎一心沉湎于误解他的言辞，只听到他们自己想要听到的，自顾自地认为他传递出来的和解信息实际上是来自这个年轻叛徒的自以为是的侮辱。

无论丘吉尔是否夸大其词，那天许多保守党员都是怒气冲冲地离开了下议院。从很久以前他们就已经很想把他剥皮抽筋，现在他们更是迫不及待，要紧紧盯着他直到找到个好机会能置他于死地。他第一次张口结舌铸成大错，第一次看起来暴露了弱点，他们都会记得然后一一反扑。

最终丘吉尔完全按照他说的那样，并没有发动任何反对米尔纳的行动，而是直接掷地有声地声讨了鞭刑，且强调“为了南非的和平调解，要阻止那些针对个人的虐行”。这个意向获得了来自自由党和小党派的绝对支持，虽然保守党并非如此。[1]

在野党议员们能抱怨他们想抱怨的一切，但温斯顿面对他们的攻击时表现出来的冷静自若让首相对他有了更大的信心。初夏时候，当坎贝尔－班纳曼需要去照顾他体弱多病的妻子时，他召见了温斯顿并让他主导关于德兰士瓦自治的最终辩论。不出所料，在这个问题上自由党很轻易获得了胜利，但尤其让首相觉得满意的，是丘吉尔处理辩论时平心静气、大度宽容的态度。甚至连国王也对他刮目相看。他认为温斯顿终于表现出了一些成熟并为此称赞了他。温斯顿被告知：“陛下很高兴看到你成为一位值得信赖的大臣，最重要的是成为一名一本正经的政客。”[2]

---

1 《议事录》(*Hansard*)，下议院，“文职部门和税收”，1906年4月5日。

2 1906年8月20日弗雷德里克·庞森比写给温斯顿·S. 丘吉尔的信，《姊妹篇》(*CV*)，第2卷第1566页。

4. 美国记者笔下“幸运的斗士”

当他忙于处理南非事务之时，丘吉尔收到了一位美国战地记者的信，他们曾在布尔战争期间相处过一段时间。事实上，理查德·哈丁·戴维斯并不仅仅是一名战地记者。这个有着方下巴的粗犷英俊的男人是美国最著名的新闻工作者之一，曾经报道过美西战争、日俄战争、一些耸人听闻的罪案、约翰斯顿水灾和无数个重大事件。他写小说和游记，采访过沃尔特·怀特曼，还是罗斯福狂野骑士团的荣誉成员之一。

在 H. L. 孟肯[1]的青年时代，在他还没被犬儒主义控制之前，曾经是戴维斯的一大崇拜者，他认为戴维斯是“我们梦想的英雄”。[2]

1906年，戴维斯想把温斯顿·丘吉尔作为英雄之一写进他的新书里。他从自己位于纽约州芒特基斯克山的农场给丘吉尔写了封信，信里解释道：“我正在写一本名叫《真正幸运的斗士》的书，一共有六位斗士，我想把你也包括进去。你这样一个参加过四次战争的男孩，是个幸运儿，也是个幸运的斗士，应该能让人读起来非常有画面感。”

一两年之前，温斯顿也许会因为这个想法兴奋不已，但如今他正全心全意尽自己最大努力作为一个政治家被认可，以及作为一名和平与谅解的使者在帝国里受到重视。这不是再现那个流氓温斯顿形象的最佳时刻，尤其还贴着“幸运的斗士”标签。本来就已经有许多批评家认为，他是一个不应该在部里存在的不计后果的机会主义者。

但丘吉尔并没有什么办法让这个计划停止。戴维斯告诉他，关于他的那一章已经“写完了一半”，还吹嘘说，通过深挖纽约所有相关的报纸资料，他已经获得了他需要的大部分信息。他写道：“我打赌，我比你自

1　孟肯是美国思想家、知名社会评论家。

2　孟肯，《报纸时代》(*Newspaper Days*)，第239页。

己还更了解你年轻的生命。”

这样的陈述通常来讲不会让任何一个政客紧张，但温斯顿十分清醒地知道，戴维斯知道关于他生活非常私人的一些细节，并不仅仅是因为他们在南非或者后来在伦敦的遭遇。戴维斯是埃塞尔·巴里摩尔从小的朋友，就像她的哥哥一样。他5月4日还曾写信告诉温斯顿道：“巴里摩尔小姐病得十分严重。她刚刚从一个阑尾切除手术里恢复过来，现在正在我们农场里休养慢慢好起来。”

所以这里有一位著名的美国记者，正在伏案疾书他的人生故事，而他的爱情故事的主角之一就在近在咫尺的地方休养身体。温斯顿只能希望埃塞尔和这位突如其来的传记作者都能说点他的好事了。无论如何，他至少能从戴维斯的话里得到些安慰：“等你当上首相的时候可别忘了我。”[1]

1　1906年5月4日理查德·哈丁·戴维斯写给温斯顿·S. 丘吉尔的信，《查特韦尔文件》（*CHAR*）1/56/15–16。

第12章

私人生活

温斯顿对自己又多了阿斯奎斯这位钦慕者并不知情，但他很快便会知晓，虽然并不是通过那位钦慕者本人。取而代之的，他是从阿斯奎斯的女儿那知道的，她和自己父亲一样钦慕温斯顿，并且还想要了解他更多一些。

1. 悠长假期

丘吉尔好几个月来都在努力表现得循规蹈矩，忽略一切来自他保守党敌人的嘲讽挑衅，但1906年8月初他休了个长假，期间又做了些出格的事情。首先，受一位童年时期的老朋友之邀，他在位于诺曼底海边时髦的度假胜地多维尔待了一个星期。他的这位朋友弗雷斯特男爵，有一位美丽动人的妻子、富可敌国的财富和一艘豪华汽艇——据说是海上漂着的最大的汽艇之一。温斯顿既出了海也打了马球，还每天晚上都去赌场，“晚晚都赌到凌晨五点”。[1]他手气不错，最后一共赢了260英镑，基本上相当于他在殖民部两个月的薪水。

带着他手上赢来的钱，他直接去了巴黎，享受了几天夜生活又买了些昂贵的法语书。然后他前往欧内斯特·卡索尔在瑞士阿尔卑斯山脉的别墅，在那里他攀登了爱基斯山，这消化了一些他在法国吃的昂贵食物，这座山海拔差不多有一万来英尺。他写信对珍妮说：“真是一次长途拉力，如果没有一头骡子的帮忙我恐怕永远也回不了家。”[2]

到9月中的时候，他已经到了威尼斯，整天沐浴在阳光里，还偶然遇见了穆里尔·威尔逊，她亲切地答应与这位殖民部次官共度一周时光。他们和另一对夫妇一起开车以高达每小时40英里、让人眼花缭乱的速度轻快地穿行于乡间小路，兜兜转转地到了托斯卡纳。他和穆里尔之间的相处十分和睦并且愉快，但有一个问题。他们的旅行拥有一切浪漫的元素，有生气勃勃的远景和静寂的村落，也有美酒和日落，却没有真正的

1　1906年8月21日温斯顿·S. 丘吉尔写给爱德华·马什的信，《姊妹篇》(*CV*)，第2卷第1571页。

2　1906年9月1日温斯顿·S. 丘吉尔写给珍妮·丘吉尔的信，《姊妹篇》(*CV*)，第2卷第1579页。

浪漫温情。她一如既往的美丽动人且魅力四射，但也一如既往的冷漠疏离。温斯顿觉得他们也许注定只能做朋友了。

尽管如此，他也没什么能够抱怨的。他像个王子一样生活着，心安理得地享受着他应得的假期。但也不全是在玩。假期中间他还花了一周在西里西亚观摩了德国军队的年度演习。这是一个近距离观察对欧洲和平具有最大威胁的军事机器的机会，虽然威廉大帝一再强调他并不想和任何人开战，尤其不想和英国开战，因为爱德华国王是他舅舅。威廉大帝的一位外交官曾对英国报纸编辑解释说："我们是个军事化的民族，但并不是个好战的民族。你们才是那个并不军事化却好战的民族。"[1]

来出席这次军队演习是温斯顿的主意，但德国人对他的兴趣也很欢迎，他们的驻伦敦大使馆安排了一切具体事宜。皇帝本人亲自发了官方邀请函，邀请温斯顿作为他的私人贵宾在这周出席。大使馆还建议丘吉尔可以穿着英国陆军制服出席这次活动，包括佩剑。

因此，这一周在位于德国东南边境的西里西亚的旷野和树林里，温斯顿·丘吉尔少校骑着一匹借来的马观摩了德国步兵和骑兵共计五千余人参加的模拟战。好几年来，他一直通过义勇骑兵团后备队来保持着自己的军事关系，后备队每天都会在布伦海姆或附近其他营地和女王属牛津郡轻骑兵一起进行短期训练。原本是非常有趣的事情，但整个团体都很骄傲，都把训练当成严肃的战斗来认真对待，丘吉尔亦是如此。9月6日，当他穿着骑兵靴、深色束腰上衣和裤子，戴着有黑色帽舌的白帽子和佩剑在布雷斯劳从火车上走下来时，他为这个团队做了一次令人印象深刻的代言。

1 加德纳，《先知、神父和国王》(*Prophets*, *Priests and Kings*)，第78页。

2. 参加德皇的军事演习

温斯顿的这次访问惹恼了爱德华国王，国王要求首相给这位次官一句警告。坎贝尔－班纳曼对丘吉尔写道："国王告诉我你要去参加那个演习，要我警告你不要跟他的外甥聊太多，也不要太坦诚了。"[1]这是个很棒的建议，因为威廉大帝确实十分想获得丘吉尔的信任。实际上，在西里西亚上演的最有意思的战术演习之一，是直接针对温斯顿的魅力攻势。

在威廉大帝的命令下，丘吉尔被安排入住了布雷斯劳一家"舒适而古老的"酒店的一个豪华房间。一位陆军上尉被指定作为他的专门陪同人员，还每天晚上以丰盛的官方宴会款待。那位皇帝给了他一张能检阅德国最新炮兵武器的特别通行证，还邀请他参加了和将军们举行的一场战地会议。威廉大帝盛装出席了会议，想要借此拉拢丘吉尔。于是他十分威严地用佩剑指向远处某个目标，那里正是新闻摄影记者们方便给他们拍合影的地方，让他们看起来就好像正在一起规划大战，指点江山。

也许是因为他威风凛凛的眼神和又长又密的胡子，威廉看起来正气凛然，但他对温斯顿的态度却很温暖，甚至像父亲般慈爱。"你对美丽的西里西亚有什么看法呀？"他用自己一口流利的英语问道，然后就开始卖弄自己所知道的在这片土地发生过的所有伟大战役的知识。他给丘吉尔上的这堂历史课有个重要的意图，他清楚表明了一个观点，那就是无论哪支不够明智的军队想要在这里攻打德国人，都会导致又一次血流成河。他说周遭这片热土"很值得为之战斗，也很容易夺取"。他像演戏一样夸张地告诉丘吉尔，这片土地"深陷鲜血之中"。虽然听起来语调很友好，但字字句句都在传达着这次军事演习所要表达的信息：万一被逼开

1　1906年8月25日亨利・坎贝尔－班纳曼写给温斯顿・S. 丘吉尔的信，《姊妹篇》(*CV*)，第2卷第1574页。

战，德国已经准备好并乐于迎战。[1]

这是一次不同寻常的对话，虽然温斯顿并没有机会说太多。在他听起来像演讲一样的发言中途，威廉大帝打断了他并告诉他："不要玩文字游戏"，要直截了当。于是温斯顿微笑着站得笔直，发出些让人愉快的应承声，让威廉垄断了这次对话。[2]

这两人的合影在全世界广泛流传开来。《每日镜报》让它占据了头版的整个上半部分。[3]威廉大帝向来热衷于和他英国王室的表亲们摆姿势合影，但在这一次的戏剧化场景里，其中一位主角却不过是一位正在度假的兼职陆军上校。就像许多其他人一样，威廉感觉到了温斯顿很快将身居要职，大权在握，而如今的年轻上校也许就是德国未来最难以应付的敌人。在那一天到来之前，让德国军队给温斯顿留下毅然决然勇往直前的印象，是非常深谋远虑的。

不过，在英国的某些领域里，这张照片却成了笑柄。这位重新登场的政坛新星，如今却假装他已然能和高高在上的君主们平起平坐，完全没有意识到戴着光亮的头盔、穿着长长的斗篷还拿着皇家佩剑的他站在那位皇帝旁边看起来有多么无关紧要且微不足道。《笨拙周报》自然不会放过这个好机会。过了一周左右，栩栩如生的漫画便创作完成了，漫画画了一个孩子气的温斯顿正用手指着威廉并对他进行战术指导。在配图说明里，"我们的温斯顿"说道："陛下，请记住，从现在开始，如果演习中出现了任何你不太明白、找不到解决窍门的问题，不要犹豫，随时问我！"[4]

如果当时丘吉尔斗胆对那位皇帝表达自己的见解，一定会让他不高兴。那些在交战状态中五颜六色的军队以一种很戏剧性的方式让人印象

2　温斯顿·S. 丘吉尔，《思想与冒险》(*Thoughts and Adventures*)，第80页。

1　1908年1月26日温斯顿·S. 丘吉尔写给德国皇帝的信，《查特韦尔文件》(*CHAR*)1/72/23。

2　温斯顿·S. 丘吉尔和手持佩剑的威廉的合照刊登在1906年9月24日的《每日镜报》(*Daily Mirror*)上。这个日期经常会被记错，详见曼彻斯特：《最后的雄狮：荣耀愿景》(*The Last Lion*：*Vision of Glory*)，第425页。

3　那幅模仿的滑稽作品出现在1906年9月16日的《笨拙周刊》(*Punch*)里。

深刻，却不是军事上的。整支骑兵中队在太阳下挥舞着闪闪发光的长矛全速冲刺的场面是场华丽壮观的演出，但丘吉尔凭借实战经验却很是清楚现代武器能瞬间让他们全军覆没。他在乌姆杜尔曼的参战经历让他明白这样的攻击有多么过时。在离开苏丹战场之后，他愿意相信“世界上再也不会有这样的傻瓜了”。[1]然而德国人却在这里隆重上演这些来自19世纪70年代的战术，还看起来好像在20世纪它们仍然很好用一样。

他听到了一些德国军官在抱怨他们的方法已经过时了，而他们确实需要赶紧变得现代化。无论如何，眼下他并没有看到什么足够让他忧虑的事情。而他虽然很喜欢德国人给予他的所有关注，但当他从这场演习离开的时候疲惫却大过于陶醉。他被普鲁士人的效率和勤奋折腾得疲惫不堪。他没有一刻悠闲的时间，总是从一个场合匆忙赶往另一个，早起晚休且早出晚归。后来他说：“我从来没有像那样严重缺乏睡眠过。”[2]

在他写给埃尔金勋爵的报告里，他提到了自己从这场戏剧性表演里观察到的那位德国皇帝的弱点，以及他对现代火力作用的完全无视。但他对德国军队的“数量、质量、训练和体制”做出了高度评价。他强调，这是“四条通往胜利的最佳途径”。

3. 家族丑闻

温斯顿在欧洲大陆的旅行让他离开国内差不多两个月，而当他回国之后却惊愕地得知自己的家族正在被丑闻威胁。马尔伯勒公爵及公爵夫人陷入了困境。结婚十一年以后，他们再也无法忍受对方，也懒得再掩饰这一点。桑尼那总是失控的粗暴脾气臭名远扬，而那位骄傲的美国女继承人康苏微洛则不堪其辱并选择了以牙还牙。他们互相谴责对方不忠，

1 温斯顿·S. 丘吉尔，《思想与冒险》（*Thoughts and Adventures*），第79页。

2 温斯顿·S. 丘吉尔，《思想与冒险》（*Thoughts and Adventures*），第76页。

而很明显他们俩都是对的，只不过桑尼的嫉妒让他总是把问题扩大化，还想象每一张床底下都藏着康苏微洛的情人。

布伦海姆宫乌云笼罩，战况激烈。作为客人忍受了一个紧张的周末以后，珍妮的一个朋友、作家珀尔·柯雷吉认为那里的气氛不像是一座宫殿，而更像是一座监狱。她写道："我无法去过这样的生活，我宁愿抱着理想死在一个阁楼里。那里的气氛完全感觉不到感情，那位可怜的公爵看起来病入膏肓且伤心欲绝。"10月里这对夫妇分居了，康苏微洛要么躲在他们伦敦的寓所里，要么和她父亲一起待在巴黎。这个坏消息很快在社交界里扩散开来。这不久就变成了美国媒体的一个话题，他们兴高采烈地攻击桑尼是一个邪恶的英国公爵，娶那位无辜的美国人只不过是为了她的钱。[1]

桑尼能经受得起这一类的攻击，但对整个家族影响很不好，尤其是对温斯顿。那对不和的夫妇还有可能最终要对簿公堂，康苏微洛的父亲威廉·范德比尔特威胁说要采取法律行动，而在这个过程中负面宣传的浪潮将不会为温斯顿的政治生涯带来任何好处。于是温斯顿试图进行调停。

珍妮没能帮上什么忙。她说要坚强和诚实，但康苏微洛错误地理解了她的话，于是她们就开始了争吵。珍妮在一次激烈的争执之后给她写了一封言辞犀利的信，说道："我要我自己最大限度地去体谅你处在这样一个糟糕的危急时刻会有的心情，但离开你家的时候，我仍然觉得自己被你莫名其妙的举止深深伤害了，感到非常痛苦，我不仅仅是你真正的朋友，更是一个对你忠诚喜爱得不能再多一点的姐姐，但你却对我这样发脾气，对我来说真是一个意想不到的打击。"[2]

那个时候，珍妮有着自己的麻烦事，并没有什么好的立场去劝桑尼

1　斯图尔特，《康苏微洛及阿尔瓦·范德比尔特》(*Consuelo and Alva Vanderbilt*)，第269页；"马尔伯勒吵架震惊了英格兰"，《波士顿日报》(*Boston Journal*)，1906年10月22日；海登·乔其，"伍德斯托克阴郁的圣诞节"，《芝加哥论坛报》(*Chicago Tribune*)，1906年12月23日。

2　1906年11月2日珍妮·丘吉尔写给康苏微洛·马尔伯勒的信，《查特韦尔文件》(*CHAR*)28/78/45。

的妻子。她自己和比她年轻很多的乔治·康沃利斯－韦斯特的婚姻开始在慢慢瓦解。乔治离开她的时间越来越多，据称是为了工作或者远程垂钓旅行，还有其他一些乡村远足。他还因为不良投资和财务管理不善损失了一大笔钱。后来谈及他们的婚姻时，他说道："在我们共同生活的那些年里，发生过的争执里最严重的都是因为跟钱相关的事情。"[1]他把责任归咎于珍妮，说"她唯一的缺点就是挥霍无度"，但在1906年他因为自己的原因损失了总共8000英镑，幸而一位富有的亲戚在紧要关头救了他，让他幸免于破产。

婚姻问题让珍妮变得喜怒无常。她甚至会朝温斯顿发泄却又因此深受痛苦。在某天晚上跟他吵完架之后，她夜不能寐，觉得自己必须要道歉。她写道："最亲爱的温斯顿，我必须要再告诉你一次，否则我睡不着觉，我因为今天晚上我们互相说的那些口不择言的话而感到十分伤心，我实在是太累太急躁了。你永远是我心爱的宝贝，我非常爱你。"[2]

以珍妮当时的状态只会让她和康苏微洛的关系越来越糟糕。而温斯顿却更加能理解那位年轻女人的处境，并能轻易获得她的信任。她听取了他的建议，后来还告诉他非常感激他的帮助。在他们某次谈话以后，她写道："你说的一切让我恍然大悟。"[3]

然而，没人能轻易搞定桑尼，走投无路的温斯顿请休·塞西尔告诉他解决这位公爵的婚姻问题的最佳方法。虽然林基似乎很开心丘吉尔向自己求助，但他看不到桑尼和自己妻子调解的希望，而且认为他将最终导致对他自己和康苏微洛名声的"损害"。[4]

尽管如此，温斯顿没有放弃这对夫妻，这个危机终于在1907年的头

1　康沃利斯－韦斯特，《爱德华盛世》（*Edwardian Hey-Days*），第119页。

2　1907年5月7日珍妮·丘吉尔写给温斯顿·S. 丘吉尔的信，《查特韦尔文件》（*CHAR*）1/65/40。

3　1906年12月康苏微洛·马尔伯勒写给温斯顿·S. 丘吉尔的信，《查特韦尔文件》（*CHAR*）1/57/24。

4　1906年10月休·塞西尔写给温斯顿·S. 丘吉尔的信，《姊妹篇》（*CV*），第2卷第1588页。

几个月里渐渐平息了。桑尼和康苏微洛同意不闹上法庭并以一种低调而不事声张的方式维持他们的分居生活。孩子们由他们共同抚养，在两个男孩长大以后，公爵和公爵夫人于1921年终于正式离婚了。并且各自都再婚了。在他们漫长的分居生活期间，各种流言蜚语一直围绕着这对夫妇，虽然1906年底温斯顿曾经以为这次分手会以“惨剧”收场，但大家却放过了这件事情，没有把它变成他害怕的公共丑闻。[1]

20世纪50年代当她撰写自传时，康苏微洛曾有机会回顾温斯顿，并预见他将成为未来的首相，但她记得的关于他的大部分事情都和成为一名崭露头角的政治家没有关系，都是些他和桑尼的性格对比。公爵拥有着无数温斯顿需要努力工作才能获得的物质财产，然后桑尼却看起来发育不良又愤世嫉俗，和他的昵称所暗示的性格正好完全相反。在康苏微洛不可否认会有失偏颇的观点里，她从自己丈夫身上看到了一个古老的贵族家族的颓败精神，而从温斯顿身上看到的却是复兴。

这位公爵夫人写道：“不论是他身上的美国血统，还是他孩子气的热情和主动，很遗憾这些优点我丈夫都没有。我真心喜欢他的陪伴。对我而言，他代表着与我的环境格格不入的民主精神，而我非常怀念这一点。”[2]

4. 关于次官漫不经心的笑话

正当丘吉尔想弄清楚会有哪些可能的丑闻时，理查德·哈丁·戴维斯出版了他的短篇传记故事选《真正幸运的斗士》。乍一看，他写的年轻丘吉尔的冒险故事并无伤大雅。他直接描述了战争中的那位年轻战士，详细地概述了丘吉尔自己对于其从布尔人手里逃亡奇遇的全部言论。但

---

1 1906年12月22日温斯顿·S. 丘吉尔写给康苏微洛·马尔伯勒的信，《查特韦尔文件》（*CHAR*）1/57/57。

2 巴尔森，《辉煌与金子》（*The Glitter and the Gold*），第103页。

作为一个丘吉尔战场之外的奇遇的精彩例子，戴维斯选择了一个几乎已经被遗忘却一定会引人侧目的老事件。

他渲染了那年在皇家大剧院，年仅十九岁的温斯顿勇敢地为了替音乐厅的姑娘们辩护反抗扫黄队，而制造了一场骚乱的故事。这个事件的戴维斯版本看起来应该是基于丘吉尔在某个闲聊时刻告诉他的内容，或者更像是埃塞尔·巴里摩尔复述的故事，在她看来这整个有趣的事件是温斯顿的自由精神的绝佳诠释，而戴维斯却让它看起来更像是一个放荡的夜晚，当温斯顿看到的时候觉得自己颜面尽失。在戴维斯的描述里，好像温斯顿除了没挂在吊灯上晃悠和用舞鞋喝香槟以外，什么事都做了。[1]

如今，作为一名政府官员和自由党的年轻领袖，丘吉尔最不需要的便是在某本新书的某个耸人听闻的场景里被描述成代表音乐厅美人们发动暴乱的罪魁祸首。最初，他希望在英国没人关注这本书，但媒体很快便发现了这段哗众取宠的文章，并蜂拥而至，来到他面前进行质问。他拒绝就此发表任何评论，就只是等着看接下来会发生什么。同时，他考虑起诉理查德·哈丁·戴维斯，并给其写了封措辞严厉的信，说那段文字是对他名誉的“毁谤和中伤”。

但由于这个事件发生在十多年以前，除了《真正幸运的斗士》里所写到的，已经没什么其他能报道的了。结果就是，这个故事没有获得太大的关注，只是造就了几个关于这位次官和帝国的漫不经心的笑话。《黑与白》的一位评论家曾说道：“戴维斯先生在谈到关于丘吉尔先生的一些事情时，很是坦率。在如今这样一个时期把帝国——音乐厅的故事翻出来讲，而非其他事情，这貌似一点也不圆滑。”

温斯顿也许在关于音乐厅女孩的话题上过度敏感了。她们是有着水性杨花名声的友好舞女，许多年后罗斯伯里勋爵的儿子哈里曾经回忆道，丘吉尔在他十几岁尾巴上那一夜过后并没有对她们失去兴趣。哈里很乐意讲述温斯顿年长一些之后，某次他们一起和一对“配乐表演女郎”约

1　戴维斯，《真正幸运的斗士》(*Real Soldiers of Fortune*)，第83页。

会的故事。他声称，那天晚上最后他们各自带了一个女人回家。不久之后当他见到温斯顿的约会对象时，还问了她那天晚上后来过得怎么样，而她的答案完全在他意料之中。她说他什么也没做，除了滔滔不绝地谈“关于他自己的话题直到深夜”。

5. 暗中的钦慕者

如果1907年初温斯顿太过担心自己的名声，也许是因为内阁出现了第一个空缺但他并没能赢得那个位置。他假装并不在意，但有些媒体之前曾猜测他将是下一个进入内阁的人，结果他却并不是，这看起来便是一次挫败。他受到了媒体的高度关注以致有位作家这样抱怨道："所有这一切轻车熟路的吹捧游戏，都不过是为了掀起一股温斯顿·丘吉尔狂潮。"

首相看到了报纸上那些故事，于是急忙想要确认自己是否失去了温斯顿的忠心。1月22日坎贝尔–班纳曼写道："我们需要你在殖民部效力。我确定你因为留任在殖民部而获得的一切也许将会是改变的契机。"然而，这并不是整个故事的全部。首相原本认真地考虑过要提拔他却最终否决了这个想法，一定程度上是因为约翰·莫尔利的劝告。那个空缺的职位是教育委员会主席，这既不是温斯顿会喜欢的工作，也并不是一个能让他大展拳脚、加强自己名望的职位。但这个职位代表着在内阁的一席之地，而那里才是他真正想要去的地方。

当莫尔利给首相写信说他的年轻朋友对于教育委员会而言“不适合甚至匪夷所思”时，他是在给出他自己认为对温斯顿和国家来说都是最好的建议。老自由党员们对温斯顿的能力的信任和尊重日益增长，但仍然担心赋予他太多责任，因此也就更乐意看他在埃尔金火眼金睛的注视下，在殖民部里摸爬滚打。然而，对温斯顿而言，他们的谨慎便意味着他也许需要等待很长时间才能爬升至一个更好的位置。当他听到那个教育委员会的工作给了一个安全而墨守成规的人——雷金纳德·麦克纳时自然不会开心，麦克纳比他年长十多岁，是位冷静而值得尊敬的人物。众所周知，雷吉是一名虔诚的自由党员，和自己的姐姐一起生活且一直十分低调。如果麦克纳是内阁想要的那种人，那么温斯顿作为一个自由党人的将来恐怕就并没有他自己希望的那么前程似锦。

他不知道首相擢升麦克纳的原因反而是件好事。这会让他更加担心自己的名声。在给阿斯奎斯的信里，坎贝尔解释说麦克纳“几乎拥有一切”胜任这个工作“所需要的素质”，“除了恶名之外的一切，而没有它当然最好”。显然，相比之下，温斯顿所拥有的“恶名”比内阁剩下所有成员加起来的还要多。

对另一位同僚，坎贝尔解释说，这样一次晋升对温斯顿而言“也许是公众所期盼的，也是媒体已然欢呼以待的；他在自己的位置上出色地完成了自己的工作，也怀抱着勇往直前热情洋溢的志向。但他刚刚成为一名自由党人，他的未来还有些不太确定”。无论如今丘吉尔表现得多么完美，人们总是会担心他也许明天就会粉身碎骨，彻底毁灭。消息灵通的朝臣埃舍尔勋爵在1月里写道：“首相目前不会让温斯顿进入内阁，就和格莱斯顿一样，他很老派且不鼓励年轻人急于求成。”

但仍然有一位内阁成员认为坎贝尔做了个错误的决定，而丘吉尔应该被任命担当那个职位。那就是阿斯奎斯，他和温斯顿彼时还尚未交好，但因其在下议院的工作而产生的钦慕之情日渐增多。他认为丘吉尔比麦克纳更能胜任那个职位，并且质疑放弃非常规的人选而做出这个保守的选择是否真的明智。麦克纳曾经在财政部为他工作过，因此阿斯奎斯有足够的立场去评判这两位人选的优缺点。

温斯顿对自己又多了阿斯奎斯这位钦慕者并不知情，但他很快便会知晓，虽然并不是通过那位钦慕者本人。取而代之的，他是从阿斯奎斯的女儿那知道的，她和自己父亲一样钦慕温斯顿，并且还想要了解他更多一些。

第13章

政治少女

终于，温斯顿在自己三十二岁这年遇到了一位真正懂得欣赏他本身价值的年轻女人。她毫不怀疑他的天才，不会厌恶他自信满满的样子，也从不在那些他完全自我陶醉的时刻嘲笑他。他丝毫不谦逊地对她直言不讳道：“我们都是些小虫子。但我相信我是只萤火虫。”

1. 发光的萤火虫

那是在春天里，温斯顿·丘吉尔和维奥莉特·阿斯奎斯成了亲密好友。她刚刚年满二十岁，且作为财政大臣唯一成年的女儿十分享受聚光灯下的生活。一些英俊的年轻人似乎对她兴趣盎然，但她还没有准备好进入婚姻，并且觉得同龄的大部分男人都有点呆傻无趣。她全身心崇拜着自己的父亲，最喜欢做的事情就是和他谈论政治，随时更新新闻里的最新事件。她的继母玛戈担心维奥莉特太冰雪聪明又太一本正经而永远找不到一位合适的配偶。

玛戈坚持认为维奥莉特应该降低自己苛刻的要求，她曾经对一位朋友说道："你必须要用金子换金子才能找到那个对的人，但维奥莉特给的总是铜。她绝顶聪明，唉，太聪明绝顶了。"

她还漂亮得很特别，让她得以从爱德华时代的一般美人里脱颖而出。她的轮廓并不算很立体也没有傲人的丰胸，她的鼻子有一点点长，她那头细密的鬈发有些凌乱而不受控制。但她整体看起来却十分有吸引力，清新自然，毫不做作。她有着明亮而好奇的眼神，一张饱满的嘴，坚毅的下巴和纤细的小蛮腰。艾蒂·格林菲尔认为维奥莉特有着让人心碎的美貌，且总是鼓励她随心所欲地坠入爱河，想多经常就多经常，想多疯狂就多疯狂。艾蒂还曾对她说："亲爱的，你面前有一大片任你蹂躏的土地，我真想看到那群被你践踏入土的人。"

1907年4月的某个周末，受艾蒂之邀在塔普洛庄园做客的维奥莉特和温斯顿开始了他们真挚的友谊，这也许并不是什么巧合。（威利·格林菲尔当时进入了上议院，因此艾蒂成了德斯巴勒勋爵夫人。）正如维奥莉特之后在一封给朋友的信里提到的那样，这次家庭聚会是尤其值得纪念的，因为这是她第一次有机会和温斯顿长谈阔论。之前的一年里，他们偶尔也会在社交场合碰面，但仅仅止于互相寒暄致意。如今，在塔普洛度过了一个一如既往有着各种游戏和乐趣的周末后，她得出了一个结论，比起猜谜、桥牌、网球、沿着泰晤士河散步和水中嬉戏，和温斯顿聊天才是最让人兴致盎然的事情。他的幽默和政治见解和她从其他任何男人那里听到过的都不一样，当然除了她父亲。她曾经说，开始了解他让她全身充满着一种“新的激情”。

她给艾蒂写了一封热情洋溢的信。她告诉艾蒂：“和你在一起对我而言总是意味着快乐，无论有没有水中嬉戏。”

在接下来的几个月里，她因为温斯顿的存在而喜悦非常。他们会在舞会和晚宴上见面，或者是温斯顿到她家来拜访她父亲的时候，又或者在下议院某次大型辩论之前。在那些舞会上，一旦他来了，她就会把“所有的追求者抛诸脑后”，然后把他拽到个角落里，当其他人跳舞的时候，他们就在那里连续几个小时相谈甚欢。

她曾经扪心自问：“他是不是像人们说的那样沉醉于自己的言语呢？我不在乎，我只知道我确实如此。”

终于，温斯顿在自己三十二岁这年遇到了一位真正懂得欣赏他本身价值的年轻女人。她毫不怀疑他的天才，不会厌恶他自信满满的样子，也从不在那些他完全自我陶醉的时刻嘲笑他。她从一开始便明白他是如此深沉地沉醉在自己的思想里，以至于经常看起来和其他一切事情都切断了联系，自顾自地沉浸在自己的世界里，正如维奥莉特所说“像一个沉浸在自己的潜水钟里的潜水员”。夏天过去后，她觉得他们之间有一条特别且牢不可破的纽带开始成型了。这就好比她找到了一把进入他心房的钥匙。她后来写道：“上帝保佑我侥幸找到了进入潜水钟的方法且从来没弄丢过。”[1]

以上这些文字是她在自己七十几岁高龄时写下的。她热爱语言，也十分善于辞令，但一直未发表过任何实质性的内容，直至1965年她在丘吉尔去世后不久出版了回顾他们之间友谊的回忆录。（这本回忆录的英

1 伯纳姆·卡特，《温斯顿·丘吉尔》（*Winston Churchill*），第115页和第7页。

国版的书名是《我所知道的温斯顿·丘吉尔》，而美国版的书名是《温斯顿·丘吉尔：私密画像》。）一般来说，这本书作为对私下里温斯顿的展现而被广泛尊敬地接受。（《纽约时报》描述维奥莉特是“一个深情款款的崇拜者”。）但因为这位公众人物的形象当时太过深入人心，而且在大部分人们的心里，他只是那个拿着雪茄、嘴角挂着顽皮微笑的著名老人，维奥莉特描绘的那个他们过从甚密的爱德华时代的丘吉尔，并不能引起人们太多的共鸣，很快便被那些描写这位伟大政治家晚期生涯的大著作挤到一边去了。

如果她没有假装温斯顿仅仅是个朋友也许会好些，虽然一定程度上是出于恪守礼仪的考量。她的回忆录俨然是一个不求回报的暗恋故事，这种情愫在无数的段落里昭然若揭。她生动描述了和温斯顿在一起时的“手足无措”和“意乱情迷”，当她坐在他身边就“眼冒金星”，而每当他长时间不见踪影时便感觉到“一个巨大的虚空”。他们之间绝对存在比友谊更深厚的情意，她写在书末尾的声明里说，他是“照亮了”她人生轨迹的“探照灯”。她写道：“在那十年的时间里，我在每一个关键时刻的第一反应都是弄清楚温斯顿对正在发生的事情的态度。除了我父亲之外，他对于事情的反应是我最热切想要知道也最在乎的。”

书的开头她写了一个他们在某次晚宴上的交谈场景，发生在对他们而言最重要的艾蒂家周末派对的差不多一年之前。现存的她的信件和日记显示，她混淆了这次晚宴和某次塔普洛的晚宴，但她的描写展现了他们之间起初的交谈内容，涉及诗歌、政治、历史和绯闻。每每当温斯顿口若悬河地讲人生如何短暂，而他又是如何决心要在短暂的有效时间里完成那些伟大的事业时，许多和她同时期的漂亮美人也许便在厌倦和惊慌里落荒而逃了。他丝毫不谦逊地对她直言不讳道：“我们都是些小虫子。但我相信我是只萤火虫。”[1]

温斯顿喜欢说，而维奥莉特喜欢听。更重要的是，她能完全理解他所有话的性质——实质上都是温斯顿思想的体现，而且用了一种看起来

1　伯纳姆·卡特，《温斯顿·丘吉尔》（*Winston Churchill*），第4页和第356页。

完美的表现方式，有着光鲜亮丽的句子和诙谐精辟的措辞。这是一种表演，充满着意料之外的迂回曲折和奥妙，并且对约定俗成的客气场面话毫不让步。对于他的热情听众而言，如果想要成为他的谈话对手，有一个诀窍是在不妨碍他的讲话思路的前提下机敏地穿插其间。而维奥莉特看起来很早便掌握了这个诀窍。

从许多方面看他们都很相似——两个人都很固执己见、意志坚强、理想主义、浪漫主义和感情丰富。她可以和他一样强势而苛责。她也可以和他一样好斗。但他们并不经常针锋相对，因为他们的观点总是十分一致。有时候维奥莉特会觉得自己在温斯顿的思想里看到自己的镜像。玛戈认为温斯顿和维奥莉特是自己见过最聪明绝顶的年轻人中的两个，她曾经说过自己的这位继女“虽然是个女儿身，但不比任何一个不同凡响的男人逊色”。[1]

然而，就算他再享受她的陪伴也钦佩她的智慧，温斯顿却似乎从来没有感受到她对他的深切依恋所带来的激情的火花。他并不想要一个女温斯顿。他在寻找的是他认为他父亲从珍妮身上找到的那些特质——一个周身散发着神秘气质的大美人，一颗指引激励他前进的闪闪发光的明星，一位缪斯同时也是一位伴侣。维奥莉特了解他骨子里的浪漫，但她对他而言却还不够浪漫。她有些太年轻了，不够成熟优雅，太敬畏他而难以担当他的指路明星。

无论如何，1907年那一年里，他的视野里也再没有其他人。维奥莉特是唯一一个他能对其敞开心扉的年轻女人，也是唯一一个在他说自己是“萤火虫”时不会嘲笑他的人。

1　玛戈·阿斯奎斯，《自传》(*Autobiography*)，第202页。

2. 维奥莉特的继母

假如丘吉尔想要跟维奥莉特发展一段认真的关系，他会需要周详地考虑她父亲和继母的态度及期望，尤其是后者的。她的喜恶变化无常且十分情绪化，玛戈就是一枚移动的炸药，且无人能够预测她会在什么时候什么地方就忽然爆炸。她完全有能力在某一天认为温斯顿属于恶魔（她说他是“一个奸诈下流的小天才”），然后第二天却判定他无害无邪能继续观望察看（“温斯顿就是个孩子……我最喜欢他这一面了。”）。

大抵来说，她不赞成他和自己继女的关系，因为她认为他给维奥莉特灌输了一些不切实际的想法。她还十分确信维奥莉特和他一起待久了以后行为举止都变得不一样了。她觉得她那位继女在跟温斯顿聊完以后总是让人难以忍受地全神贯注地沉浸在自己的世界里。她嘲笑地说：“他的关注是这种空虚的源泉。”[1]

温斯顿尽了全力去取悦阿斯奎斯喜怒无常的夫人，但她十分难以被满足。在康苏微洛·马尔伯勒的记忆里，她“个子不高且瘦得惊人”，有着“鹰钩鼻和精明的眼睛”，给人感觉盛气凌人且性烈如火。玛戈习惯强迫别人同意自己的观点，要不然就会突然辱骂他们。康苏微洛曾说：“让她听别人说话是一件很困难的事情，她会接二连三地发出感叹，语调像火箭一样飙升，还喜欢穿插一些尖锐的批评或者讽刺的斥责。”

晚年时，温斯顿对她的评价则要慷慨仁慈得多，说她是“一位伟大的女性，不拘泥于礼教，大无畏，是一个热情洋溢的人”。从自己母亲那儿，他得知玛戈早期是社交场上一位骄傲的年轻人物，总是无拘无束地表达着自己的想法，以她坦率的风格让一些年长男人情有独钟，这个

1 克利福德，《阿斯奎斯家族》（*The Asquiths*），第148页和第200页。

用丘吉尔的话来说“羽量级的冒失鬼”还曾经狂野放纵地骑马驰骋。[1]

随着她年龄的增长，她越来越难相处。她与阿斯奎斯的婚姻既令人愉快振奋又让人筋疲力尽。他的第一位妻子于1891年去世了，留下了五个年幼的孩子——四个男孩以及维奥莉特。三年后，阿斯奎斯娶了时年三十岁的玛戈，她努力想要成为另一个女人那些孩子的好妈妈，但时常遭遇挫折。她自己和阿斯奎斯也有五个孩子，但在分娩的时候失去了三个，而这些死亡也给她对生活的看法蒙上了浓重的阴影，且伤害了她的健康。

她总是叫他亨利的阿斯奎斯是个好色之徒，这让事态更加恶化。他对年轻女人没有抵抗力，比如说和温斯顿的帕梅拉，但他最终总是会回到玛戈的身边，而她通常选择对他短暂的意乱情迷睁一只眼闭一只眼。

玛戈愿意相信自己对阿斯奎斯的思想有着最大的影响力。就这一点而言，亨利总是会小心翼翼地迎合她，总是点头同意她的观点，但他对维奥莉特的见解给予了和对玛戈一样多的关注，而这经常变成家庭冲突的一个起因。这两个女人经常意见相悖。玛戈起伏不定的情绪和尖刻的言辞都让维奥莉特难以忍受。曾经有过一些时候，这两个女人几乎就要互殴起来。在她们某次紧张对峙之后，玛戈被维奥莉特“强硬的意志”刺激得怒不可遏，以至于在她自己的日记里潦草地写道：“我真想用拳头揍她。”[2]

社交界会选择忍受玛戈是因为她是亨利的妻子。在后来的年月里，她发现顺从自己的人越来越少。20世纪20年代，当玛戈的自传出版时，多萝西·帕克嘲弄道：“玛戈·阿斯奎斯与马戈·阿斯奎斯之间的恋情将会在所有文学作品里作为最美的爱情故事之一存在。”[3]私底下，一位美国外交官曾经抱怨说她“大概有着世界上最令人恼火的性格”。

但她的嬉笑怒骂里最经典的那些就像宝石一样永恒闪耀。无法复制

2　莫兰，《日记》（*Diaries*），第201页。

1　克利福德，《阿斯奎斯家族》（*The Asquiths*），第167页。

2　在英文中男子名“马戈”和女子名“玛戈”同为“Margot”，这里被用来讽刺阿斯奎斯夫人强硬的性格。

的是她用自己低沉浑厚的嗓音把这些话说出来的方式，她的孙子曾经说她的声音像“男人一样低沉”。她最臭名昭著的无礼行为出现在20世纪30年代对美国的一次访问期间。在那里，她碰见了珍·哈洛，后者误把她的名字喊成了“玛戈特”，她丝毫不留情面地说明道：“亲爱的，那个‘特’不用发音，就好像你叫哈洛，而不叫哈尔洛一样。”

3. 下一任首相阿斯奎斯

赫伯特·亨利·阿斯奎斯在自己中年晚期时看起来高情逸态，一颗仪态万方的大头上满是银发。他很容易让人联想到古罗马的元老院议员，也有很多漫画家在描绘他时总是让他穿着托加袍。他看起来有点矮胖，不过也可以说是敦实。除了打高尔夫，他极少运动。有一次，玛戈抓狂地告诉他，他们必须要跑才不会错过火车，他平静地回答道：“我不怎么跑步。”

在公共场合，他看起来是一个值得信赖且性情平和的政治家，然而私底下他会迅速卸下心理的警惕防卫而纵容自己沉迷于烈酒、美食，放松地打打桥牌，随意地打打高尔夫或者和某个漂亮姑娘偷得浮生半日闲。

温斯顿在纯粹的社交情境里能不费吹灰之力与阿斯奎斯和睦相处，但当话题转向和国家政治相关时，他总是觉得这位年长的男人有些难懂。亨利对于向他吐露心声很是谨慎，但和玛戈不同的是，他很高兴看到维奥莉特在温斯顿身边开始成长。他总是耐心地听她欣喜若狂地汇报着他最新的想法和行动。第一次听她告诉他丘吉尔是个“天才”时，他大笑起来说道：“好吧，温斯顿一定会同意你这个观点的。”[1]

然而他能理解她的热情并为之感动。丘吉尔的冲天干劲提醒着他自

1　玛戈·阿斯奎斯，《自传》(*Autobiography*)，第23页；伯纳姆·卡特，《温斯顿·丘吉尔》(*Winston Churchill*)，第6页

己年轻时也曾经有过的勃勃野心。作为一个年轻的律师，他曾经花了数年时间等待在专业领域提升自己的机会，而他至今仍然记得那些年里让他痛苦不堪的挫折。他曾经向一个朋友倾诉道："没有经历过的人不会明白，当希望一再推迟而精力耗尽且生命颓废时的寒心、无力、麻木和沮丧。"媒体以及许多同僚也许总能从奚落丘吉尔的急不可耐里得到乐趣，但阿斯奎斯却有自己的理由对他更能感同身受。[1]

考虑到维奥莉特对自己的情有独钟，丘吉尔十分清楚她给他带来的好处是她父亲的关注。亨利也许甚至非常赞同让维奥莉特嫁给自己的新英雄这个主意。但就温斯顿的观点来看，成为阿斯奎斯的女婿所得到的好处是不是比坏处更多还是个有争议的问题。自由党不太可能组建自己版本的塞西尔旅馆，也不会把政治果子分发给亲朋好友，因此丘吉尔不难想象娶维奥莉特为妻非但对自己的事业没有帮助，反而有可能是阻碍。如果他把自己的命运之星和阿斯奎斯绑在一起，他也许会因此跃升闪耀，但也可能会随之陨落。

无论如何，在自由党的阵营内，阿斯奎斯被普遍看作是下一任首相的中意人选。而到1907年6月，丘吉尔和党内其他人都有足够的理由相信高层变动已经迫在眉睫。那个月里坎贝尔－班纳曼心脏病发作了一次，那是他九个月之内的第二次。当时采取了很多措施来减缓他健康状况的恶化程度，而他也很快就恢复了工作。虽然他的医生非常努力，但他健康的衰退无法掩饰，于是许多人担心他无法再在自己的岗位上坚持太久时间。如果坎贝尔忽然退休或者去世，丘吉尔非常确信阿斯奎斯将会胜利接任。正如他在那年稍晚时候对一个同僚评论的那样："阿斯奎斯一定是那个接班人：而且我确定自从罗伯特·皮尔爵士时期以来再也没有比他更好的实干家被任命过了。"[2]

留给丘吉尔的问题就是，那不可避免的内阁重组是否会将他纳入其

1　克利福德，《阿斯奎斯家族》(*The Asquiths*)，第9页。

2　温斯顿·S.丘吉尔写给沃尔特·朗西曼爵士的信，《姊妹篇》(*CV*)，第2卷第735页。

中。他看起来机会不错，因为他已经得到了未来首相的高度赞许以及他女儿的热情肯定。基于这点，他维持单身直到弄清楚在下一届政府组建时候他的位置，也就讲得通了。

对国内所有重要的自由党家族而言，温斯顿所吸引到的来自阿斯奎斯的支持是福也是祸。他们将在他步步高升的路上起到至关重要的作用，且总是将他当成自己人来对待。但他们的帮助也同时意味着他需要付出相当大的情感和专业上的努力。这将把他拖进一种复杂的戏剧化生活，充满着高期望值和隐藏的危险。就富有及错综复杂的混乱程度而言，阿斯奎斯家族和伊丽莎白时代一个悲剧性家族很相似，表面风光无量却渐渐陷入黑暗的暗流里无法自拔直至彻底隐没。

维奥莉特为温斯顿提供了一个进入这个家族的核心圈子的入口，但一旦他选择进入就需要每一步都走得小心谨慎。

4. 一个桃色传闻

1907年春，一个和丘吉尔相关的桃色传闻开始流传，女主角却并不是维奥莉特。4月27日，《每日邮报》及《曼彻斯特时报》的编辑给丘吉尔写信要求他确认或者否认他即将和海伦·博塔小姐订婚的消息。他否认了，但这个消息却被其他一些报纸采用了，于是在接下来的一些时间里给他的对手们提供了一个很好的笑柄，起初也许正是他们散布了这个谣言。对于那些揣测丘吉尔也许会贬低米尔纳勋爵在南非的功劳的保守党批评家而言，幻想他将迎娶令人闻之色变的布尔反动军首领路易斯·博塔将军的女儿，是件再有趣不过的事情。

博塔家族——父亲、女儿及其他亲属——其时正在伦敦参加一个帝国首相会议。多亏了德兰士瓦的代理自治政府，选举得以举行而博塔将军成为新任首相。如今他很是享受这个不到一年前还想置他于死地的政权给予他的尊重。让媒体似乎都大吃一惊的是他的女儿，作为一个成长在偏远殖民地的姑娘，她不仅妩媚动人且衣着打扮相当考究精致。他们赞美了她漂亮的秀发和她的“珊瑚粉礼服”以及她极好的英语，就好像这些东西出现在一个布尔少女的身上是个奇迹。丘吉尔似乎在这个他参与组织的会议上见过她，但几乎完全不认识。

对许多心存怨恨的保守党人而言，丘吉尔与自由党人热情欢迎博塔及其家人的场景是在往他们伤口上撒盐。在他们眼里，博塔和温斯顿就是一对门当户对的叛徒，因此于他们而言，想象丘吉尔即将迎娶一个手染许多英国人鲜血的男人那个他们认为是半开化的野蛮女儿，无疑恶毒却很有乐趣。他们会说，这是丘吉尔背叛他们的下场，然后窃笑着幻想温斯顿成了一群小博塔的爸爸。（这些批评家们不知道的是在南非俘虏年轻温斯顿的那支军队就是由这位将军领导的。）

对丘吉尔而言，看着自己被描绘成一个向路过伦敦的殖民地女人乞求婚约的倒霉单身汉已经足够尴尬了，然而紧接着这个谣言还传到了一个他曾经真正想娶的女人耳朵里，而她还无法抑制地拿这个绯闻打趣他。穆里尔·威尔逊知道这故事是假的，温斯顿也不可能跟一个他根本不怎么认识的乡下姑娘远走高飞。但她喜欢戏弄他的情绪。

从她那已经春色满园关不住的位于费拉角的别墅里，她给温斯顿写了封信祝福他和海伦·博塔小姐一切安好，开玩笑说她已经能想象某天他带着自己的新家庭到别墅里来拜访她的情景。她等不及想要看到他与“博塔小姐和所有小博塔们”“来见我和参观我的花园”。他已经习惯了她拿他打趣，也许当他读到她的信时还不禁微笑了，但毫无疑问仍然会觉得受伤了。

海伦·博塔小姐回到了南非，恢复了默默无闻的状态，但她父亲却给国王奉上了一份壮观的礼物，丘吉尔将其看成是对敦促过布尔人和英国人全面和解的所有人的一个致敬。得到自己议会的许可后，博塔准备在国王六十大寿之际献上一颗未切割的库里南钻石——被认为是世界上最大的、大小刚好超过三千克拉。1905年这颗钻石在南非矿被发掘出来，当时估价至少值50万英镑。保守党对这份礼物不屑一顾，怀疑背后有什么不可告人的动机。丘吉尔形容他们的恶意揣测是“掩饰失望、失意的嘲笑和咆哮”。但也有一些自由党人对此有些疑虑，质疑接受这样一颗贵重的石头是否合理得体。丘吉尔忽略了这些异议，是最坚定地主张接受的人。

他在下议院里公开赞扬这份礼物的宣布是“一个精彩的事件”并且断言道：“这将流芳千古，几百年后人们也许会忘记我们订立的许多法律，但却会记得这份独一无二的礼物。”

尽管如此，政府仍然在犹豫不决。丘吉尔在自己的官方建言里力劝国王：“相信我，这是这位陌生的盖世英雄对发自心底的忠诚的一次真诚而公正的表达。”

国王同意了，内阁也最终慢慢就此决定达成了一致，于是在1907年11月9日那天，也就是那位国王寿辰当日，殖民部派出了一位全副武装的官员押送那颗钻石给爱德华。它后来被切割了，其中两颗最不同凡响的石头被添加到了王室首饰里：第一颗非洲之星，被镶在了权杖上，且仍然是世界上最大的切割钻石；第二颗非洲之星，被镶在了帝国王冠上。丘吉尔收到了那颗未切割钻石的玻璃模型作为纪念品。

许多年以后，在家里一顿漫长的午餐期间，他想要炫耀一下那个模型，便要人把它拿到餐桌上来。找了很久，终于被放在一个托盘里拿上来了，他的一个客人低头看了看那个透明的块状物体，以为那是某种硬果冻，于是说：“不用了，谢谢。”

第14章

日照之处

赫伯特·亨利·阿斯奎斯如众望所归成为新首相，他邀请丘吉尔进入内阁担任贸易委员会主席。虽然这并不是温斯顿的第一志愿，但他很快便接受了这个任命，并且向阿斯奎斯表现出来的对他的信任表示了感谢。他终于在三十三岁这年在内阁拥有了自己的一席之地，而且还是过去半个世纪以来最年轻的一个。

1. 东非之旅

1907年秋，丘吉尔度过了自己另一个远离政治的假期，再一次环游了法国和意大利，拜访朋友且尽情休闲。他停留的其中一站是威尼斯，穆里尔·威尔逊和她富可敌国的朋友海伦·文森特碰巧也在那里，后者是大运河上那座富丽堂皇的朱斯蒂宫的主人。1904年，约翰·辛格尔·萨金特曾在威尼斯替海伦画过像，她风情万种地斜倚在靠近她某个阳台的一面墙上。身着一袭点缀着金色和白色的黑色丝质连衣裙，袒露着雪白的香肩，画像里的她每一英寸看起来都符合丘吉尔梦想中爱德华时代女神的形象，还散发着他从穆里尔身上发现的同样疏离的气质。

当9月末某个风和日丽的日子海伦·文森特邀请他共进午餐，接着还有穆里尔和他一起乘坐凤尾船环游运河时，他感觉自己仿佛置身于天堂。

“真是一个满是美貌女人的美梦啊，”他在写给同样美貌的帕梅拉的信里写道，“你会认为我是世界上最有钱有势的人。我真希望我是。”[1]

如果留下来看着自己的魅力消散，穆里尔和海伦的注意力转移到了她们的其他兴趣上，将会是一件让他备受折磨的事。而在这个秋季假期里，除了寻欢作乐他还有公务缠身。他必须在两周之内赶到马耳他，在那里他将开始自己前往地中海和东非英属殖民地的漫长旅程。这次行程一开始并不是任何官方形式的出访，因为他让埃尔金勋爵相信这不过是“一次个人探险”。然而在他背后，温斯顿把这次出行变成了一次有着所有官方访问表象的实情调查任务。在珍妮肤浅无知的描述里，这是某种出巡，她儿子扮演了一个视察帝国各种各样边区村落的小王子。

1　1907年9月19日温斯顿S.丘吉尔写给帕梅拉·(普罗登·)利顿的信,《姊妹篇》(*CV*)，第2卷第679页。

在埃尔金意识到他究竟在捣鼓什么之前，温斯顿已经安排好埃迪·马什随行，以及一艘海军巡洋舰带着他们去到任何想去的地方。差不多四百英尺长并配有十一门六英寸炮，皇家海军舰艇维纳斯号看起来就是那种听任王子指挥的轮船。有两间船舱预留供丘吉尔个人使用，他还被允许到驾驶室里参观轮船的所有操作。到10月底他驶进红海的时候，他向珍妮吹嘘说，他正在“成为一名真正的水手”。（大不列颠有报道称海军部将巡洋舰“借”给丘吉尔使用后，据说有一位老保守党人开玩笑说：“我祝福海军部还能把它拿回来。”）

埃尔金勋爵始终没有明白丘吉尔究竟是如何操作了这一切。数月后当他写到这次旅行时，他还仍然十分困惑地说道：“我真的不知道这怎么就不知不觉变成了一次实质上的官方出巡。”

一如既往，丘吉尔总是有些好想法且迫不及待地想要付诸行动。一有机会他就会尽职尽责地向伦敦发回殖民事务相关的报告，说明那些他最新了解到的关于塞浦路斯和英属索马里的事情，也提出一些行政改革的建议。但他部里的文职人员都很怕收到他的每一份新报告，因为那显然极大地加重了他们的文书工作量。“星期六收到了八封温斯顿写来的信！”一位高级官员哀号道，他向埃尔金抱怨说丘吉尔是“应付起来最烦人的”。

和以往那些需要好些时间才能在地图上找到“这些地方”的殖民部官员不同，温斯顿确实想要访问这些地方并和住在当地的人们交谈。如果像他预期的那样来年将有一次内阁改组的话，他的第一志愿便是埃尔金的职位，而这次出行便是为了巩固自己的资历。有许多自由党人都了解那些统治稳固的老殖民地，但丘吉尔这次出行的终极目标是为了探索广阔而不为人熟知的肯尼亚和乌干达区域，并且部分旅程需要在马背上或者徒步完成。

在他的海军巡洋舰在肯尼亚的蒙巴萨岛将他放下之后，他和埃迪带着一小队由向导、随从和各种各样的当地官员组成的人马，花了整个11月以及大半个12月穿越了东非，直到抵达了尼罗河最北端的维多利亚湖，接着到了默奇森瀑布，从那里他们继续上路前往喀土穆和开罗。他们穿着军装，还戴着硬壳太阳帽，而当他们步行的时候，后面还尾随着多达350名搬运工护送他们的装备和补给。埃迪担心会有狮子，于是在离开英格兰之前还曾经问伦敦舞台的宠儿——帕特里克·坎贝尔女士，如果她听说一头狮子把他吃掉了她会怎么样。她说："我首先应该会笑，然后会非常、非常伤心的。"[1]

对丘吉尔而言，这次旅程最精彩的部分是乌干达，他形容那里从头到尾都像"一座美丽无比的花园"。他喜欢那里的人民，称其为一个"文雅而聪慧的种族"，且十分开心地与年仅十一岁的国王进行了会晤，后来这位国王给温斯顿寄了一张自己的照片，并附上了一封字写得很漂亮的信，说："照片上的字意思是我是你的朋友。"温斯顿坚信这个地方将会十分美好，除了一支盘踞于此的军队给欧洲人造成了一个特别危险的威胁。他简明扼要地写道："乌干达是由它的人民来捍卫的。"[2]

丘吉尔被肯尼亚正在酝酿的动乱所困扰。他害怕白人移民"狂热的利己主义"将不可避免地导致与非洲原住民之间的冲突，而英国将会被夹在中间，为了保持和平左右为难。乌干达让他印象深刻的是教育和自治在普通民众间取得的进步，但他却并没有在肯尼亚看到同样的发展，他还用了一种极有优越感的观点看待基库尤人和这片领地上的其他部落，认为他们"愿意学习"但需要"被引领着前行"。

他给了帝国一个重要建议后结束了自己的旅程："重点关注乌干达。"他把这一部分的非洲看作是所有殖民地未来发展的一个模型。它说明了来自英国当局光明的援助之手所能实现的，远比弗雷德里克·卢加德蛮不讲理滥用的武力要多得多。在他人生的这个理想主义阶段，丘吉尔仍然相信帝国内部的文化及种族差异能被跨越。但他认为一切取决于要齐

---

1 哈索尔，《爱德华·马什传》(*A Biography of Edward Marsh*)，第134页。

2 温斯顿·S.丘吉尔，《我的非洲之旅》(*My African Journey*)，第86、88和94页；1908年1月22日乌干达国王达乌迪·克瓦写给温斯顿·S.丘吉尔的信，《姊妹篇》(*CV*)，第2卷第748页。

心协力追求三个目标：“公平公正的纪律、悉心教育、同情理解。”[1]

以上这些崇高目标被他罗列在自己于1908年底出版的短篇小说《我的非洲之旅》里。但对于他的读者而言，殖民问题远没有他那些捕猎的故事、从鳄鱼嘴里逃生的遭遇以及从火车头前的排障器上看到的风景对人有吸引力。纯粹作为一个旅行作家来说，他才华横溢的叙事风格和行文方式让他大获成功且风靡一时。他体内潜伏着的诗人天性在这本书里喷薄而出，使整本书充满着让人久久难以忘怀的生动画面感——马耳他“在钢青色的地中海上闪耀”；秋雨之前的塞浦路斯，那些干涸的山丘；“苏伊士运河那鲜红绵长的河道”；“乞力马扎罗峰被皑皑白雪覆盖的山顶”；默奇森瀑布倾泻下来“如雷贯耳的撞击声”和阳光里的“彩虹水雾”。

让丘吉尔惊讶的是，埃迪·马什从头到尾都很享受这次旅程还帮了不少忙。因为他更高而且在当地居民眼里更有威慑力，埃迪有时会被错当作这支探险队的领袖。这让丘吉尔乐不可支，因为埃迪作为一个捕猎者而言完全无可救药，他的来复枪对自己队友的威胁比对那些野兽还大得多。在某次打猎时他被要求交出自己的武器，因为丘吉尔看到他在行进的时候一边背诵《失乐园》里的句子一边拿着枪摆来摆去。温斯顿后来曾开玩笑说埃迪在非洲过得实在是太欢乐了，以至于他赤身裸体地“隐居在丛林里，唯一能诱惑他离开的是一日三餐的粮食供应”。[2]

在这次旅程的最后，丘吉尔因为自己在相对而言短暂的时间里所走过的辽阔土地而惊讶。1908年1月中旬他回到了伦敦，过去的四个月里他在各种温暖的气候里旅行了超过九千英里。他有些吃惊自己能从这样的旅程里全身而退。这一路上并不是没有危险。疟疾和昏睡症持续在东非肆虐，而他之前担心自己会被其中一个整垮。但他一直到抵达喀土穆之前都没怎么受苦，在那里他此次旅行的贴身随从、此前在伦敦也一直

1　温斯顿·S.丘吉尔，《我的非洲之旅》(*My African Journey*)，第38、63、20和64页。

2　哈索尔，《爱德华·马什传》(*A Biography of Edward Marsh*)，第134页和第139页。

为他工作的乔治·斯克利文斯，感染了霍乱，第二天就去世了。

他的死亡让温斯顿备受打击、不知所措，而在他前往墓地参加葬礼的时候，他不可抑制地想着这个病也许也会摧毁他。他还想起在他人生里更早些时候，也在苏丹他曾经参加了另外一个葬礼。他回忆道："那是在乌姆杜尔曼战役的第二天，埋葬那些在夜里因伤势过重而亡的第21骑兵团战士们的任务落在了我的头上。如今9年过去了……我回到这个曾经血流成河的可怕地方，又一次站在一个敞开的坟墓前面，当太阳已经隐没不见，刺眼的黄色光芒在沙漠上徘徊，只有葬礼的礼炮声击碎了这令人心碎的沉寂。"[1]

2. 对国内建设的热情

帝国所拥有的财富及其庞大资源的潜力让丘吉尔又一次开始考虑他和埃迪一起见过的曼彻斯特的贫民窟。此外，他想知道为什么当国内有如此多重建需要时，英国却在打造一个海外的帝国。追逐一个帝国梦想，毫无疑问比和贫困这样的棘手问题做斗争更激动人心，但他与保守党之间的不和让他在很多事情上眼界大开。保守党人们把他推得远离他们的阵营，而他如今的思考路线更为激进了——至少依照保守党的标准而言是如此。

行动的时间越来越近了。坎贝尔－班纳曼没有出席1908年1月29日举行的议会开幕式，而他的心脏病也已经进入了最后阶段。许多人猜测他将会在春天里去世。随着阿斯奎斯着手准备建立新一届政府，他和丘吉尔讨论了各种各样的可能性。在3月14日的一封信里，温斯顿讲明了他自己的期望职位是成为殖民部的一把手。但他也附带说明了自己越来越关注国内的社会问题，并且十分渴望和政府的其他成员分享自己的观

1　温斯顿·S.丘吉尔，《我的非洲之旅》(*My African Journey*)，第208页。

点。他写道：“穿过蒙昧的深渊，我隐约看到了一项政策的轮廓，也就是我所说的最低标准。”

丘吉尔考虑的一些事情和比阿特丽斯·韦伯及其朋友们数年来一直推行的改革有些类似。温斯顿称之为“国家干预及调节网络”，他希望这是能让在英国的每一个人在就业、住房和养老金等领域享有一个保障的最低标准。对于一个三年半之前才刚刚脱离保守党的政客而言，这些想法十分离经叛道。但这是自然发展的结果，开始于他研究“干预与调节”的帝国方式的经验。他越是期待改造整个帝国，就越是想要先对不列颠进行改革。

但温斯顿的立场和许多激进改革派的不同是，他关注个人而不是国家。他对于反复推敲理论和复杂的强制性的官僚计划并没有太大的热情。问题在于平衡权力和责任，以及设法找到政府干预可接受的“最低值”。他早在1904年就说过：“有些事情是政府必须要做的，不是因为政府能把这些事情做好，而是因为不会有其他任何人去做。”

温斯顿的一些自由党朋友认为他作为一个前保守党党员、出生于布伦海姆宫的贵族子弟会忽然对改善底层阶级民众的生活感兴趣，是一件多少有些莫名其妙的事情。查尔斯·马斯特曼，这位已经写过一本关于贫民窟生活的书且和温斯顿同龄的国会议员，为丘吉尔对这个问题的热情感到好笑。和温斯顿一起度过了一个乡村周末之后，他写道：“他在房间里走来走去，激动地手舞足蹈地诉说着自己所有的希望、计划和抱负。他满脑子都是他刚刚发现的贫困凄惨。”后来在他们某天晚上交谈时，丘吉尔毫无意识地说：“有时候我觉得自己能把世界扛在我的肩膀上。”[1]

维奥莉特·阿斯奎斯渴望和温斯顿讨论他最新的想法，但她却身在国外。1月底的时候她病倒了，咳嗽得厉害，还总是感觉很疲劳，这让玛戈认为她需要休息一段时间来恢复健康。于是维奥莉特去了瑞士和意大利，在酒店里度过了安静的几周。这次分离大概对玛戈的好处和维奥莉特一样多。两个人的压力相当一部分是因为她们都在焦急地等待阿斯奎

1　马斯特曼，《C.F.G. 马斯特曼》（*C.F.G.Masterman*），第97–98页。

斯成为首相的那一时刻。维奥莉特恳求过要留在伦敦，这样她才能第一时间知道坎贝尔去世的消息。但玛戈坚持让她出国，维奥莉特这次没能吵赢。

为了维持家庭内部的和平，阿斯奎斯同意了这个决定，但并不是那么乐意。他写信给维奥莉特说，他很后悔“在这个让人难以忍耐又兴奋的时候她不在身边”，还温柔地回忆道：“你和我一起经历了那么多激动人心的时刻。”他们通过写信和电报保持着紧密的联络，而维奥莉特表明了自己的观点，力劝父亲不要忘了带丘吉尔进内阁的重要性。她写道：“要重用温斯顿。”

他赶紧向她保证道：“你不用担心温斯顿的处境，你不在这期间他会被照顾得好好的，也会被妥善安排的。”[1]

3. 撞进他心里的女人

温斯顿完全知道怎么把自己安排妥当，在这期间他做了一件对他的人生而言比起进入内阁还更有意义的事情。3月中的某一天他去波特兰广场52号参加了一次晚宴聚会，这是圣埃利耶夫人位于伦敦的寓所，这位贵妇人十分热衷于让自己的家里时时高朋满座，小说家伊迪斯·华顿曾经说她是“一种自动化的娱乐机器”。她个性热情奔放，喜欢把形形色色的客人聚集到她的餐桌旁，通常这奇怪的组合里总是会有个十分著名的人物，而其余的都是些前途不可限量或者有趣十足的人。

她喜欢看政治家和小说家交谈，或者看冒险家听艺术评论家滔滔不绝。每年有数百位宾客从她家里进出，而其中一些也许曾经被他们的女主人讲述的一个著名的故事逗得咯咯直笑。伊迪斯·华顿曾回忆道，那

1 伯纳姆·卡特，《幻灯片》(Lantern Slides)，第151页；伯纳姆·卡特，《温斯顿·丘吉尔》(*Winston Churchill*)，第123页。

个故事是说某天一个食人族酋长准备把一个被抓的冒险家煮来吃，但当他凑近去仔细看了看那个男人后改变了主意，且大声惊呼道："我觉得我一定在圣埃利耶夫人家里见过你！"

在丘吉尔的官方传记里，温斯顿在3月里参加的这个聚会据说是为了向弗雷德里克和芙罗拉·卢加德致敬，而温斯顿被记述说他冒犯了芙罗拉。虽然圣埃利耶夫人通常都会很快平息这样的场面，但这一次并不需要她干预调停，因为卢加德夫妇并不在场。他们在六千英里以外的香港，弗雷德里克被派遣到那里以免他会造成什么麻烦。芙罗拉直到5月前也没有回过英格兰，而这次晚宴唯一保存至今的书面记录里也并没有提到她，那是鲁斯·李写的日记，鲁斯是一个富有的美国人，和她的英国丈夫亚瑟一起拥有后来捐赠给了国家的契克斯别墅。

1908年3月15日，鲁斯·李写道："我们和圣埃利耶夫人一起共进了晚餐，而其他宾客里还有温斯顿·丘吉尔。他很晚才到，当时我们都已经开始用餐了，然后在女主人左边的空位坐下。尽管如此，他完全没怎么注意她，因为他忽然就整个被坐在他另外一侧的克莱门蒂娜·霍齐尔小姐吸引住了，整个晚上都毫不掩饰而全神贯注地关注着她，所有人都在对此议论纷纷。"[1]

那天晚上撞进他心里的这位二十二岁的女人，不像穆里尔那样富有而戏剧化，也不像维奥莉特那样热衷政治，也不像埃塞尔那样鼎鼎有名。但她却有着温斯顿偏爱的那种神秘气质，她的美丽里还带着一些异国风情。一位追求者曾经说她是一个"长着美丽杏仁眼的小羚羊"，而放荡不羁的老诗人威尔弗里德·斯卡文·布伦特也曾经被她迷得神魂颠倒，那是当她出现在化装舞会上，穿着"一种鱼尾裙，让起皱的真丝外套下面的她看起来似乎一丝不挂……她绝对是个可爱迷人的女人，这是个毫不掺假的事实"。

克莱门蒂娜，或者像温斯顿后来一贯那样叫她克莱米，是艾利伯爵的孙女，是他陷入了经济危机的亲戚之一。她的母亲布兰奇夫人，就和

1 李，《完美的回合》(*A Good Innings*)，第97页。

珍妮·丘吉尔一样，是一个挥霍无度又自由奔放的女人，有着无数罗曼史。她有四个孩子，但却不知道她的丈夫威廉·霍齐亚爵士是不是他们中任何一个的父亲。后来曾有怀疑指向一位名叫威廉·"拜耳"·米德尔顿的骑兵军官是克莱米的生父。无论如何，威廉爵士受够了他那放浪不羁的妻子，这对夫妇在克莱米年仅6月时便分开了。

从那以后，布兰奇和她年轻的家庭成员们在英格兰和法国之间往返，过着一种朴素但总是精彩纷呈的生活。他们经常在迪耶普和巴黎待着，在那里布兰奇十分享受与作家和艺术家们为伍。詹姆斯·麦克尼尔·惠斯勒和沃特·西科特是她生命中最重要的两位作家，两个人早先都曾经被克莱米和她姐姐凯蒂的美貌惊艳过。克莱米曾一度对西科特有过少女时期的迷恋，他曾经花了一天时间带着她在巴黎参观他最喜欢的博物馆和画廊。她的法语极好，在她二十出头的时候还曾经靠教英国小孩法语赚过一些零花钱。

温斯顿喜欢她不落俗套的背景和她对法国及艺术的了解。这些都更增添了她的魅力。他曾经在1904年匆匆见过她一面，但他当时还沦陷在对埃塞尔和穆里尔的迷恋里不可自拔，也就没有对她多加关注。然而现在，在圣埃利耶夫人家餐厅的烛光里，他忽然发现了她身上之前被他忽略了的光彩。而她也看到了一个不一样的他。他们早前那次见面时，他的生涩和傲慢一览无余，给她留下了坏印象。如今他看起来少了很多男孩子气，看起来更像个男人了。

正如温斯顿一样，她在爱情里也有过失望的经历。她总是被年长的男人吸引并和其中两个订过婚。第一个是位比她年长十五岁的律师兼银行家；第二个是位年龄差不多是她两倍的文职人员。她似乎是想找一个像父亲的人物，因为她的家庭里从来没有过任何一个年长的男性亲人有能力给过她所渴求的那种爱和安全感。但她的婚约却都没有结果。她斟酌过后改变了对那两位的看法，出其不意地结束了与他们的关系。

如今她的一位阿姨想把她拉回正轨，带着她恢复社交，好让她重新获得应得的关注。这位阿姨就是她的"玛丽阿姨"，也就是众所周知的圣埃利耶夫人，刚巧她认识许多人，又特别喜欢在晚宴时带着意料之外的同伴给她的客人惊喜。多亏了圣埃利耶夫人传说中的热情好客，温斯顿在克莱米旁边找到了一个为他准备的空位，而他也不用担心就算在接下来的整晚时间里他都因为全神贯注地关注着她的外甥女而忽略了那位阿姨。

4. 丘吉尔进入内阁

1908年4月3日，首相躺在自己位于唐宁街10号的家里，已经无法下楼，也没办法拿着一张报纸直到看完它。他的脸苍白得就像他雪白浓密的头发一样，他的声音也十分虚弱。但那天他积攒了足够的力气口述了一封简短的给国王的信。上面写着："微臣亨利·坎贝尔－班纳曼爵士恳请陛下允许他辞去首相及第一财政大臣的职务。"他艰难地俯下身去签字，然后疲惫不堪地说道："这是最后一题了。我不介意。我当首相已经当得太久了。"

五天后，赫伯特·亨利·阿斯奎斯如众望所归成为新首相，他邀请丘吉尔进入内阁担任贸易委员会主席，这是一个和工业、运输及劳工打交道的部门。虽然这并不是温斯顿的第一志愿，还有着无趣的头衔和听起来乏味的职责，但他很快便接受了这个任命，并且向阿斯奎斯表现出来的对他的信任表示了感谢。他终于在三十三岁这年在内阁拥有了自己的一席之地，而且还是过去半个世纪以来最年轻的一个。永远小心谨慎的约翰·莫尔利提醒他年轻的朋友不要高估自己成就的重要性。莫尔利给他的信里写道："在这个阶段，执掌这个部门不是全部。在内阁里获得和累积影响力、权威和权力才是更重要的。"[1]

玛戈利用维奥莉特不在的时候，想要认清温斯顿对她而言是否有利

1　威尔逊，《坎贝尔－班纳曼》（*Campbell Bannerman*），第626页；1908年4月8日约翰·莫尔利写给温斯顿·S.丘吉尔的信，《姊妹篇》（*CV*），第2卷第766页。

用价值。在她看来，她的职责之一便是保护亨利以免他被他的同事们从背后捅刀子。她担心被晋升为财政大臣的劳合·乔治某天会成为亨利这个恺撒的布鲁特斯。她想要紧盯着他，但首先她想要测验温斯顿的忠诚度，和他作为一名情报人员的潜质。

她突然要求丘吉尔陪她开车去里士满公园兜风。内阁任命的名单才刚刚发布，但《每日纪事报》便不知怎么得到了消息并且把名单公布了。玛戈猜测劳合·乔治是那个泄密的人。她想知道温斯顿对这件事情是否知情。

他很明智地表示自己毫不知情，但当玛戈指名道姓地说很可能是劳合·乔治泄露了消息的时候，温斯顿替他作了辩护。当天晚上她派了个信使给丘吉尔送了封信，解释说她做了一些调查而如今有充分的理由防备劳合·乔治。她说亨利感到“怒不可遏”。她想知道温斯顿会不会帮她，拿着证据和劳合·乔治对质？

她写道：“最亲爱的温斯顿，我被告知劳合·乔治今晚将和你一起用餐。我希望你能对他说，直截了当地告诉他《每日纪事报》的职员对三个不同的人供出来他。如果劳合·乔治真像你所说的那样是个可以信赖的伙伴，他最好的机会就是不要再对此撒谎。我认为你如果勇敢地这么做了，也许将会帮到亨利和内阁。”

为了强调他这个任务的重要性，以及她对他寄予的信任，玛戈还在她这封信的末尾夸张地写道：“烧了它。”（但他并没有这么做。）

这样的请求让丘吉尔左右为难。如果他扮演了她的执法者，将会冒犯劳合·乔治。如果他保持沉默，又会冒犯她。他半夜里给她回了个便条，但却并没有交到玛戈手上，而是直接交给了阿斯奎斯，里面说他向劳合·乔治“提到了这件事”但后者否认了自己需要承担任何责任。为了让自己和这场交战撇清关系，他温和地建议这位首相直接和他的新任财政大臣谈谈来解决这个问题。

这已经不是阿斯奎斯第一次因为玛戈热衷玩弄的阴谋而处境艰难了。劳合·乔治——即便表面上他看起来有罪——也被她的指手画脚激怒了，且十分愤怒自己被公开斥责为头号嫌疑犯。这样是没办法开始新政府的工作的，于是阿斯奎斯意识到优雅地退让比在怀疑的泥沼里继续深陷要更明智。“我无保留地接受你的免责声明，”首相对他这位同事写道，且巧妙地把矛头转向了那些记者和他们无孔不入的窥探，“媒体近来简直是无所不在，很难提防，而且不管你是沉默还是说话，他们都能极富天才地举一反三。”[1]

玛戈十分得意自己给亨利创造了一个给劳合·乔治颜色看的机会，从而也让他知道自己在被监视。然而亨利和温斯顿却双双让她失望，对他们那位同事完全没有采取强硬态度。这对她而言是个奇耻大辱。她不明白他们不过是想要在一个不合时宜的时间，避免一场两败俱伤的战斗。因此号称生病“恶心还体重减轻”的她卧床不起了好些天，酝酿着自己的不满情绪。[2]

在那样的情况下，丘吉尔很幸运有借口可以在接下来的两周里远离伦敦这个是非之地。作为一个进入内阁的新任大臣，当时他被要求再次站台参加选举。考虑到他1906年那次大胜，他对于自己赢得竞争很是乐观。他和最近再次见到的克莱门蒂娜·霍齐尔分享了自己的心情。他们在他母亲家里遇到了，又开心地聊了很久。

4月16日他写信对她说道：“我必须要说，我对取得实质性的胜利信心满满。”他指的是选举，但也许他也是在影射自己对她的感觉。他说，他满怀希望他们将很快“为一段坦诚而清晰的友谊奠定基础”。[3]

1 吉尔伯特，《戴维·劳合·乔治》（*David Lloyd George*），第332–334页。

2 克利福德，《阿斯奎斯家族》（*The Asquiths*），第139页。

3 《温斯顿和克莱门蒂娜》（*Winston and Clementine*），第7页。

第 15 章

完美计划

他知道只要他求婚维奥莉特就一定会答应。她变成了他的备胎，以防万一克莱米拒绝他。哄骗着一个无辜的女人暗地里却希望能获得另一个女人的欢心这很不厚道，而他也知道这一点。他后来向罗斯伯里勋爵的继承人哈利·普里姆罗斯承认道："我对维奥莉特的所作所为很是恶劣，因为我几乎已经和她订婚了。"

1. 抛锚在帽子海洋里

从来没有人见过这样的事情。政客们经常站在他们的敞篷车里挥手向群众致意，但站在一辆豪华轿车顶上演讲却是闻所未闻的。姑且不提这样做会给自己的人身安全造成多大的风险，大部分政客们会觉得爬过驾驶室站在车顶就好像站在一个巨大的肥皂盒上，这样做实在有失他们的身份。但就在曼彻斯特的某条街上，温斯顿·丘吉尔站在自己的豪华座驾顶上对着人群发表了慷慨激昂的演讲，正如他在下议院里那样在空中挥舞着自己的拳头。

人群迅速聚集了起来，很快就把整条街挤得水泄不通，如果从空中俯视丘吉尔的车就好像抛锚在一片帽子海洋里。很难听清楚他在讲什么，但这个引人注目举动的真正重点原本就不在他的声音，而是为了呈现这样一幅特定的景象。他是自发性和创造性的代言人，抓住机会把一辆花哨的现代化机械变成了自己的舞台也说明了这一点。

他的批评者们却并不感到意外。对他们而言，这只不过是温斯顿又一个典型的轻率鲁莽的决定，为了造就他自己人生的又一奇观。而更有甚者，一家敌对报纸指责他正在用粗俗的“美国竞选活动的手段”污染英国政坛。但事实上，就连美国人看到丘吉尔站在自己车顶上参加竞选的照片时也都瞠目结舌了。纽约一份汽车杂志对此评论道：“汽车很少会被用来作为进行集会演说的演讲台，但温斯顿·丘吉尔却发现了一辆豪华轿车的车顶也是个很有优势的位置，可以在那儿呼吁自己的听众支持他。”[1]

在4月的递补选举期间，当温斯顿经常爬上高处为自己寻求支持时，他看起来就和街角的路灯一样高。有一次深夜里，他的司机把车停在了附近的一个街区，丘吉尔在朦胧的街灯下徘徊，他谴责了保守党并承诺

1 “汽车作为政治讲坛”，《汽车世界》（*Motor World*），1908年5月14日。

在自由党的领导下会有更好的日子，吸引来了出人意料多的人。这一次他的对手又是威廉·乔伊森–希克斯，这位仁兄的竞选风格还是一如既往的无趣。当丘吉尔在这场竞选战役里占据了高点之时，这位保守党候选人还是在海报前面进行着自己的演说，口号换了一个，却还是同样的乏味："这一次选乔伊森–希克斯。"

然而，虽然温斯顿是到目前为止最振奋人心的候选人，他很快便发现他的对手吸引到的支持者和他不分伯仲。自1906年以后，选民们的心情便有了转变。有些人对坎贝尔–班纳曼的谨慎领导风格失望不已，也对阿斯奎斯会不会有所改进没有把握。另外一些已经不再关注贸易保护主义，张伯伦已经因为中风瘫痪而沉寂了差不多两年了，这件事情也就失去了其紧迫性。但保守党始终非常渴望为上次选举中的惨败雪耻，于是他们便团结起来想要全力挫一挫温斯顿的锐气。

他还遇到了一个作战策略比他还要不按牌理出牌的新敌人。为了迫使自由党同意女性拥有选举权，激进的女权主义者把矛头对准了温斯顿。他们想要证明自己影响选举的力量，而在这场涉及一位内阁大臣的递补选举里，他们看到了一个再理想不过的机会。看起来他们完全不在乎丘吉尔还曾经帮过他们的事业。他曾在1904年投票支持给予女性选举权并且还准备再一次这么做。在这次递补选举里，他也曾被直接问道是否赞成女性选举，他直截了当地声明道："从逻辑和法律的各个层面上来说，妇女对行使议会投票权的要求都是毋庸置疑的。我早就说过我可以算作这个运动的盟友，而且当我这么说的时候也希望可以遵守自己的诺言，利用一切机会做我能做到的能帮上忙的事情。"[1]

丘吉尔也许原本能成为妇女参政事业的一个有力伙伴，但那些激进派却对和他合作没有什么兴趣。因为自由党的那些资深领导们，尤其以阿斯奎斯为首，对这项事业并不热情，于是这些妇女参政论者们决定拿温斯顿开刀杀鸡儆猴，对领导层进行表态。他们采取了一种触及要害的

1　1908年4月22日温斯顿·S.丘吉尔在曼彻斯特的演讲，《演讲全集》(*CS*)，第1004页。

方式来打击他，那就是毁了他的演讲。他们在等到他快要发表他的经典口号时忽然齐声高呼“妇女选举权”，或者不停地摇手铃来制造喧哗。

曼彻斯特是妇女参政论者们的大本营，他们的杰出领导人埃米琳·潘克赫斯特十分愉快地承认丘吉尔之所以被骚扰，只不过是因为他提供了一个方便的目标。1906年大选期间，只是偶尔有些抗议是针对他的，但在1908年这种示威几乎一直没中断过。潘克赫斯特后来回忆道：“我们对丘吉尔先生本人并没有什么敌意。之所以选中他只不过是因为，他是我们总部触手可及的选区里唯一一个重要候选人。”[1]

那些响在他演讲中途的铃声几乎让他崩溃。那让他惊慌失措，还在他最需要自信的时候摧毁了他的信心。每当他要慷慨激昂地上升到他精心排练过的修辞高度，人群中的某处就会开始响起那种铃声，笑声开始爆发，而丘吉尔就会倍感挫败地跺脚。在后来他写到这些破坏时，十分罕见地低调陈述道：“进行连贯的论证变成了一件超乎想象艰难的事情。”正如劳合·乔治后来开玩笑说的那样：“跟那些女性参政权论者作对，让温斯顿痛苦不堪，因为他们毁了他高谈阔论的气场。”[2]

接下来的几年里，这些烦人的策略演变得有了暴力倾向，而每一次遭受这种恶意攻击之后，丘吉尔对这项他原本赞同的运动的支持就少一些。最糟糕的一次发生在1909年，一个女人在布里斯托尔火车站毫无预警地用狗鞭击中了温斯顿的头部，接着还抽了他的脸。一位目睹了整个攻击过程的警探作证道，如果那条狗鞭击中了丘吉尔的眼睛，“他也许就瞎了”。更让人担心的是，当时他正身处站台上一个十分危险的位置。那个女人拽着他往后拖了很远，差点害他掉到一辆正在等着出站的列车下面去。

当时有一篇报道这样写道：“两个人在站台边缘扭打，就在两节车厢连接处的正前方。那真是刺激的半分钟。那女人疯狂地咆哮着，很显然

1　潘克赫斯特，《我自己的故事》（*My Own Story*），第52页。

2　温斯顿·S.丘吉尔，《思想与冒险》（*Thoughts and Adventures*），第222页；托伊，《劳合·乔治与丘吉尔》（*Lloyd George & Churchill*），第81页。

已经愤怒到丧失理智了。她还精力充沛地试图再一次进行袭击，但丘吉尔先生抓住了她的手腕，于是这一次鞭子只能在碰到他脸之前便停住了。她咆哮着：‘放开我，你个畜生，你个畜生！’”

警察在他们马上就要掉下去之前的最后紧要关头，抓住了那个女人并把她推开了。在她被定罪之后，她还要求把她的狗鞭还给她，说是那条鞭子如今有了“历史意义”，还承诺说再也不会用它去“袭击任何内阁大臣”。这个要求被驳回了。

不久之后有一个女人朝丘吉尔的车扔了一个很重的铁螺栓还差点砸中了他。第二年有三个女人故意撞他并且试图攻击他的脸部，但只是把他的帽子掀掉了。几年过后，这项运动的一个男性支持者在人群里冲向丘吉尔并成功用拳击中了他的嘴，还把他打倒在地。针对丘吉尔和他家人的威胁不计其数。虽然他家里的玻璃被砸烂了，但他至少没有受到像针对劳合·乔治的那种致命攻击，后者的周末度假屋遭遇了炸弹袭击。爆炸把上面一层楼整个掀翻了，窗户都被炸飞到了几百码之外。幸运的是，劳合·乔治当时并没在那。

2. 曼彻斯特败选

在短暂的递补选举期间，丘吉尔焦头烂额地忙着应付来自敌人的各种挑战。珍妮现身帮忙，但她在台上的表现乏善可陈。她抛出了自己创造的一个口号，是一个关于糖和啤酒高价钱的糟糕的双关语，但效果却不尽如人意。她说：“这次选举里大家都在说糖很贵（dear sugar）啤酒也很贵（dear beer），但我要说的是‘给亲爱的温斯顿（deer Winston）投票’。”

丘吉尔这个姓氏似乎失去了很多往日的魔力。当4月24日晚上结果公布时，温斯顿被以429票击败了。保守党喜出望外，当温斯顿沮丧地走出曼彻斯特市政厅时，他们还高唱着“再见了，温斯顿”。他告诉自己的支持者们这次败选对他是一次严重的打击，“沉重、痛苦而难以承受”。很难接受仅仅两年前还把他当作英雄来对待的曼彻斯特人民如今却抛弃了他，反而选择了支持平庸无奇的乔伊森-希克斯，用选举中丘吉尔的一个支持者赫伯特·乔治·威尔斯的话来说，那是个“毫不起眼又无一技之长的小人物”。

埃米琳·潘克赫斯特深信是她和她的支持者们导致了温斯顿的惨败，稍后向所有报纸声称：“打败丘吉尔先生的是妇女参政权论者。”她的声明有些言过其实，但她们确实给温斯顿造成了很大的损失，而她还决心要让他承受更多。选举当晚，苏格兰城市敦提给了他一个机会，担任那里一个据说很安全的自由党席位的候选人，前任议员在被授予了爵位之后辞职了。尽管已经被前一场竞选折腾得精疲力竭，他仍然别无选择地要投身参与另外这场将在5月举行的递补选举。潘克赫斯特发誓会跟着他去敦提，并“自己掏腰包为这次反对他的妇女参政权论者作战埋单”。她想通过扳倒一位著名如丘吉尔的内阁大臣来证明没有一个自由党员是安全的。

在败选几周过后，丘吉尔还因此被嘲笑了。春天里晚些时候，从美国大使怀特劳·瑞德嘴里传出来一个故事，说是温斯顿被一个关于他在曼彻斯特参选期间开销的笑话打败了。丘吉尔经常被指控会在和某个用餐同伴交谈时忽略了另外一个，而这一次瑞德的故事里被他忽略的是莫德·艾伦，这位以《七层面纱之舞》出名的加拿大出生的色情明星，因为服饰过于暴露还导致一些城市禁止了她的演出。

当莫德·艾伦和另外一个晚餐客人离开餐桌之前，她说：“好吧，丘吉尔先生，看起来今天晚上我们没什么共同话题。事实上，我想在这个世界上我们只会有一个共同点。那就是我们都被曼彻斯特踢出局了。”[1]

---

1 科蒂索斯，《怀特劳·瑞德的一生》(*The Life of Whitelaw Reid*)，第402页。

3. 在敦提拔得头筹

败选一周之后，当他的车停在一个工厂大门前时，丘吉尔正忙着在敦提的大街小巷里巡回演讲以寻求选票支持。正好是午餐时间，工人们蜂拥而出欢迎他的到来。他站在自己那辆敞篷汽车的后排，开始进行一次简短的演说。在这个苏格兰寒冷的春日下午，他的声音在冰凉潮湿的空气里听起来有些沙哑。他都懒得戴帽子，而当他看到一辆有着两匹高头大马的马车出现时就情绪激昂了起来，驾驶马车的人穿着一身制服，而马上坐着一位戴着鲜花礼帽满脸微笑的年轻女人，手上还拿着一个巨大的铜铃。马车前挂着一个标语牌，上面写着："妇女选举权。"

这位爱尔兰裔的妇女参政权论者玛丽·马隆尼并没有和埃米琳·潘克赫斯特联手，但作为一支一人部队，她给丘吉尔制造了在敦提的最大挑战。她乘坐着自己那辆租来的马车，在这一周里形影不离地跟着他到处走，而她带着的那个火车铃，响起来简直震耳欲聋。这一次在工厂入口处，她没有等任何一个特殊时刻才打断他。只要他一开口，她就会摇铃，让他的声音淹没在铃声里。正如报纸纷纷报道的那样，马隆尼的铜铃是丘吉尔面对过的最有杀伤力的武器。

一位记者曾这样说道："当他为了避开那烦不胜烦的铃铛声而离开时，她跟着他走了。他没办法让别人听到他的声音，当那可怕的铃声一直在耳边回响的时候，他甚至无法正常讲话或者思考。更糟糕的是那群工人们还嘲笑着他的狼狈。最终这位贸易委员会主席不得不放弃了这次对峙。他在讥讽和嘲笑声中仓皇而逃了。"

丘吉尔在面对这场磨难的时候，表现出了不同寻常的耐心。有一次当他在一个明明知道会被马隆尼打断的集会上演讲之前，经过她面前时甚至还向她脱帽致敬了。当她的铃声响起的时候，他大喊道："如果这位女士认为在敦提用这样的手段合适的话，就让她用吧。祝你‘下午好’。”然后他便会戴上帽子乘车离开，希望他能赶在她追上来之前完成下一个活动。

在这次竞选的尾声，那种铃声开始烦扰所有人的神经并让公众的同情反而转向了丘吉尔。比起造成的伤害，玛丽·马隆尼无意间帮了他更多。但他直到最后一刻都始终很担心。5月9日那天，当投票还在统计时，他被人看见一个人在法院的某个角落完全沉浸在自己的思绪里，紧张得“一直搓捻着绕在手指上的小橡皮筋”。在最终的票选结果里，他得到了少于一半的票数，但由于他是在与另外三位候选人竞争，他拔得了头筹且远远领先于他的对手们。[1]

他在法院的楼厅上发表了胜利演说，但当他想要回到自己车上时，围绕着车欢呼呐喊的人多得惊人，至少有一万来人，以至于有几十名警察不得不为他的车开道，而另外一些警察则推着车一路以步行速度回丘吉尔下榻的旅馆。他站在车后座上挥着手，这次成为胜者以后他大大松了一口气。在他的胜利演说里，他表达了自己对苏格兰一切事务热情高涨的态度。他对大声欢呼的人群喊道：“敦提万岁！苏格兰威武！”

在这次选举里引起他最大注意的并不是他保守党的政敌，而是其时已经在下议院里崭露头角、代表工党参选的候选人。工党领袖、苏格兰裔社会主义者凯尔·哈迪全心全意投入了工党候选人乔治·斯图尔特的竞选活动里，他所占有的选票份额几乎和保守党候选人一样多。对丘吉尔而言，挑战就是要向他工人阶级的选民们说明：为什么他们不能受蛊惑放弃自由主义转投向社会主义。

5月4日他在敦提发表了一次竞选演说，谢天谢地没有铃声烦扰，这是他为阐明一种通用的政治哲学所作过最好的陈述之一。那天晚上他在金奈德大厅里对着聚集一堂的二千五百多名民众发表了自己的演说。这是一次在这场激烈竞选里临时构思出来的漫长而详尽的演讲，而丘吉尔从前一年便一直试图明确地表达自己对社会主义的反对。秋天里，当他

1 埃迪森，《丘吉尔在国内》（*Churchill on the Home Front*），第67页。

在为自己的非洲之行收拾行囊时，一个和他关系亲密的记者曾经注意到他带上了一些很严肃的阅读资料。这位记者问他："这些社会主义的书是做什么的？"丘吉尔回答说："这些是我这次旅行中要看的书，我要弄明白社会主义到底是什么。"[1]

由于温斯顿对结果比理论要在意得多，他在金奈德大厅的演讲里着重关注了社会主义的缺陷。他认为最根本的问题是社会主义理论上听起来是合乎逻辑的，但联系到实际就会有无数矛盾之处。他说，其拥护者"告诉我们大家应该团结而相亲相爱地生活在一起。但他们自己却分成了二十个模糊不清的派系，自相残杀的程度超过他们对我们的憎恨凌辱。他们希望能重建世界。但他们首先就置人性于不顾。我永远想象不出社会主义世界里的人工心脏，能代替在我们胸腔里跳动着的人类鲜活的心脏。不是一天，也不是一个小时或者一年，有什么动机能诱使人们一辈子心甘情愿牺牲自己的人性？"

他说，选择为社会服务还是为个人服务这是个虚伪的命题，因为完全可以同时实现这两个目标。"对于我们的某些事业，我们需要统一作安排。但其他的事情上，我们必须忠于人性和我们自己。我们有很多共有的美好事物。我们有警察、军队、海军和官员们——比方说，我们有一位共同的贸易委员会主席。但我们各吃各的，而我们也不会娶同一个女人为妻。"

不要僵硬死板的教条，他想要适应性强的指南。反对一味遵守理论的规定，他建议服从常识、历史教训和传统先例。他说道："你们将会发现隐藏在这些事情里的真理，它总是藏在深奥难懂的事情里，介于极端的方式中间。"

在自由主义里，温斯顿·丘吉尔相信他找到了"一个拥有巨大包容的所在"，能够让他非同一般的个性得以依存，让他有机会能加入一个被他定义为他所选择的党派。他的心地仁慈、宽宏大量、个性突出、振奋人心、注重实际、思维超前且不拘泥于任何一种精确理论的限制。然

1　加德纳，《预言家，神父和国王》（*Prophets*，*Priests and Kings*），第104−105页。

而，如果政府的伟大目标就如同他在演讲里说的那样简单，也就根本不需要任何复杂的理由和煞费苦心的规则了。他说政府就是要“鼓励弱者、让强者更强、仁厚善施、不骄不躁”。[1]

4. 备胎

假若丘吉尔在他第二次递补选举里继续败北，阿斯奎斯也许就要再三考虑是否拿自己和党派的声望来冒险，给他的这位新大臣第三次机会了。4月，当他提供给温斯顿一个内阁职位时，曾经提醒他一句据说出自格莱斯顿的话：“一位首相的第一要素便是当一个好屠夫。”当丘吉尔在敦提站着搓捻那些橡皮筋的时候，他一定想到过自己的头在砧板上的情形。

他知道阿斯奎斯有他残酷无情的一面。他那殖民部的老上司能证明这一点。当丘吉尔被擢升时，埃尔金勋爵忽然被解雇了，并且对此心存怨怼。埃尔金曾抱怨说：“就算是个女佣也至少该事先警告一下。”于是，也就不难想象，当维奥莉特得知了温斯顿竞选的最新消息后有多么担心了。5月5日在写给身处敦提帮温斯顿竞选的埃迪·马什的信里，维奥莉特说第二次败选“将会是难以忍受的”，还在信的末尾可怜地祈祷道：“唉，一定要赢。”

当维奥莉特终于被允许从欧洲大陆回到国内时，她仍然因为错过了政府换届的激动时刻而倍感沮丧，但她并不期待搬进唐宁街10号。她不喜欢那个地方的样子，还总觉得那里四处弥漫着一种死气沉沉的气息。坎贝尔－班纳曼4月22日在那里——他自己的床上去世了，而仅仅两周后阿斯奎斯一家便搬了进去。玛戈也对那地方没什么好印象。她说那是“一座有着三个破旧楼梯的不方便的房子”，形容它从外面看就是“肮脏

1　温斯顿·S. 丘吉尔在敦提金奈德大厅的演讲，1908年5月4日，《演讲全集》（*CS*），第1029、1033和1035页。

的猪肝色”。

这个新家唯一让维奥莉特喜欢的，就是离在贸易委员会工作的温斯顿很近。他一从敦提回来，她便应他之邀来到怀特霍尔花园参观他的新办公室并喝茶。在接下来的两个月里，他们经常见面。正如维奥莉特数十年后回忆的那样，每当他到唐宁街10号和首相谈完公事都会下楼来，“在离开之前到花园里我的小起居室里跟我聊会儿天。”[1]

那年春天，新闻界开始炒作温斯顿的婚姻大事。社会杂志们猜测他仍然保持单身的唯一理由，也许是因为他母亲规定了：“温斯顿必须娶到钱。”这当然是无稽之谈，但丘吉尔因此所承受的压力却越来越大，他需要一场盛大的婚礼来为他在政坛上的成功锦上添花。与他亲近的内阁大臣之一雷金纳德·麦克纳刚刚宣布了自己将在6月成婚，这让许多人大跌眼镜，因为44岁的雷吉异乎寻常的普通，并不是什么很有吸引力的单身汉。但他的新娘却是位才刚刚年满十九的漂亮年轻女人，名叫帕梅拉·哲基尔，而维奥莉特是她的朋友之一。

维奥莉特从她们一个共同朋友那得知：“帕梅拉一直等待和渴望的，就是有一个人写信或者直接告诉她，她是他唯一想娶的人。”看起来这位新娘子一点也不在意雷吉比自己年长了这么多和面目可憎，因为那满脸上的粉刺和斑点、张口就四处横飞的唾沫星子和螺纹紧身衣在维奥莉特看来着实不堪入目。

6月2日，在温斯顿和维奥莉特参加了麦克纳的婚礼之后，维奥莉特一定会想知道，她那位知心好友兼英雄为什么没能效仿雷吉向某个人求婚。她已经做了一切能做的事情让他知道自己的心意，而他也知道她非常喜欢他，更愿意为他做任何事情。虽然她并不富有，但无论如何，她是首相的女儿。

然而，这时候她不知道温斯顿已经被克莱门蒂娜·霍吉尔迷住了。维奥莉特确实还有着其他年轻的追求者，但却没有一个像温斯顿的。在

1　玛戈·阿斯奎斯，《自传》（*Autobiography*），第250页；伯纳姆·卡特，《温斯顿·丘吉尔》（*Winston Churchill*），第131页。

她的概念里，任何其他人都只能屈居第二。以至于后来她曾经这么写道："他散发着自己的光芒——热烈、直接，像光束一样强烈。"[1]

玛戈计划让整个家族在苏格兰亚伯丁郡海边一个租来的偏远城堡里，度过8月和9月。那里附近有个高尔夫球场，可以让首相白天不闲着，还有一些朋友受邀前来小住。其中包括维奥莉特邀请的温斯顿，也许她希望这个浪漫的地方能激发他行动的勇气。他答应8月17日过来并逗留几天时间。

到7月底之前，温斯顿似乎给了维奥莉特一些鼓励的信号。克莱米唤起了他所有的希望和激情，但他却对他们在一起的未来仍然不是很确定，也害怕再一次遭遇求婚被拒绝的伤害。另外一方面，他知道只要他求婚，维奥莉特就一定会答应。她变成了他的备胎，以防万一克莱米拒绝他。哄骗着一个无辜的女人暗地里却希望能获得另一个女人的欢心这很不厚道，而他也知道这一点。他后来向罗斯伯里勋爵的继承人哈利·普里姆罗斯承认道："我对维奥莉特的所作所为很是恶劣，因为我几乎已经和她订婚了。"[2]

1　伯纳姆·卡特，《温斯顿·丘吉尔》(*Winston Churchill*)，第126页。

2　伯肯黑德，《丘吉尔》(*Churchill*)，第112页。关于1908年8月17日丘吉尔专程去苏格兰拜访维奥莉特的记载，还可参见伯纳姆·卡特，《幻灯片》(*Lantern Slides*)，第162页。

第16章

城堡

1908年8月24日是个周一，离婚礼只有三周不到的时间了，温斯顿把克莱米留在伦敦，从国王十字车站踏上了列车开始了一次长达14个小时的旅程，前往那个位于克鲁登湾的苏格兰小镇，阿斯奎斯一家正在他们租来的城堡里度暑假。没有什么能阻止他进行这最后一秒疯狂的冲刺去苏格兰见她，他要在那面对面地向她解释他的决定。

1. 求婚成功

1908年8月初，随着他和阿斯奎斯一家的苏格兰之约越来越近，丘吉尔开始担心克莱米对他的兴趣在消退。她去怀特岛度了个假，他因此有好一阵子没有听到她的消息了。但接下来发生了一些事情，让他很快从她那得到了一个回复。他差点在一次火灾中丧命。

事情发生的时候，他正和堂兄弟们一起在一座租来的豪宅里，也就是拉特兰郡那座山腰上的伯利大宅。8月6日子夜一点，一场大火从厨房里爆发出来，火势迅速蔓延开来。宾客们和仆人们立刻穿着睡衣带着一些值钱物品逃了出来，在草坪上看着恐怖嚣张的火焰张牙舞爪。埃迪也是客人之一，他失去了一切，包括他带来给温斯顿的内阁文件。除了丘吉尔，所有人都待在了草坪上这个安全地带。他坚持要冲回燃烧着的屋子里去抢救一些价值连城的艺术品和稀有书籍。

《泰晤士报》第二天报道说："消防队赶到的时候房子已经基本上被大火完全烧毁了，而正当丘吉尔先生扛着两个大理石像从那座豪宅里出来的时候，熊熊燃烧着的屋顶哗啦一声塌了下来，丘吉尔先生刚刚好及时逃开了。"

当克莱米从报纸报道里获悉此事时，丘吉尔的眼睛仍然因为浓烟的熏烤而刺痛难忍，而她立刻发了电报问他有没有受伤。在他的回复里，他自豪地说这次火灾是一次伟大的奇遇，还生动地描述了屋顶在他身后犹如"一场炽烈的阵雨"般轰然倒塌的那个时刻。他还逗她说能收到她的电报是个令人十分愉快的惊喜，"也让我知道你还没把我忘了"。[1]

事实上，他们原本计划在月中之前见面，而如今——也许他意识到

---

1 "郊区大宅的火灾：丘吉尔先生死里逃生"，《泰晤士报》（*Times*），1908年8月7日；《温斯顿和克莱门蒂娜》（*Winston and Clementine*），第11页。

自己必须要抓住这个机会——他忽然建议她8月10日作为桑尼的客人来布伦海姆宫看他并逗留几天。起初她有些犹豫，对于投身于她想象中无比刺激的布伦海姆生活感到有些紧张。但丘吉尔打消了她的顾虑，告诉她只会有他母亲和几个朋友在那，而他将确保她会在那过得很愉快。

她同意了并准时抵达了布伦海姆，但她感觉自己仿佛置身于梦境中。结果是轮到丘吉尔犹豫了。他在11日早晨没能准时去见她，和她一起散步，他让她等得越久，她就越是有跑回伦敦找自己母亲的冲动。最后，那天下午晚些时候，当他们在院子里散步时，一场突如其来的阵雨把他们赶到了一座具有观赏性质的希腊神庙式的亭子里避雨。他决定冒着有第四个女人拒绝他求婚的危险，豁出去求婚了。然而，让他开心的是，克莱米答应了。

伦道夫勋爵和珍妮结婚时送了她三个戒指，而她给了丘吉尔一个，让他戴到克莱米的手指上。这是一个镶着一颗硕大的红宝石和两颗钻石的戒指。克莱米很是喜欢，还很快写信告诉了许多亲朋好友，告诉大家她如今仿佛生活在"天堂里"。

她的祖母十分满意。知道温斯顿与珍妮很亲近，她信心十足地断言："一个好儿子一定是个好丈夫。"

布兰奇·霍吉尔后来曾这么说她女儿和丘吉尔："我真不知道他们俩谁爱谁多一点。"

在他求婚过后几天，克莱米给温斯顿写信道："我无法想象我人生的前23年没有你是怎么活过来的。"[1]

他几乎不敢相信自己的好运。这个在8月15日对外宣布的婚约很快便会得以完成。温斯顿担心时间太长容易节外生枝，他不想有任何意外和变故。无论如何他都要在10月回到伦敦，处理贸易委员会的公务。于是也就只有刚刚够的时间在9月中举行婚礼，并在后半个月里欢度他们的蜜月。

1　索姆斯，《克莱门蒂娜·丘吉尔》（*Clementine Churchill*），第60页；《温斯顿和克莱门蒂娜》（*Winston and Clementine*），第59页和第62页。

丘吉尔写信告诉了包括帕梅拉·利顿和穆里尔·威尔逊在内的一众好友这个好消息。帕梅拉的回信没有保留下来，但穆里尔给他写了一封洋溢着热情和喜悦之情的回信，且看起来比以前更欣赏他。也许是知道他不会再对自己单相思让她松了口气。在告诉他克莱米如何幸运能拥有他之后，她说他们要永远都是朋友。她写道："我会永远把你当成朋友，祝福你，亲爱的温斯顿。"

国王表达了自己的祝贺，罗斯伯里勋爵写了一封友好的信，还有"强制退休状态的"乔·张伯伦在他夫人的帮助下在海布里口述了一封亲切的信。就连胡里干们也从他遥远的过去里冒出来祝他幸福。伊恩·马尔科姆发来了他作为一个"美好回忆里"的老朋友最美好的祝福，而休·塞西尔自告奋勇地要担任伴郎。温斯顿欣然接受了他的请求。（后来有次他回答温斯顿问的一个关于婚礼的问题时晚了一些，休回复时说了一句既是道歉又是解释的话："弱者，你的名字叫林基。"）

对这个婚约最聪明的一个回复来自珍妮的一个朋友，这位朋友在给珍妮写的信里提到了丘吉尔从着火的房子里的那次逃生，然后加上了这么一句："我很高兴看到温斯顿将完成自己的人生仪式，也意识到了结婚比被烧毁还是要好一些。"

婚礼定于9月12日一个周六在威斯敏斯特的圣玛戈教堂举行。这对夫妇为自己的终身大事准备的时间只有不到一个月。

2. 斯莱恩斯城堡之行

然而，维奥莉特怎么办呢？她似乎直到婚讯公开宣布的前一天，温斯顿告诉她这个消息时，都对此毫不知情。她尽了最大努力在她的朋友和家人面前假装自己替他开心，也一点都不嫉妒那个将要和温斯顿一生相对的人。但这个消息像个晴天霹雳让她手足无措，也让她感到伤心欲绝。她并不怎么认识克莱米，却足够做出个结论，那就是温斯顿应该值得一个更好的人。

她的标准很高。她热衷于阅读严肃文学，是个文笔流畅的作家，还是政治舞台上一位十分见多识广的观察者，对温斯顿的世界了若指掌。她承认克莱米确实漂亮迷人，但魅力却是很肤浅的。她难过地揣测着："是否他真的完全不介意她蠢得像一只猫头鹰。"[1]

时间会缓和她对那个俘获了温斯顿真心的女人的看法，但在当时她处在嫉妒和震惊的旋涡里。克莱米在晚年时曾带着一丝自满说道："维奥莉特听说温斯顿要娶我的时候，她晕过去了。"

实际上，在1908年那个多事之夏，这两个女人都有理由去嫉妒对方。8月24日是个周一，离婚礼只有三周不到的时间了，温斯顿把克莱米留在伦敦，从国王十字车站踏上了列车，开始了一段长达14个小时的旅程，前往那个位于克鲁登湾的苏格兰小镇，阿斯奎斯一家正在他们租来的城堡里度暑假。那座城堡有个很不吉利的名字叫斯莱恩斯城堡[2]，还建在了北海边一个危险的悬崖峭壁上。它属于埃罗尔伯爵，并且自从三百多年前就是这个家族的财产。

1773年8月当萨缪尔·约翰逊参观这座城堡时，曾站在大大的窗户前俯瞰着海岸，海浪拍打海岸的声音和那碧波万顷直奔向挪威的海面都让他啧啧称奇。约翰逊曾说："我当然不会为了好玩就希望有暴风雨发生，但不管我希不希望，暴风雨总是会时不时就来的，我可以说，如果对人类没有任何损失的话，我会很乐意能在斯莱恩斯城堡里一睹其雄姿。"

1908年8月25日，曾有个简短且无关痛痒的声明出现在伦敦的报纸上："贸易委员会主席于昨晚前往阿伯丁郡，将应首相之邀在斯莱恩斯城堡做客。"这是一次往返长达一千一百英里的旅程，而丘吉尔直到周末才会返回伦敦。他并没有什么紧急的国家大事要去商议。首相本人几天前

1 伯纳姆·卡特，《幻灯片》（*Lantern Slides*），第162页。

2 斯莱恩斯城堡：Slains Castle，"Slain"是英文"Slay"（杀戮）的过去分词。

也才刚刚回过一次伦敦。[1]

克莱米出离愤怒了。她威胁要解除这个婚约。她的哥哥比尔说服了她不要这么做，告诉她去羞辱一个像温斯顿这样身份地位的公众人物将会引火烧身。还有个问题是，已经每天都有数十份来自身居要职的尊贵朋友的结婚贺礼送达。等到婚礼当天，成百上千的礼物已经堆满了一整个大大的房间。

以前的丘吉尔传记作者们并不清楚温斯顿此番前往斯莱恩斯是为了见维奥莉特，他们都以为克莱米不过是遭受了普通神经紧张的折磨，又或者是她为即将成为一名政客的妻子所要承担的责任而焦虑。她自己的女儿曾推测说："也许她甚至怀疑温斯顿是不是真的爱她。"克莱米晚年时透露得最多的是她曾经一度非常沮丧伤心，因为温斯顿没有给她"足够的关心"。[2]

他清楚地表明了自己爱她，但他也同样要还欠着维奥莉特的情债。没有什么能阻止他进行这最后一秒疯狂的冲刺去苏格兰见她，他要在那儿面对面地向她解释他的决定。比起一封诚挚衷心阐明自己的信，他知道维奥莉特宁愿听他亲口说出来。他身上让她最为着迷的东西之一就是他的话语，而且如果他不去苏格兰打破沉默，将会加深她的失望。

但这一切都很难跟克莱米解释清楚，她已经悔过两次婚，如今又因为婚礼的准备工作而压力重重。温斯顿不在期间，记者们跟着她在伦敦满世界转悠，报道她去逛了裁缝店和各种各样其他的店。报纸上满版都是她的照片。

周末当温斯顿踏上了回家的旅途，《每日邮报》报道说："昨天伦敦最忙的女人之一是即将嫁给温斯顿先生的克莱门蒂娜·霍齐尔小姐。婚礼将在两周之后举行。在她的母亲布兰奇·霍齐尔的陪同下，她从上午开始一直到将近六点都在采购和听由她的裁缝摆布。两个人到家的时候都

1 "丘吉尔先生的婚礼"，《每日邮报》(*Daily Mail*)，1908年8月25日。

2 索姆斯，《克莱门蒂娜·丘吉尔》(*Clementine Churchill*)，第63页；伯肯黑德，《丘吉尔》(*Churchill*)，第178页。

因为这一整天的行程疲惫不堪。”[1]

3. 悬崖上的攀岩者

在维奥莉特所写的丘吉尔回忆录里，她简短地提到过他那年夏天到斯莱恩斯城堡的逗留，但她没有明确地说他什么时候来又为什么而来。她回忆说，他们曾谈论到关于婚姻的话题，但只是在“抽象的层面”。因为他们很少聊抽象的概念理论，这是他们的第一次。毫无疑问他们对彼此说的话很具体也非常激烈，一如既往。维奥莉特最好的朋友维尼西亚·斯坦利，预见到有可能发生的争执。8月26日她写信给维奥莉特，询问温斯顿是否已经抵达了斯莱恩斯。“你有没有想过，你应该要告诉他你对她到底有什么看法？”她问道，她指的是维奥莉特对克莱米的不屑一顾。

他们有足够多的聊天机会。这正是一年当中白日时间最长的时候，而且那里有连绵不绝的人行道和车道，从岸边的城堡一直延伸到它西部的丘陵地带。风景已经浪漫得不能再浪漫了。青青草地苍翠繁茂，广袤无垠的天空上云彩瞬息万变，每一座山顶都有清晰的视野能眺望一望无际的海面和与世隔绝的海岸。在这座被高高的石墙和几座角楼围起来，新老建筑混杂一体的城堡里，他们从来都不会远离那扇通往悬崖的门。他们总是坐在位于海岸上方的柔软草地上，晒着太阳看着偶尔有渔船驶过。

他们花了很多时间散步，一边进行乡间探险，一边畅谈着他们的人生。有一天当首相在克鲁登湾场地上打高尔夫时，他们去参观了。晚上他们便会和其他家庭成员及客人共进晚餐，然后就坐在一个大大的壁炉边玩牌。为了让维奥莉特开心些，温斯顿发明了一种文字游戏。这个让

1 “丘吉尔先生的婚礼”，《每日邮报》(*Daily Mail*)，1908年8月28日。

她笑个不停的游戏，是给他从伦敦到阿伯丁一路上经过的那些车站加上有趣的头韵形容词，挑战就是给诸如唐卡斯特、约克和爱丁堡这样的地方找到最稀奇古怪的词组。维奥莉特后来回忆起他们所做的这一切，曾经说他让她“像孩子一样兴奋不已”。

至于他的婚姻大事这个严肃话题，他似乎成功说服了她相信这是个正确的决定，至少对他自己而言。他也努力想要表明没有什么能阻止他们的友谊，无论他们的生活里还会发生什么。他急切地想要取悦她。

碰巧她很喜欢探索海岸线，于是当她邀请他一起去攀岩探险时，他欣然同意了。他们要从一座悬崖峭壁爬到另一座上。那是条很危险的路线，中间有条深不见底的峡谷，海浪怒吼着拍打在岩石上。

一开始他跟在她后面，但很快便走在了前面。她喜欢他热爱冒险的天性，和他后来写信说，他有多么享受他们在斯莱恩斯大胆刺激的出游。她记得他“陶醉在攀爬悬崖和峭壁里，冒着危险从一个岩架过渡到另一个上，脚下是湿滑的海藻而大海在下方咆哮着”。沿着海岸线没有沙滩，只有一些巨大的岩石堆延绵不断，像一座座锯齿状的栖满了海鸥的小岛。其中有部分，能从一个跳到下一个上，但很难在那些裂缝里找到一个安全的落脚处，且每一次跳跃都有危险掉进翻腾的海浪里。

他们一度疯狂地沉浸于这些徒步旅行和攀岩，仿佛无论是温斯顿或是维奥莉特都不想停下来太长时间，去仔细考虑那个摆在他们面前的未来。任何一个外人看到紧紧攀附在汹涌着的北海上方的这两人，也许都会认为这是一对年轻的一无所有的寻求刺激者，或者相爱得太疯狂以至于不顾一切危险。很少有人会相信在他们眼前的是首相二十一岁的女儿和三十三岁的贸易委员会主席。而更让人惊讶的是事实上那位内阁大臣将在两周内另娶他人。

他们在这些红色花岗岩峭壁和崎岖的海岸上的冒险活动结局并不完美。维奥莉特在一块潮湿的岩石上滑倒了，把脸上撞开了一个严重的伤口。她在给维尼西亚·斯坦利的信里写道：“和温斯顿一起攀岩的时候我把脸弄伤了，还挺严重的。”幸运的是，她没有受到其他更糟糕的伤。从任何一个小岛上摔下去都有可能让她被某个凶猛的浪潮卷走。又抑或是回来的路上在岩石上踏错一步，她都有可能从五六十英尺高落下摔个粉身碎骨。

维奥莉特脸上的伤口让她对自己的样子有些难为情，而当这一周快过完温斯顿该离开了的时候，她的情绪激动得不能自已。他除了离开别无选择，于是礼貌周全地向所有人道别，将维奥莉特留在了身后的城堡里。她拒绝参加婚礼，即便维尼西亚——她是克莱米的堂姐——是女傧相之一。回伦敦然后在唐宁街待上几天，再和温斯顿许多其他的朋友、崇拜者一起参加他的婚礼，原本是件很简单的事。但维奥莉特觉得自己应付不来，于是婚礼在她未到场的情况下于9月12日举行了。

4. 教堂的婚礼与“岩石事件”

然而，她能在所有主流报纸上看到相关的消息。《泰晤士报》把这场婚礼视为类似一件国家大事，报道称街道上人山人海，宾客名单令人叹为观止，教堂里“人满为患”，还有数十位或骑马或站立的政客们在新郎新娘出现在庆典上时，帮忙在欢呼的人群里维持秩序。“毫无疑问”，《泰晤士报》说这场婚礼“令公众为之神往”。《苏格兰人报》的报道开头这样写道：“已经很多年，没有一场于周六下午在圣玛戈教堂举行的婚礼能引起如此广泛的关注了。”《每日镜报》在首页头条称其为“年度婚礼”。[1]

帕梅拉，也就是利顿夫人出席了婚礼，看起来就像艾蒂·德斯博罗说的那样“漂亮得惊人”。艾蒂对克莱米赞许有加，也很开心看到温斯顿受到万众瞩目。后来她写道：“所有一切都让他欢欣鼓舞，他依次向人群里的每一个人点头致意，还挨个给我展示了他所有的礼物。”天气很完

1 “丘吉尔先生的婚礼”，《泰晤士报》（*Times*），1908年9月14日；《苏格兰人报》（*Scotsman*），1908年9月14日；《每日镜报》（*Daily Mirror*），1908年9月12日。

美，新娘子身着一袭“展现了她傲人身材的”白色绸缎婚纱，而戴维·劳合·乔治和温斯顿在小礼拜室里聊着政治。布兰奇·霍吉尔和她三位前任爱人一起坐在靠近前面的位置。乔治·康沃利斯西哭了，曼彻斯特竞选的赢家威廉·乔伊森－希克斯前来表示了敬意，而当晚到的威尔弗里德·斯卡文·布伦特走进来时，人们盯着他满头长长的白发和飘逸的胡须交头接耳道：“那个高大英俊的男人是谁？”对艾蒂而言，“当日最美的人”毫无疑问是“穿着一件鸭蛋青色马甲，做男傧相的林基”。

那对新婚夫妇在布伦海姆度过了他们的洞房之夜，在那座或多或少也属于他们的巨大宫殿里。（仆人们都在，但桑尼去了巴黎。）过了两晚之后，他们起程去了意大利继续享受他们余下的蜜月时光。一切事情都很顺利，而维奥莉特带来的烦恼似乎也被他们抛在了脑后。然而，婚礼过后刚刚一个星期的时候，斯莱恩斯城堡里发生的一件事情说明了维奥莉特几近崩溃。

那是9月19日那天，一个周六傍晚，首相的那位女儿手上拿着一本书离开了城堡，沿着她和温斯顿曾经一起攀岩过的那条悬崖上的小路徘徊。阿斯奎斯和玛戈在城堡里举办一场晚宴而没有发现她的消失。

当夜幕降临，刚刚给克莱米当完伴娘从伦敦赶过来的维尼西亚·斯坦利冲进餐厅，告诉他们没人找得到维奥莉特。所有人都冲出去找她，仆人们提着灯笼，晚宴客人纷纷紧跟其后。他们仔细查看了崎岖的山坡和岩架上任何移动的迹象，还要尽量避开黑峡谷。埃尔金的接班人新任殖民大臣克鲁勋爵是参加了搜寻的客人之一。那天晚上几乎没有星星，空气中弥漫着浓重的雾气。几乎什么也看不清楚，而呼唤“维……奥……莉特”的喊声还要和大海持续不断的咆哮声对抗。

找了一个小时以后，首相开始有些绝望，找了附近村庄的人来帮忙。很快便有数十个民众加入了搜寻，包括几个熟知这一片海岸的渔民，他们的渔船上还有强力探照灯。

随着午夜临近，仍然没有她的任何踪影，阿斯奎斯倒在了玛戈的怀里，担心自己的女儿是不是摔落了悬崖，被拍打着海岸的无情巨浪卷走了。玛戈听着四面八方传来的搜寻者的喊声，看着那些男人女人冒着自己的生命危险在雾中爬上悬崖搜寻着每一处缝隙。绝望万分的玛戈跪在了地上，开始在黑暗里祈祷。

几分钟以后她听见渔民们欢呼起来，于是她便昏厥过去不省人事了。她的继女被找到了，而且表面上看起来毫发无伤。维奥莉特声称自己滑倒了，掉落到一块岩架上撞伤了头。但当她被找到的时候，她正躺在沿着海岸伸展开来的一片轻柔松软的草地上，并且看起来没有任何受了伤的迹象。

这场闹剧造就了一些轰动的头条新闻——“阿斯奎斯小姐身处险境”，“首相女儿失踪”，“家庭聚会上惊心动魄的搜寻”——还引来许多记者包围了城堡，要求采访和拍照。这让维奥莉特受到了她生命里前所未有的关注，而玛戈开始怀疑这个“意外”是为了寻求关注故意设计的。近距离看维奥莉特的头上也没有任何受到撞击的证据，而她也解释不了为什么她在那么长的时间里都不知道那么多人在找她。玛戈越是琢磨这些迹象，便越是怒火中烧，在自己的日记里，她说这是“一个令人遗憾的愚蠢且特别危险的恶作剧”。

参与搜寻的人都冒了极大的生命危险，因此这个家族试图将事情一笔带过，希望媒体不要发现维奥莉特的这次所谓“险境”只不过是一个不开心的年轻女人“一哭二闹三上吊”来寻求关注的把戏。她想在温斯顿离开后得到同情却没成功，因为她十分努力假装得就好像他的婚礼完全与她无关。也许有其他一些年轻男人的慰问是她想要的，在这件事情发生之后她在给他们的信里夸大了危险。在10月里告诉一个年轻男人说：“我可怕地恢复了正常。我从差不多五个不同的劫难里死里逃生——诸如溺水、被砸成碎片、脑膜炎、‘曝光’等等等等。”[1]

玛戈试图劝她对这次事件保持沉默。她在日记里这样记录道：“我希望她只要感谢那些找到她的渔民和贫民，关于这件事情不要说任何其他话了：可怜的维奥莉特！一切和她的想法相去不远，而且我能看得出她

1　伯纳姆·卡特，《幻灯片》（*Lantern Slides*），第166页。

觉得受伤了。”为了把这整个闹剧抛诸身后，玛戈决定让整个家族换到一个没那么与世隔绝的地方去过完剩下的假期，于是她把大家从斯莱恩斯带到了爱丁堡附近一处属于她哥哥的房子里。这是一个很合时宜的决定，因为这座城堡的荒凉美景散发着一种绝望的气息，对一个沉浸在维奥莉特当时的心情里的人来说没什么好处。事实上，这个地方弥漫着一股相当神秘且令人生畏的气息，19世纪90年代布拉姆·斯托克便对这里有着深深的迷恋，当他在克鲁登湾的基尔马诺克·阿姆斯酒店逗留时，便经常过去参观。许多人都认为斯托克1897年完成的《吸血鬼伯爵》里城堡的原型就是斯莱恩斯。他在那个乡村旅馆里完成了那本书的最后部分。

维奥莉特一直被密切关注着，在那场被她自己称作“岩石事件”的闹剧之后她似乎精神崩溃了。她持续地做出一些疯狂的举动，尤其是在和温斯顿有关的事情上。10月里，首相不得不亲自出面干涉了，因为她想在温斯顿度完蜜月回来以后跑出去见他。她听说他在敦提出席一个苏格兰自由党人的年度庆典，并且会在那里演讲，她忽然决定要和他出现在同一个讲台上并为他讲话。来自她父亲的一个电报命令她什么也不许说。

事后她曾在给维尼西亚的信里这样写道：“我很抱歉，但我想到有一两件事非常想说！”她父亲告诉她出于“政治”原因她需要保持沉默，他和玛戈一定都在害怕，如果她在公开场合谈及温斯顿，会吸引更多人的关注，且引来更多流言蜚语。[1]

这个疯狂的局面很快消停了，尤其是当玛戈开始说为了这位处境困难的继女的健康要把她送去瑞士疗养时。玛戈并不知道维奥莉特情绪剧变的背后有着怎样的隐情，但她能确定一件事。她曾写道：“这个夏天，她好像忽然变了个人。”又一个漫长寒冬的来临是维奥莉特最不喜欢的事实。她不顾一切地让自己投身进政治舞台，她愿意做一切事情来避免再一次被送走。在接下来的几个月里，她慢慢习惯了和温斯顿保持不那么热烈的君子之交，虽然她需要时间来接受克莱米为他的妻子。而在冬天快结束的时候，她还是机缘巧合地陪玛戈去欧洲大陆待了六个星期，但她对此安之若

1 伯纳姆·卡特，《幻灯片》(*Lantern Slides*)，第170页。

素，并且在回家时还因为逃过了更长时间的流放而心存感激。

丘吉尔想要维奥莉特和克莱米相互喜欢对方，并且很努力地平复所有曾经有过的伤害。在举行婚礼两个月之后，他在伦敦安排了一次三个人的聚餐。维奥莉特表现得很得体，但仍然不待见克莱米。当她和温斯顿单独相处时，他告诉她，他的妻子“比她表面看起来要深刻得多”。维奥莉特想说些刻薄的话。但这正是检验她自制力新境界的时候，于是她只是笑了笑，然后给了他一个模棱两可的回应：“能从眼睛里看出来。”[1]

虽然维奥莉特的心情仍然有些痛苦，但把夏天那些烦心事忘了才符合所有人的期望，因此就闭口不提这个话题了。维奥莉特仍然是丘吉尔在唐宁街最坚强有力的拥趸，但似乎在往后的岁月里两个人都未雨绸缪地采取了一些措施，掩盖了彼此之间的感情深度。他们之间的通信只有很少一部分被保留了下来，这对于两个狂热的写信爱好者而言并不正常。丘吉尔几乎从来不在公众场合谈及维奥莉特。只在他发表的评论里偶尔提到，其中最好的便是他谈到她对其父亲的贡献时那个让人难忘的描述。他说她是阿斯奎斯“令人敬畏的拥护者”。[2]

试图不伤害到维奥莉特，也让克莱米开心，这需要温斯顿的努力。但他的尝试是真心实意的。他不想失去友谊，也不想失去爱情。在他们婚姻最初的一两年里，他的妻子确曾害怕过他对这段婚姻有别的想法。他赶紧向她保证自己心里没有别人。她是他唯一爱的人。他告诉她：“你应该相信我，除了你我不爱也永远不会爱这个世界上其他任何一个女人。”[3]

他字字句句郑重其事，尽管对于在他这样的年纪拥有野心的政客而言这是极不寻常的。

---

1 克利福德，《阿斯奎斯家族》（*The Asquiths*），第143页和第171页。

2 温斯顿·S.丘吉尔，《当代伟人》（*Great Contemporaries*），第139页。

3 索姆斯，《克莱门蒂娜·丘吉尔》（*Clementine Churchill*），第85页。

第17章

合作与竞争

和其他所有人一样，劳合·乔治也看到了新闻界关于丘吉尔将成为“未来首相”的报道，于是深知他必须要加快步伐以在他这位同事前面保持领先。就因为非常了解丘吉尔的好斗，劳合·乔治选择了开战，然后劝说他加入。这是一个从他步步高升的新贵同事那窃取领先地位的绝妙方式。

1. 积极立法的推动者

丘吉尔的晋升令人瞩目。他仅仅用了七年多一点点时间，便从一个保守党后座议员变成了自由党内阁中举足轻重的人物，所有评论员都预言他总有一天会成为首相。当他订婚的消息宣布时，《每日镜报》表示，认为他的政治前途不可限量是十分合理的预期。报道里还半开玩笑地提到了他在那座熊熊燃烧的豪宅里九死一生的奇遇，断言道："如果有什么预言是绝对可靠的，那就是预言说温斯顿·丘吉尔先生——这位战士、战地记者、旅行家、传记作家，鉴于最近发生的事情还可以加上一个救火队员——终有一天，并且是在不久的将来，将问鼎首相之位。"

《每日新闻报》的A. G. 加德纳则把他描绘成了某种程度上的候任首相："他是这个国家最有趣的政治人物，他的生活充满了戏剧性的情节，他胆量过人，举目千里，破釜沉舟。"《星报》的一位编辑杰姆斯·道格拉斯，也为这位年轻政治家的光明前途而欢欣鼓舞，他没有从任何一个密切关注过的其他政客的政治生涯里看出这样的前景。道格拉斯曾这样写道："下议院里有很多聪明人，但他们之间却没有谁能用浪漫、鼓舞人心、敢作敢为的抱负来击中人心。丘吉尔先生因此得以独享一个激动人心的未来。"[1]

如今是时候让这位前程似锦的政客来证明，他能在自己的职业生涯里达到一些高期望值了。他能否证明自己能胜任一个主要部门的一把手，是内阁里一股强大的力量，更是一名有着令人惊叹的立法技巧的议会人物？事实上，在接下来的一整年里，他将令人心服口服地证明自己三者皆是。虽然这个时期的他并不经常被赞颂，但作为贸易委员会主席的丘吉尔，为爱德华时代三个主要的立法成就立下了汗马功劳。

其中两项在1909年成为法律。第一项是创造了国家就业体系的《职

1　杰姆斯·道格拉斯，《在伦敦的冒险》(*Adventures in London*)，第216页。

业介绍所法》。这是一项大胆但实用创新的法律，帮助一个地区的无业人员在另一个地区找工作。第二项是《贸易协商法》，旨在帮助改善不良工作条件以及所谓廉价劳工的可怜收入——尤其是那些在小作坊工作的女人们。这是第一部建立最低工资机制的重要法律。在它成为法律之后，妇女工会联盟秘书、心怀感激的玛丽·麦克阿瑟曾在对美国听众的一个演讲里谈到这项改革，说道："我认为英格兰并不真的很清楚这到底意味着什么。这简直就是一场革命。它是一场我们工作条件的革命。"

第三个成就是《失业保险方案》，虽然它多花了一些时间才得以完成。丘吉尔从1908年便开始运作推行，直到1911年确立的《国民保险法》将其纳入其中。通常都会将这一立法成就归功于劳合·乔治，但却是丘吉尔和他贸易委员会的同僚们做了最费力气的基础工作。他在1908年初率先向阿斯奎斯提出了关于这个理念的建议，随后于同年年底提出了具体方案，并且在几个月后向内阁提交了列出了明细成本的备忘录。然而，应劳合·乔治的特别要求，他推迟了向下议院提出议案的时间。这两位共同决定将失业和健康保险合并成一个议案，而劳合·乔治想要多一些时间来准备健康保险条款。这位财政大臣甚至并不确定自己能制定一个可行的方案，但他想要努力一试，而丘吉尔答应了等他。

将近两年半之后，劳合·乔治坚称这整个方案都是由他发起，而温斯顿只不过是"偷走了"——他如是说——失业部分的计划。这根本不是事实。事实上，劳合·乔治在1909年为了准备他的财政预算忙得焦头烂额，连仔细听听温斯顿雄心勃勃的改革方案的时间都没有。但1911年，他却假装得好像他那位同事对保险法案的贡献从来不值得一提。温斯顿后来在一封写给克莱米的信里指出："劳合·乔治基本上把失业保险占为己有了，而我呢，我想我被他成功挤出了这个我呕心沥血为之努力过的领域。"[1]

1 托伊，《劳合·乔治与丘吉尔》（*Lloyd George & Churchill*），第58页；1911年4月22日温斯顿·S.丘吉尔写给克莱门蒂娜·丘吉尔的信，《姊妹篇》（*CV*），第2卷第1069页。

作为一个把这些问题放在一个更广阔的背景下来看待的途径，还是很有必要回顾一下劳合·乔治自己担任贸易委员会主席的所作所为。他于1905年底至1908年4月在那任职，直到丘吉尔接手。整个期间，他都没有做过什么推行社会改革方案的事情。他主要的立法成就是《商船法》、《专利与设计法》以及《伦敦港法案》。他从没有过任何切实的激进创新的记录。

劳合·乔治自己的传记作家之一，曾经质疑过为什么他在贸易委员会那么长的时间里，都完全不像“后来”变成的那个“激进”政客。答案是，至少某种程度上，他在内阁里最伟大的同僚兼对手——温斯顿·丘吉尔——步步逼近，刺激了劳合·乔治做出更多实质性的行动，而不是仅仅听起来是个激进派。丘吉尔一加入内阁，所有事情都变了。作为一对有着雄心壮志的强权人物——一个同僚称呼他们“那两位罗密欧”——温斯顿和劳合·乔治掌控了这个自由党政府，他们既是伙伴又是对手，要么同仇敌忾要么暗地互相破坏，取决于他们不停转变的自身利益。[1]

但温斯顿是那点燃了变化的火花，让坎贝尔－班纳曼政府时期的老自由主义到阿斯奎斯任期时有了更多激进的议程，且有时候会被称作新自由主义。内阁立刻注意到了这个变化。温斯顿很清楚地表明了自己进入内阁不是为了做些寻常事情。1908年他赶去参加某次内阁会议之前，有人听到他说：“我打算让自己成为别人的眼中钉肉中刺。”他成功了。和他同期的查尔斯·霍布豪斯——新任财政部财政司司长——曾在日记里这样写道：“随着温斯顿·丘吉尔进入，所有成员都告诉过我的那种曾经是内阁显著特征的和谐消失不见了。”

霍布豪斯责怪温斯顿惹得劳合·乔治变成了一个越发苛求的同事。他十分不喜欢丘吉尔生硬粗暴的方式和不按常理出牌的想法，他认为这都是为了将劳合·乔治引上绝路的策略。“我不能不怀疑温斯顿·丘吉尔

1 吉尔伯特，《戴维·劳合·乔治》（*David Lloyd George*），第323页；科斯，《霍尔丹勋爵》（*Lord Haldane*），第56页。

是故意想要引得劳合·乔治自取灭亡。”[1]

不止一位部长认为丘吉尔在不停制造麻烦，好让其他人惹祸上身来为他自己扫清道路。在听到从内阁里传出来的流言以后，埃舍尔勋爵评论道：“我的想法是，温斯顿想要冲到内阁最中心去。他觉得他自己是拿破仑。”[2]

和其他所有人一样，劳合·乔治也看到了新闻界关于丘吉尔将成为“未来首相”的报道，于是深知他必须要加快步伐以在他这位同事前面保持领先。从他位于财政大臣官邸的新家——唐宁街11号——他有着绝佳的位置追踪在10号发生的一切。毫无疑问他很清楚温斯顿和首相女儿的亲密关系。他也不可能会误会维奥莉特对他的不屑一顾。在她眼里，他是一个肤浅的阴谋家，而她并不擅长于掩饰自己的想法。

维奥莉特当时很喜欢讲一个段子，她问约翰·梅纳德·凯恩斯：“你觉得当劳合·乔治先生自己一个人待在房间里时会发生什么？”凯恩斯笑着答道：“当他独自待在房间里，那房间里就根本没人。”[3]

1908年末有那么一段短暂时期，比阿特丽斯·韦伯因为丘吉尔在贸易委员会所做的工作欢欣鼓舞，她开始认为他已经取代了劳合·乔治成为最令人钦佩的自由党人士。她在自己的日记里写道，温斯顿正在证明自己拥有“傲视群雄的能力”。当时她喜欢他更胜过了劳合·乔治，与被她称之为“聪明的家伙”的丘吉尔相比，劳合·乔治“智力不及温斯顿，也没有那么引人注目的人格魅力——更像是一个传教士，不太像个政治家”。[4]

也许对有些人而言，温斯顿不过是个野心勃勃的人，但他也一直为了改革兢兢业业地工作着。他工作确实非常努力，以至于1908年年底便已经能够提交给阿斯奎斯一个全面可行的改革计划大纲了。包括劳合·乔治在内的内阁其他所有成员，没有任何一个能如此迅速长远地筹

1 张伯伦，《政治的内核》（*Politics from Inside*），第127页；霍布豪斯，《阿斯奎斯内阁内幕》（*Inside Asquith's Cabinet*），第73页。

2 埃迪森，《丘吉尔在国内》（*Churchill on the Home Front*），第69页。

3 伯纳姆·卡特，《温斯顿·丘吉尔》（*Winston Churchill*），第132页。

4 韦伯，《比阿特里丝·韦伯日记》（*The Diary of Beatrice Webb*），第100–101页。

划，通过自由党立法体系让英国社会发生实质上的改变。带着他一贯的自信，他或多或少有点替首相拿主意的派头，告知其政府有两年的时间来完成这些改革。

他对阿斯奎斯写道："这种需求很迫切，而且时机已经成熟。环境更恶劣、累积财富也远远少于我们的德国，都已经设法为她的人民创造了过得去的基础条件了。她不仅是为了战争而建立这个体制，更是为了和平。而我们却仅仅为了党派政治存在的。"

他的必要改革清单上包括了许多方案，涉及劳工交换、失业保险、"国家疾病保险"系统、贫民救济事业的大整改、教育和交通事业的改进，以及旨在促进雇主和工人间更好关系的更为积极的工业政策。这一切都还不过是刚刚开始。但这第一步在当时已经构成了一个大胆的计划，而在丘吉尔的判断里这些计划实际也负担得起。更重要的是，他认为这些立法可以通过能赢得广泛认可、甚至是上议院也接受的方式来精心运作。

他告诉阿斯奎斯，一旦这些提案成功了，将会让整个国家和自由党都变得更强大。他说，即便是失败了，"尽力而为后失败，也好过在神经麻痹和心神不宁里变得麻木"。

阿斯奎斯欣然接受了温斯顿的提案，鼓励他"全力以赴"去推动新的立法。事实上，丘吉尔打算为这个国家做的，和他对自己做的如出一辙——通过大胆地思考、承担风险以及当机遇存在之时充分利用来实现迅速成功。

面对经常被批评飘忽不定和不切实际，丘吉尔表现出了一种沉稳，他有条不紊地推出了一些能够相对轻松便被通过，而后成为法律的开创性措施。正如他在《贸易协商法》颁布以后自豪地记录的那样，这项法案被议会"漂亮地接受了"，甚至连贝尔福和其他保守党领导人都"友好地"点头赞同了。作为一个决心要获得更多立法胜利的政府大臣，他因此缓和了自己在下议院里说话的方式和态度，这一度让他没有引起谩骂而获得了他想要的一切。那时候他很是乐意说贝尔福的好话，感谢他让自己从反对派那里受到了"非常公平的"对待，还声称"让法案在各个阶段都获得最大程度的支持是他的目标”。[1]

1909年初，丘吉尔信心百倍。他告诉一位交好的记者，在接下来的一年里将会充满振奋人心的进步。他私下里透露：“非常宏大的计划正在被兢兢业业地打造。”他坚信如果一切顺利，两年内国家将确立一个合理有效的体制，帮助那些不能自食其力的人，也为那些有能力的人创造更好的机遇。正如他在几个月前所表明的那样——10月当他刚度完蜜月回来在敦提演讲时——他目前的伟大目标是满足“这个民族对于拥有一个更完整或精密的社会组织的需求”。

正是这次，在一个周五晚上，发生在敦提金奈德大厅里的演讲里，听众里坐着两千多位他的选民，还有他的新婚妻子陪在身边，他做出了自己激动人心的宣言：“我们正迈向更好的时代。人类永远不会被打倒。我们继续极其勇敢地沿着康庄大道一路向前，而太阳的承诺早已在远山之后。”[2]

2. 虚无缥缈的威胁

正当丘吉尔享受着自己作为一个伟大的自由主义提倡者的人生新篇章时——一个年轻的、没胡子的摩西，指引着通往应许之地的方向——两股强大的力量涌现了出来，把巨大的障碍扔到了他的“康庄大道”上。一个是德国，而另一个就是劳合·乔治。

在德国皇帝的将军们玩着战争游戏，就好像是骑士为了即将开始的比武大赛进行训练的同时，他的海军将领们正在忙着打造一支现代化的

1 《议事录》(*Hansard*)，下议院，“贸易委员会法案”，1909年4月28日。

2 温斯顿·S. 丘吉尔在敦提金奈德大厅的演讲，1908年10月9日，《演讲全集》(*CS*)，第1097和1099页；“丘吉尔先生在敦提”，《苏格兰人报》(*Scotsman*)，1908年10月10日。

舰队以对抗英国海军。1906年，在英国皇家海军的无畏号战舰下水之后，他们被迫修正了自己的方案，那是一艘有着令人惊叹的、能击沉海上任何船只的火力庞大的战舰。也许不将它那远射程炮的优越性能广而告之更为明智，但英国实在是情不自禁。于是一名自豪的军官告诉媒体："等到无畏号战舰升起信号旗的那天，世界上所有的海军舰船就都要被淘汰了。"到1908年底，已经有一打这种英国军舰被建造或者在服役了。

德国海军将领们并没有知难而退。他们把这种新战舰看作是必须要面对和超越的挑战。他们并没有浪费什么时间便开始了。1908年他们试水了四艘与无畏号性能相似的战舰，并且据报道他们将在1912年之前打造一支拥有二十一艘战舰的舰队。英国国内的担心情绪日益增长，恐怕这个民族长期以来占据统治地位的海军霸权面临颠覆。早先关于新型英国战舰领先于世界的声明引发了一场军备竞赛。《爱丁堡评论》道："如果我们打算淘汰外国的舰队，首先要展示给外国人看如何淘汰我们自己的。"[1]

神秘莫测的德国海军准备工作制造了众多不确定性，以至于英国当局既不能透露新战舰的威力有多致命，更不能透露有多少艘战舰在建造中。1908年12月里的一天，一名反对党议员约翰·朗斯代尔问当时的海军大臣雷金纳德·麦克纳是否能提供"德国新战舰波森号所配备的大炮数量和描述"。麦克纳回应道："我无法给出你所需要的信息。"

不敢置信的朗斯代尔继续问道："这位尊敬的先生难道不认为有必要采取措施，让自己知晓这些情况吗？"麦克纳试图把问题抛回给提问者："如果这位尊敬的先生能帮我查清楚波森号的武器装备，我将不胜感激。"朗斯代尔回击道："那不是我的工作。"[2]

麦克纳也许对某些战舰的细节两眼一抹黑，但他知道的比他愿意承认的要多些。问题是他不想说任何会引起恐慌的话。正如他两周之后私下向阿斯奎斯透露的那样，"德国建造无畏战舰的能力现下已经和我们齐

1 "无畏舰试水"，《旁观者报》(*Bystander*)，1906年2月14日；"海军"，《爱丁堡评论》(*Edinburgh Reviews*)，1909年7月。

2 《议事录》(*Hansard*)，下议院，"战舰装备"，1909年12月17日。

平”。如果这个“令人惊恐的”情报泄露出去，他警告说，这“将会让公众经历一次突然的幻灭”。麦克纳十分担忧，有最新报道称他支持了一个要求给皇家舰队增加六艘——又或许是八艘——英国无畏战舰，需要消耗巨额成本至少九百万英镑的方案。1910年1月，内阁开始着手处理这个问题，且在接下来的两个月里，内阁成员们为了该做什么争论不休。

专注于自己的社会改革计划，也沉浸在求婚成功和新婚的狂喜中，丘吉尔对外交事务的关注比往常少了很多。战争的前景没被他放在心上。那位曾经一度渴望投身于战斗并将自身安危置之度外的年轻人，已经变得习惯于没有那么多痛苦冒险的政治斗争了，于是他很晚才发现英国与德国之间的海军竞赛中日渐增多的危险。改革、节约与和平是伟大的自由主义口号，而丘吉尔因为这些崇高的目标心潮澎湃。如今，比起以前那个过时的战争梦想，这些目标似乎给了他一条更好的荣耀之路。

丘吉尔压根儿不是一个好战分子，虽然后来批评家们想当然地认为这是他性格里潜在的一部分，他想相信在德国和英国这样两个高度发达的民族之间根本不存在任何战争的理由。他在威尔士对一位追随者说：“我认为那些到处宣扬英国和德国之间战争不可避免的人，都应该被视而不见听而不闻。这简直就是无稽之谈。不，这两个伟大的民族没有任何战争的缘由，没有奖章需要争夺，也没有地方去打仗。我对于伟大民族的美德和本质有着崇高及绝对的信仰。”[1]

正当温斯顿梦想着和平与繁荣时，推动英国战争机器大规模扩张的任务落到了温良恭谨的雷吉·麦克纳身上。所需要的资金庞大到让温斯顿忍不住质疑。经过数月努力寻求改进社会的可行方式，他不想看到数以百万计的钱花去应付一个虚无缥缈的威胁。因此他认定，比起为将来与德国的战争加强准备，当前反对麦克纳更为重要。

在这项工作上，劳合·乔治是他志同道合的伙伴。他们坚定地认为接下来的一年里，建造四艘无畏战舰就足够了。他们联手打击着自己的

1　温斯顿·S. 丘吉尔在威尔士斯旺西的演讲，1908年8月14日，《演讲全集》（*CS*），第1085–1086页。

同事，坚持不懈到雷吉已经被逼到了精神崩溃的边缘。在就海军问题混战了数月之后，他告诉自己的妻子："我恨我的同事们。"[1]

3. 军备竞赛

他的对手们质疑他所做的一切。当麦克纳向内阁提交一份关于他的计划的书面陈述，丘吉尔就会在空白处写满密密麻麻的批评意见然后再重新提交。雷吉变得出离愤怒又沮丧不已，他开始带着口袋里的辞职信来参加内阁会议，就等待着温斯顿逼得他太甚的那一刻。劳合·乔治因为这场冲突而兴高采烈。他用战争语言鞭策着温斯顿，告诉他自己有多么乐意看到口头炮火"扫射着麦克的舰队"。

由于自己谦逊的语言风格完全不是丘吉尔的对手，麦克纳始终希望阿斯奎斯能插手阻止这场连续打击。但那位首相却倾向于坐山观虎斗，任战火肆虐直到一方屈服，或者能找到一个好的折中方案。作为海军大臣，当事关皇家海军，而主要批评却来自贸易委员会主席，麦克纳自然会期望得到更多来自阿斯奎斯的支持。然而事与愿违，他时常孤军奋战，而有时候当丘吉尔占据了上风并控制了会议时，他还要被迫保持沉默。"如今的内阁变成了温斯顿花言巧语的展示场所，"雷吉对自己的妻子抱怨道，"内阁规则根本无法实行，除非手握决定权的掌门人铁腕强硬。我的工作就是个试验。"[2]

他的问题部分是因为丘吉尔和劳合·乔治都不尊重他，于是无论他说什么，他们都倾向于立刻驳回。当他坚称德国人正在通往战争的路上，并且很快将会威胁英国在海上的控制权时，他们干脆拒绝相信他。在他们的观念里，他是一个被其麾下海军将领利用来获得更多军舰的软弱大

1　法尔，《雷金纳德·麦克纳》(*Reginald McKenna*)，第165页。

2　法尔，《雷金纳德·麦克纳》(*Reginald McKenna*)，第161页。

臣。当劳合·乔治第一次听说“我们可能必须要建造8艘无畏战舰”，他告诉温斯顿说：“我相信那些海军将领们正在用假情报吓唬我们。”

随着争吵的一直拖延，而各方态度也开始越来越强硬，阿斯奎斯最终介入提供了一个折中方案。取代立刻建造八艘新的无畏战舰，他建议先造四艘，之后如果海军部关于德国发展海军的怀疑被证实了再把余下的加上。似乎没有任何人满意这个折中方案，但麦克纳被允许在3月16日向下议院介绍它。

对着满室的肃静，他陈述了自己眼中海军所面临的危机。内阁内部意见不合的消息不胫而走，但公众并不清楚麦克纳所认为的事态的严重性。他现在不再因为害怕引起恐慌而藏着掖着了。他决定直言不讳。

他说：“终有一天，这是一个几乎自动进化的过程，所有比无畏号老式的船型都会被淘汰作废。我们能否维持优势将仅仅取决于我们在无畏号上的优势。如果我们在这个级别的军舰上落于下风，将不能确保海上霸主的地位。”虽然他的话字字斟酌，却仍然像一道闪电劈中了下议院和整个国家。

对于大部分英国民众而言，很难想象会有一位海军大臣竟然怀疑大不列颠的海上霸主地位。这就好比说有一天太阳也许不会升起来一样。但他的演说里引起了最大轰动的句子，是对德国海军军舰建造方案的不同寻常的坦率声明：“目前，政府认识到自己所处位置的麻烦是我们并不知道——虽然我们一直认为自己知道——德国现在建造军舰的速度。”[1]

如果连海军大臣都不知道德国人生产无畏战舰的速度有多快，恐惧也就很容易在普通民众间生根发芽、茁壮成长了。忽然间普遍有种很急迫的感觉，英国必须加快自己建造那种强大战舰的速度。否则，据说，这个岛国也许某天醒来便发现自己已经被德国海军包围了。一位曾经也是持反对意见的退休海军军官记录道：“你不可能打开一份报纸，而看不到将近一整版用于报道那个席卷了全国的警报。”

---

1 “我们受到威胁的海上力量”，《劳埃德新闻周刊》（*Lloyd's Weekly News*），1909年3月21日。

公众花了不到两周时间便在一条标语里找到了一个战斗口号，由英俊的保守党人乔治·温德汉姆于3月27日首次使用：“我们想要八艘，我们不要等候。”从那一刻起——无论是否所有的政客都意识到了——伟大的爱德华时代逃不过这场军备竞赛了。焦虑的民众将很快得到他们那八艘新无畏战舰，甚至还更多。温德汉姆深信与德国的战争将在“几年内”爆发，他告诉威尔弗里德·布伦特：“我们唯一能做的事情就是继续造船。”[1]

4. 与劳合·乔治并肩作战

劳合·乔治不顾一切地想要节约那多余四艘战舰的开支，而把这些钱用在他和温斯顿推动的社会议程上。他在议院里公开表示，他认为把数百万砸到“为了迎战传说中的无敌舰队而打造的庞大舰队”上，是“一种毫无意义的疯狂行为”。而作为财政大臣，他不得不在创造更多收入来供应国内需求的同时，也为支持内阁决定筹集足够的资金。于是，他1909年的“人民预算”里税收的增加无处不在。税收增加覆盖了各个方面——从汽车到矿产使用费的一切，以获得价值和收益。然而税收的一个主要目标是富人们，他们的收入将会面临更大的税收以支持增长了百分之十的政府开支。

丘吉尔十分渴望有额外的收入，他为那些有价值的社会计划破了例，改变了坚持财政紧缩的想法。4月预算公布以后，他写信对自己的妻子说，他希望能“在来年获得足够的资金进行伟大的改革”。沉迷于这个光明前景里不可自拔，他将自己关于政府的许多旧理念随手抛在了一边，他最后终将重拾那些理念，但在这个冲昏了头的时期，他满眼只看得到

1　威廉姆斯，《保卫帝国》（*Defending the Empire*），第171页。

通往更好未来的“康庄大道”，于是他选择了改变。[1]

旧理念的其中之一要追溯到他极力反对贸易保护主义的那些日子，那时候他还是一个保守党员。他当时为了反对利用关税来增加收入而辩论称，因为那么多的钱流进了政府的口袋，却仅仅是为了自身利益鼓励了消费。“政府什么也没创造，什么也没付出，除了那些他们首先拿走的。”他曾经如是说。“你可以把钱放进一群英国人的口袋，但这些钱是从另一群英国人的口袋里拿出来的，而大部分都洒在半路上了。”

如今，在1909年，对他而言有一个区别是，政府不再像塞西尔旅馆时期那样带着腐败和无能的污点。他想要相信他和阿斯奎斯、劳合·乔治能联手让增长的政府收入得到有效利用。他希望他们是高尚的管理员，会把钱明智妥善地花去造福社会，而不是用来满足他们自私的个人利益。“我不打算假装税金本身是什么好东西。”他在1909年对一位伦敦的拥护者如是说，“它们不是。所有税务都是坏玩意儿。”然而他又急忙补充道，税收对像国家安全这样至关重要的事情是必不可少的补给，而在他的概念里，“社会保障”和军事安全同样重要。他告诉他的拥护者，劳合·乔治的预算将会“为国家着手开始社会组织领域的伟大事业”提供“必需”的资金。[2]

然而，无论是丘吉尔还是自由党的其他领导人除了“着手开始”这项努力，并没有机会大展拳脚。他们将寸步难行，不仅仅因为海军安全成本的不断增长，更是因为劳合·乔治在将他的“人民预算”提交给下议院后自毁式的处理方式。他连至少尝试一下用正常途径引导其通过成为法律都没有，反而从一开始便选择了挑衅上议院，谅他们没胆拒绝。百分之十的增长相当大，但不能说是革命性的，如果小心谨慎处理的话是完全有可能通过的。既是自由记者，又是政坛内部人士的J. A. 斯彭德认为，

1 1909年4月28日温斯顿·S. 丘吉尔写给克莱门蒂娜·丘吉尔的信，《姊妹篇》（*CV*），第2卷第887页。

2 温斯顿·S. 丘吉尔，“为什么我相信自由贸易”，《汤姆·沃森杂志》（*Tom Watson's Magazine*），1905年7月。

如果这份预算是“在阿斯奎斯手上，几乎可以肯定会被顺利通过”，最多有些来自反对派的温和抗议。毕竟，大部分预算的增加都是海军非常支出的必然结果，而那也是因为保守党本身想要提高海军军备到更高水平。

但劳合·乔治却非要把他的预算演变成一场政治权力之争，而不是简单的英镑和便士。他想要一场斗争多过一个预算，而他确信自己一定能赢。他认为自己正带领着自由党一路耀武扬威地朝着下一次大选迈进，他们将击败保守党并羞辱上议院。事实上，他的所作所为使整个国家陷入了一场长达两年的宪法危机，导致了社会改革的延期，并且在他结束一切之前，让他的党派失去了绝对多数的优势，而让保守党在下议院里获得了超过一百个席位。用斯宾得的话说，劳合·乔治发动阶级斗争的决定，将使“保守党失去心理平衡。他们勃然大怒并采取了相应的行动”。[1]

劳合·乔治通过在下议院谈到他的“战争预算”引起了众怒。他打算从富人那拿钱来“发动一场对抗贫困和肮脏的无情战争”，他自己如是说。但这多半只是句花言巧语。他增加的预算超过三分之二的部分将只会用来做两件事——新无畏战舰和养老金。（由阿斯奎斯制定和改进的新退休金计划只涵盖那些七十岁以上的人群，但事实证明它导致的开支比预期的要昂贵得多。）劳合·乔治充分预料到他将不得不把更多的钱投入皇家海军。如果再预订额外的四艘无畏战舰，他承认“这一年的海军开销会非常巨大，且甚至会超支，也许连纳税人都会不寒而栗”。深知这场新军备竞赛会让自由党支持者失望，他很巧妙地选择了一种比其本身更为激进的方式来推动这个预算。

自由党也许想要对贫困全面宣战，但为了准备那场预期中与德国之间的海军决战，将会消耗越来越大数目的可用收入。就在接下来的两年里，海军开支将增长百分之二十。与此同时，这段时期里浮现出来的几个对抗贫困的主要武器，大部分要归功于丘吉尔关于国民保险制度的理念。

温斯顿在为了改革而努力的过程中，犯了一个错误，那就是太过服从劳合·乔治。他似乎一度忘记了他的独立对于他所取得的成功是多么

1　斯彭德，《生活，新闻与政治》（*Life, Journalism and Politics*），第231页。

重要。就因为非常了解丘吉尔的好斗，劳合·乔治选择了开战，然后劝说他加入。这是一个从他步步高升的新贵同事那窃取领先地位的绝妙方式。丘吉尔在中年时会给出一个解释，说明他为什么会允许自己受到对手的影响。“在他状态最好的时候，他能口坠天花。”他如此写道，“我曾经目睹他在十分钟之内让整个内阁改变主意，而且当事情结束了之后，没有任何人能记得是哪一个具体的论点让他们改变了想法。”[1]

每一个与劳合·乔治紧密合作过的人，都很清楚当机会合适时，他能如何轻易地展示自己的魅力。外交官兼作家哈罗德·尼克尔森曾回忆道：“当你踏入房间，他就会一跃而起来到你身边，把你领进来，说话的时候把手伸向你，给你一个平易近人、生气勃勃且质朴单纯的深刻印象。他的声音非常有魅力，非常温暖且令人愉快。他也是个极好的倾听者，而当他专心倾听时，或者说假装在听——有一半时间他并没有真的在听——他通常会看着你，就好像你是他遇到过的唯一的聪明人。”[2]

要打破那位日后将被世人称为“威尔士巫师”的男人施下的咒语，是件困难的事。温斯顿总是认为他们是平等的，而且后来还说“我们联手便所向披靡”。但劳合·乔治却并不这么看待他们之间的关系。在内阁会议里观察过这一对以后，查尔斯·霍布豪斯在自己的日记里写道，劳合·乔治有一种“能在短时间里控制人的魔力。他完全不懂得诚实与感恩这两个词的含义。他知道阿斯奎斯忌他三分，但他喜欢也尊重阿斯奎斯。而对温斯顿·丘吉尔，他好像把他当成个自己特别钟爱的、被宠坏了的顽皮孩子”。

有时候，温斯顿会反抗劳合·乔治，对他说：“你可以自寻死路去下地狱。我不会妨碍你。你那该死的政策都与我无关。”或者，也有一位共同的朋友记得有一次听到他说：“不，不，不，我才不会听劳合·乔治的。”[3]

---

1 温斯顿·S.丘吉尔，《思想与冒险》（*Thoughts and Adventures*），第57页。

2 吉尔伯特，《戴维·劳合·乔治》（*David Lloyd George*），第15–16页。

3 霍布豪斯，《阿斯奎斯内阁内幕》（*Inside Asquith' s Cabinet*），第121页；马斯特曼，《C.F.G.马斯特曼》（*C.F.G.Masterman*），第173页。

然而，他会一次又一次地站到劳合·乔治一边，接着又站到另外一边。这是这个年轻人内在弱点的古怪展示，在他追逐权力的过程中对自己的领导缺乏尊重。他不知怎么说服了自己，劳合·乔治是个不可或缺的伙伴——也许部分程度上是因为他沉着冷静的个性，对一场战斗而言很有价值。但也正是这种个性让他很是愤世嫉俗，只不过温斯顿很晚才意识到这一点。“你比我要厉害得多，”他曾有一次对劳合·乔治这样说道，“我发现你总是很低调冷静地做事情，你很少会激动，但你总是能心想事成。我太容易激动了，总是东奔西窜，动静太大了。”[1]

1 吉尔伯特，《戴维·劳合·乔治》(*David Lloyd George*)，第354页。

第18章

噪声与狂怒

正如政治界习以为常的情形，针对预算的斗争发展成为与事件本身毫不相关的尖锐辱骂和夸张攻击。双方都夸大了他们的德行和委屈，直到事件的噪声和怒吼声将双方的理性辩论机会全部淹没。完全恼怒的丘吉尔抱怨道，预算“所占用议会的时间和精力”比其他所有他能想到的法案都多。

1. 最幸福的男人

一座高大的刷成乳白色的房子，坐落在伊克莱斯顿广场尽头33号，这在当时的伦敦是一个相当安静的地区，这块植物繁茂的飞地被河流和排外的伦敦上流住宅区所包围。许多知名专业人士及成功商人选择高质而低调地生活于此。他们以本区域优雅深长的花园为傲。在高耸的篱笆围挡内，花草植被被修剪照料得妥帖而恰当，并装点了伊克莱斯顿广场和附近的华威广场。而在沿着马路的另一边——近半英里开外——就是繁忙的维多利亚站，这里，每天都有全伦敦往来不息的各色人等。临近威斯敏斯特的中心，闹中取静的伊克莱斯顿广场对于需要与新婚妻子建立爱巢的温斯顿·丘吉尔来说是理想的地点。

他们在1909年5月搬入33号，在整个的周五和周六，都有“仿佛不间断的厢式货车”卸下或新或旧的各式家具。珍妮已经选好了其中一些房间的壁纸，温斯顿监督书架的安装过程以归置他与日俱增的藏书。克莱米已为餐厅选好了抢眼的蓝色地毯。她同时也在忙着寻找装饰婴儿房的东西，为她夏天即将出生的孩子做准备。即将成为父亲对34岁的丘吉尔来说，是人生下一个重大的奇遇。[1]

劳合·乔治戏谑地散布着错误的观点，认为个税缴纳的儿童（或者按照他所言是“毛孩子”）豁免是丘吉尔在财政改革中唯一欢迎的一点，“温斯顿”告诉他的朋友们道，“反对除了‘毛孩子’外几乎所有的预算项目，因为他自己马上要当父亲了。”[2]

当戴安娜·丘吉尔7月11日在33号出生时，乐坏了她的父母。她的爸爸很欣慰她继承了他的发色。同时，他很开心地看到她是那么健壮。

---

1 《温斯顿与克莱门蒂娜》（*Winston and Clementine*），第22页。

2 马斯特曼，《C. F. G. 马斯特曼》（*C. F. G. Masterman*），第137页。

“她的小手就像钳子一样能有力地紧握住我的手指。”他写道。[1]

但是，一如所有的新成立的家庭，丘吉尔夫妇经常被照顾初生婴儿和在新房安家的各种琐事的压力所困扰。克莱米怀孕期间一切顺利，但生产后却难以恢复，因而不得不与她母亲和家庭友人在乡村疗养许久。不在一起时，这对夫妇保持着不间断的通信联系，分享身边发生的细小消息及相互间的浓浓爱意。他们孩子气地相互称呼对方的昵称，并交换夫妻间特有的爱的信号。他们的夫妻之情愈发浓烈，上升为偶尔的热情似火，以及令人舒适的无间的亲密。

单身汉的生活比丘吉尔所承认的更加孤独，现在，他终于有了可以分享一切的终身伴侣。他们郎才女貌十分登对，并双双感恩于彼此的结合。“我感受到了你对我来说所有生动的现实意义，”温斯顿写道，“以及你带给我生命中令我欢欣鼓舞的美妙力量。生活现在变得更加美好了。”[2]

他们婚姻的幸福溢于言表，已被旁人所觉察。威尔弗里德·布朗特与他们在苏塞克斯的家里共进午餐之后，惊讶于他们在一起仅一年之长便如此如胶似漆。“他们是一对爱侣。”他在日记中写道。也许是由于诗人的特点，他非常容易从细微的举手投足间发觉深意——温斯顿会竭力满足克莱米的要求或者避免她有任何的不愉快。在与他们坐在花园里时，有一只黄蜂飞来，“克莱米很害怕黄蜂”，他写道，“有一只落到她的袖子上。”在她感到害怕前，她的丈夫就靠过去悄无声息地消除了威胁。“温斯顿果敢地捏着黄蜂的翅膀扔进了火堆中。”

克莱米很喜欢布朗特，且经常在他面前夸赞她为她丈夫感到多么自豪。在看到温斯顿在下议院做的现场演说后，她写了首诗，“当在听众席听到他的演说，我是如此骄傲。我希望，他永不会被平庸官气所染”。随后的一次在伊克莱斯顿广场的午餐——戴安娜出生不久之后——布朗

---

1 伦道夫·丘吉尔，《温斯顿·S. 丘吉尔》（*Winston S. Chuchill*），第284页。

2 《温斯顿与克莱门蒂娜》（*Winston and Clementine*），第22页。

特在他日记中写道："温斯顿在家里是个最幸福的男人。"[1]

然而，如此的幸福并非轻易可得。家庭生活的责任带来了与日俱增的花费。新的家具需要付款，医生也寄来了账单，新房子要比原有住所大得多，因此也需要他花更多钱在请家庭保姆和日常养护上。值得庆幸的是，他刚刚从翻印的小说《沙乌拉》挣得225镑，他由厄内斯特爵士卡塞尔管理的投资也一直回报颇丰。他持有爱其森、托皮卡圣菲铁路和美国钢铁公司的债券。他做商务大臣的年薪是2000英镑。但是他现在已经竭尽所能，没有空闲时间创作畅销书了。[2]

戴安娜出生时，有传说丘吉尔对他的第一个孩子非常骄傲。尽管听起来确有其事，但也许是政治界为了调侃他而添油加醋的。据说他在下议院前排落座时，坐在劳合·乔治旁边，当休息期间被问"孩子好看吗？"

丘吉尔眉开眼笑。"是我见过的最漂亮的孩子。"

"一定是像她妈妈吧？"劳合·乔治问。

"不，"温斯顿认真地回答道，"她长得跟我一模一样。"[3]

2. 伶牙俐齿的朋友

对于温斯顿来说，搬到伊克莱斯顿广场的一个重要原因是他的朋友F. E. 史密斯在那儿有一处房子，他与妻子和两个女儿住在70号。温斯顿认为两个家庭可以成为非常好的邻居。史密斯是一个敏锐的律师，1906

1 布朗特，《我的日记》(*My diaries*)，第271页和284页；朗福德，《激情的朝圣之旅》(*A pilgrimage of Passion*)，第386页。

2 温斯顿·S. 丘吉尔的投资见1908年11月3日及12月4日卡塞尔寄给他的信，《查特维尔文件》(*CHAR*) 1/78/17和25。曼彻斯特错误地称温斯顿·丘吉尔"他与卡塞尔所投资的钱亏损了"，《最后的雄狮：荣耀愿景》(*The Last Lion*: *Visions of Glory*)，第402页。

3 马斯特曼，《C. F. G. 马斯特曼》(*C. F. G. Masterman*)，第144页。

年以保守党支持者身份进入下议院，但前几个月他一直避免与丘吉尔结识，因为他难以原谅其转而投靠自由党。然而，他们在一次偶然的交谈之后，便立即结下了友谊。

表面看来，二人并没有什么共同点。弗雷德里克·埃德温·史密斯有一个深色好看的戏剧明星般的脸孔，穿着裁剪得体的昂贵西服，正好能够显露出他壮硕的身材。他是一个有天赋的运动员，游泳健将，咄咄逼人的网球手。在与温斯顿结识的最初几年，他是自由党最伶牙俐齿的批评家。所有政府大臣，包括首相自己，也尽量避免与其争论，以防止被他的唇枪舌剑所刺伤。丘吉尔是少数能与其智慧相媲美的人，也正是他们对唇齿间交锋的共同爱好，使他们紧密联系起来。

F. E.——正如他被人们所熟知的那样——凭借当律师获得了不少财富，并且经常因为他在一连串敏感的案件中取得瞩目的成功而登上新闻版面。他在法庭中比在下议院更加犀利，很多法官都曾是他妙趣横生辩驳的手下败将。一次，一个法官严肃地警示他，“史密斯先生，听过您的辩护，我可是不那么聪明。”F. E. 反驳道：“您可能不那么聪明，但您的确是见多识广啊。”一个自大的地方法院法官曾经是一个最中意的攻击目标，由于被他的鲁莽而冒犯，威利斯法官绝望地诘问：“你以为我坐在裁判席是干什么的，史密斯先生？”F. E. 有礼貌地回答：“亲爱的法官阁下，我可琢磨不出上帝为何做出如此神秘莫测的安排。”

和温斯顿一样，如果在宴会上遇到错误的邻座，他很可能会产生摩擦。“我得跟你说一下关于我的一个愚蠢的传言。”一位夫人朝他耳语道。他却回答：“我亲爱的女士，我宁愿延迟获得这份荣幸。”他喜欢烈酒，但如果喝得太多，就没那么温文尔雅了。当他的晚宴邻座向他自我介绍“波特·波特夫人带一个连字符”时，他醉醺醺地看了她一眼嚷道，他是“威士忌·威士忌先生带一个吸管”。[1]

1　约翰·坎贝尔，“史密斯，弗雷德里克·埃德温，伯肯黑德第一公爵”，《牛津国家人物传记词典》(*Oxford Dictionary of National Biography*)；伯肯黑德，《*F. E.*》，第98页和73页；坎贝尔，《*F. E. 史密斯*》(*F. E. Smith*)，第257页。

如果有人能够帮助提高丘吉尔的辩论水准的话，那 F. E. 当之无愧。他们会花费长达几个小时的时间进行妙语连珠的交锋，然后哈哈大笑，享受温斯顿与维奥莉特·阿斯奎斯所爱的语言游戏，但他们之间的辩论会上升到令人头晕目眩的高度。事实上是维奥莉特·阿斯奎斯后来提到，在丘吉尔所有朋友中，他与F. E. 是共同享有最多乐趣的。但由于F. E. 常常讥讽自由党的开支，因此他在圈子里并不十分受欢迎。维奥莉特·阿斯奎斯认为他是庸俗的保守派。虽然她承认他“很聪明”，但又随即以她特有的方式加上一句“他已经被自己的聪明冲昏头脑了”。[1]

克莱米不怎么喜欢他。她讨厌他酗酒并且怂恿温斯顿喝过量的酒及晚归，认为这会对温斯顿造成不好的影响。但是两个家庭都定居于伊莱克斯顿广场之后，很难再将这两个男人分开了。不管是在家、在下议院，亦或是在女王牛津郡的骑兵队里（F. E. 是温斯顿的后备幕僚），这对好友总是有办法迅速排除他人干扰而自娱自乐。在与 F. E. 共同度过的团训夏令营中，温斯顿总是筋疲力尽地回到家，一部分原因是体能训练的消耗，但最重要的原因则是与他的朋友熬通宵。

桑尼·马尔伯勒、温斯顿、F. E. 和其他几个好友在野营的帐篷里“坐在高高的橡木桶上，借着牛油蜡的微光，打牌直到天色破晓”。一个傍晚，所有人都微醺，桑尼问道：“我们玩儿什么呢，F. E.？”他半开玩笑般地看了一下这位公爵回答道：“如果你想的话，就押上你该死的宫殿吧。”桑尼便知趣地不再叫牌了。

温斯顿与 F. E. 非常明智，下决心避免让他们不同的政见影响到他们的私交。当1909年夏天对劳合·乔治预算的交火愈演愈烈之时，自由党的温斯顿·丘吉尔与保守党的 F. E. 史密斯（他称预算为“空话连篇的诈骗”）之间的政治分歧越来越大了。[2]

---

1 “议会历史中伟人背后的女性，”《苏格兰人报》（*Scotsman*），2004年4月18日。

2 伯肯黑德，《F. E.》，第175页；“F.E.史密斯先生的袭击”，《每日镜报》（*Daily Mirror*）1910年2月23日。

3. 向贵族开战

1909年7月30日夜晚闷热难耐，劳合·乔治到东区一个很大的布道堂里进行一个关于他预算的演讲。他已经为这样一个公开抨击保守党反对者的绝佳机会等待了许久。他决定选择一个地点，这个地点本身就能向他们释放出强烈的信号。这是一个叫作爱丁堡城堡的破败不堪的建筑，外观似一种中古世纪廉价的堡垒。四周是漆黑冷清的莱姆豪斯区街道，这是伦敦最破败的地区之一。它的一大部分被用来做夜店酒吧，臭名昭著，被认为是"金酒天堂"。但后来托马斯·巴纳多——这位以救济穷人孩子而著名的改革家——开始把它变成一个福音派牧师帮助穷人的中心地点，用"咖啡天堂"取代了夜店酒吧，再加上了一个大厅做"教民布道所"。

这对于一个要对自己预算案进行解释的财政大臣来说，是一个很罕见的场所。通常，在演讲台上演说的人都是这样的人：他们一边捶着《圣经》一边在向听众强调曾经远超三千人来听过他的演说，即这个大厅的最大承载人数。就像巴纳多早期自传中所提到的，"许多著名和有影响力的福音派教徒和牧师，来自不同阶层有着各式天赋的人，从皈依的职业拳击手奈德莱特到大学毕业生，几乎每一个基督教会的宗派显要人物都在爱丁堡城堡做过布道。"[1]

劳合·乔治不想要一个普通的政治讲堂。他想要的是一个能够开启俗世圣战的圣坛，并且，他希望在自己号称是帮助对象的人群中去做，如生活在莱姆豪斯区的穷人。带着质疑的人群大量地聚集起来，挤满了大厅，还有好几百人在窗口旁边听，而窗户早就打开了，为了在这个闷热的夜晚让凉风吹进来。他到来时，人们欢呼着，唱着"他是个好小

1　伯特，《巴纳多博士》(*Dr. Barnardo*)，第161–162页。

伙”，并且将上来责问他的少数妇女参政论者推开。

于是当劳合·乔治扫视长凳上拥挤的人群，并开始他人生中最重要的演说时，他们伸着脑袋仔细聆听。他们也许是在期待像丘吉尔在敦提市做的“太阳的承诺”演讲那样——给他们一个自由党改革下更好世事的景象。而他几乎没有提及他的预算能为他们做什么，而是即刻开始向保守党贵族们开火。在他眼中，保守党囤积财富并密谋在上议院阻挠他的纳税提案。“他们是那么吝啬，”他说，“他们甚至不愿为他们自己想要的无畏舰买单。”

就像一个好演员那样，他给他的听众缔造出一种场景，在这个场景中，谦逊的自由党人从国家的一端奔走到另一端，募集无畏舰的资金。贫穷的工人很开心地付了他们的部分，但是住在时髦的伦敦豪宅的富人们却除了他们应付之外不愿多给一分钱。“我们巡游了贝尔格拉威亚（伦敦上流居住区。译者注），”他告诉莱姆豪斯的穷人们，“自从它完全抵制我们之后，那里一直存在不满之声。”他说，丰厚的财富，应与责任相伴，特别是对于拥有大量土地的贵族来说。如果富有的人们拒绝支付更多的钱去协助更大范围的社区，那么，他严肃地警告道：“总有一天，我们会重新考虑谁将统治这个国家。”

在这个警告后他接着说道：“不论一个国家多么富有，都不可以永远使一个正在下降的阶层去等分从开始他们就被号召所负担的义务。”

莱姆豪斯的听众开心地看到这样的景象：由于拒绝向这个瘦小的、忠于上帝且自我克制的、为巴纳多贫民窟的穷人说话的威尔士人俯首，富有的公爵们被剥夺了土地和权力。当劳合·乔治高亢地为他的演讲结尾，呼吁为穷人而向邪恶的公爵们斗争时，他喊着：“我是人民的儿子。”人群兴奋地回答道：“太棒了，戴维。”[1]

这是一场强有力的表演，并且对保守党起到了预期中的效果。保守党党员们在看了演说之后扔掉报纸，有的气得中风发作，其中一些人的

---

1 “预算与人民”，戴维·劳合·乔治1909年7月30日在伦敦莱姆豪斯爱丁堡城堡预算联盟的演说，议会档案，LG/C/33/2/11。

发抖甚至持续了好多天。他们难以相信自由党的领袖竟然在煽动数以千万计的人加入他们进行一场阶级福利的革命，他们更是被神圣的大片土地与强制征收扯上关系而吓得胆战心惊。“内阁社会主义”，报纸头条如此写道，“大臣向地主发出恐吓”。《半月评论》称劳合·乔治是“莱姆豪斯的暴徒演说家”。（他对财产的恐吓事实上是夸张的噱头。他的土地税法案从来没有产生大量税收，1920年在戴维·劳合·乔治任首相期间被废止。）[1]

如果存在任何希望，能避免与上议院展开全面斗争而通过预算法案的话，莱姆豪斯演讲毁了这种可能。对于保守党来说，这是他们无法忽视的战斗的号令。反对派议员爱德华·卡尔森爵士立刻断言劳合·乔治的预算案的真正目的不是强调财政问题而是推动两院的对峙局面。卡尔森是一个成功的政治家和律师，以其果决的处理和坚定的演说风格著称。像其他许多同阵营的人一样，他非常愿意一战。

他说：“财政大臣一直塑造一个这样的形象，他为财政法案的反对票所焦虑，并且为公共福利和公共和平而负责。但在莱姆豪斯演讲中，劳合·乔治先生却撕下了面具，公开宣扬阶级战争、人身攻击、满足贪欲和所有的激愤之情，这些使他成了一个为谋求一时成功而不择手段的煽动者……他不是想为一个预算立法，而是为一场革命立法。”[2]

莱姆豪斯演说改变了劳合·乔治的一切，毫无疑问使他成了上层阶级最害怕的人，以及自由党人和工人阶级最尊敬的人。由于被他过激的措辞所误导，社会的最底层和最上层人都夸大地预料了他改变英国的能力，因为外表和言语在塑造他的公众形象方面要比实际作为更加重要。在王国最趾高气扬的贵族面前，他以人民利益最强有力的捍卫者姿态成功地占据主动权后，现在他可以随意地抨击特权并且等待后者去帮助穷

1 “预算斗争”，《每日邮报》（*Daily Mail*），1909年8月2日；“下议院”，《双周刊》（*Fortnightly Review*），1909年11月1日；“撤销土地税的讨论在詹金斯进行”，《丘吉尔》（*Churchill*），第159页。

2 “大臣与地主”，《每日邮报》（*Daily Mail*），1909年8月3日。

人了。

丘吉尔不愿等待。他欣赏劳合·乔治厚颜无耻的伎俩，也对上议院毫无同情可言。他认为预算案的斗争只是竞选斗争，然而他还想实际地做一些他的同僚们仅仅做出模糊承诺的事情。当自由党不可避免地向上议院开战时，温斯顿则游历全国试图为他所说的“强有力的国民保障体系”争取支持。[1]

在莱姆豪斯演讲仅四天前，丘吉尔在诺里奇为听众描述了他所创立的能够覆盖两千四百万工人的失业保险的计划。他期望劳合·乔治的预算能够为他开启这一计划提供资金支持，并且工人和雇佣者都可以被纳入该体系。这意味着一个重大的社会进步，然而却几乎没有获得关注。预算案一被拖延，该计划就无法推进。11月，也就是进入财政争斗的第七个月，完全恼怒的丘吉尔抱怨道，预算“所占用议会的时间和精力”比其他所有他能想到的法案都多。

从斗争的一开始，他就在是开启一个不妥协的斗争还是留出谈判余地之间摇摆不定。7月份时他还努力使自己听起来中立，向有产阶级重申资产没有受到威胁。“如果私有财产在这里是安全的，”他告诉自由党俱乐部，“是因为我们历史上持续不断的努力促使了保守分子让步而促使革命者隐忍。”但莱姆豪斯演讲激励了他，使他放弃中立，虽然并非没有内心的挣扎。就在他准备自己的莱姆豪斯爆发之前的最后一刻，他还在与自己争论到底站在哪一边。在8月30日，他在给克莱米的信中说：“今天我又在写莱茵斯特演说……我拿不定主意到底是刺激还是安抚，总在这两者中间犹豫不决。但是总的来说，我还是倾向于前者！”[2]

事实上，他在莱茵斯特的演说措辞除去开头结尾的大部分是慎重和

---

1 温斯顿·S.丘吉尔，自由贸易厅，曼彻斯特，1909年5月22日，《演讲全集》（*CS*），1258页。

2 温斯顿·S.丘吉尔，圣安德鲁斯大厅，诺里奇，1909年7月31日；科尔斯大厅，布里斯托尔，1909年11月13日；自由党俱乐部，布兰克瑟姆，1909年7月31日，《演讲全集》（*CS*），第1293、1346、1300页；伦道夫·丘吉尔，《温斯顿·S.丘吉尔》，第314页–315页。

温和的，而开头结尾比劳合·乔治还要具有挑衅性。在开头，他调侃保守派贵族为“不幸的个体们”以及“酒囊饭袋”，他们没有权利干涉政治应该满足于“安静、体面、有庇护的生活”。在结束时，他用攻击性的语言威胁他们的权力，说“我们会把他们的否决权撕成碎片”。他诅咒所有贵族为“有爵位的可悲少数派，不代表任何人，仅仅赶到伦敦为他们的团体利益、阶级利益、自身利益投票”。他好战的本性完全显露出来，因为他不仅威胁击败上议院，而且威胁会促使他们投降并且会对他们未详细说明的财产进行没收。[1]

他说，我们应该理解“这一战必将到底，战败敌人所有的与国家利益相关的财产必会被全部没收”。这些话的确切意义虽不明晰，但听起来像是兵临城下的将领的最后通牒。

震怒的保守党立即指责该演说是对上议院“下流的辱骂”。但是如若丘吉尔期望接过劳合·乔治“人民战士”这一头衔的话，那么他失败了。因为有一件事他做得太晚。而且，更重要的是，他的语言没有他的对手在莱姆豪斯的那样具有戏剧效应。那个精力充沛的威尔士人聪明地选择了站在贫民窟的一个破败的布道所，而丘吉尔却在位于省城崭新的剧院锃光发亮的舞台上展现魅力，而安坐于干净的楼座和私人包厢的大多数是中产阶级听众。莱茵斯特皇家剧院甚至还有一个宏伟壮丽的大理石楼梯间，安装着黄铜扶手，入口处是一个抛光胡桃木的大门。

尽管大部分是赞同的，当丘吉尔站在华丽的皇家剧院咒骂上层人时，他的听众却也不禁感受到有些不相协调。事实上，当他第一次提到贵族时，人群中就有人喊：“那你的祖父呢？”

尽管温斯顿可能希望领导自由党对特权开战，他却无法逃避自己的贵族背景。他只不过是给了左派和右派的对手一个为此调侃他的机会。一个曼彻斯特的保守派政治家质疑道，丘吉尔怎么敢在拥有数位有爵位的亲戚并来自“一个有九个公爵的家庭”的情况下对贵族开战。温斯顿

1　温斯顿·S. 丘吉尔，皇宫剧院，莱茵斯特，1909年9月4日，《演讲全集》（*CS*），第1314–1324页。

非但没有抢到劳合·乔治的任何风头，还让他自己看起来很愚蠢。而且，的确无法为他演说后报纸的头条做出合理的解释：十二个贵族的亲戚，丘吉尔先生声称向贵族开战。[1]

莱茵斯特的听众规模与莱姆豪斯的人群大致相同，但丘吉尔激情洋溢的演说流于平庸，劳合·乔治却成了传奇。

4. 自由党立法领导者的告别词

在这一段风波频起的日子里，一次丘吉尔与住在唐宁街10号的维奥莉特·阿斯奎斯聊天。在听他解释最近的政治变革之后，她尖锐地看着他说："你一直在谈劳合·乔治。"她很了解他，从他的言语中读出了端倪。

"我为什么不能呢？"他问。

"当然你不是不可以，"她说，"但他已经在你身上成功了。你现在说话就像他一样，而不像你自己。"[2]

他否认了这一点，但他的莱茵斯特演说却完全显示了他受到的影响，因此维奥莉特很快就发现了变化，并警告了他。也许是克莱米鼓励他要表现得更加激进的原因。她不喜欢桑尼·马尔伯勒，认为温斯顿被他的保守派朋友们迷惑了，他太轻易和快速地忘记并原谅了促使他离开保守党的激烈分歧。

在那些年的一封信里，克莱米提醒他不要被他的保守派朋友们令人向往的生活所误导。"他们不代表保守主义，"她写道，"他们只是顶层浮着的奶油。但在深处，他们无知，庸俗，且充满偏见。"她在落款写道："你激进的怒发。"

---

1 "丘吉尔先生藐视首相"和"十二个有爵位的亲戚"，《每日快报》(*Daily Express*)，1909年9月6日，9月8日。

2 伯纳姆·卡特，《温斯顿·丘吉尔》(*Winston Churchill*)，第131页。

尽管温斯顿已经很小心地与桑尼保持良好的关系，克莱米却发现自己越来越难以掩饰对贵族强烈的保守主义和普遍的傲慢自大的反感。大部分时间里，她能够礼貌地对待他，但在数年之后她戏剧般地失去了耐心，在桑尼发出一席轻率言论之后她便冲出了布伦海姆宫。当桑尼得知她在给劳合·乔治写信，便斥责道："拜托了，克莱米，你能别在布伦海姆宫的信笺上给那个可怕的小人儿写信么。"克莱米一言不发，整理行装向车站走去，对桑尼的道歉置之不理。[1]

在保守党的公馆，不提关于劳合·乔治的名字是非常明智的。一位贵族地主曾经向他的佃户宣称，一旦劳合·乔治下台，他会"在他的公园烤一头活牛，以抒发他的开心之情"。当听说此事时，劳合·乔治平静地回答说他会"强烈建议贵族地主离火越远越好，免得再被人把他与公牛搞混了"。[2]

正如政治界习以为常的情形，针对预算的斗争发展成为与事件本身毫不相关的尖锐辱骂和夸张攻击。双方都夸大了他们的德行和委屈，直到事件的噪声和怒吼声将双方的理性辩论机会全部淹没。10月底，查尔斯·霍布豪斯直言不讳地问劳合·乔治，他掀起如此炽烈的财政预算斗争的原因。他是希望成功地成为"财政密谋"的"导演者"吗？该大臣赞同地说，他是，"但又补充道，他惹恼了世袭的上议院，这件事将会更加被人深刻铭记"。[3]

不论他想通过这次斗争达到什么目的，他都通过刺激上议院加入一场无法获胜的斗争而向旧的统治阶层取得了胜利。通过世袭获得拥有否决权的大臣身份是违背历史潮流并不合时宜的，它不可能在20世纪长久存在。但是在劳合·乔治改革之前，对自由党来说，这也并不是一个生死攸关的问题。然而后来这件事却盖过了其他问题。他一定非常高兴，因为有一位公爵的子孙与他站在一个阵营战斗。

1 索姆斯，《克莱门蒂娜·丘吉尔》(*Clementine*)，第109页和127页。

2 爱德华兹，《戴维·劳合·乔治》(*David Lloyd George*)，第311页。

3 格里格，《劳合·乔治》(*Lloyd George*)，第220页。

当清算日一点一点临近，想到自己如何巧妙地操纵整个风波他就兴奋地搓着手。10月，他写信给他哥哥，信中说："双方现在都已经意识到他们现在必须斗争，否则就得忍气吞声……我故意促使他们斗争。害怕他们不理会我的伤害而临阵脱逃。"他操控得如此巧妙，双方现在都已经来不及退缩了。11月30日（温斯顿35岁生日的当天）上议院如预料的一样拒绝了预算案，自由党阵营开始准备宪法上的最后一战，1910年初，大选呼之欲出。[1]

自由党并没有依靠稳扎稳打的立法成就来确立他们的多数地位，相反，他们只是通过大选祈祷获得预案权以提出增税、无畏舰数以百万的花费以及威吓当权派。这不是成功的必然途径，但投票开始的仅两个月前，劳合·乔治乐观地预计自己的党能够一跃成为占有90个席位的多数。而事实证明他是错的。

然而无论如何，也并非所有人都赞同他乐观的看法。雷吉·莫坎那的妻子帕梅拉在妇女席位，当其在12月2日看到下议院完成工作时，她认为前景堪虑。她对政府在执政生涯的平庸和无所作为而耿耿于怀。她在日记中写道："开始执政时做出如此誓言，占有前所未有的大多数席位，回首四年的艰难险阻，完成的却寥寥无几，这真让人感到悲哀。"[2]

在那个时候，许多事还不完全明晰，但那以后，就逐渐开始明朗。1909年这样关键一年里（这一年是该党在下议院争取多数的最后一年），英国最伟大——并且是最有效率的——自由党领袖是温斯顿·丘吉尔。布拉什，坎宁以及劳合·乔治，都是外在风格杰出的类型，这也通常是温斯顿的长处。但是进入内阁后，丘吉尔又展现出了他自己同时也是真正意义的政治领导者。他有最创新的思维，有最细致的计划，并且能做出与新自由主义目标最一致的辩解。

就在上议院否决预算案之前，他发表了一系列的演讲，这些演讲起

1　吉尔伯特，《戴维·劳合·乔治》（*David Lloyd George*），第393页。

2　法尔，《雷金纳德·麦克纳》（*Reginald McKenna*），第185页。劳合·乔治预测90席位领先，见吉尔伯特，《戴维·劳合·乔治》（*David Lloyd George*），第403页。

到了自由党声明的作用，却为时已晚。政党已陷入极大的困境，社会保险的细枝末节对于代表和选民来说，也远不及预算案问题那样性命攸关。但丘吉尔的《自由主义与社会问题》一书，却受到了党内一些忠实成员和少部分激进分子的欢迎。他们认为它有鼓舞人心的力量，并期望本党1910年赢得大选，这样可以重整旗鼓推动进取的步伐。其中的一名仰慕者便是经济学家J. A. 霍布森，他称赞该书是对新自由主义“最巧妙、最动人、最有说服力的表达”。

甚至多产的自由党记者，也惊叹于丘吉尔能如此巧妙地展现他眼中被保护和解放后的英国景象，这被后几代人称为社会安全网。被历史学家称为“新自由主义的精神教父”的H. W. 马辛厄姆给他的书写了序。他赞扬了该书“思维清晰和直接”以及作者“有能力建立起政治理论，并以引人入胜和令人信服的论证来阐述”。他几乎要把它宣称为革命运动的圣经。在它的“修辞能力和情感力量里”，他写道，“这些演说的读者很难再从类似现代英国演说中找到可与之媲美的例子”。[1]

在自由党占上风的相对较短的一段时间里，丘吉尔带头宣传和推广“旨在给予”的措施，用他的话说，就是“给所有阶级，特别是给工人阶级都带来安全保障的措施”。[2]除了诸如建立职业介绍和失业保险此类的必需的服务，他还做出了在经济萧条期依靠公共建设增加就业和通过教育提高劳动力水平的远大规划。然而不幸的是，随着综合改革的成功，机会之窗正在对丘吉尔悄然关闭。虽然他还不知道，但他的新书——很可能是未来蓝图——却成了他作为自由党立法领导者的告别词。

1　埃迪森，《丘吉尔在国内》（*Churchill on the Home Front*），第89页；温斯顿·S. 丘吉尔，《自由主义与社会问题》（*Liberalism and the Social Problem*），第23页；吉尔伯特，《戴维·劳合·乔治》（*David Lloyd George*），第465页。

2　温斯顿·S. 丘吉尔，皇宫剧院，莱茵斯特，1909年9月4日，《演讲全集》（*CS*），第1319页。

第19章

生与死

也许下议院没人理解，这个领导他们走过战争阴影、抗争到底拒绝投降的人其实在向他们展示他自身性格特质的矛盾与纠结。他坚持读伍德考克的遗书时，他们一定以为只是迟暮的英雄在执拗地回顾过往。实际上他在给人们分享他内心深处可怕的景象——一个毫无希望的人走投无路。

1. 新任内政大臣

当戴维·劳合·乔治试图通过爬墙从人群中脱身时，他可能才意识到他的政党不可能赢得1910年1月的大选。他曾经告诉他的哥哥他想要一场战斗，而他现在如愿以偿了。从他1月14日周五晚到达北部港口城市格里姆斯比的一刻，那里的市民就让他意识到了自己不受欢迎。午夜时分，骑警护送着他所乘的汽车离开火车站。支持者们为了欢迎他组织了火炬游行，但当他们走向他下榻的房子时，一群反对者试图阻断道路并与警察产生了冲突。他们朝汽车丢瓶子和土豆，且打碎了车窗的一块玻璃。示威者喊着侮辱的口号，还有人喊："叛徒！"

第二天侦探护送他到一个溜冰场，他计划在那里举行一个中立的集会。由身着制服的官员守卫着舞台和入口。但很快溜冰场就被几千名怒气冲冲的反对者包围了。警察们又陷入了1901年劳合·乔治在被示威人群围在角落时，伯明翰官方遇到的同样的尴尬境地：他们如何才能帮助他安全脱险呢？郡警察局长斯特灵决定最好是赶紧逃离。他建议在大家发觉前，从后门离开，然后从铁道上面的桥上快速逃走。

他们并没能成功。人群发现了他们并紧追不舍。唯一的希望就是从轨道边的一个墙上翻过去，然后躲避在邻近的一个消防站。于是财政大臣就在几个警察的帮助下翻过了墙，消失在了消防站里。二十分钟后一辆车从那把他接走，并飞快地将他送到了下一个演讲地点。数日之后，一家全国性的报纸刊登了一幅漫画，上面画了一个惊慌失措的劳合·乔治被一名健壮的警察托着翻墙的画面。"仍在逃跑"，标题这样写道。[1]

---

1 "危难中的劳合·乔治先生"，《劳埃德新闻周刊》（*Lloyd's Weekly News*），1910年1月16日；"劳合·乔治先生和格里姆斯比人民：翻越一堵墙"，《每日快报》（*Daily Express*），1909年1月17日（参见此事件漫画"仍在逃跑"）。

当财政大臣还在与格里姆斯比的示威人群斗智斗勇时，温斯顿却安全地在敦提市为他的竞选做工作。他现在是深受当地市民爱戴之人，不用担心会失掉席位。他做的演说基本都很柔和，多半是因为阿斯奎斯希望他为大选做准备。但他仍有一些失误，为了说明早期在城市其他地区选举的落后，他曾阴郁地暗示少数派通过恐吓当地人来使他们投反对票。他说："毫无疑问，就像我曾预料到的，这是一个封建倒退。"[1]

最终结果宣布，他轻而易举获得了自己的席位。但保守党卑鄙的手段使自由党丧失了无法忽视的大量席位，保守派和联邦主义同盟席位从1906年的157席升至272席，然而自由党从311席下降至274席。为了保持实力，阿斯奎斯不得不依赖两个少数党——工党和爱尔兰民族主义党的支持，这样又造成了新的局面（尤其关于爱尔兰自治条例）而使政府治理越发困难。自由党希望把这次选举灾难看作是小挫折，但这却使反对党越战越勇，因此自由党不得不开始质疑当初听从劳合·乔治的离间策略是否是明智之举。

玛戈·阿斯奎斯私底下曾跟丘吉尔说过，该大臣煽动性的措辞自身就致使党内失去30个席位，选民已经给了他们强烈的责难。她承认，因缺乏"客观中立性和自我控制已经使我们丧失了辉煌的多数优势"。她赞赏了温斯顿在竞选中行为举止更加负责并要求他继续保持和善。"为什么不翻开崭新的一页，使人人都爱戴你并尊重你呢？"她以她一贯的强势口气对他说。"你觉得那样很无趣，但是总跟记者交谈并与劳合·乔治时刻联系在一起更加笨拙无趣。"[2]

温斯顿并没有努力为劳合·乔治辩解。他知道在下议院新的结盟只会使立法更加费时和复杂化。而自由党的失败已经使他过去两年的努力销蚀了大半。他本可以继续留在贸易委员会奋勇向前，但他总是寻求立

1　温斯顿·S. 丘吉尔，英国德文郡，托基，1910年1月21日，《演讲全集》，（*CS*），第1477页。

2　1910年2月12日玛戈·阿斯奎斯致温斯顿·S. 丘吉尔的信，《姊妹篇》（*CV*），第2卷第1134页；克利福德，《阿斯奎斯家族》（*The Asquiths*），第165页。

竿见影的途径，并且无疑是担心自由党的统治会突然中断。因此提高他在内阁的影响力也很重要，因为这样他就可以与劳合·乔治平起平坐了。

首相认同他应该获得升职，并顺便给他一个“最微妙和困难的岗位之一——爱尔兰事务部”。但丘吉尔着眼于更大的事，并无心于“困难”的工作，而且由于爱尔兰民族主义议员新的要求，工作会愈发繁重。由于充分了解阿斯奎斯和他的家庭，他自然地拒绝了爱尔兰事务部的工作机会，并提出自己的升职请求。有两个职位既能够给他渴望已久的行动空间又有他认为他应获得的威望，因而对他很有吸引力。他在2月5日给首相写信：“我想去海军部（如果有空缺的话）或者内政部。这很适合我，如果您允许我这样说——大臣在政府的职位应与他们在国内的影响力相当。”[1]

换言之，他在过去一年里表明，他配得上站在所有同仁旁边，他想得到一个地位去证明这一点。阿斯奎斯找不到任何理由去反驳，因此就答应了他。几天之后便宣布了丘吉尔成为新的内政大臣。

2. 对死刑的纠结

在内政部，他关于法律和规则的职责使他经常与警察、监狱和法庭打交道，在他到任内政部几天后的一个晚宴上，他一直沉浸在自己的深思熟虑中，直到晚宴进行一半才开口说话。他突然转向坐在他旁边一位衣着体面的夫人，仿佛自言自语地说——“我们终归是造成了太多的死亡。”这位夫人是丘吉尔的好友伊恩·汉密尔顿将军的妻子，简·汉密尔顿，她非常了解丘吉尔，知道他不关心泛泛地闲聊，突然说出如此不同寻常的话是有原因的。她把他的话放在心上并礼貌地回答：“我想是的——但你为什么现在说这个？”

1　1910年2月5日温斯顿·S. 丘吉尔致H.H. 阿斯奎斯的信，《姊妹篇》，（*CV*），第2卷第1133页。

巧合的是，丘吉尔为第一次体验他新工作最困难的一部分沉思了整整一天。

“我今天不得不签署死刑命令，”他说，“这给我很大的压力。”

“谁的？”她问。“因为什么？”

温斯顿的回答解释了他沉思的原因：“一个人当街抓了一个儿童并割了她的喉咙。”

简·汉密尔顿很惊讶，但她找不到为如此一个杀手的死哀悼的原因。“这倒不会给我带来什么压力。”她说。[1]

但丘吉尔内心困扰，因为他难以理解在这样一个本应是文明的社会怎么可能发生如此可怕的罪行。约瑟夫·瑞恩，失业的前海员，居住在兰开夏工业城，在12月谋杀了一个年仅三岁半的儿童并弃尸在铁路旁。1月份被判有罪，2月14日被判处死刑，就是丘吉尔上任内政部的同一天。瑞恩已经在牢房里自杀一次却并未成功，他已经认罪，说他在杀害那个孩子的时候他曾“如此绝望，不知道自己在做什么”。丘吉尔复审了案子并未发现有何理由判决缓刑。那一晚，当简·汉密尔顿在与新的内政大臣讨论极刑是否明智的时候，瑞恩正在曼彻斯特斯特兰奇韦斯监狱坐着。第二天他被执行绞刑。[2]

温斯顿任自由党立法委员时，英国尚处在困苦的工业时代，他致力于为挣扎在贫困线的广大劳动者谋求福祉。但他在内政部的工作使他对贫民窟的犯罪和腐败现状感到悲痛，而他不得不面对这一系列的棘手问题。案件的细节通过个人犯罪和受罚的故事，使爱德华时代社会阴暗面生动而痛苦地呈现在他面前。他没想到他受这份工作影响如此巨大，也没有想到自己会如此纠结，因为作为官员的自己可以掌握生死，笔尖的轻易划动就可把人送上绞刑架或者判处缓刑。

1　李，《简·汉密尔顿夫人》(*Jean Lady Hamilton*)，第197页。

2 《泰晤士报》(*Times*)(伦敦)，“伯恩利谋杀儿童案”和“极刑目录”，1910年1月12日和2月21日。新闻报道证实被杀的孩子是个男孩，而非如简·汉密尔顿日记中写的女孩。

他把一沓每页都写着黑色“死刑”字样的冰冷的案卷簿放置在办公桌边。从他就任内政大臣开始，已有四十二个人名加入在上面，所有人都被判绞刑。每一个名字后面都列着写有“结果”的信息栏，丘吉尔给了其中二十个缓刑，但剩下的二十二个“结果”栏里则是“执行”。后者包括臭名昭著的谋杀犯霍利·哈维·克里平医生和稍显平凡的杀人犯，如威廉·亨利·帕默，他曾入室抢劫一个妇人并勒死了她。[1]

曾有一个案件困扰了丘吉尔的一生。这是一个自首的谋杀犯，爱德华·伍德考克，他曾经是一个不知名的退伍士兵，与一个女人同居但并未结婚。在一次酒后的争执中他用刀杀了她，但当他意识到自己做了什么的时候彻底崩溃了。

丘吉尔回忆：“在事发之后，他走下台阶，看到几个他经常给糖果吃的小孩子在等着他。他从自己口袋里掏出所有的钱分给他们说：‘我再也用不到这些了。’于是他就走进警察局自首了。我被整件事所震撼和感动，被这个不幸的人的所有特质感动。审理案件的法官建议应执行法定量刑。内政部富有经验的官员建议不干涉法庭决定。但我有自己的看法，在这方面我自有决断。”

丘吉尔的决断惊愕了他的下属，该男子在1910年8月初被判缓刑，终身监禁。但在第二个月初，内政部人员便震惊地听到他在监狱中上吊自杀的消息。他被发现死在了自己的牢房，并给家人留了一封遗书。

38年之后，当丘吉尔作为抗击纳粹的国家卫士闻名国际时，他仍然保留着爱德华·伍德考克的遗书复印件，并把它带到了下议院念给众人，作为极刑的证据。这个国家从两次世界大战的杀戮中幸存，欧洲的很大部分仍一片废墟，但温斯顿却仍然无法忘记1910年因激情杀人的这名男子，无法忘记他事发后把自己的所有钱财分发给街上的孩子而后自首。终身监禁使该男子绝望，这一点一直萦绕在丘吉尔的脑海里。

1　内政部，“极刑目录”，《查特维尔文件》*CHAR*12/12/1–5。伦道夫·丘吉尔的一个调查者计算了四十三个案件。《温斯顿·S. 丘吉尔》(*Winston S. Churchill*)，第396页。

“我也不知道自己是否在逃避执行死刑的恐怖，”丘吉尔在下议院说，“意在废除死刑的尊敬的议员们，请你们不要低估无期徒刑的痛苦。对于许多——至少是一部分的性格形态来说，这是更加可怕的惩罚。”

当然，温斯顿讲的是二十多岁就犯了罪，冒一切风险逃避监禁，躲到天上寻求自由的某人。当看到伍德考克对长期监禁的恐惧，他感受到了仿佛自己置身在南非的那种绝望。由于他不安分和不妥协的特质，温斯顿绝不甘于长期做罪犯，也不会受制于人。他曾以为他解除了伍德考克的死刑执行令是在帮助他，但此人的自杀给了他非常重要的提示——有些东西要比死亡更可怕。

也许下议院没人理解，这个领导他们走过战争阴影、抗争到底、拒绝投降的人，其实在向他们展示他自身性格特质的矛盾与纠结。他坚持读伍德考克的遗书时，他们一定以为只是迟暮的英雄在执拗地回顾过往。实际上他在给人们分享他内心深处可怕的景象——一个毫无希望的人走投无路。

这是唯一能够解释为什么那个时代中最有成就的演说家在其声名如日中天之时，会停下来在下议院大声地读出一个叫爱德华的平淡无奇的遗书。“我很欣慰被缓刑，”伍德考克给他的亲戚这么写道，“但这是为了你们，而非我自己，因为我知道这意味着我要在监狱里度过‘终生’，这毫无快乐可言。我宁愿现在死也不要一辈子在牢里度过。我一直在研究怎么弄死自己……我在坟墓里会过得更好，因为如果我15年后出狱了，我将61岁了，我怎么可能在那个年纪找到工作？希望我能圆满完结，晚安。上帝保佑你们。你们可怜不幸的兄弟，E. 伍德考克。”

丘吉尔放下信环视众人。“我提这个案子是为了告诉那些想避开死刑恐怖的人，不要低估另一种刑罚的沉重与折磨。”[1]

---

1 《议事录》（*Hansard*），下议院，“谋杀罪的死刑缓期执行”，1948年7月15日；“死缓犯人的自杀”，《劳埃德新闻周刊》（*Lloyd' s Weekly News*），1910年9月4日。

3. 爱德华七世去世

爱德华·伍德考克在5月底被逮捕，但受害人伊丽莎白·安·约翰逊却鲜受关注。他的迅速认罪也几乎未被报道。整个国家的悲伤被另一个爱德华——英国国王——所占有，因而忽略了细小日常的市井悲剧。1910年5月6日，爱德华七世在白金汉宫去世。

尽管统治时间相对较短，但国王留给他子民的仍是高大伟岸的形象，他是可靠慈爱的君主，他完成了自己职责的同时又活得无限风光——他放纵了自己一个都铎郡王的超大胃口。正是优越的生活毁了他的健康，他中等的身材堆积了太多的脂肪，最后笨拙得几乎不能挪动了。一名德国外交官在他去世前一年看到国王，他"胖到爬楼梯时几乎没了呼吸"。

生命是一场长久的盛宴，一名又一名社交美人对他奉上了柔声细语，给他增添了更多的慰藉和美好。温斯顿的母亲就是其中一位，并且在自己儿子弄得国王痛苦不堪时，依然保持与国王的良好关系。听到他去世的消息，她称他为"伟大的君主和令人爱戴的人"。[1]

珍妮深谙讨得国王欢心之道。适当的安抚更是大有裨益。她曾经给温斯顿传授掌控他的好办法，说国王"不过稍加安抚便能驯服"。当温斯顿惹恼他的时候，她温柔的轻抚能够帮他消气。[2]

但国王晚年把她儿子当作是最棘手的问题之一。1909年9月，爱德华七世出乎意料地指使他的助理公开指责温斯顿。一份苏格兰报纸报道丘吉尔讽刺保守党为他们的朋友授封，劳埃德勋爵代表国王做出反驳。

1　李，《国王爱德华七世》（*King Edward VII*），第676页；1910年5月9日，珍妮·丘吉尔致亚历桑德拉王后的信，《查特韦尔文件》（*CHAR*），28/78/73。

2　1906年8月25日珍妮·丘吉尔致温斯顿·S. 丘吉尔的信，《查特韦尔文件》（*CHAR*），1/56/34–38。

这段简短的声明发布在《泰晤士报》上："尽管温斯顿·丘吉尔先生那么说，但我不得不提醒你，授封号一直是王室的特权。"

自由党和上议院的分歧使爵位授予制度成为敏感话题。国王想提醒丘吉尔及内阁，严格来说，授予爵位的权力应掌握在他自己手中，而非政客那里。温斯顿认为国王在这件事上过于敏感了。他曾对克莱米发牢骚说："人人都知道，君主行使权力应接受大臣们的建议，是大臣们而不是君主要负责。"丘吉尔身上未保留任何贵族残余，他并没有把这指责放在心上。"我不会理会此事的。"他告诉克莱米。[1]

虽然王权的狮子被宪法牢牢困住，但它仍旧可以咆哮及吼叫，爱德华七世在生命最后的几个月就是这样做的。如果上议院不愿意限制其对下议院的否决权的话，阿斯奎斯希望国王同意授予自由党数百人爵位。恐吓要使自由党充斥整个上议院，只不过为了迫使保守派交还他们的否决权。但国王恨极了这个主意，认为这是对王权的讽刺，会造成"上议院的毁灭"。他的策略是尽可能拖延，留给两院自己解决，避免把君主政体拖入斗争的泥潭。

丘吉尔恰恰希望把他拖入斗争，以促使分歧尽早解决。尽管劳合·乔治早已与上议院开战，但丘吉尔认为他自己才知道如何迅速结束战局。白金汉宫提醒他不要在演说中"模糊地暗示王室"，声称国王对此"深恶痛绝"。这种警告可能会阻止其他人，但阻止不了丘吉尔。就在国王去世的五个星期前，丘吉尔还站在下议院台上宣布："现在王室和下议院必须站在一起，重建宪法的平衡，永远地限制上议院的否决权。"

丘吉尔根据自己的意志断然宣称，爱德华已经站在人民的阵营准备与贵族做斗争。这是对王权大胆的挑衅。[2]

---

1 "贵族的崛起"，《泰晤士报》(*Times*)，1909年9月11日。诺利斯的评论有时被描述为致《泰晤士报》的信(吉尔伯特，《丘吉尔》(*Churchill*)，第206页)，但国家报纸仅仅是转载《格拉斯哥先驱者》(*Glasgow Herald*)描述的旧报道。温斯顿·S. 丘吉尔致克莱门蒂娜的信，1909年9月12日，《姊妹篇》(*CV*)，第2卷第908–909页。

2 伦道夫·丘吉尔，《温斯顿·S. 丘吉尔》(*Winston S. Churchill*)，第319页和327页；《议事录》(*Hansard*)，下议院，"议会期间"，1910年3月31日。

如果国王那时候没有病重，他一定会让丘吉尔为自己的鲁莽付出代价。他的朝臣怒不可遏，一些人告诉了他这些挑衅之词，这加速了他的死亡。5月中旬，当全国还沉浸在哀痛之中时，已经有流言说国王晚年被自由党的捣乱者们不断地以阶级利益相要挟并攻击上议院而被推向了坟墓。

5月9日保守派政治家巴尔卡雷斯勋爵在日记中写道："伦敦中产阶级下层普遍有一种情绪，认为是由于阿斯奎斯宣布内阁准备向王权施压导致国王忧虑而加速了逝世。我们都知道国王非常生气：比如丘吉尔暗示下议院会联合王室时他就暴怒了。"

事实上，是身体的疾病——而非有人说的自由党的不良言行——使爱德华七世去世。但流言一直不绝于耳。埃迪·马什向一位友人抱怨："自由党人把国王害死这种传言简直是无稽之谈。王后……本该把P. M.和（雷金纳德·）麦克纳带到房间说：'瞧你干的好事！'"[1]

但事实上爱德华七世的去世对自由党的事业是个打击。原本丘吉尔和同仁希望仅通过下议院和王室联合，就可以威胁上议院并解决否决权的问题。不管爱德华是否希望继续保持中立，只要能够让上议院相信他们的宪法地位不可能保持进而迫使他们屈服。但正当丘吉尔朝这个目标努力时，爱德华却出人意料地去世了。直到那时候这个策略才开始起效。4月，劳合·乔治提出的曾经引发重重问题的预算案，顺利地在上议院通过了。这距离提出预算案已过了整整一年。

现在更大的问题是上议院的贵族们以后还会不会扼杀任何议案，这只能等待时间的判断。在爱德华去世的余波未平时，当然，在政客摸清新国王——乔治五世之前，此等重大问题无法考量结果。但所有人都知道赌注很大。阿斯奎斯得知爱德华去世的消息时正在地中海巡游，他站在甲板上凝望着夜晚的天空，深思着未来局势的变迁。天上显示了信号，但不可能知道信号暗示是好还是坏。

事后他回忆那个5月的夜晚，"我记得很清楚，破晓前映入我眼帘的

---

1 琳赛，《克洛福德文件》（*The Crawford Papers*），第153页；哈索尔，《爱德华·马什传》（*A Biography of Edward Marsh*），第156页。

景象是哈雷彗星划过天空。”那一刻仿佛是预先写好的莎士比亚风格的历史剧，随着一个君主的死亡和另一个君主的继位，一个国家的命运因为王位的更迭而摇摆不定。

阿斯奎斯接着说："在国家生死攸关的时刻，我们，毫无预兆与任何准备，失去了阅历丰富、精明睿智、公平正义和永远慈爱的君主……我们正在接近一个史无前例的危机。该何去何从？”[1]

也许问题解决之前，阿斯奎斯要付出许许多多的不眠之夜。

4. 妇女参政论者

在首相在地中海仰望星空的几个月前，一名长相平凡、衣衫褴褛的妇女在利物浦被捕，理由是她领导了妇女参政的抗议活动。警察在她的布上衣里发现了三块石头，控告她影响了治安。她和其他妇女参政论者被带到法官面前，被判处十四天劳役。监狱给她提供了粥、肉和土豆，但她却拒绝吃。四天绝食抗议之后，她被医生和四个女警卫强制喂食，但在一个星期的每一天她都抵制这种处理。然而，在发现了她身份的惊奇秘密之后，她却被突然释放了。

原来，她提供的是假名，说自己叫“简·沃顿”，是个女裁缝。但她的家人发现她不见了之后找到了她并将她营救出来。出狱之后，她仍有被强制喂食和虐待的阴影，进而发展成一个重大的丑闻。原因是这个女裁缝其实是内布沃思家族的康斯坦斯·利顿女士，是利顿家维克多伯爵四十岁的妹妹，也是之前帕梅拉·普罗登的小姑。

像是命运故意安排的一样，她获释三周之后温斯顿出任内政大臣。在温斯顿上任后的最初几个月，他一边熟悉其他的工作，一边忙着处理康斯坦斯女士被虐待的事件。而在如何妥善处理妇女参政论者并且如何

1　阿斯奎斯，《在议会的五十年》（*Fifty Years in Parliament*），第86–88页。

给妇女选举权的问题上，他与利顿伯爵陷入了更加长久的分歧之中。康斯坦斯女士心脏不好，她的哥哥对狱中没有给她提供妥善的医疗照管感到很生气。他希望辞退相关人员，并且指责温斯顿没有严厉制裁责任人。

但的确很难起诉任何人虐待，因为正如维克多·利顿承认，“我妹妹隐瞒了她的身份并拒绝回答医疗问询。”丘吉尔对这个家庭表示了同情，却不能做更多满足他们要求的事。维克多为此感到愤怒。整件事也使埃迪·马什非常为难，他写信给维克多说：“你和温斯顿出现了隔阂使我异常难过，因为你们都是我最亲爱的朋友。”[1]

利顿伯爵对温斯顿的越发深厚的愤懑之情根源于更深的失望，只是她妹妹的受虐恰巧在此时发生。丘吉尔正在经历与帕梅拉·普罗登家庭之间的危机，而此前他曾经想与帕梅拉·普罗登结为连理。帕梅拉不是个贤良的夫人，她早已陷入一场热情似火的外遇。艾蒂·德斯博罗二十二岁的儿子朱利安总是借口与帕梅拉在一起，他们与日俱增的联系引起了她丈夫的注意。使帕梅拉非常沮丧的是，艾蒂已经知道了他们的关系，因为她儿子什么也瞒不了她。

“哦，妈妈，”朱利安1910年给他妈妈写信说，“我在内布沃斯庄园度过了非常美妙的两天。当我告诉你我对帕梅拉的爱愈发深刻时，你应该会难过吧（又或许你不会）？”[2]

尽管温斯顿不理解为什么维克多现在如此执拗和放纵，但还是尝试宽容待他。当温斯顿的助手起草给维克多的信件的时候，他提醒他们：“要努力保持低姿态，既要维护我们的立场，又要体现对利顿伯爵的关爱。”[3]

在妇女参政问题上的迟迟无进展是政府最大的失败之一。康斯坦斯女士的经历也凸显了政府惩罚妇女伸张自我权利的荒谬无理。尽管某些

1 利顿，《监狱和罪犯》（*Prison and Prisoners*），第213—266页；利顿伯爵致温斯顿·S. 丘吉尔的信，1910年3月28日，《查特韦尔文件》（*CHAR*），12/2/21；哈索尔，《爱德华·马什传》（*A Biography of Edward Marsh*），第162页。

2 莫斯利，《朱利安·格林菲尔》（*Julian Grenfell*），第176页。

3 埃迪森，《丘吉尔在国内》（*Churchill on the Home Front*），第130页。

激进的妇女参政论者用暴力离间了内阁，但问题并不会自己消失，它像其他迫近的问题一样亟待解决。如果阿斯奎斯、丘吉尔和劳合·乔治能像关注上议院否决权那样关注妇女参政问题，他们就能够把自由党建设得更好。

但正如温斯顿在一份备忘录中阐明的那样，他与利顿伯爵观点的区别在于，他深受人身攻击之害，却难以采取法律行动。1910年7月19日，在给其他人的备忘录中，丘吉尔表达了他对激进的女性参政论者的辛酸和苦楚："他们在接连的四次选举中合力反对他……并且一直极度不公和无理地对待他。他们经常以最侮辱性的方式袭击他，并对他进行肢体上的攻击。"

尽管备忘录上并未提到，但最后的稻草是他们竟威胁他的女儿戴安娜。后来报道说："长久以来，温斯顿·丘吉尔先生的女儿被警察严密保护，原因是妇女参政论者威胁要绑架她。"1910年年末，丘吉尔会见一群妇女参政论者，当谈到他们的问题时，他强调了他对他们的手段已经失去耐心。他抱怨说："我们每迈出友好的一步，都会引来更加粗俗的侮辱和更加粗暴的行为。"[1]

劳合·乔治在给一位妇女参政论者的信中曾经说道，温斯顿已经被抗议者凌辱了太多次。针对他其实是个错误，他说，并解释"他不是那种不计较这些事的人"。[2]

1　温斯顿·S. 丘吉尔，《备忘录》(*Memorandum*)，内政部，1910年7月19日，《姊妹篇》(*CV*)，第2卷第1447–1448页；"设计绑架内阁成员"《每日镜报》(*Daily Mirror*)，1913年5月14日；《敦提广告人》(*Dundee Advertiser*)，1910年12月2日；《姊妹篇》(*CV*)，第2卷第1466页。

2　托伊，《劳合·乔治与丘吉尔》(*Lloyd George & Churchill*)，第83页。

第三部分

1911 — 1915

第20章

勇士

尽管他希望得到所有人的尊重，但是他更是个能够承受打击的斗士，能够抖擞精神，重新回到争论中去。在通宵会议之后，在为政府辩论了十九个小时之后，疲倦的记者惊讶地看到温斯顿带着微笑走进餐厅，好像什么也没发生过。他和乔·张伯伦的儿子奥斯丁坐在一起，两个对手愉快地享用了一顿有烤比目鱼、鸡蛋和熏肉的丰盛早餐。

1. 南威尔士的煤矿罢工

多年以来，过高的期望值和长期被忽视的残酷现实，导致一种剧烈的能量在爱德华时代的社会慢慢积累。人们需要变革，但它来得太慢。人们的这种不满也许并没有表现在不同阶层、政党、性别，或者富人和穷人的对立中，但是表现在大批人群每年离开自己的国家到别处追求更好的生活。在维多利亚女王死后的十年，英国的平均人口是四千三百万,百分之七——也就是三百万人选择了移民。大批居民离去的现象在格拉斯哥尤其严重，到1910年，空房子的数量猛增至两万幢。[1]

比起爱尔兰事务部的狂风暴雨，丘吉尔认为他在内政部的工作更简单并且更有价值。但是这份工作也使他身处于日益加剧的社会动荡的中心，每天都要面对抱怨监狱条件、警察行为、法庭判决和产业纠纷的愤怒人群，或者是来自间谍、革命者和无政府主义者的威胁。他喜欢进行监狱改革，并且在他内政部任期内提出了很多改进方案，也喜欢帮助新成立的情报局根除外国人涉嫌从事的间谍活动。但除此之外的工作都让他身心俱疲。在他政治生涯的晚期，丘吉尔这样评价这份工作："在我任职的这么多职位中，那一次离职是最让我高兴的。"[2]

这一段使他麻烦重重的时期始于一封紧急电报。1910年秋，南威尔士警察局长发来一封急电，电报的开头是罢工矿工在托纳潘迪地区（一个被煤矿和烟囱包围着的三万四千人的镇子）暴乱的消息。这位警官报告说，当地已出现很多伤亡，急需派出军队以恢复秩序。电报的结尾是

1　伍德，《19世纪的英国：1815-1914》（*Nineteenth Century Britain*：*1815—1914*），第435页；史密斯，《苏格兰的崛起》（*The Making of Scotland*）第401页。

2 《议事录》（*Hansard*），下议院，"暂停谋杀罪的死亡制裁"，1978年11月30日。

这样一句话："情况紧急，将再发电报。林赛，格拉摩根郡警察局长。"[1]

作为一位驻扎埃及的英军前军官，莱昂纳尔·林赛是个老派的、强硬的军人，对违法者没有丝毫的容忍——为了镇压暴乱，他派出了两百个骑兵和两个步兵连。丘吉尔在读电报时一阵战栗，因为这表示军队已经前往矿区。自由政府现在最不想要的就是被激怒的威尔士矿工和大批军队之间的战争。但是暴乱又威胁到了无辜的平民，商店也被洗劫一空。

数十年后，批评家们认为这个事件是丘吉尔最糟糕的时刻，声称是他批准军队进入托纳潘迪攻击矿工。1978年，工党首相詹姆斯·卡拉汉在下议院引发了一场争吵，他指责丘吉尔针对"托纳潘迪矿工的报复行径"。他被要求撤回这种指控（一位议会成员称之为"低劣的，完全没有必要的诽谤"），但他仍坚持立场，声称"已故的温斯顿·丘吉尔爵士在托纳潘迪的行为存在争议，我只是站在争议其中一方的立场上"。[2]

但是事实上，这个事件的历史档案保存得很好。证据证明丘吉尔没有让军队直接面对矿工，只派出了装备警棍的警察。在诸多的争议中，对丘吉尔批评最多的不是矿工，而是煤矿主，以及法律和秩序的鼓吹者。11月8日，暴乱的第二天，托纳潘迪的一个《泰晤士报》记者被街上的暴徒吓得魂不守舍，他不敢相信伦敦当局竟然不给警察局长林赛提供军队支援。

在他的文章《戒严令》中，这位记者诉苦道："虽然人们整日都在焦急地盼望着军队，但他们并没有来。他们似乎奉命停留在卡迪夫。那些导致军队没有出现在这个危机时刻的人，他们的优柔寡断不能被轻易原谅。"[3]

正是丘吉尔要求军队停留在卡迪夫。不能动用军队，他给警察局长林赛的电报说道："除非明确警察增援已经不能应付局面。"

在托纳潘迪，没有一个人被骑兵枪击或踩踏。命令军队待命的司令

1 《南威尔士煤矿罢工骚乱》（*Colliery Strike Disturbances in South Wales*），第4页。

2 《议事录》（*Hansard*），下议院，"首相（约定）"，1978年11月30日。

3 "兵临城下"，《泰晤士报》（*Times*），1910年11月9日。

官——由丘吉尔指挥的内维尔·麦克里迪将军，不知疲惫地工作以确保他的士兵们和冲突保持距离，避免情况进一步恶化。同时，几百名警察和罢工者在11月的寒风中展开了一场战斗，双方各有伤情。

令矿主苦恼的是，丘吉尔给矿工传递了一条安抚信息，会尽可能地“给予他们公平的对待”，并告诉他们“我们阻拦了军队只派出了警察”。对此，矿主谴责丘吉尔严重地偏袒矿工。坎布里亚煤矿信托公司的常务董事告诉《泰晤士报》：“丘吉尔先生完全把自己当成了法庭外的协调人，他给工人代表发了电报，其中对存在争议的问题未审先判，并且暗示坎布里亚工人没有受到公正待遇。”[1]

但是丘吉尔马上发现他没办法让任何一方满意。因为他自身的原因，工党领袖——已经头发花白的前矿工基尔·哈迪——决定让丘吉尔做坏人而不是做英雄。毫无疑问，如果内政大臣被刻画成一个联合军队镇压矿工的罢工破坏者，而不是一个温和派，在未来的工业动荡中会更容易争取更多的支持。哈迪发布了一条命令：“部队出发，如果需要可以向人群开枪，即便他们是在争取他们的合法权利。”11月28日，危机结束后，哈迪在下议院告诉丘吉尔：“你我对彼此都没什么好感。”他断言现在在托纳潘迪“即使没有警察和军队，百分之九十九的人也会遵守秩序”。[2]

对哈迪的支持者来说，这句话也许听起来很勇敢，并且使他们对丘吉尔的怨恨更深。但是这位工党领袖隐瞒了一个重要事实。当他试图在骚乱中唤起民众对军队恐惧的同时，他也和内维尔·麦克里迪将军见了面，并受到了极为友好的接待。

正如内政部的文件所透露的，哈迪同意帮助将军纠正一个对于军队任务的普遍误解。11月13日，在麦克里迪从威尔士发往内政部的报告中包含了以下信息：“基尔·哈迪先生在酒店吃午餐，之后我请他和我聊一

---

1 《南威尔士煤矿罢工骚乱》（*Colliery Strike Disturbances in South Wales*），第4–5页；“煤矿主与斡旋”，《泰晤士报》（*Times*），1910年11月11日。

2 詹姆士，《丘吉尔：失败学研究》（*Churchill: A Study in Failure*），第44页；下议院，1910年11月24日，《演讲全集》（*CS*），第1619页。

聊。我们进行了非常友好的交谈，他同意帮忙澄清一个广泛传播的谣言：军队只是个装饰品，不会展开任何行动。”[1]

哈迪也意识到，麦克里迪决心要避免任何流血事件，想要确保矿工们能够明白他的立场：如果必要，他的军队是会参加战斗的，但是“士兵没有必要直接面对暴乱者，除非警方已采取行动并失败……军队才会投入战斗”。将军同时也说得很清楚，他的工作是扮演公正的和平守护者，他的士兵不是“雇主方的打手”，并且禁止了军官和煤矿管理者驻扎在一起这一惯例。[2]

但这并没能阻止哈迪及其他人在争议中把丘吉尔中伤为一个恶人。受到诽谤的温斯顿并没有感到十分沮丧，因为仅仅两年前，他在南威尔士矿工年度聚会中受到了热烈欢迎，以感谢他付出的大量努力，使得八小时工作制的议案在1908年底成为法律。为此，矿工把他当作英雄。他热情地满足矿工缩短工作时间的要求，驳回其他行业提出的，可能会影响煤炭产量抬高煤炭价格的申诉。一位矿工提到：1908年8月，在斯旺西的矿工集会上，丘吉尔收到了“经久不息的掌声”。[3]

鼓励温斯顿在那个夏天访问威尔士的人是戴维·劳合·乔治。但是现在，随着煤矿骚乱的出现，他显然在避免和托纳潘迪矿工打任何交道。正努力控制暴乱的温斯顿，恳求他的帮助，并且强调“以您在威尔士的影响和您的威尔士语”能发挥的巨大作用。但是劳合·乔治始终保持着距离，避免直接参与到这个事件中。如果情况恶化，他将失去一切。在威尔士的崇高声望是他整个职业生涯的基础，在那里树敌是危险的，最好能避免。[4]

---

1 档案局，内政部144/1553/197768，引用安东尼·莫尔·奥布莱恩，1994年6月《威尔士历史评论》(*Welsh History Review*)“丘吉尔和托纳潘迪暴乱”。

2 《南威尔士煤矿罢工骚乱》(*Colliery Strike Disturbances in South Wales*)第48页；奥布莱恩，“丘吉尔和托纳潘迪暴乱”。

3 埃迪森，《丘吉尔在国内》(*Churchill on the Home Front*)，第71页。

4 1910年11月13日，温斯顿·丘吉尔写给劳合·乔治的信，《姊妹篇》(*CV*)，第2卷第1211页。

温斯顿的运气不佳，但是这次危机也让全新的敌人浮出水面——两方都怪罪他做了错事——一方说他太过强硬，一方说他不够强硬。他的完美主义遭受了打击。在进入内阁掌握实权之前，他以为靠着良好意愿和崇高目标就可以克服大多数困难。但是现在他认识到，有些政治问题就像流沙坑，随时会吞掉那些过于心急、忘记小心翼翼的内阁大臣。

这并没有使他对自己的能力失去信心。但使他变得更加冷酷，更加不愿意表现出温和的一面，对别人的善意保持怀疑，更倾向于先下手为强。这个英国政坛的青年才俊迅速成熟起来。

2. 自由党险胜

跟劳合·乔治一样，阿斯奎斯也倾向于让内政大臣承担与威尔士矿工打交道的重任。许多年前，也就是1893年，阿斯奎斯在矿业纠纷中处理不当，派遣军队恢复秩序，导致两名平民在约克郡的费瑟斯通煤矿被枪击，使他的政治生涯蒙上了污点。从那时起，在他公开露面的场合，就会有抗议者冲他大喊“谋杀”和“费瑟斯通”。他不想再让“托纳潘迪”出现在这些喊叫声里。

当温斯顿试图避免和南威尔士的愤怒矿工发生冲突时，首相正在面对一场更大的危机，这场危机牵扯到他和新国王的关系。是结束与上议院斗争的时候了，此时他需要国王的帮助。但这位受过良好教育的律师及政客，与乔治五世并没有太多共同点。这位国王对任何内容严肃的书籍或者任何需要动脑子的活动都不感兴趣。他不喜欢旅行、娱乐或者改变自己的日常生活，包括坚持每天两次查看气压计，以了解天气变化。如果他没有成为国王，他会像一个普通乡绅那样愉快地度过一生。

矮小并且拘谨的他，并不是个令人难忘的人物。他最明显的特征是修剪整齐的胡须——这是唯一让他看起来有皇家风范的特征，也帮他掩盖了欠佳的气色。他是个神经质的、易怒的人，目光里经常透着小心谨慎和心神不宁。但他喜欢军装，喜欢在法庭上穿华丽的礼服，始终试图保持他最好的形象。他最大的兴趣是集邮、打猎和抽烟。“国王是个非常有趣的人，”劳合·乔治私底下说过，“但是感谢上帝，他的脑袋里没装多少东西。”[1]

这位自由党领袖也许认为一个才智有限的君主更容易对付。但是阿斯奎斯发现，向一个既不太理解政治也不太理解计划的人去解释一个政治计划不是件容易的事。1910年11月，为了从国王那里获得一个确凿但秘密的承诺，去完成一件爱德华七世不愿做的事——给一定数量的贵族封爵以重组上议院——阿斯奎斯需要和国王进行两次漫长的会谈。他还想进行一次大选，之后他计划在一个恰当的时机透露国王的承诺并以此压垮反对派。

乔治国王并不完全明白这个计划，但他知道这件事听起来不那么光明正大。他出人意料地询问是否可以和贝尔福先讨论一下这个计划。阿斯奎斯解释道这种讨论会破坏他的“政治突袭”。

这位新国王没有拒绝的资格，尽管他后来向大臣抱怨阿斯奎斯“威逼”着他做了这个秘密交易。当他问首相如果我不合作的话会怎么样时，阿斯奎斯回答：“我会立刻辞职，并在下一次选举时大喊‘国王和贵族反人民’。”乔治国王不得不忍辱答应了阿斯奎斯的所有要求。

但是首相自己在这件事上并没有太多选择。正如温斯顿不厌其烦地提醒他：“除非否决权被废除，否则党派之间不会存在和平，国家也不会统一。这件事办得越快越坚决，对所有人就越有利。”自由党现在相信只有迅速行动才能让保守党措手不及。得到国王承诺的两天后，阿斯奎斯宣布议会将在1910年11月底解散，大选将于12月的前两周举行。[2]

一年竞选两次对所有人来说都是困难的。但是自由党又一次认为人民

---

1 劳合·乔治，《家书》（*Family Letters*），第153页。

2 伦道夫·丘吉尔，《温斯顿·S.丘吉尔》（*Winston S. Churchill*），第331页；1911年1月3日，温斯顿写给阿斯奎斯的信，《姊妹篇》（*CV*），第2卷第1032页。

是站在他们这边的，他们又一次错了。这次的结果不比上次好多少——事实上，比上次更差。自由党和保守党获得了和上次完全相同数量的席位，272个。而阿斯奎斯能够让他的政府继续执政的唯一原因是来自爱尔兰的84个席位的支持，以及来自工党42个席位越来越不稳定的支持。

如果不是丘吉尔巧妙地控制南威尔士的暴乱，选举结果肯定会更糟。一次意外走火就可能把这个地区事件变成全国事件，并且会给保守党和工党提供绝好的战斗口号。温斯顿对危机的应变起到了重要作用。他忙里忙外，废寝忘食，只是在成功保护了自己在敦提的席位之后，在约克郡乡间别墅的聚会中享受了片刻休闲。克莱米不得不提醒他不要太勉强自己。

“亲爱的，你工作太努力了，”她在信中写道，“生活中缺少了乐趣。”当然，她只说对了一半，在动荡时期努力工作正是温斯顿的乐趣。[1]

3. 在西德尼街枪战现场

也许是因为克莱米的敦促，1911年1月3日温斯顿在埃克尔斯顿广场的家中度过了一个轻松安逸的早晨。当他正躺在浴缸里，内政部的电话带来了一个令人震惊的消息。警察和全副武装的俄国无政府主义者在伦敦东区发生枪战，已经有一个警官受伤。躲在西德尼街一栋破旧房屋的匪徒火力十分密集，警察不得不冲入伦敦塔寻求支援。20名苏格兰卫队的步枪兵加入到战斗中。

温斯顿披着浴巾站在电话前批准了派遣军队的请求。一个小时后，他站在警察和士兵身边，从街边凝视着这场激烈的枪战。子弹四处飞溅，或射向四周的建筑，或从旁观者的头顶飞过。大多数时间里，匆忙武装的警察（他们通常不随身携带枪支）没有起到什么作用。他们的左轮手枪

1 《温斯顿和克莱门蒂娜》（*Winston and Clementine*），第42页。

和霰弹枪无法匹敌匪徒据点里的火力。至于那些士兵，他们也受到了阻碍，那栋房屋位于街区的中央，士兵被牵制在街区两端，无法正面射击。

“在人们的记忆中，从来没有类似事件在安静的、守法的、安逸的英格兰发生。”丘吉尔事后说。[1]

正如警察怀疑的那样，这帮匪徒装备的是当时被称为毛瑟“弹匣手枪”的一种速射武器。它的手柄可以固定在一个圆筒上，像步枪那样使用，使枪手更容易在一个隐蔽的空间向各个方向射击。枪手可以用完一个弹匣（通常有十颗子弹），迅速换上另一个。除了军官，这种德国生产的武器在英国还不被人所熟悉。而此时，有一个在场的高级官员非常熟悉并在战斗中使用过这种武器。这个人就是温斯顿·丘吉尔。

在1898年这种武器刚出现时，他购买了两把并在乌姆杜尔曼的骑兵冲锋中使用了其中一把。他杀死了几个敌人，包括“不到一码外”准备刺向他的一个。这把半自动毛瑟枪救了他一命。正因为他从经验中了解到这是多么致命的武器，他才能够在西德尼街漫长的枪战中挽救更多的生命。几个全副武装的警官想要对那栋被包围的房屋发起猛攻，是丘吉尔劝阻了他们，他知道这些警官会被击毙。现场的一名记者委婉地说道：“这位内政大臣，为了避免让生命陷入不必要的危险，阻止了这次行动。”[2]

房屋二层窗户开始冒出浓烟，但是为了避免更多无辜生命陷入危险，丘吉尔不得不严禁救火队靠近房屋。但是他没办法阻止无比尽职的邮差迎着飞射的子弹向隔壁的屋子投递信件。他唯一能做的就是阻止不顾危险坚持要灭火的救火队长。在一场激烈的争论后，丘吉尔说如果房子被烧毁，他会承担全部责任。救火队长只能无奈地站在一边看着慢慢被大火吞噬的房子。

那些无政府主义者死在了火灾中。但是当人们在瓦砾中找到被烧毁

1　温斯顿·S.丘吉尔，《思想与冒险》（*Thoughts and Adventures*），第68页。

2　温斯顿·S.丘吉尔，《我的早年生活》（*My Early Life*），第193页；“温斯顿先生在领导”，《每日镜报》（*Daily Mirror*），1911年1月4日。

的尸体和两把毛瑟枪时，才发现这个“团伙”显然只有两个人。他们有如此多的弹药，这种武器的射速又如此之快，以至于人们以为房子里有数个孤注一掷的无政府主义者。但是他们确实是一个大型团伙的成员。他们有在其他流亡者的帮助下进行武装抢劫的历史，据推测是为俄国革命筹集资金。

在之前的两周，当局一直在搜寻1910年12月16日抢劫一家珠宝店时用毛瑟枪射杀三名警察的五个俄国人。这个事件被称为“英国警察历史上最黑暗的时刻”。匪徒发射了超过20颗子弹，其中8颗射中了其中一个手无寸铁的警察，其余两个警察中枪并幸存下来，但是都瘫痪了。所有人都没有做好应对这种火力的准备。调查谋杀案的探长迫切想要追查到这个团伙，以防再次发生手无寸铁的警察面对毛瑟枪的情况。

丘吉尔在12月参加了被杀害的警察的葬礼。这就容易理解为什么他在1月份会第一时间赶到西德尼街——因为歹徒手中拿的可能就是已经杀死三条人命的武器。“这是一个非常事件，”他回想自己当时做出的赶往枪战现场的决定时说，“我觉得自己到现场看看到底发生了什么，这是我的职责。”他这么做是正确的，而且在提到自己对减少伤亡做出的贡献时一反常态地谦虚。他也从来没有提过他对枪械的专业知识起到的重要作用，在百年间也没有任何其他人提到过。[1]

这个事件本该成为丘吉尔的辉煌时刻。但是相反，他被嘲笑为一个哗众取宠的自大狂，毫无意义地参与到一次警方活动中。甚至他的最著名的一位传记作者也称之为“丘吉尔最大的错误”。他在枪战中戴的大礼帽也起到了推波助澜的作用。在报纸的照片上，他的礼帽让他看起来像无意中闯进现场的交谊舞者。当埃迪·马什——曾勇敢地陪同他的上司一起赶往西德尼街——坐在电影院里，他惊讶地发现屏幕上在播放丘吉尔参与枪战的新闻短片。更让他惊讶（以及感到受辱）的是，观众发出嘘

1 “西德尼街的围攻”，《独立报》（*Independent*）（英国），2010年12月11日；1911年1月，“两具无名尸的调查”，《查特维尔文件》（*CHAR*）12/11/3；该三名警察不是1月被谋杀的，正如吉尔伯特声称的那样，《丘吉尔》（*Churchill*），第223页。

声并大喊："打死他。"[1]

对此事件了解甚少，对毛瑟枪了解更少的亚瑟·贝尔福，喜欢把丘吉尔刻画成一个自负的傻瓜，他出现在枪战现场让很多生命受到了威胁。

在内政部里他用一种高傲的语气评价温斯顿："以我的理解，用军队术语来说，他当时站在所谓的射程内，他和那个摄影师都让宝贵的生命受到了威胁。我能理解那个摄影师在做什么，但是我们这位尊敬的绅士在做什么呢？"

被这些批评搞得很不安的阿斯奎斯，并没有认真替他的内政大臣辩护。当他和温斯顿并排坐在议会前座，他对下议院说："希望他能原谅我这么说。我这位尊敬的朋友，天性就是喜欢危险。"这是一个让人印象深刻的、有趣的评价，却没起到什么帮助作用。[2]

但是这依然要比鲁德亚德·吉卜林写给朋友的信中的评价要好得多。作为丘吉尔的狂热对手，吉卜林认为温斯顿应该表现得更勇敢一些，直接面对子弹。"三个小时的枪战，"他这样评论西德尼街事件，"只要来那么一枪就可以让整个国家受益。"[3]

4. 坚韧的斗士

憎恨丘吉尔变成了一种全国性的消遣。一些保守党人把他视为犹大之后最大的叛徒。基尔·哈迪继续把他描绘成粗野的反动分子。还有一个妇女参政论的支持者威胁要袭击他。1910年12月，他收到一封自称亚历克斯·巴兰坦的男子寄来的信，在三页的长篇大论结尾，写着这样几

1 詹金斯，《丘吉尔》（*Churchill*），第200页；哈索尔，《爱德华·马什传》（*A Biography of Edward Marsh*），第171页。

2 《议事录》（*Hansard*），下议院，"陛下最钟爱的演说"，1911年2月16日。

3 吉卜林，《拉迪亚德·吉卜林的信：1911–1910》（*The Letter of Rudyard Kipling: 1911–1919*），第10页。

句话："我打算尽早地用我的狗鞭子给予你你应得的惩罚。"这封信被送到苏格兰场做调查，但是好像这种威胁并不足以得到重视。还有极度不满的前警察，把自己被警队开除归咎于温斯顿，并暗示他可能会杀了这位内政大臣才能扯平。"我打算揭发丘吉尔先生的不公正，"他发誓，"难道我必须要亲手杀了我的对手去引发一场骚乱？"[1]

丘吉尔有足够的理由时刻保持警惕，他不知道下一个对抗他的会是谁。

当他和一群官员、贵族和小姐参加庆祝乔治五世加冕礼的马车游行时，他得到的嘘声不亚于得到的欢呼声。没有人愿意和他乘坐同一辆车。当德文郡公爵夫人和明托伯爵夫人被要求和他共用马车的时候，她们立刻后悔接受了邀请。"两位保守党女士感到十分尴尬，"温斯顿在给克莱米的信中说道，"当欢呼声很大的时候她们感到沮丧，但是抵达市长官邸当周围充满对我的敌视时她们又振作了一点。"被这段经历搞得十分不愉快的德文郡公爵夫人对巴尔卡雷斯勋爵说，她再也不会"同意和丘吉尔一起参加游行"。她说她也一起遭受了反对内政部的嘘声。[2]

即使是老朋友，由于政见不同带来的与日俱增的压力，也开始对温斯顿展现出恶意。1911年3月凌晨4点的一天，在下议院的彻夜会议中，负责议会前座的部长，林基·塞西尔，把自己所有怒火都撒向温斯顿。这位休勋爵认为温斯顿在一些微不足道的事情上误导了对方。但是他表现得好像他这位老朋友违反了所有已知道德准则似的。

"对政府和对任何其他人违反誓言是可以接受的，"休勋爵声明，"但是试图逃避对违背誓言的谴责是不能被接受的。这种行为，如果牵扯到金钱，是会让他们坐牢的。这种行为，如果发生在私人生活和人际交往中，会让他们失去'绅士'的名声。"[3]

这种夸张的修辞正是温斯顿和林基在他们还是年轻痞子时特有的。

---

1 《查特维尔文件》(*CHAR*)，12/3/62–64和12/7/9–11。约翰·塞姆，警方前检查员，被指控威胁温斯顿·丘吉尔的生命，《泰晤士报》(*Times*)，1911年8月3日。

2 索姆斯，《克莱门蒂娜·丘吉尔》(*Clementine Churchill*)，第92页；林赛，《克劳福德文件》(*The Crawford Papers*)，第189页。

3 《议事录》(*Hansard*)，下议院，"条款9"，1911年3月9日。

但是在凌晨4点，内政部长不愿意听到这些。

当温斯顿和他婚礼上的伴郎像内战中的骑士和圆颅党般吵起架来，坐在一旁的记者开始活跃起来。报纸捕捉到了一些火花：

“面色苍白、眼睛沉重，头发凌乱的丘吉尔先生，怒视着休勋爵。”

“‘我已经很习惯尊贵勋爵的这种争论方式了。’年轻的大臣低声说道。”

“一阵抗议的叫喊打断了他。丘吉尔先生安静地站在桌子前。”

“‘我已经很习惯尊贵勋爵的这种争论方式了，’丘吉尔先生继续说道，‘总是在嘲笑和侮辱。’”

“他和抗议的喊声斗争了五分钟，还是失败了。”

温斯顿仍然站着，但是看起来遭受了挫败，这时一个年轻的保守党议员发出了致命一击。他从对面的后座喊道：“这是你第一次尝试领导下议院，看看你是怎么做的！”他用嘲弄的声音又加了一句，“未来的英格兰首相！”[1]

这次嘲弄又一次提醒丘吉尔，他现在要为迅速提升的权力付出沉重的代价。来自朋友和敌人的妒忌、不满、怨恨，他全碰到了。他曾经想要做个国家明星，但现在的他同时也是个国家公敌。因为他靠着年轻的天赋和才华已经得到了这么多，作为一个领袖不可避免地会被批评还不够有才华，或者在某些戏剧性时刻又表现得太多，比如在西德尼街。

尽管他希望得到所有人的尊重，但是他更是个能够承受打击的斗士，能够抖擞精神，重新回到争论中去。在通宵会议之后，在为政府辩论了十九个小时之后，疲倦的记者惊讶地看到温斯顿带着微笑走进餐厅，好像什么也没发生过。他和乔·张伯伦的儿子奥斯丁坐在一起，两个对手愉快地享用了一顿有烤比目鱼、鸡蛋和熏肉的丰盛早餐。

好像没有什么事能够让他慢下来，就在吃早饭之前他发给国王一封议会活动简报。“在这次漫长的辩论中出现了一些敌意，”他写道，“但是气氛现在已经恢复正常，讨论也很顺利。”[2]

---

1 “下议院暴怒场面”，《每日镜报》（*Daily Mirror*），1911年3月11日。

2 1911年3月10日温斯顿·丘吉尔写给国王的信，《姊妹篇》（*CV*），第2卷第1057页。

第21章

风暴信号

法国不愿意受威胁，德国不愿意退让，而英国想要在争端中拥有发言权。他仍然不相信德国人将在一个大多数欧洲人从来没有听说过的港口挑起一场战争。但是他们的武力威胁开始让他动摇，并且随着僵局的持续他变得越来越焦虑。

1. 沙滩上建模的男人

1911年4月，在一个叫安格尔西的威尔士小岛上，一个三十六岁的男人正沉浸在一个孤独的任务中：在沙滩上建造大坝和水利工程的沙模。它们是如此复杂精巧以至于路人纷纷驻足欣赏，并且想要看清楚建造者到底是个来度假的高超建筑师还是仅仅是个怪人。让大多数人惊讶的是，这个忙碌的建造者竟然是内政大臣。他到来的消息迅速扩散了出去，马上就吸引来一群围观者，还有更多有礼貌的观众站在稍远的距离用观剧望远镜观察着他。

“很遗憾消息传了出去，”埃迪·马什后来说，“悬崖上站满了看他的人，所以他不得不放弃了。”埃迪知道，丘吉尔最喜欢的放松方式之一就是在沙滩上挖洞，试图防御或者毁灭一条假想河流——或者任何他日益活跃的想象力能想到的东西。但悠闲的旁观者是不受欢迎的。从某种意义上说，挖洞也是个重要的工作，它给了建造者一个重新振作的机会，去创造一个属于自己的世界，不需要去询问别人的观点或许可。

当他完成之后，他很满意地把他的作品留在了沙滩上，接受海浪和海风的洗礼。他重新振作了起来，准备迎接未来那些比沙子更难掌控的真正工作。这是他最喜欢做的事情之一，埃迪在提到温斯顿的“假期挖掘”时说道。他甚至会让克莱米留意合适的沙滩。“我们应该去找个特别好的沙滩，”某个夏天他在信中对她说，“我可以把沙子削成带斜面的堡垒，最好还有一条小溪流过。你可以找找看并告诉我。”[1]

这次在威尔士西北部，让温斯顿远离了托纳潘迪的麻烦的特殊假期，是他回归议院和内政部马拉松式的辛苦工作之前唯一的短暂休息。但是

1　哈索尔，《爱德华·马什传》(*A Biography of Edward Marsh*)，第172页；《温斯顿和克莱门蒂娜》(*Winston and Clementine*)，第111页。

现在，他至少可以在这座谢菲尔德勋爵（维尼夏·史坦利的父亲）隐退后居住的小岛上享受片刻宁静。看起来心情愉快的克莱米陪着他。她正在等待着将在5月出生的第二个孩子。在回到伦敦生产之前，她整个4月几乎都待在安格尔西。她告诉温斯顿“我越来越焦躁不安地盼望着我的‘小篮子’”，她这么称呼这个小婴儿。她坚信肯定会生个男孩。[1]

温斯顿工作太努力了，没有太多时间做个模范父亲，但是他会用他的方式表达慈爱和关心。当临近夏天，他的女儿两岁生日时，他为了寻找合适的礼物而绞尽脑汁。找到能够取悦两岁小女孩的东西对温斯顿·丘吉尔来说并不容易。但是在他找遍伦敦商店的货架之后，他决定买一组“挪亚方舟上的动物”。他面临两个选择：买白色的或是彩色的。

“我犹豫了很久，差点买了纯白色的木头动物玩具，”他告诉克莱米，“但是最后决定买彩色的，它们看起来更有趣。”尽管店主告诉他玩具的颜料质量很好，已经卖出了很多个——即便舔了颜料也不会有什么事。他仍然不太相信颜料对儿童无害，他感觉应该提醒他的妻子：“注意别让她舔掉颜料。”[2]

对于他女儿的健康来说幸运的是，丘吉尔买玩具和完成政府工作一样，在做决定之前必须要以特定条件仔细审查。对他来说没有哪个问题是微不足道的，所有问题都需要投入极大的关心和精力。他对所有事情都一视同仁，经常导致没有他这么认真的人精疲力尽。

父母双方都盼望已久的男孩在1911年5月28日来到世间。他的名字取自温斯顿的父亲。小伦道夫是个健康、红润、漂亮、健壮的婴儿。克莱米很喜欢他，这让她更坚定地认为嫁给温斯顿是正确的。在孩子出生一周后，她告诉她的丈夫：“你彻底改变了我的生活，我已经记不得三年前在我认识你之前的生活是什么样的了。”[3]

---

1 《温斯顿和克莱门蒂娜》（*Winston and Clementine*），第43页。

2 索姆斯，《克莱门蒂娜·丘吉尔》（*Clementine Churchill*），第95页。

3 索姆斯，《克莱门蒂娜·丘吉尔》（*Clementine Churchill*），第91页。

2. 化装舞会与国会议案

伦道夫出生四天前，这家人的邻居，F. E. 史密斯和他年轻的保守党朋友温特顿勋爵在克拉里奇酒店举办了一场化装舞会。这是社交季的重大事件，但是也有人批评这是对财富和特权的炫耀。尽管如此，众多自由党依然很高兴地加入到保守党的狂欢中，而且双方都试图在服装的奢华程度上超越对方。最令人印象深刻的是脖子纤长、身材苗条的康苏微洛·马尔伯勒公爵夫人，打扮得像个德累斯顿产的陶瓷牧羊女雕像，让人眼前一亮。当然还有很多不那么出人意料的装扮：亨利八世，埃及艳后和红十字骑士。F. E. 史密斯装扮成18世纪的朝臣，点缀以白色绸缎和白色粉底。但是出席的内阁大臣们不愿意失掉尊严，他们要么穿着普通的晚礼服，要么像温斯顿一样，穿一件简单的红色斗篷。

那些穿着华丽的人在舞厅跳舞直至午夜，几个政客站在外面抽烟，聊天，整理他们的斗篷。当晚的最精彩的部分是沃尔多夫·阿斯托和他漂亮妻子南希的突然出现。南希身着粉红色纱裙，像个芭蕾舞者。但是她的丈夫得到了更多的关注，以及许多笑声。他穿着贵族长袍，前面有个写着数字499的牌子，长袍背后是几个字“还差一个”。[1]

所有人都知道这是什么意思。如果上院在接下来的夏天没有能够通过立法限制他们的否决权（被称作议会法案），自由党将派出五百名新贵族替他们通过。尽管很欣赏这个玩笑，但很多笑声里都带着苦涩。阿斯奎斯穿着晚礼服，清醒地看着各种滑稽可笑的服装，面带含蓄的微笑。他还没有通知对手，他已经得到了国王的保证，新贵族将被创造。贝尔福和其他人还在希望他只是在虚张声势，很快他们就会知道真相。

---

1 “上流社会的化装舞会”，《劳埃德新闻周刊》（*Lloyd's Weekly News*），1911年5月28日；“克拉里奇时尚礼服舞会”，《泰晤士报》（*Times*），1911年5月25日。

尽管他毫不知情，F. E. 史密斯给了自由党和保守党在开始爆发之前最后一次自嘲的机会。这次爆发的破坏力远远超过贵族的传统权力。丘吉尔和史密斯之间的友情，在未来几年里将在政治的严酷考验中存活下来，但是很多友情将不复存在。化装舞会之所以堕落并不在于它是对财富和特权的俗气展示，而是它对即将到来灾难的漫不经心的蔑视——缺乏一种意愿，去防止一场在国内外同处危险时期可能造成分裂和混乱的激烈争吵。双方都知道他们把彼此带到了悬崖，但看起来没人愿意去勒马。

阿斯奎斯的含蓄微笑变成了他的困扰。由于他把国王的保证向整个国家隐瞒了太久，以至于当他7月份宣布时，反对派感到了背叛。这位首相被指控误导了国家，并把君王哄骗成了有失尊严的政治阴谋的一分子。声音最大的批评者是F. E. 史密斯。7月24日，周一，和吵闹的后座议员一起，他送给阿斯奎斯一场和5月的克拉里奇酒店时截然不同的演出。对于旁观者来说，这场演出比化装舞会疯狂得多。

在那个7月的周一，伦敦笼罩在热浪中。当阿斯奎斯当天下午阐述议会法案时，会议室里闷热异常。他和温斯顿、玛戈以及维奥莉特一起开着敞篷车从唐宁街赶到议院，沿途站满了欢呼的支持者们。当玛戈和维奥莉特到达女士旁听席时，她们发现气氛十分热闹，一些女士为了看得更清楚而站在了椅子上。

但是正当阿斯奎斯准备发言时，F. E. 史密斯和林基·塞西尔站起身来试图把他喊下来。由于双方爆发出的骚动，他们所说的内容至少有一半都是听不清楚的。偶尔透过喧闹声，能听到史密斯喊道："政府使这个国家的政治蒙羞。"或者是简单的"叛徒"。塞西尔的高音"程序问题"划破空气，还包括杂乱的短语如"对议会的无耻利用"。F. E. 史密斯和林基·塞西尔持续了半个小时，同时伴随着其他人冲着阿斯奎斯大喊"独裁者"以及其他侮辱性的词语。这位首相几乎无法说话，但他坚持站着。在整个过程中休勋爵都在颤抖着，好像到了崩溃的边缘。他的脸扭曲着，他修长的身躯歪成了一种别扭的姿势。

在短暂的停顿中，工党议员威尔·克鲁克对林基说："今天下午尊贵的勋爵们所做的事情，比被称为精神错乱的人做的事还要疯狂得多。”[1]

在拥挤的旁听席流着汗的玛戈和维奥莉特被这些语言攻击吓坏了。维奥莉特看着林基嘲弄着她的父亲，被嘲笑声和眼泪折磨着。塞西尔的脸上没有一点颜色，维奥莉特后来描述道“叽里咕噜地诅咒着，像个狒狒、癫痫患者和女权主义者的合体”。玛戈对史密斯和塞西尔的行为感到非常厌恶（她称他们为“无赖”和“太监”）。她给坐在她丈夫附近的外务大臣爱德华·格雷爵士传递了个消息，请求他出面停止这场闹剧。[2]

从坎贝尔－班纳曼执政时期以来，格雷是内阁最尊贵最受尊敬的议员。一方面因为他低调的政治生涯，不像温斯顿，他不喜欢激烈的辩论或者公开的活动。他给人一种非常讲究、非常矜持、不让自己染指于混乱政坛的印象。以至于一个记者这样评论他：“人们的热情，市场里的叫喊，冲突中的狂乱，都不能打搅到他，他仿佛与世隔绝。”

玛戈本能地求助于这个唯一能让议院恢复和平的人。她回忆道：“我仓促地用潦草的字迹写了张纸条递给他，‘他们会听你的，所以看在上帝的分上帮他远离毒舌和无赖！’”[3]

他们确实听他的。在阿斯奎斯放弃并坐下后，在贝尔福试图让他的手下冷静之后，格雷用他轻描淡写的方式制止了反对派。一些捣乱者垂下了头，其他人默默地生着闷气。

格雷说道：“从来没有一个占下议院多数席位的政党的领袖，像我的这位尊敬的阁下一样，拥有这么多骑士般的忠诚和团结的政治支持。尊敬的反对派议员们可以很容易想象到，这种感情经过我们刚才的所见所闻之后是否减少了。到目前为止都是针对这位阁下的个人攻击。先生们，首相，我们所有人都对此感到厌恶。”

---

1 《议事录》（*Hansard*），下议院，“国会法案”，1911年7月24日。没有想到关于此次辩论的一些奇怪的报告，我的首要依据是国会抄本。

2 伯纳姆·卡特，《幻灯片》（*Lantern Slides*），第274页；克利福德，《阿斯奎斯家族》（*The Asquiths*），第185页。

3 加德纳，《预言家，神父和国王》（*Prophets , Priests and Kings*），第90页；玛戈·阿斯奎斯，《自传》（*Autobiography*），第276页。

当格雷坐下后，F. E. 站起身来准备发言，但是马上被轰了下去，议会也在混乱中结束了。在走廊里，玛戈冲向爱德华爵士，给了他一个拥抱，仿佛他是个刚杀死了巨龙的老骑士一般。“当我后来和爱德华·格雷单独见面时，”她回忆，“当我亲吻他的手时，他的眼中充满泪水。”首相并不需要格雷替自己辩护，并且觉得让林基和F. E. 做保守党异议的发言人在政治上是有好处的。但是感情丰富的玛戈更倾向于认为，英勇的外务大臣使她的亨利避免了进一步的羞辱。[1]

对丘吉尔来说，他发表了几个强烈反对保守党“粗鲁和无理取闹”的看法，但是他肯定暗地里享受地看着他的老混混战友和他的朋友F. E. 这样争吵，特别是这样一场注定要失败的争吵。尽管自由党很乐意夸大对方对他们领袖的当众侮辱，他们知道议会法案无论如何都会被通过。他们可以投票，如果缺少票数，国王会制造一批自由党杂货商男爵，或者小说家男爵（托马斯·哈代也在阿斯奎斯的“大规模制造”贵族候选名单中）。[2]

尽管有不少怨恨和抗议，上议院也不得不妥协，在8月通过小范围投票通过了法案，结束了地主贵族阻碍下议院的权力，但是留给他们延缓立法（除了财政法案）最长至两年的权力。这是把贵族们带入20世纪的一种合理方式，但是过程中充满了挣扎和尖叫。自由党伤害了不少权贵的自尊心。这些受伤的对手急切地寻找复仇的机会。

3. 武力平息暴乱

自由党能够应付议院内的语言轰炸，但是他们发现应付工人阶级的

1 《议事录》（*Hansard*），下议院，“议会法案”，1911年7月24日；玛戈·阿斯奎斯，《自传》（*Autobiography*）。

2 1911年7月24日温斯顿·丘吉尔写给国王的信，《姊妹篇》（*CV*），第2卷第1011页；塔奇曼，《荣耀之塔》（*The Proud Tower*），第393页。

猛烈动荡变得越来越困难。这个夏天充斥的不满情绪似乎引发了普遍的反抗。到处都出现了罢工，尤其是伦敦和默西赛德的码头工人，以及各地的铁路工人。8月里的两周被混乱占据，工人组织了大规模抗议，交通系统瘫痪，食物供给日渐减少。罢工者试图阻止商品运输，破坏铁路，攻击货车护送队，以及抢劫仓库。

利物浦的暴乱十分严重，当局向丘吉尔警告当地“已处在戒严状态”。他们的医疗和食物供应已快耗尽。国王给丘吉尔的电报里这样描述利物浦的骚乱，“更像是革命而不是罢工。”他要求使用军队，“军队应该全权处理，要让匪徒对他们感到恐惧。”丘吉尔对暴乱者失去了耐心，向利物浦派出整个旅的步兵和两个团的骑兵。[1]

城市变成了战场。当一大群人袭击一辆囚车，试图救出五个同伙时，一名被袭击的骑警先是开枪警告，袭击没有停止，这名警察再次开枪打伤了那个试图把他拉下马的男人。一队骑兵开始扫除整条街。暴乱者站在屋顶向军队投掷砖块、烟囱管、石块、瓶子以及其他任何能够拿到的东西。士兵多次开枪警告，在双方战斗进入白热化时，悲剧发生了，两个当地人被军队击中身亡。

第二天，8月16日，数百名士兵和警察组成了运输护卫队，从码头护送食物进入市区。“这是利物浦历史上军事力量最伟大的一次展示，”记者写道，“在任何一个英国城镇的历史上，这也是头一次对农产品进行护送。”

情况十分危急，记者警告道：“在一周多的混乱后，这座城市陷入了困境……痛苦和不幸到处都在发生，对穷人来说更加严重，人们感到绝望。食物是个大问题，人们为了孩子不顾一切地找寻它。街道肮脏不堪，瘟疫即将爆发。而主要是因为铁路依然处于瘫痪状态。这座城市前些天所发生的事真叫人心碎。”[2]

1　1911年8月15日德比爵士写给温斯顿·丘吉尔的信；8月16日国王写给温斯顿·丘吉尔的信，《姊妹篇》（*CV*），第2卷第1274页。

2　“利物浦的恐慌”，《劳埃德新闻周刊》（*Lloyd' s Weekly News*），1911年8月20日。

温斯顿花了七年时间试图成为一个好的自由党成员，草拟内容广泛的社会改革议案，宣传和平和节约，并且对各种各样的敌人宽容大度。现在当他面对大规模骚乱，突然又露出军人的一面，全力出击。他的内阁同事们对骚乱的规模感到震惊，但是其中一些对温斯顿咄咄逼人的反应感到更加震惊。8月17日，阿斯奎斯的新殖民大臣，路易斯·哈考特，自由党老兵威廉·哈考特的儿子，给他的妻子的信中写道："五万名士兵被派往全国各地去保护生命、财产和食物……温斯顿仍然很愤怒，但是比昨天理智了一些。"

这位被称为"路路"的哈考特家的小儿子，是个纨绔子弟，并不是一个战士。但是他认为丘吉尔对局势的反应有点过激。他告诉妻子："温斯顿非常喜欢像个总司令一样调遣数千名士兵。他已经向默西河派了艘军舰，如果有必要的话，会命令水兵登陆操作渡船。"丘吉尔的目的确实是利用一切可用的手段去恢复秩序，而且要尽快。至于那艘军舰——皇家海军巡洋舰安特里姆号，是他应担心码头失去控制的利物浦和伯肯黑德市长的要求派去的。这一次，他准备让军队树立自己的权威以显示决心。一旦他的军事本能重新苏醒，他将义无反顾地投入到战斗中去。[1]

部署如此多的部队对政府来说也是充满了风险，劳合·乔治也被形势所唤醒。作为一个和平使者，正如他在托纳潘迪事件中所扮演的角色一样，他立即投入到谈判的工作中，去避免温斯顿的部队和罢工者发生更多的冲突。值得称赞的是，他迅速解决了矛盾。8月19日，在和铁路工人代表以及他们的雇主开了一整天会之后，他拟出一份所有人都能接受的仲裁程序。铁路恢复了日常运行，其他罢工者也很快回到工作中。士兵开始返回军营，商品又开始流通，甚至暑气也减少了。

劳合·乔治兴奋极了。他来到指挥部，宣布了他想要获得的"奖杯"："一瓶香槟！我做到了！不要问我怎么做到的，我的确做到了！罢

---

1 1911年8月16日、17日刘易斯·哈考特写给玛丽·"茉莉"·哈考特的信，牛津大学图书馆。

工解决了！”[1]

但是对威尔士拉内利的罢工者来说，解决方案来得太晚。他们截住了一辆火车，攻击了司机，并且和试图清除障碍的军队发生了战斗。两个罢工者被击中身亡。在他们攻击车站点燃一间库房时发生爆炸，又有三个罢工者死亡。当这个存放炸药的库房爆炸时，整座镇子都被气流所震动，很多人受了伤。一些无辜的平民受伤严重，包括三名妇女。暴乱持续了几个小时，一个当地的治安官，同时也是一个杂货店主，他的店几乎被抢劫一空。[2]

乔治·劳合的密友和财务资助人、报纸业主乔治·里德尔在他的日志里提到，在罢工过程中丘吉尔纠结万分，一方面想要表现出克制，另一方面却想要战斗。“我能感到他背负着极大的压力。内政部的职位对他来说已经逐渐变得无法忍受。很明显他正逐渐咬紧牙关，作为一名士兵，他可能要在未来的劳工纠纷中表现得彻底并且严厉。”

劳合·乔治担心丘吉尔会成为一个不称职的内政大臣，其他的自由党人也有同感。维奥莉特·阿斯奎斯听到一些关于丘吉尔对暴乱的强烈反应的抱怨，以及关于为什么自由党如此“刻薄无情和心烦意乱”。她在晚年回忆道：“他们认识到了，毫无疑问，他的行为是正确和必要的，但是他们无法原谅的是在执行过程中他投入的那种热情……他从不半途而废。我见过他在执行和平的任务中也带着同样的热情和专注。”[3]

丘吉尔认为，问题在于很多自由党人倾向的缓和的方式在骚乱中起到的负面作用大于正面。无论他的敌人是顽固的上议院还是暴力的罢工者，他的爱好都是在战斗中投入极大的——用维奥莉特的话说——“热情”。但是这种热情在很多节制的自由党人看来是不体面的。只有劳合·乔治在“热情”方面可以和温斯顿一较高下，但是他把这种热情更多

1 奥斯丁·张伯伦，《政治的内核》（*Politics from Inside*），第437页。

2 “暴动灾难”，《劳埃德新闻周刊》（*Lloyd' s Weekly News*），1911年8月20日。

3 里德尔，《日记》（*Diaries*），第25页；伯纳姆·卡特，《温斯顿·丘吉尔》（*Winston Churchill*），第180页。

地放在演讲上而不是行动上。温斯顿倾向于把这种态度同时用在语言和行为上。

于是，在8月22日，他毫不犹豫地在议会上充满活力地为自己的行动辩护。“我们充分贯彻一个政策，”他说，“那就是当需要派遣士兵时，就派遣足够多的士兵，这样就不会出现当局无法维持秩序的情况……四个或五个人被军队击毙。议院看到这些事件在被到处报道。但是没有看到并且无法去衡量的是，多少个生命幸免于难，多少个悲剧和苦难被避免。”[1]

4. 阿加迪尔危机

在几乎整个7月和8月出现的一个插曲，是丘吉尔决心结束罢工的一个原因。当政府和国内的贵族以及工人斗争时，德国人决定在摩洛哥的大西洋港口——马拉喀什西南部的阿加迪尔挑起事端。1911年7月1日，只有两门四英寸炮的其貌不扬的德国炮艇“美洲豹”快速驶入这个尘土飞扬的港口，它的任务是保护德国的权益——结果这个权益其实是一个人，赫尔·威尔伯格，汉堡的一个年轻商人。他自己也不清楚为什么他需要保护，但是他得到了和炮艇会面的指示，所以他尽职地站在海滩上，穿着白色西服，向炮艇挥手。直到他的同胞看到并“营救”了他。

整件事都是在公然地威胁把摩洛哥当作非正式受保护领地的法国。德国的算盘是利用海军在阿加迪尔露面作为获得其他殖民地的谈判筹码。当伦敦的德国大使梅特涅伯爵告知外务部“美洲豹”抵达那个无名港口时，几个熟悉那个地区的英国官员怀疑地摇着头，他们认为德国人没有理由到那里去。但是这件事一开始像是吉尔伯特和萨利文的喜剧，马上就变成了危险的僵局。法国不愿意受威胁，德国不愿意退让，而英国想要在争端中拥有发言权。

1 下议院，1911年8月22日，《演讲全集》(*CS*)，第1875页。

没人关心阿加迪尔本身，当然，英国外务大臣对德国厚颜无耻的做法感到震惊。“普鲁士人见利忘义，令人生厌，”爱德华·格雷爵士在写给朋友的信中说道，“他们认为是时候得到一些好处了，他们会得到的，只是没有他们想象的那么多。”德国人犯了个错误，他们挑起了一场他们自己也不知道如何结束的争端。在7月里的3周里，他们都闭口不提他们的目的，而这种沉默让英国和法国开始做最坏的打算。“难道德国想要借此和法国开战？”丘吉尔很好奇，“或者只是试图通过施压和搅乱局势来增强自己的殖民地位？”新闻界的传言是德国想在阿加迪尔建立一支大西洋舰队。这是否是英国海军的又一个威胁？[1]

在过去的几个月中，温斯顿在慢慢改变他对德国一直试图避免和英国开战的看法。作为内政大臣，他从特勤局得到一些消息并稍后通知了爱德华·格雷，“我们是德国陆军和海军的研究对象，没有任何国家像德国一样这么关注我们。”他也知道自从他在1906年西里西亚的野外演习看到的过时战术后，德国的军事实力得到了巨大的提升。1909年他曾经从伦敦的日常工作当中悄悄溜走，去再次观察德国军队的演习。他注意到了巨大进步：更加实用，更多的机枪，以及对炮兵连更好的利用。

他仍然不相信德国人将在一个大多数欧洲人从来没有听说过的港口挑起一场战争。但是他们的武力威胁开始让他动摇，并且随着僵局的持续，他变得越来越焦虑。[2]

同样的想法也困扰着劳合·乔治，他不仅担心普鲁士军队的威胁会带走社会建设所需的资金，并且担心孱弱的法国会在德国人的压力下屈服，并且激励德国人挑起更多的争端。在一次和丘吉尔以及一个《曼彻

1　罗宾斯，《爱德华·格雷爵士》（*Sir Edward Grey*），第243页；温斯顿·丘吉尔，《世界危机：1911–1914》（*The World Crisis: 1911–1914*），第40页。哈罗德·尼克尔森发现阿加迪尔的德国人是威尔伯男爵（《国王乔治五世》（*King George the Fifth*），第186页）。

2　温斯顿·丘吉尔写给爱德华·格雷的信，《查特维尔文件》（*CHAR*）13/1/25，1911年11月22日；安德鲁，《保卫王国》（*Defend the Realm*），第37页；温斯顿·丘吉尔，《思想与冒险》（*Thoughts and Adventures*），第83页。

斯特卫报》的编辑一起吃早餐的时候，劳合·乔治吐露了他的看法，他认为法国害怕“那些可怕的军队越过边境……他们能够在一个月内攻陷巴黎”。在温斯顿的鼓励下，以及在外务大臣的允许下，他决定对德国人发出警告。

在7月21日的一次晚宴上，劳合·乔治发表声明：“我愿为了保持和平而做出巨大牺牲……但是如果我们被形势所迫，如果为了保持和平就要放弃几个世纪以来英国用英勇精神取得的成就，就要使大不列颠的利益以及在各国中的地位受到影响。那么我要说，这种和平是对我们这个伟大国家不能容忍的羞辱。这关系到国家的荣誉而不是党派问题。”

劳合·乔治从来没有在国际问题上划分过界限，所以当他的声明出现在报纸上时，德国政府猝不及防。德国皇帝非常愤怒，几乎用了一个小时的时间斥责英国大使，这位大使回忆道：“他像骂一群小偷一样骂我们。”[1]

7月25日傍晚，丘吉尔和劳合·乔治在白金汉宫附近散步，外务部的一个信使追上他们并递来一封紧急信件：爱德华·格雷爵士想要马上和他们见面。他们赶到他的办公室，发现这位通常很镇定的外务部长正在焦急地等着他们到来。他刚刚结束和梅特涅伯爵的一场带有火药味的会议，那位德国大使对劳合·乔治声明的反应是如此冷酷无情，让他十分担心“舰队随时可能遭到攻击”。[2]

这个麻烦重重的夏天所带来的紧张气氛让爱德华爵士慌乱了，他对梅特涅的判断出现严重失误。德国人很愤怒，但是还没有愤怒到对强大的皇家海军发起突然攻击。一次冷静的反思可能就会让格雷重新审视他的顾虑，但是事件发生得太快。雷吉·麦克纳从海军部赶来，同意对海上的皇家舰队发出警报。接下来的几天，英国的领袖们在悬念中等待着，不知道下一个从舰队发来的消息是否是开战的信号。

幸运的是，由于很多海军高级将领在度假，没有注意到爱德华爵士

---

1 吉贝尔，《戴维·劳合·乔治》（*David Lloyd George*），第450–454页。

2 温斯顿·丘吉尔，《世界危机：1911–1914》（*The World Crisis: 1911–1914*），第44–45页。

的紧急警报。不然的话，慌乱中的走火可能会给德国制造一个开战的真正借口。战争有时就是由误会和鲁莽引起的。

但是格雷的错误警报引起了阿斯奎斯和内阁其他人的重视。高层召开会议讨论战略，地图被更新了，丘吉尔开始大量发出满是提议的信件和通知。此时此刻，伴随着诸多不确定因素，温斯顿作家的一面从冬眠中苏醒，创作了一篇具有先见之明但题目不怎么吸引人的作品“欧洲问题的军事形势”。事实上，这只是一篇提交给阿斯奎斯和帝国防御委员会的备忘录，但是它读起来像是关于一场欧洲战争的小说大纲。利用他强大的想象力，他描述了战斗开始的前四十天里可能会发生的事。正如他在第一次世界大战后指出的，“这些预测在三年之后几乎都变成了事实。”

他预测的其中一件事是，德国会向比利时军队发起猛攻，迫使法国军队重组以挽救巴黎。“最可能发生的情况是，”丘吉尔在1911年写道，“法国军队会在第二十天从默兹河撤退至巴黎及南部。”他认为德国人的问题是：“在第四十天的时候，德国应该在前线和国内全线吃紧。”接着，他认为法国有机会反攻，“如果法国军队没有因为轻率或者绝望而错失良机的话。”[1]

很显然，温斯顿的预测非常准确。1914年9月9日，德军出动的第四十天，德国人拉伸的战线导致他们在第一次马恩河战役的失利，从而迫使他们停下脚步，开始一场持续四年的消耗战。但是温斯顿没能预测到的是，这个僵局是在法国的进攻失败时候出现的，从而导致堑壕战的出现，使双方都付出了惨重代价。不管怎样，在1911年，他是唯一一个预见到世界将面临巨大灾难的英国领袖。[2]

随着人们逐渐冷静下来，阿加迪尔危机所带来的恐惧也很快消散。为了让德国人保全面子，法国移交了一部分他们本来也不太看重的非洲

---

1 温斯顿·丘吉尔，《世界危机：1911–1914》（*The World Crisis：1911–1914*），第58–62页。

2 1914年9月4日，德国国王相信他们已经取得胜利。“到了第35天了，”他说，“我们开始保卫兰斯，距离巴黎只有三十英里了。”基根，《第一次世界大战》（*The First World War*），第112页。

领土。之后，许多英国人感觉又可以安全地回到平常的生活中了。

但是这场危机改变了温斯顿。一旦他关于欧洲战争威胁的想象力苏醒，它就变成了持续性研究。这个重大威胁让他把其他所有问题都暂时推开。他找到了一个为了应对将要到来的冲突而迫切需要完成的事业，一个他感觉他命中注定要完成的事业。但是作为内政大臣他无法完成这件事。指挥部，海军部，外务部，甚至首相本身，这些才是他能够阻止下一场战争，或者帮助英国获得胜利的地方。

在他计划下一步行动的同时，他和妻子克莱米来到肯特郡的布罗德斯泰斯附近的海边度假。9月初的一天，他带着桶和铲子来到海滩。附近一位《镜报》记者得到了这个内政大臣正在海边的消息。当他找到丘吉尔，惊讶地看到他正在兴致勃勃地建造一系列“坚固的防御工事和沙堡”。这位内政大臣很不好意思地解释说，这些都是为了娱乐他的小女儿以及附近其他的孩子。

第二天报纸上出现了一篇题为“丘吉尔先生的铁锹作品”的文章。但是除了他的朋友，没有人理解他对这些作品看得多重要，他用双手把想象变成现实。当埃迪·马什看到文章，他大笑并写信给一个朋友：“不知道德国人有没有听说内政大臣在度假的时候亲自在南海岸建造防御工事。”[1]

1 《每日镜报》（*Daily Mirror*），1911年9月5日；哈索尔，《爱德华·马什传》（*A Biography of Edward Marsh*），第174页。

第22章

无敌舰队

1911年10月25日，距他三十七岁生日还有不到一个月的时间，丘吉尔就任海军大臣，成为世界上最强海军的文职长官。拥有13万军人和500艘军舰的皇家海军是大英帝国的骄傲，并且是政府的头号法宝。从理论上说，可以在任何地点投入战斗，但丘吉尔知道他的使命是确保海军能够在一个海域——北海参战并取得胜利。

1. 出任海军大臣

1911年9月，温斯顿到苏格兰拜访选民并与首相共度数日。首相住的这所房子正是1908年玛戈在维奥莉特“岩石事件”后，带家人从斯莱恩斯城堡搬来住的地方。阿彻菲尔德庄园是玛戈的哥哥在秋初借给她的，坐落在爱丁堡东约二十英里，是一所石砌大宅。对首相来说，它最大的好处是毗连着一处沿海的私家高尔夫球场。1908年《乡村生活》杂志把它形容成“世界上最佳的高尔夫球场”。

数月以来，维奥莉特对克莱米愈发喜爱，但她始终未能对失去温斯顿完全释怀。当温斯顿走进房间，她仍然笑逐颜开，并且她仍然非常喜欢他单独的陪伴，因而她会抓住任何可能的时机支开旁人，与他私自聊天。当他到达阿彻菲尔德庄园，她就立即把他约到最近的高尔夫球场，后来她写道，在那里，“我们在金秋的阳光下打了许久的高尔夫球，并有海鸥不停盘旋在我们身边”。[1]

他眼中有一丝期盼，她知道那意味着什么。政治是他们的共同爱好，温斯顿的想法瞒不过她。阿加迪尔危机结束之际有传言说要换掉海军大臣。他想要这个职位，他知道阿斯奎斯不满意雷吉·麦克纳的表现。首相刚刚递送给雷吉一封手书批评信，批评海军对爱德华·格雷爵士提出的警报反应迟缓。

很显然，需要有人来重整旗鼓准备战争。而最迫切需要的就是现代海军战争首领，他需要有条不紊地面对未来的战争挑战。合乎逻辑的选择是霍尔丹爵士，他过去六年里在陆军部表现突出，并刚刚获得爵位。

现在众所周知，霍尔丹爵士想要这个职位并不是个秘密。“我感觉我

1 《乡村生活》(*Country Life*)，1908年1月18日；伯纳姆·卡特，《温斯顿·丘吉尔》(*Winston Churchill*)，第187页。

几乎是唯一的人选，”他回忆道，“我有能力解决海军战役的问题。我认为首相也这么认为，但我们却都默契地保持沉默，对即将发生的变化只字不提。”[1]

维奥莉特先把话题引到海军大臣上来。她对温斯顿开玩笑：“你为什么不问问我的看法呢？”

他知道她的想法，如同她对自己的了解一样。他说：“在霍尔丹和温斯顿之间，你不是一个中立的裁判——你是个彻头彻尾的偏袒者。你的天平早已被偏爱和感情承载……你一定在想温斯顿会非常喜欢它！”

她也在想自己会非常开心看到这一天。她事后回忆：“我期待温斯顿能够任职海军大臣，不仅仅因为这是他自己内心的愿望，更因为我确定他在那里能够找到他的最终归宿以及他最真实的自我。”[2]

她的父亲也赞同这一点。他曾被丘吉尔对德国威胁的评论深深折服，他同时也认为，丘吉尔的战争才能服务于海军要比在内政部对大家更安全。

维奥莉特在幕后出力，鼓励她的父亲做出改变。但问题是该如何给霍尔丹解释。阿斯奎斯设计的解决方案十分巧妙。他决定让丘吉尔和霍尔丹二人单独会面，讨论他们各自上任的优点。他相信温斯顿能够证明自己要比对方强，弱化对方——一位修养良好且胸怀宽广的绅士——拒绝的能力。

当霍尔丹到达阿彻菲尔德，看到丘吉尔向他像家人般致意的时候，一定在那一刻就意识到他的职位泡汤了。当阿斯奎斯留下他们单独交谈时，霍尔丹才意识到自己已经被设计了，他后来形容这个场景为“首相把我同【丘吉尔】关在了屋子里。”

霍尔丹竭尽所能为自己辩护，指出自己在陆军部有丰富的经验，并直言不讳地质疑温斯顿的能力。“我说，坦白而言，我不认为丘吉尔的思

1 霍尔丹，《自传》（*An Autobiography*），第245页。阿斯奎斯在1911年9月18日寄出批评信，参见法尔，《雷金纳德·麦克纳》（*Reginald McKenna*），第210页）。

2 伯纳姆·卡特，《温斯顿·丘吉尔》（*Winston Churchill*），第187页。

维方式能够提出解决我们面临问题的最好办法。”但温斯顿在每一点都做出了完美的回击，他远不及温斯顿的表现。得知他的职位落空，霍尔丹意外做出了优雅的撤退。“我在阿彻菲尔德与他非常友好地分开了。”他回忆道。[1]

10月1日，星期天，温斯顿与首相花了大半个下午打高尔夫球。维奥莉特正在喝茶，看到温斯顿满面笑容地进来。他叫她出来给她宣布了好消息：“你父亲刚刚任命我当海军大臣了。”

她始终记得他当时的表情。她从未看到他那么开心过。他们在昏暗的夜色中并肩走向海边，温斯顿一路上都在兴高采烈地说话。他不仅为自己得到海军大臣的职位而感到激动，也庆幸自己能够逃离内政部的烦扰。“看看我之前打交道的那些人，”他不耐烦地说，“不是法官就是犯人！”

当晚，维奥莉特打开日记本描述了温斯顿对变动的反应：“他是狂喜的（这一直是他在内阁的向往之地）——并被海军的宽广的空间和无限的可能性极大地鼓舞了。”[2]

这个消息使一个人濒临崩溃，这个人就是雷吉·麦克纳。阿斯奎斯要调他去内政部，而他不想过去。他10月10日收到了调令，却花了几乎两周的时间试图说服首相收回成命。他特意到阿彻菲尔德去为自己请求，坚称海军仍需要自己。阿斯奎斯心烦意乱，但仍试图说服他。他问他“是否真的认为自己是站在我们和一场欧洲大战中间的唯一的人”。当自己被问得哑口无言时，雷吉才不情愿地答应了调动。

玛戈在麦克纳离开后说他“其实十分介意，而且特别悲伤”。[3]

四个月过后，麦克纳仍然在抱怨，对他见到的所有人辩称他自己比丘吉尔更胜任这个职位。2月10日的一场晚宴上，他恰巧与维奥莉特邻

1 霍尔丹，《自传》（*An Autobiography*），第245页。

2 伯纳姆·卡特，《温斯顿·丘吉尔》（*Winston Churchill*），第188页，《幻灯片》（*Lantern Slides*），第285页。

3 法尔，《雷金纳德·麦克纳》（*Reginald McKenna*），第217–218页。

座，打算给她发牢骚，但他明显不知道她早已投了丘吉尔的赞成票。维奥莉特在她的日记中写道："麦克纳竟冲我和所有人抱怨温斯顿。他一定是疯了。"[1]

即使不是现在，迟早有一天，丘吉尔也会得到他渴望已久的海军第一大臣的职位，但鉴于这个职位竞争之激烈，他非常幸运能够得到维奥莉特在她父亲面前为他说话。

2. 为了胜利

1911年10月25日，距他三十七岁生日还有不到一个月的时间，丘吉尔就任海军大臣，成为世界上最强海军的文职长官。

拥有13万军人和500艘军舰的皇家海军是大英帝国的骄傲，并且是政府的头号法宝。除了本土舰队，还有大西洋舰队、地中海舰队和东方舰队。造船厂遍布全球，从本土的朴茨茅斯，到马耳他、孟买、新加坡、悉尼和香港。它的确是世界级的海军，并且，从理论上说，可以在任何地点投入战斗，但丘吉尔知道他的使命是确保海军能够在一个海域——北海参战并取得胜利。

他第一个举措就是让人把北海地图装置在他的书桌后方，这样下属就能在上面标示旗子代表德国舰队的位置。每天早上温斯顿都研究地图，与其说是追踪活动路线，不如说是用心记录每一寸图像，正如他自己后来写的，"要把时刻存在的危机感反复灌输给我自己和我的同僚。"这片杳无人烟的水域就是他不计代价要防御的地方。[2]

他有理由感激麦克纳在1909年反对他建无畏舰和更多的大型战舰。

1　伯纳姆·卡特，《幻灯片》(*Lantern Slides*)，第306页。

2　温斯顿·S. 丘吉尔，《世界危机：1911–1914》(*The World Crisis: 1911-1914*)，第71页。

现在他很高兴能有更大的力量，并且他打算扩张力量。作为弥补自己之前对德国估计错误的方法，他在公开场合表扬了麦克纳。“我们应感谢麦克纳先生的前瞻性和决断。”他于1912年在苏格兰演说中告诉听众。

当劳合·乔治被留在岗位致力于推动标志性的国家保险法案的通过——使他的名字能与健康和失业保险永久地联系在一起时，温斯顿在忙于建造更快、更强有力的战舰来抵御德国舰队。海军的工作使劳合·乔治受到冷遇。他开始抱怨每次见到温斯顿，他都会听到“戴维，我跟你说”，而后就是自顾自“关于他可恶的军舰”的长篇大论。[1]

尽管不是海军战略专家，但丘吉尔却知道许多战斗的知识，明白一个其他人经常忽视的基本道理。在他任职的第一年里，他在伦敦伯灵顿府告诉一位听众，“在海军，所有事情都围绕着一个目标展开，就是提高在指定时间和特定地点的最强战斗力。”换句话说，在海军华丽壮观和繁复的官僚主义背后，真正重要的是舰队面对敌人“几分钟内打破、击毁、压倒”的能力。当无畏舰造好，唯一值得出击的机会就是最终制胜的一击。因而，丘吉尔会这么说：“避免战争的最好办法是确保战争的胜利。”

就像维奥莉特评价他，“他从不半途而废”。他不要战争，他知道战争的可怕。他告诫伯灵顿府的听众，“如果世界上有任何高度文明和科技高度发达的国家卷入了战争，那么他们就会受到严酷的创伤，而后慢慢走向尽头。”但如果德国坚持扩大军舰数量做出更多威胁举动，他现在已经做好准备，做出一切努力防止战争，或者在必要情况下给出致命一击。[2]

德国皇帝和他的将领有大量的机会放弃军备竞赛。在伯灵顿府演讲的几周之前，丘吉尔给德国提出了“海军休息日”。对双方来说，这是一个机会，即使无法完全停止军备竞赛，至少可以去暂停制造军舰，以放

1 温斯顿·S. 丘吉尔，格拉斯哥，1912年2月9日；《演讲全集》(*CS*)，第1912页；托伊，《劳合·乔治与丘吉尔》(*Lcoyd George & Churchill*)，第119页。

2 温斯顿·S. 丘吉尔，伯灵顿府，伦敦，1912年5月4日，《演讲全集》(*CS*)，第1961–1962页。

慢军备竞赛的速度。在关于休息日的巧妙措辞中，丘吉尔说："给双方误解之书留一页空白。"但德国皇帝并不认为有什么误解存在。在他看来，英国需要被打败，这样德国才能崛起。因此他拒绝了这个提议，简明扼要地回复"这种安排只可能存在于盟友之间"。[1]

尽管温斯顿认为他需要建造更多的军舰，他也在寻求除了数量优势之外的其他优势。为了同时保持速度和火力优势，他做出了他职业生涯里最大胆的决定。为了使军舰速度更快，他想把军舰燃料由煤改为石油。为了确保它们能超越德国，他想要军舰装备一种无与伦比的武器。为取代无畏舰一直坚持配备的13.5英寸火炮，他挑选了大量新式15英寸火炮，后者能够在二十英里外击中目标。

这种风险可想而知。其一，英国缺少可靠的石油供应。借用温斯顿给下议院华丽的措辞解释，"原生的液体燃料在这些岛上难觅踪迹。"而就火力而言，没有人知道15英寸火炮是否可行，因为正如丘吉尔所言，"没有现代15英寸火炮存在过。没有人发明过这种东西。"然而他并没有止步。早在困难被攻克的结果到来前，他为引进这两项发明赌上了一切。[2]

在接下来的两年半时间里，他会通过把英国带入石油产业，安排政府获得英波石油公司（后来的英国石油公司——BP）大部分权益来解决其中一个问题。针对第二个问题他别无他法，仅仅依靠热切的希望，埋头向前研制15英寸火炮。如果要等正常测试，他至少要耗费一年的时间，他等不了了。"不论在和平时期还是战争时期，都要冒一定的风险，"他说，"而现在设计中的勇气可能会赢得后来战斗的胜利。"

但尽管他所押上的是日后看来极大的成功，他仍可经常听到假如自己失败后批评者嘲笑他的声音。他知道，正如他后来写的，"没有任何理由。我一定会被说——'鲁莽，不经事'，'他在那儿还不到一个月'，

---

1 温斯顿·S. 丘吉尔，《世界危机：1911–1914》（*The World Crisis: 1911–1914*），第111–112页。

2 温斯顿·S. 丘吉尔，下议院，1913年3月26日，《演讲全集》（*CS*），第2082页；《世界危机：1911–1914》（*The World Crisis: 1911–1914*），第126页。

‘已经改变了进程的所有计划’并造成此次‘惨败’，‘葬送了今年所有的战舰’。”他之前听过此类的评价非常多，以至于他可以轻易地以同样的口吻编出这些话，听起来像确有其事一样。[1]

但当别人止步于谨小慎微时，他一如既往地大胆创新，做出宏伟计划。可是现在却不仅仅是他的声望或者一个部门的利益命悬一线了。而是事关舰队整体的防卫和国家安全。所有这一切都依赖于一个三十多岁年轻人的判断和能力，丘吉尔时刻不忘这一点，但他从未因此而束手束脚。

麦克纳或者霍尔丹都可以使皇家海军做好准备，迎战日益强大的德国海军。但作为第一大臣的丘吉尔与他们不同的是，他要确保舰队的胜利。为了那个目的，他剔除了不称职的官员，给海上战争的官员进行理论培训，并开始建立有效的队伍，且做出了两项事关重大的任命。最终被证明为一战中英国最重要的两个海军将领——约翰·杰利科和大卫·比蒂——就是从众多将领中选出来的。杰利科成为本土舰队的副指挥官，比蒂掌管巡洋舰队，丘吉尔喜欢称该舰队为“皇家海军的战略铁骑，海军司令部不断发出的速度和力量的强大结合”。

比蒂的任命令人鼓舞。他年轻、英俊、英勇，似乎有潜力成为20世纪的尼尔森将军。然而在1911年末，他见到丘吉尔之前，已经处在面临退役的边缘。他在军中职位快速的上升使他远离了他原先的一些上级，他们抱怨比蒂的上升太快，而比蒂感觉自己的事业突然到了死胡同。他对海上作战非常规的观点以及他本身的反叛精神使他与传统将领格格不入。

但丘吉尔的鼓舞使他立刻变得充满干劲。坐在书桌前看着他，丘吉尔用“你看起来非常年轻，不像一个海军将领”这样的话跟他打招呼。而比他大三岁的比蒂回击道：“你看起来也太年轻，不像海军第一大臣。”

比蒂既懂骑马，又知航行，这至关重要。他是个杰出的马球运动员，

1　温斯顿·S. 丘吉尔，《世界危机：1911–1914》（*The World Crisis*：*1911–1914*），第127–128页。

这对丘吉尔来说意义重大，他事后如此回忆比蒂，“他以陆海空一体的思维分析战争问题。马球和狩猎把他的思维锻炼得快速而灵活，他又通过尼罗河战舰和陆上的战斗获取了丰富的经验。”比蒂在尼罗河战舰的服役征服了丘吉尔。因为这个年轻的海军军官竟然恰巧在乌姆杜尔曼战役中从事的是炮火支援，而那时丘吉尔的铁骑团正要做出著名的猛攻。[1]

“它看起来如何？”第一大臣问比蒂上将关于攻击的安排，等待他对他穿越荒漠的勇猛发表高论。

“就像大块油脂上遍布的布朗醋栗一样。”将军回答。这不是丘吉尔想要的答案，但它形容得很贴切。听起来的确是他会说的话。[2]

他当场给他升职成为他的海军助理（第一大臣的得力助手），这位海军将领接受了。一年之后在提拔一位巡洋战舰统帅时，温斯顿毫不犹豫地找到了统帅海军“铁骑”的最佳人选。

3. 误解之书被写满

作为自己祖国历史的终身学者，丘吉尔非常了解他需要使英国海军恢复它在历史上所扮演的角色。他紧紧跟随着16世纪打败西班牙无敌舰队及19世纪攻克拿破仑海军的巨人们的步伐。他不想成为使皇家海军被德国压倒的罪魁祸首，何况德国是一个没有海军传统的内陆力量。1912年2月9日在格拉斯哥的演说中，他提醒听众，对于一个岛国国防来说，皇家海军是不可或缺的。

他说：“皇家海军对我们来说是必需品，而对德国来说却是奢侈品……对我们来说海军是原本存在的，而对德国来说却是扩张的产物。

1　摩根，《丘吉尔》（*Churchill*），第322页；温斯顿·S. 丘吉尔，《世界危机：1911–1914》（*The World Crisis: 1911–1914*），第87–88页。

2　温斯顿·S. 丘吉尔，《我的早年生活》（*My Early Life*），第196页。

我们不愿威胁一个陆地国家的和平，而且无论我们的海军多么强大，我们都不愿这么做。”[1]

不幸的是，这段完全合理的论述经翻译过后却在德国引发了震动，因为“奢侈品”在德语中类似于毫无意义的消遣之物，并非是昂贵的补充。本来是想表达海军是补充防御的手段，变成德语之后竟像是对他们海军力量的蔑视，仿佛德国海军根本不值得一提。德国媒体没有在两国“误解之书”留一页空白，相反，他们却愿意填满所有章节。

“丘吉尔先生的演讲暗含了对德国的威吓。”法兰克福一家报纸如是说。“我们不能被威胁打败。德意志民族不会默默地臣服于精神上的压迫；它宁愿艰苦抗争到最后。”另一家报纸抗议，“我们理解这是出于【丘吉尔】的利益考虑，给他的听众造成这种印象，德国海军武装是危险的，因此英国应该时刻准备，严阵以待。”[2]

德国的民族主义对自己被轻视如此敏感，仅仅是因为丘吉尔敢于对比两国的海军就谴责攻击他，这显得太过盲目了。这根植于一种假设，他不可能对他的敌人有任何溢美之词。但事实上，他的演说充满了对德国及它国际地位的尊重负责的内容。但从他们对格拉斯哥演讲过度的反应，多少反映出了德国渴望战争的军国主义传统。

从德国上层开始小题大做，德国皇帝通过外交渠道毫不犹豫地表达了自己对他所谓的“丘吉尔傲慢的演说”的不满。他说，这是对“德国的挑衅”，并质问：“把我们舰队形容成奢侈之物，有什么样的道歉？”[3]

其实，德国皇帝不至于把这演说形容为“挑衅”。就在丘吉尔进行格拉斯哥演说时，霍尔德爵士正在柏林访问，希望缓解德国和英国之间的紧张局势。丘吉尔的话一传到柏林，霍尔德就不辞辛苦地向德国皇帝做出解释，直接给他读“关键段落”并把这些放到英国政治环境里进行分

1　温斯顿·S. 丘吉尔，格拉斯哥，1912年2月9日，《演讲全集》（*CS*），第1910页。

2　“丘吉尔先生的演说：德国意见”，《泰晤士报》（*Times*）（伦敦），1912年2月12日。

3　霍德尔曼，《阿尔伯特·巴林》（*Albert Ballin*），第183页。

析。德国皇帝后来才发现，这个演说很适合作为拒绝霍尔德的和平提议的借口，并指责丘吉尔是羞辱德国海军荣耀的好战者。当丘吉尔做贸易委员会主席和内政大臣时，他并没有被德国政府放在眼里。现在他是海军的第一大臣，便成了对方哪怕以微小的借口都要诋毁的目标人物。[1]

4. 贝尔法斯特遇袭

当德国皇帝和他的幕僚正试图把丘吉尔诋毁为和平的绊脚石的时候，他们一定会窃喜丘吉尔自己主动做了靶子。报道格拉斯哥演说的那些报纸，在这一周满是关于他在自己的国家是如何被爱尔兰自治的反对者激烈谩骂的故事。而就在格拉斯哥演说的前一天，他还在贝尔法斯特遭到袭击，在那里，他在重重保卫下推广政府的新的自治计划。该是犒赏爱尔兰民族主义者对阿斯奎斯政权支持的时候了，丘吉尔此时已经做好准备帮助立法顺利完成。

但阿尔斯特联合主义者并不想要他的帮助。他们总喜欢用挑衅来形容他的到访。他们一直在提醒他不要来，因而他做这件事的意图就成了“挑衅行为”。

其实他完全可以坐在家里，避免争议。数十年来，自治问题给政坛带来的除了麻烦还是麻烦。作为第一大臣的丘吉尔无须纠缠在复杂的情形里，但作为国家的政治人物，他却不能不处理这个问题。然而，找出解决办法似乎不可能，因为民族主义者坚持新都柏林政权统治整个爱尔兰，而联合主义者坚持信新教的阿尔斯特省应保持在伦敦控制下。阿斯奎斯希望满足民族主义者的要求并在联合主义者那里争取一些让步。但丘吉尔在贝尔法斯特发现，他们对妥协毫无兴趣。

1　温斯顿·S. 丘吉尔，《世界危机：1911–1914》（*The World Crisis: 1911–1914*），第103页。

为保护第一大臣和出席他演说的6000名民众，当局出动了数百位警察和军人。新闻报道说贝尔法斯特看起来像战场一样。“如果丘吉尔先生的到访不幸发生了流血事件，”《每日镜报》称，“那么全市多家临时医院会准备治疗伤员，大量的医疗急救队会去抢救伤者。”当地警察很担忧，因为“人们已经从院子上拆下了大量的螺栓和铆钉，许多人都从典当处赎回了手枪。”[1]

而乔治·萧伯纳此时却告诉珍妮，可能会有暴乱，但他觉得温斯顿不会受伤。他写信说：“不要为温斯顿担心，他们不会打破他的头，但他们可能会通过几个窗户，相互打烂对方的头。”埃迪·马什与温斯顿一起去阿尔斯特，他预料到了可能到来的危险，但以一种漫不经心的态度制造些轻松的气氛。他给他的好友诗人鲁伯特·布鲁克写信时说：“看看我会不会被杀，如果没有，那么就给我写封长信吧。”[2]

丘吉尔的车穿过贝尔法斯特时，的确被一伙暴徒袭击了。他们试图推翻汽车。克莱米勇敢地坚持陪在温斯顿身边进行危险的访问，但当暴徒把汽车举起时，她害怕了。“她不是害怕自己被杀害，”她的一个朋友回忆她时说，“她是害怕被汽车碎掉的玻璃或者其他方式而终身毁容。”

他们在最后时刻被营救下来，一群警察用警棍驱散举起车的暴徒。不幸的是——或许是由于此次事件的创伤——克莱米在遇袭的下一个月就流产了。（得知消息后，丘吉尔给她写信：“怪不得你上个月都不舒服，可怜的小羊羔。”克莱米回信：“这太奇怪了，同样的疼痛感觉。一次生出了真正的孩子，一次却什么也没得到。”）[3]

---

1 “贝尔法斯特的黑暗前景”，《每日镜报》（*Daily Mirror*），1912年2月5日；亚历山大·默里【埃利班克】致温斯顿·S. 丘吉尔的信，1912年1月31日，《姊妹篇》（*CV*），第2卷第1390页。以“激进”来形容温斯顿的访问，见“J. H. 坎贝尔和丘吉尔先生”，《泰晤士报》（*Times*），1912年2月10日。

2 乔治·萧伯纳致珍妮·丘吉尔的信，1912年1月20日，《查特韦尔文件》（*CHAR*）28/81/4–8；哈索尔，《爱德华·马什传》（*A Biography of Edward Marsh*），第184页。

3 索姆斯，《克莱门蒂娜·丘吉尔》（*Clementine Churchill*），第105页；《温斯顿和克莱门蒂娜》（*Winston and Clementine*），第61–62页。

温斯顿告诉贝尔法斯特的人民，“我现在重复并接受伦道夫·丘吉尔爵士的‘阿尔斯特应该一战，阿尔斯特会取得成功’这句话，但含义不一样。让阿尔斯特为自己的荣耀和自尊而战，为种族和解和原谅历史错误而战……为善良、宽容和启迪在人民之间传播而战。那么，阿尔斯特应该一战，并且阿尔斯特一定会取得成功。”[1]

盛怒中的联合主义者不想听到关于原谅和启迪的论调。他们不想通过分享新都柏林议会的权力与信仰天主教的大多数爱尔兰人和平共处，即使整个爱尔兰仍处于大英帝国之下。相反，他们希望丘吉尔转向联合主义，因为这曾是伦道夫爵士努力的事业。这是他们招兵买马的好办法。但随着激情在这片土地继续发酵，联合主义者却忽略他们给不列颠政府统治带来的危害，虽然他们曾声称依赖不列颠统治，而非自治。

德国政府不曾小视此次纷争，因为丘吉尔也是他们的敌人。他们一定对针对丘吉尔愈发激烈的攻击看得津津有味，继而发展为1914年4月更加尖酸刻薄的狂潮，此时退役的海军将领也是激进的联合主义者查理·贝雷斯福德爵士在海德公园召集会议。

这位海军将领说丘吉尔是一个“微缩版拿破仑。一个精神失常者。一个对阿尔斯特充满恶毒报复想法的自大狂。他不会忘记自己在贝尔法斯特的遭遇……只要温斯顿·丘吉尔还在任，这个国家就处在危险之中”。[2]

1 温斯顿·S. 丘吉尔，贝尔法斯特，1912年2月8日，《演讲全集》(*CS*)，第1909页。

2 “公园中的贝雷斯福德先生”，《每日邮报》(*Daily Mail*)，1914年4月6日。

第23章

老人与海

没有费舍尔，1912年丘吉尔就不会拥有一艘无畏舰。他是无畏舰队之父，也是他那个时代最伟大的海军创新者。多年以来丘吉尔对他早已非常了解，并且十分感激他的影响。是费舍尔使他明白参战中速度和火力优势的重要性，使舰队最大化地集中于北海，以应对德国的威胁，且通过快速果断的突击使敌人摇摆不定。

1. 珍妮的展览

与弗朗西斯·德雷克爵士并排，温斯顿·丘吉尔站立在伊丽莎白号甲板上，仰望着复仇号主桅上的旗帜——这是曾与西班牙联合舰队战斗过的帆船。而后他转身向聚在附近的一小群人发表演说，大力赞扬了德雷克舰队的船只曾给西班牙船长们留下内心的恐惧。就在海军第一大臣演讲的同时，弗朗西斯爵士自豪地环顾四周，将手中宝剑握得更紧。

多亏珍妮立正站在后方，如船首的模特一般，温斯顿才能够想象自己被载着驶向大英帝国的光明未来，身后是数个世纪的成功和辉煌。在这短暂的时间里，尽管羊毛般洁白的云是印在画布上的，“复仇号”是人工池塘上的全比例复制品，而“弗朗西斯·德雷克爵士”是从伦敦西区请来的临时演员。整个情景真实到足以使他的听众热血沸腾，并提醒他们，这个国家在过去曾经战胜了强大的舰队，而很有可能在不远的将来又面临强敌。

五十八岁的珍妮有着这个年纪的人难以想象的充沛精力和雄心壮志。她决心开办一场展现莎士比亚时代英格兰的公共展览。她负责组建一家有限责任公司，并找到一些富有的投资者，许以长线稳定收益，进而在伦敦厄尔斯考特展览中心建立起一个都铎村庄。占据展会最好位置的是浮在水上的轮船，轮船带有四十把石膏机枪“虎视眈眈地瞄准英国的敌人”。除此之外，还重建了一个非常逼真的莎士比亚环球剧院，每天在那里以传统方式上演三场伊丽莎白时代的戏剧。鹅卵石铺就的小路连着农舍、酒馆、饭店和书摊，还有“幽静的角落”和“别致的小店”。一小部分演员被要求穿上古装走在小路上和村庄表演。珍妮不吝惜花钱。村庄大部分都是请当时英国最著名的建筑师——埃德温·勒琴斯设计的。

珍妮在1919年5月9日开幕了展览，当天她请来了许多光鲜亮丽的王室贵宾和上流社会成员出席盛会。“伊丽莎白时代”的水手爬上了德雷克大船的桅杆向下面的人群呼喊着，一个演艺公司在剧场上演着“仲夏夜之梦”，珍妮为所有好友在“美人鱼酒店”办了一场盛大的聚会。接下来的数月内有着一个接一个的舞会，而国王和王后也莅临了展览。而普通人则需要支付一个先令才能进入。[1]

开办如此一场有教育意义的娱乐活动很有远见。这个国家似乎沉浸在自己过去的辉煌之中，珍妮和温斯顿并不是唯一急于把伊丽莎白时代的海上威胁与现在面临的威胁相联系的人。1912年最负盛名的戏剧活动是路易斯·帕克的“德雷克：一场露天表演”，该剧在国王剧场上演了220个场次。最后一幕是一场战斗场景，复仇者号所有船员成功登上西班牙战舰，空中烟雾弥漫，“舞台发出断断续续的火光”。听众都已心领神会弗朗西斯·德雷克爵士的1912年的胜利演说与现实的关联性。

在最后一幕，德雷克向岸边一小群人宣布：“我们已经打开了海上的大门，我们已给予你们通向世界的钥匙。你们现在站立的这一小片土地已然成为世界的中心……请务必握紧我们留下的宝贵财富，且告知你的孩子们它的价值所在：在未来的世纪中，心中永远不要失去勇气，手中永远不要失去力量！”

除去极高的知名度，珍妮的展览并没有创造出像路易斯·帕克演出那样的热情。展览会仅仅勉强支撑到了夏末。来到厄尔斯考特的人群有鉴赏能力，却太稀少，珍妮挥霍大量的金钱，给她的朋友提供免费的娱乐，而这些人大部分都是冲着为自己和所有认识的人拿到免费的入场券来的。造成的损失大得难以置信——至少高达五万英镑，而这些损失大部分最终由银行和投资者埋单，而非珍妮。英国报纸大多淡化这次失败，而美国的报纸则恰恰相反。《纽约时报》在头条标题上写着“厄尔斯考特的大溃败”，报道说，“这场盛会是个十足的失败”，并补充珍妮的“朋友

1　关于珍妮的展览会的详细报告，参见马里恩·F.奥康纳，“帝国的剧场：1912年，厄尔斯考特‘莎士比亚时代的英格兰’”，霍华德和奥康纳编辑的《修订版莎士比亚》（*Shakespeare Reproduced*），第68–98页。

们说她一定在她举办的众多派对上花了大钱”。[1]

但一个陷入持续的财务拮据状况下的女人，在当初是如何筹措到这么多资金建起都铎村的呢？

答案在于她最大投资者的身份，她大量的投资使珍妮更容易申请到银行贷款和其他的资金支持。这位投资者是身价一百万英镑的39岁寡妇。她并不是珍妮的朋友，而是她丈夫的一个情人。1912年，珍妮与比她年轻得多的乔治·康沃利斯-韦斯特的婚姻几乎走到了尽头。他一只脚已经要迈出家门，并且丝毫不试图掩饰他与其他女性的恋情，其中的一位就是居于巴黎的独身美国女人，南希·斯图尔特。她来自俄亥俄州曾斯维尔，被称为“锡板女继承人”，她结婚后离婚，后来嫁给富有的美国生产商人，在与他生活八年后，1908年她的丈夫在巴黎去世，给她留下了全部家产。

也许是要求乔治补偿他的不忠，珍妮坚持使他向那个富有的寡妇索要一万五千镑——当时价值七万五千美元的投资。后来晚年的乔治平静地说——此时珍妮和南希都已离世，因此无法抗议他对这起事件的泄露——“我那时候正好去巴黎，那儿正是【南希】待的地方，我把建议书放到她面前……她决定投资，但遗憾的是她损失了所有的投资，但她没有丝毫怨言地支付了她的欠款。并且她没有一次因为我在这件事中起的作用而责怪我。”南希后来改嫁给了希腊王子克里斯托弗。到1912年末，乔治和珍妮·康沃利斯-韦斯特协议分居。[2]

回想起来，珍妮可能不仅仅是为了“报复”而筹办她昂贵的展览会。当她在众多“美人鱼酒店”的派对和晚宴里，在都铎宴会厅里，想到乔治在巴黎的“朋友”埋单，她心里一定窃喜。

未来的希腊王妃——南希可能在努力将自己打造成阿纳斯塔西娅王妃——可能永远也不会理解她自己的投资如何帮助第一大臣和皇家海军做了一场华而不实的吹嘘。但珍妮一旦从中为她自己、她的朋友们和

1 “厄尔斯考特惨败”，《纽约时报》（*NYT*），1912年8月4日。

2 康沃利斯-韦斯特，《爱德华盛世》（*Edwardian Hey-Days*），第163–164页。

她有名望的儿子榨取了所有的利益，她就立马把眼光投向了故土，想知道展览是否会在纽约受欢迎。当一位来自《纽约论坛报》的专栏作家凯特·卡鲁问到她这个可能性时，珍妮毫不犹豫地回答，她欢迎新的捐助者支持她把所有的东西转移到国外。尽管可能她说得很有信心，但专栏作家还是把她说的每一个字都用引号标出。

珍妮询问道："您能否引荐一些有艺术品位的富人，他们可能会对在美国办展览感兴趣？"[1]

不幸的是，没有这样的人选，于是她就关闭了展览会。"报复"和全球计划因此流产。一些都铎房屋被转移到了布里斯托，并在1914年真正的战争开始后成为官员的庇护所。

2. 老狮子费舍尔

在1912年，有一个人很确定自己是现实版的德雷克和尼尔森，但这个人并不是丘吉尔，而是退役的海军将领"杰克"·费舍尔——现在的巴伦·费舍尔。他曾在海军服役超过半个世纪。1854年，尼尔森爵士最后一位幸存的上尉提名杰克·费舍尔为海军候补军官。但是这个孩子当时年仅十三岁，他加入海军时，当时的海军还与尼尔森时代很相似。在早期，他认为自己的使命是帮助尼尔森将军的规则适应变化的时代，创造一支现代化的舰队，使舰队既令人尊敬，又令人恐惧。

A. G. 加德纳，在写到费舍尔事业生涯时，最后说："他对尼尔森的追捧是如此狂热和持久，仿佛他精神上与伟人同在，伟人的言论经常从他口中说出，伟人的理念经常在他脑海浮现。"

他最值得骄傲的事就是当他1904年成为皇家海军专业首领（第一海

1　凯特·卡鲁，"康沃利斯－韦斯特女士百忙之中接受凯特·卡鲁采访"，《纽约论坛报》（*New York Tribune*），1912年9月8日。

军大臣）时，一家报纸刊登了一张漫画。在漫画的最显眼处，尼尔森从特拉法尔加广场队列中退出，而费舍尔紧随其后，大步迈进海军司令职位。“我正准备施以援手，”尼尔森下属中的一位上尉说，“但若‘杰克’·费舍尔接任，我就不需要紧张了。我就可以回到自己的原位去。”

杰克最喜欢的一个故事，在特拉法尔加广场，一位老妇人踩在海军肩膀上，指着尼尔森巨大的底座。“这些大狮子保护的是谁？”她问道，嘴里还嚼着1便士的点心。他得意地笑了一下回答说：“如果没有这些狮子保卫的这个人，你嘴里的点心需要30便士。”[1]

没有费舍尔，丘吉尔就不会在1912年拥有一艘无畏舰。他是无畏舰队之父，也是他那个时代最伟大的海军创新者。多年以来丘吉尔对他早已非常了解，并且十分感激他的影响。是费舍尔使他明白参战中速度和火力优势的重要性，使舰队最大化地集中于北海，以应对德国的威胁，且通过快速果断的突击使敌人摇摆不定。将领对战争的观点基于他所称的“三出击”和“三无”信念：“首先出击！”、“有力出击！”、“持续出击！”和“无悯，无情，无悔”。他深信，当枪炮打响，彻底的战争是唯一的选择。他说：“如果你恨，就大胆恨吧；如果你战斗，就顽强地战斗吧。”[2]

他于1910年正式退休，但仍然通过自己庞大的旧友关系大力推行他自己的理念。虽然当丘吉尔就任第一大臣时他已经七十岁了，却仍然保有强烈的动力和好战的态度。他对于赞同者来说是可敬可亲的，但对敢于跟他唱反调的人来说却充满了恶意和攻击性。他擅长夸张，会向他的下级军官喊着，“如果任何下级敢反对我，我会使他妻子成为寡妇，使他的孩子成为孤儿，使他的家成为粪堆。”[3]

在情绪不好的时候，怒吼的他看起来如恶魔般，有着尖锐炽烈的眼神、狮子鼻和撇着的嘴。当心情好时，他紧绷的外表会变得柔和起来，

1　加德纳，《战争之王》（*The War Lords*），第306页；费舍尔，《回忆录》（*Memories*），第208–209页和163页。

2　费舍尔，《回忆录》（*Memories*），第274页；贝格比，《大师角色》（*Master Workers*），第38页。

3　温斯顿·S. 丘吉尔，《当代伟人》（*Great Contemporaries*），第337页。

眼睛会闪闪发光，脸颊会浮现出大大的、毫无敌意的笑容。此时他就是最好的伙伴，他会以猛烈、快节奏的风格杜撰故事、讲笑话。他的脑子里存有大量机智的警句和趣闻轶事，并且每次都是在没有任何背景介绍或者逻辑关联时抛出来。

这一刻他可能在解释，对一般人来说，海军是“被晕船困扰着的巨大秘密”，而后他可能会讲关于一个长期与妻子分居的股票经纪人在她于海外去世后突然收到一封电报。

“火葬，防腐保存，还是土葬？”电报中说。

“三个都选，”股票经纪人回复道，“这样避免风险！”

有时候，当他试图充满热情地阐述一个观点时，他会非常专横，每个面对他的人都惊得不得不掉头后退。一天，在巴尔莫勒尔城堡，杰克忘记他身处何地，便开始生气地评论一些常抱怨的问题。“你能不在我面前挥动你的拳头吗？”爱德华国王大声说。[1]

费舍尔对工程和设计的天赋毋庸置疑。他热爱机械，并为它们所产生的能量感到兴奋。他同时也会兴致勃勃地考虑到其他人不愿意或者不能看到的可能性。有时他的天赋变得夸张，使他听起来就好像变成了疯子一般。1904年末，他向爱德华国王建议，崛起的皇家海军应该快速结束与德国的战斗。“为什么不搞一个偷袭毁了他们港口的军舰呢？”他问。“我的上帝，费舍尔，你一定是疯了！”国王惊叫。

但他是认真的。1904年4月，他写道：“最好的宣战方式就是炸沉敌人的军舰！这是他们在战争中应该知道的第一件事情。”

1908年，他突然担忧美国可能会联合德国对英国进行海上袭击。但他越分析，越喜欢这个可能性。他觉得有可能会在北海同时歼灭两国海军。这挑起了他的胃口。在冷静的计算他的军舰会制造的破坏时，他说：“我们几乎可以希望美国加入德国。”[2]

1 费舍尔，《回忆录》(*Memories*)，第110页和116页；麦凯，《费舍尔》(*Fisher*)，第289页。

2 费舍尔，《回忆录》(*Memories*)，第319，320，403页。

随着年岁的逐渐增加，他变得越来越古怪，会骄傲地宣布一件让别人摸不着头脑的事。他编造讽刺隽语的能力没有了，却开始嚷出奇怪的战斗呐喊。他又一次告诉温斯顿，“多造些潜艇，不是多些龙虾！！”在另一个场合他又说：“石油、驾驶员和无线电！”[1]

然而他错乱的思维和神秘的幻想也给了他先知的眼光，使他预料到了欧洲战争带来的屠戮。他没有像他的无知的同代人那样思考。他们似乎预料到的是一系列的运动比赛，只有偶尔的伤亡以及双方为停下来喝茶休息或者观光而进行的文明的中断。费舍尔看到的是恐怖、倒塌、暴乱和满目疮痍。这会是战争中的战争，是会撼动整个世界的大灾难。在1911年12月5日，他给帕梅拉·麦克纳写信，说：“末日之战从1914年9月开始。如果德国人打算打仗的话，那么这个时间最适合他们。到那时他们的军队和舰队都会调动起来，基尔运河也完工了，他们新的建筑也完成了。”只过了一个月，费舍尔便开始为末日大战倒计时，也预见性地提醒温斯顿及其他人，准备的时间越来越少。[2]

尽管性情多变并疯狂迷恋战争的黑暗艺术，但费舍尔却是温斯顿不能忽视的重要人物。他拥有大量的经验、丰富的知识和广阔的视野。但区分好的费舍尔和坏的费舍尔却几乎不可能。他仿佛是吹进屋子的一阵旋风，既卷来了荒谬又带了智慧。随着时间一年一年的过去，分清好坏变得愈发困难。最常发生的就是老将军对不同意见的不容。他宣扬独立思考的优点，但这些说教只能用于他自己的思考。他知道自己是正确的，会用大写字母标示自己的观点，并常配以感叹号，仿佛是为了给发出的号令增加分量和权威。他喜欢说：“妥协，是英语中最可恶的一个词。”[3]

所有的这一切本该提醒丘吉尔，要小心谨慎，避免过度依赖费舍尔的建议。但正如在自由党改革这一伟大运动中过度遵从劳合·乔治一样，

---

1 费舍尔爵士致温斯顿·S. 丘吉尔，1911年12月10日，1913年4月24日，《姊妹篇》（*CV*），第2卷第3页。

2 麦凯，《费舍尔》（*Fisher*），第434–435页。

3 费舍尔，《回忆录》（*Memories*），第五章。

在思考海军发展的过程中他被杰克·费舍尔的想法所左右。所有人中只有一人质疑这个新的盲从的对象的智慧，这个人就是劳合·乔治。早在1911年的12月，他就曾向乔治·里德尔吐露“费舍尔不是个靠得住的建议者，温斯顿应该谨慎一些”。[1]

众所周知，杰克有与朋友、同事争吵的习惯，而且他还总指责对方争吵。（他最臭名昭著的争吵是与他的同事查尔斯·贝雷斯福德爵士，后者因为杰克的原因，便更加讨厌温斯顿。）为了讨好费舍尔，丘吉尔还不惜偶尔说一些不知羞耻的奉承之词，而且他还在每一次交谈中谨小慎微地措辞，以免冒犯他。但当难以避免的斥责来临时，老将军还是会恐吓烧了他的大桥且发誓他再也不跟丘吉尔共事了。

1912年4月，费舍尔在强烈反对温斯顿刚刚提出的三个提议时发誓说：“我会把我自己和我所有的资产都转移到美国去，你刚才这三点提议已经背叛了海军。”并补充道：“无论如何，我都不会再跟你说话了。”

丘吉尔会再三给他写和解便条，希望把他从盛怒中劝回，说服他通过写信或者见面的方式私下讨论。这是个累人的过程，然而，丘吉尔认为如果能在他们下次的交谈中偶尔获得灵感或者领悟，那么所有的冒犯和颠三倒四都是值得的。当丘吉尔做自己最擅长的事——辩论，例如，为不惜一切代价研发15英寸机枪时——费舍尔会如丘吉尔形容的那样魔法般变出“传奇的设计”，使所有的无法企及突然转变成了触手可及。丘吉尔在与海军将领交谈中说：“没有这种体会的人不会知道这头老狮子在突然转到技术问题时所焕发出来的热情和雄辩能力。”[2]

1　里德尔，《日记》（*Diaries*），第28页。

2　1912年4月22日费舍尔公爵致温斯顿·S. 丘吉尔的信，《姊妹篇》（*CV*），第2卷第1545–1546页；温斯顿·S. 丘吉尔，《世界危机：1911–1914》（*The World Crisis: 1911–1914*），第126页。

3. 那不勒斯之行

为了挽回因为此次提议造成的裂痕，丘吉尔亲自坐船到杰克当年定居的意大利城市那不勒斯与之会面，以示政府仍然需要这位退休将领的帮助，而阿斯奎斯也愿意陪同温斯顿一同前往。对于这种公干，丘吉尔会别具一格地选乘皇家海军“女巫号”蒸汽游轮——这是一艘配有196名船员且装备齐全的时髦轮船。同行的还有克莱米和维奥莉特。一行人于5月21日离开英国，乘火车到热那亚，再从那里在好天气里转乘游轮驶向那不勒斯。

在穿过法国时的夜间旅途中，克莱米生病且突然崩溃，“声嘶力竭地哭起来”。她仍然被流产的影响所困扰，但还是决定参与行程，认为航行可能有利于自己恢复。火车在群山中穿行时她躺在床上，此时温斯顿正在隔壁车厢对拿破仑穿越阿尔卑斯山的事情侃侃而谈。

克莱米不论在丘吉尔大声地谈话还是看书时都昏昏欲睡，维奥莉特曾去看望她。她后来在日记中打趣地写道，由于丘吉尔的言辞修饰完美地从他口中脱口而出，连他妻子都分不清楚这些话是不是出自书中。[1]

5月24日上午，女巫号抵达那不勒斯，船上的每个人都沿着港湾散步，当他们返回时，费舍尔将军已经在等他们了。他热烈地欢迎了首相，却直到当他们拜访杰克一位密友时，才给了丘吉尔一个“怒目”的眼神。此时，费舍尔才放松起来，开始讲各种笑话，到了饮茶时间，他的情绪已经高涨起来。

“他正在软化，”维奥莉特对温斯顿耳语道，而此时的温斯顿突然被打断，就用所有人都能听到的声音说：“什么在软化？”

反应机敏的维奥莉特冲着桌子示意，说“黄油”，这才挽回了的

1 伯纳姆·卡特，《幻灯片》（*Lantern Slides*），第316页。

局面。[1]

到了晚上，温斯顿和杰克就又是好朋友了，他们在“女巫号”的甲板上散步数个小时，且讨论了海军的各种问题。在后一阶段的拜访中，费舍尔态度友好，并且向温斯顿保证自己会帮助设计海军未来的燃油供应计划。杰克心情非常愉悦，当甲板上的乐队奏起音乐时，他还同维奥莉特翩翩起舞，夸张地从左舷跳到右舷。丘吉尔告诉他，他充满了精力和点子，但是在意大利赋闲太浪费了。他应该为他的祖国重要的事业做出贡献——否则，温斯顿后来说：“你的螺旋桨就在空转了。”[2]

随着费舍尔的“回归”，“女巫号”就可以不紧不慢地通过马耳他和直布罗陀海峡一路驶回朴茨茅斯。回程中温斯顿一行还停下来游泳，捉蜥蜴野餐，朝着一个古代竞技场内空荡荡的观众席念诗，视察海军装备。在海上，有足够的时间在甲板长椅上放松、读书或者小睡。首相沉迷于修昔底德的《伯罗奔尼撒战争史》，从字里行间无疑能够得到下一场战争如何应对的指导。

对温斯顿来说，旅程中最使他沮丧的经历是登上“康沃尔号”战舰观看射击演练。他耳朵里塞了棉花，在比无畏舰还要古老的军舰用12英寸火炮炸毁被另一艘船拖住的遥远目标时，他查看了远处。事后，他踱步到甲板等待结果。地中海舰队司令——在维多利亚女王海军部队服役四十年即将退役的埃蒙德·坡将军——不得不承担告知他没有一发炮弹命中目标这一个坏消息。温斯顿要他做出解释，但回答却令他更加生气。

“您看，第一大臣，”将军说，“炮弹要么就是距离目标只差一点点，要么就是刚刚超过一点点。”

温斯顿可以增加百倍的战舰，但如果胜利依赖于类似坡将军这样的平庸之辈，这一切就都白费了。于是，第一大臣便将他免职，而剩下的时间越来越短。

1　伯纳姆·卡特，《温斯顿·丘吉尔》（*Winston Churchill*），第202页。

2　1911年6月11日，温斯顿·S. 丘吉尔致费舍尔爵士的信，《姊妹篇》（*CV*），第2卷第1929页。

4. 来自反对派的袭击

丘吉尔从地中海回来的一个月后，布伦海姆宫举行了一个政治集会，规模远超他1901年崭露头角的那场集会。然而，他在这里并不受欢迎。尽管他仍然把桑尼当作好友，而在1912年7月27日，蜂拥的两万保守党和联合主义者却不会容忍他的出席。事实上，对于他们中的很多人来说，出席在布伦海姆的盛会本身就是宣告联合主义者回到他们的故土。这是在奚落他竟敢在贝尔法斯特进行地方自治法案的演说。他们同时也聚集起来提醒人们：伦道夫爵士——以及温斯顿——也曾经跟他们站在一边。

桑尼和F. E. 史密斯都在集会上发言了，他们不会意识到温斯顿把他们的参加看作是个人的背叛。对于他们来说，这只是政治，他们只是在以咄咄逼人的态度玩游戏，这与温斯顿经常在政治斗争中的态度一样。但由于克莱米在贝尔法斯特落入联合主义者手中的创伤，她不看好布伦海姆集会。这又增加了一个她不愿意自己丈夫接触保守派朋友的原因。桑尼对集会的支持绝非无所用心，他在此次集会上花费了大量的资金。据《每日邮报》报道，在房子里，在花园棚子里，"摆放着数千磅的牛肉、火腿、小牛肉和数百加仑的白葡萄酒、红葡萄酒以及其他的令人胃口大开的小食品，只需索取就可随便品尝"。[1]

这次机会不仅仅是某人埋单借口进行一天的娱乐，它有着险恶的一面，给国家留下了隐患，并且由集会中的后起之秀——爱德华·卡森爵士和安德鲁·博纳尔·劳——展露无遗。他们利用此次集会威胁政府，如果政府推行自治法案，那么后果不亚于内战。瘦小身躯的博纳尔·劳刚刚取代贝尔福的位置做了保守党的领袖，他严肃地把脸拉长，看起来

1 "联合主义者在克鲁受益"，《每日邮报》(*Daily Mail*)，1912年7月29日。

更像一个木讷的校长而非活跃的煽动叛乱者。然而他在布伦海姆宫台阶上的演说不仅使阿尔斯特叛乱的可能性提高，也使英国每个地方都蠢蠢欲动。

他声称，政府是“已经被充满欺诈的专制权力控制住的革命委员会…… 我们应该想尽一切办法剥夺他们篡夺的权力”。如果自由党仍然坚持在自治法案上面做斗争，他知道会是什么结果。“他们会成功地挑起撼动帝国根基的内战。”

近些年不满的情绪使左右双方都倾向于使用武力作为政治纠偏措施。从他自身来说，这位保守派领袖并不想在自由党心中留下恐慌。这个加拿大边远地区的长老会牧师之子——博纳尔·劳知道如何使自己听起来显得有预见性，但没有人能想象到他有促使保守派分支斗争的嫌疑。由于阿尔斯特抗议者认为抗议自治法案是上帝的指示，使他似乎享受这种宗教热情。知道“这些人非常有热忱。他们已做好准备为自己的信念做出牺牲”。这些使他兴奋不已，他更满足于自己在这件事上是精神领袖而非仅仅是战地将军。[1]

然而，爱德华·卡尔森爵士用异常冷静的眼神讲述起义，似乎是准备好了打响第一枪。卡尔森是个富有的律师，以冷酷无情的盘问技巧著称（奥斯卡·王尔德曾是他最著名的牺牲品），他是来自都柏林的新教徒，定居在英国，现在却在担忧阿尔斯特的未来。尽管他与这个地区没有什么关联，他还是抓住此次机会成为他们的捍卫者之一，迅速成为1910年最激进的自治法案反对者之一。丘吉尔对贝尔法斯特的访问使他暴怒。他这样说自由党第一大臣，“北爱尔兰人民最憎恨的就是背叛者”。

他的私人信件泄露了他从一开始就想要流血事件，并且期望站在斗争的最前面。1910年他写道：“我想成为阿尔斯特联合主义的首领……我身上的愤怒的血液在沸腾，我渴望暴力。”接下来的一年，他彻头彻尾地成为好战者。“我迫切地希望所有人类野蛮天性中的憎恨都被激发出

1　亚当斯，《博纳尔·劳》（*Bonar Law*），第108–109页，101页。

来……我从未感觉如此勇猛。”[1]

在布伦海姆，当博纳尔·劳在大批的人群中进行一个小时的演说时，卡尔森坐在桑尼的旁边，前倾着去认真吸取每字每句。他丝质礼帽下显露着冷酷的表情，他的温和的大脸就像一块冰，僵硬而苍白。当轮到他演说时，他毫不犹豫地接过起义的论题，且他质疑政府是否能镇压住起义。“如果他们愿意的话，他们可能会这样告诉我们，【这】是叛国行为。我们已经准备好面对后果了。”[2]

桑尼被自己庞大的财富和公爵的贵族身份所麻痹，并不清楚内战的后果。他沐浴在阳光下，被自己宏伟的宅邸包围着，和其他人一起为卡尔森的演讲鼓掌欢呼。但他容许这位煽动者在两万联合主义者中挑起的憎恨会很快在温斯顿身上产生直接后果。

那年秋天，当下议院在为自治法案争论时，演说和喊叫声持续到了夜晚。卡尔森和他的阿尔斯特联合主义者变得愈发愤怒和混乱。到了八点四十分，现场非常嘈杂，以至于演说者不得不放弃演说暂时休会，宣布“极度的混乱已经产生”。随着代表的离开，联合主义者开始朝自由党人扔一沓沓的文件。而丘吉尔却顽皮地把自己的手帕拿出来，朝着反对席挥舞起来。

这激怒了卡尔森的一个狂热的陆军中尉，罗纳德·麦克尼尔，他是下议院体格最雄壮的男人，有六英尺六英寸高，被同仁形容为“一个大方形脸颊”的人，“铁灰色的头发从额前梳到了脑后——是巨人中的巨人。”麦克尼尔从桌子上拿起了厚厚的书卷——是下议院委托令发言人稿——然后瞄准，径直投向了丘吉尔。书卷直接击在了他的脸上，几乎把他推倒并碰撞出血。丘吉尔刚刚缓过神来，就瞄准麦克尼尔——尽管他们的身高差有十英寸——朝他冲过去。其他代表连忙拦住他，而麦克

1 加德纳，《社会支柱》(*Pillars of Society*)，第121页。卡尔森未发表的信件被托马斯·C. 肯尼迪引用，“麻烦的保守党：关于党内阿尔斯特政策的歧义与混淆，1910–1914”，《英国研究杂志》(*Journal of British Studies*)，2007年7月，第574页。

2 “布伦海姆的保守派盛宴”，《劳埃德新闻周刊》(*Lloyd' s Weekly News*)，1912年7月28日。

尼尔却大摇大摆地离开。[1]

卡尔森什么也没说，但其他保守派成员却被这暴力事件震惊了。奥斯丁·张伯伦难以置信地写道："这样的场景在1893年讨论格莱斯顿先生的第二自治条例法案过程之后还是第一次出现。"[2]

第二天，麦克尼尔在下议院做了刻板的道歉。他坦诚道："因一时难以自控，我向海军第一大臣道歉，我向他投掷了东西。"

在这些悔悟之词后，如记录人所形容，"在长时间低声窃窃私语，议院双方表示赞同后，丘吉尔先生低下头，随即也表示了道歉，而那个巨人随后坐到了座位上。"

温斯顿的脸上仍有擦伤，但态度却和蔼大度。他并未把袭击看作是针对他个人的行为。"我感谢那位诚实的绅士的道歉。我在此问题上绝不会有个人看法，如果有的话，也早已被他诚恳和毫无保留的道歉消除了。"[3]

在那个时代炽热的政治环境下，丘吉尔经常会被政敌形容得鲁莽得无可救药和充满暴力。但很难想象，是否有其他的政治人物能够像温斯顿那样，在这种情形下仅仅耸耸肩，就让暴力袭击烟消云散了。他对此事不以为意，所以历史也就几乎只字未提。随着时间流逝，此次事件的野蛮本质——包括麦克尼尔压倒性的体格——都变得模糊了。但如果温斯顿是那个率先失去理智，用尽全力把一本厚厚的书，穿过狭窄的分隔空间，从内阁席向反对席上的卡尔森或者安德鲁·博纳尔·劳扔去的话，那么产生的轰动会是巨大的，产生的不满也会无休无止。在难以避免的骚乱后，那么他也许会不得不从内阁下台，而他的事业也许就一蹶不振了。

---

1 针对温斯顿·S. 丘吉尔在下议院被袭击的记录有许多，但几乎没有记录从"巨人"手中扔出一大本书造成的后果。麦克尼尔的身高见《泰晤士报》（*Times*）于1934年10月13日刊登的他的讣告。对我而言，我借鉴了路易斯·哈考特1912年11月13日在他日记中的描述（"麦克尼尔扔出的书……冲向了温斯顿，砸中了他的脸颊，并出血了。"），牛津大学图书馆；以及《泰晤士报》（*Times*）1912年11月14日的报道，和《每日镜报》（*Daily Mirror*）1912年11月15日的报道。麦克尼尔的名字在吉尔伯特《丘吉尔》（*Churchill*）一书中第250页被错写成了"奥尼尔"。

2 奥斯丁·张伯伦，《政治的内核》（*Politics from Inside*），第491页。

3 "'演讲家'计划重建和平"，《每日镜报》（*Daily Mirror*），1912年11月5日。

恰恰相反的是，联合主义者从此次事件中获得了越来越多的正面评价，卡尔森仍恬不知耻地散布着仇恨。

在他与麦克尼尔交锋之后，报纸又刊登了关于温斯顿在英国北部的一次演说中被听众责难的事情。观众席后面的一个人一再打断他的演说，叫嚷着："撒谎者！撒谎者！"

最终，丘吉尔停止了演说，冷静地盯着人群，宣布："后面那位先生如果这么期待众人都知道他的名字，请把它写在纸条上传给主席，这样就可以不用大喊大叫，可以减少自己很多麻烦。"[1]

1 "喋声"，《一便士画报》（*Penny Illustrated Paper*），1912年11月30日。

第24章

海军之翼

也许对温斯顿婚姻最大的压力来自于温斯顿决定学开飞机的时候。一直以来的无所畏惧以及对海军航空未来的迷恋使他认为自己应该首先了解飞行的优点以及风险。尽管他还没有开始发展海军空中飞行力量，但他却已经在背后付出了大量的努力，以使之成为能够独立于陆军的战斗力量。

1. 劳合·乔治的无线电公司丑闻

就在丘吉尔忙着准备海上战争以及抵挡国内的袭击时，劳合·乔治却在秘密地进行一些冒险。其中一个是经济和政治层面的，另一个则是男女关系上的。前者涉及针对英国无线电公司的一项可疑的投资，随着政府建立起特大型电报站网络，这笔投资可以获得大量的利益。当保守党知道几个自由党领导人盗取无线电股权时，便得意地想通过此次丑闻扳倒政府。劳合·乔治便是其中的投机者之一，但他断然否认此事，几个月后，人们相信了他。

问题是他说得半真半假。事实上，他的确买了一千份的股权，但是，是以一个似乎与他毫无关系的美国无线电公司的名义买的。1912年末，他知道他很有可能因为没有完全道出实情而被揭穿，他便慌了，担心自己的事业由此毁于一旦。他向阿斯奎斯和丘吉尔寻求支持和帮助，这两个人都同意站在他这一边。1913年1月，他给克莱米写信，信中说："我很开心听到温斯顿说你在我的问题上与他站在一起。我为此事担心极了。"[1]

他非常沮丧——而且，显然急需更多的同情——于是就冒了另一个极大的风险，请求他女儿的法语老师成为自己的情妇。弗朗西斯·史蒂文森是一个年仅24岁的年轻女性。当她在苏格兰朋友那里时，年龄比他几乎大一倍的劳合·乔治从伦敦写信给她说他需要她，因为"发生了一些可怕的事情"。于是在1月末，他们便已经成了情人。她会以他助理的身份在他的后半生待在他身边，把自己当作他秘密的第二任妻子。（玛格丽特，劳合·乔治坚忍的妻子，则倾向于远离众人的目光，大部分时间

1　托伊，《劳合·乔治与丘吉尔》（*Lloyd George & Churchill*），第95页。

待在威尔士。)[1]

对于一个像丘吉尔般敌人众多的人，劳合·乔治在玩一场危险的游戏。3月，他终于公开承认他通过美国分公司买过无线电公司的股份，但他能通过假装不懂商业技术转移批评的锋芒。保守派很快发现是一个下层官员动用了自由党资金挪用到了无线电股份上，整个事件演化成了一场大丑闻，劳合·乔治被卷入一个新的有关政治伦理争论的风口浪尖。可以看到异常兴奋的保守派后座议员把手叠放在一起说："现在我开始相信真的有上帝存在。"

很快，保守党媒体开始联系起劳合·乔治舒适的生活方式的点点滴滴，揭露他在威尔士舒适的房子，他的新房子位于埃普瑟姆丘陵毗邻一个高尔夫球场，他在法国南部租赁了一个别墅供冬季避寒，还有专职的司机驾驶他的"豪车"。在这位大臣打高尔夫的照片被刊出之后，一位上尉就调侃他曾经批评过无所事事的富人。但不容置疑的是，他的生活标准的确比自己职位的应得薪酬高，特别是再加上太太、孩子们以及情妇的花费。[2]

丘吉尔内心对无线电公司丑闻深恶痛绝。他后来称它是"肮脏的交易"，并告诉伊蒂的亲戚——弗朗西斯·格林菲尔，劳合·乔治开始就已经知道他在做什么并且认为他"会挣一大笔钱"。对温斯顿来说，通过这次机会能够轻而易举把他的敌人打败。他知道，正如他所说，"无线电公司事件把他打得很惨"，而且劳合·乔治的敌人——通过少量的消息和足够的挖掘——能够找到其他毁灭性的证据，使他是否适合担任财政大臣成为问题。但温斯顿并未将枪口指向他，其中至少有两个原因：他认为劳合·乔治的帮助对海军筹措更多资金至关重要，并且他认为自己有义务做一位忠诚的朋友站在他身边。[3]

---

1 弗朗西斯·劳合·乔治，《过去的年岁》(*The Years That Are Past*)，第53页。

2 吉尔伯特，《戴维·劳合·乔治》(*David Lloyd George*)，第45页；"自己做得不错"，《樱草公报》(*Primrose League Gazette*)，1913年3月1日。

3 莫兰，《日记》(*Diaries*)，第168页；弗朗西斯·奥克塔维厄斯·格林菲尔的日记，1913年12月5日，白金汉郡研究中心，艾尔斯伯里。

然而，当总体调查需要他面对委员会澄清他的无辜时，他却是愤怒的。他讨厌从自己重要的海军工作中抽身出来澄清他自己没有做过的事情。“我生活在诚实的世界里。”他自信且自豪地告诉委员会。但当主席坚持认为他故意逃避与无线电丑闻的关联时，他深吸一口气才说话，根据一位观察者说，他双眼“带有一点嘲讽和苦楚”直视着委员们。

“我从来没有，在任何情况下，不论是所说的在无线电公司的股份或其他的股份，不论是在这个国家或是其他的国家，甚至在全世界，直接或者间接地进行过任何投资。”

在他说完最后一句话时，整个屋子爆发出了笑声，但丘吉尔没有笑。又过了几分钟的询问之后，他从凳子上起身说：“我能假设我的考试结束了吗？”并且——没等到任何回答，他头也没回——径直离开了房间。[1]

阿斯奎斯最终拯救了劳合·乔治和自由党。他冒着自己声望扫地的极大风险向议院保证，没有必要向大臣的行为问责。阿斯奎斯承认他犯了错误，但是只是粗心大意而不是欺骗，对他的“公众责任”没有妨碍。反对方虽没有被说服，但决定不再给此次事件制造压力。多年之后，温斯顿坦承，保守派能够通过无线电公司事件压倒政府。他又解释说：“坦白说，但他们中的一些人太愚蠢了，而一些人又太善良了。”[2]

2. 努力工作努力玩乐

作为海军第一大臣，温斯顿有自己享受的奢侈品。除了“女巫号”，他还在海军军部旁边拥有一所官邸。克莱米把它称为“我们的公馆”，但他们一时还未搬过去。这对夫妇还不知道他们能否住得起这幢三层楼的

1 “温斯顿·丘吉尔先生的怒火”，《每日镜报》（*Daily Mirror*），1913年4月29日。

2 《议事录》（*Hansard*），下议院，“马可尼无线电公司”，1913年6月19日；库伯，《老人遗忘》（*Old Men Forget*），第46页。

大宅。尽管海军军部的房子是免费的，但丘吉尔得自己支付仆人的费用。这么大的房子需要九个仆人才能打理妥帖。直到1913年春天——正是无线电公司事件闹得沸沸扬扬的时候——他们才敢从伊莱克斯顿广场搬到白厅，那时克莱米从经济方面考虑，决定把第一层关掉。

温斯顿通过把“女巫号”当成自己的流动办公室以节省开支。他越是知道海军准备得还不充分，越多花时间盯着将领、上尉和造船者，激励他们更加努力。在这个过程中他爱上了快艇——就像是从国外过来的所有人那样。他喜欢用它快速检阅其他的军舰和港口，并且可以方便地返回到船上他工作的角落，节省很多时间。克莱米偶尔会陪他一起，或者会在海军部见面，或者在他周游于国家各个港口时在当地相见，以看清楚时髦的第一大臣穿着的蓝色双襟制服和戴着的帆船帽。[1]

最重要的是，快艇使他能够把工作和娱乐结合，享受更长的旅程时间。在1912年他去地中海同杰克·费舍尔磋商之旅后，紧接着是在1913年5月去了马耳他，这次他去希腊。公干目的是检查舰队作业且与指挥官商议，但剩余的大量时间他可以尽情地在阳光下休闲，和克莱米在一起。阿斯奎斯这次也在船上，但是却错误地带上了维奥莉特和玛戈，她们从一上船就使对方心烦意乱。珍妮则是另一个乘客，维奥莉特被温斯顿活泼的、善交际的母亲和低落暴躁的玛戈夹在中间。除了玛戈，每个人似乎都很开心，玛戈抱怨着所有的事情——不论是船上的食物还是他们游玩的通往古代废墟的陡峭的台阶。

玛戈的消遣就是白天坐在同伴身后安静地观察他们，晚上就在日记里批评他们。她对温斯顿和克莱米的感情很着迷，也不太理解。大体上来说，她认为温斯顿的太太是迷人的，却达不到他智慧的高度。她可以看到每当她进到他视野时，他是多么笑逐颜开。如果他从岸上考察回来发现他的妻子没有在甲板上，他第一句总会问“克莱米在哪？”

玛戈同时也发现了克莱米是个急性子，但是她性格的这种不稳定的因素似乎正是吸引温斯顿的地方。一次在雅典散步时，玛戈看见克莱米

1 布柴齐，《丘吉尔与查特威尔》（*Churchill & Chartwell*），第51–52页。

要给温斯顿整理帽子时，温斯顿把她的手推开了。这个细微的行为惹恼了克莱米，于是她就气冲冲地离开了。而温斯顿紧跟着就去追她了。他追上她时，她转身，他们紧紧地拥抱在一起。看到这一幕的玛戈突然觉得“不好意思”，因为偷看了他们这样亲昵的时刻。[1]

维奥莉特给家里写的信中道出了温斯顿壮丽人生的精髓——他努力工作，努力玩乐，活得轰轰烈烈。最后，她描绘了在阿尔巴尼亚海滨的一个场景：“温斯顿在凌晨三点开始追杀一头野猪，第二天乘坐驱逐舰赶来与我们会合。”

在英国，针对丘吉尔使用公共开支邀请女性朋友陪伴他乘坐游艇出行一事，工党内部颇有微词。但其他一些政治观察者更关心首相和海军第一大臣亲密无间的关系。这是否意味着老将已经准备让新人继位呢？一张漫画画着他们两个在“女巫号”甲板上放松，温斯顿拿着雪茄问在看报纸的首相，“国内有什么新闻吗？”阿斯奎斯回答他，“你人在这里，国内还能有什么新闻？”[2]

3. 经营婚姻

不是每个人都容易赶上温斯顿的脚步，但克莱米在他做海军第一大臣时英勇地做出了努力。在这段激荡人心的日子里，她为他感到骄傲，同时觉得自己被他对工作生活的热情深深地影响了。但生活的繁忙、工作的压力以及似乎永不休止的政治分歧同时也给他们的婚姻带来困扰。他们越来越担忧自己的经济状况，温斯顿不断地提醒，“钱似乎都流走

1　1913年8月25日，玛戈把她5月在游轮上的便条抄进她的日记（牛津大学图书馆，克利福德，《阿斯奎斯家族》（*The Asquiths*），第208页）。

2　伯纳姆·卡特，《幻灯片》（*Lantern Slides*），第384–385页；“丘吉尔与工党成员发生冲突”，《纽约论坛报》（*New York Tribune*），1913年5月28日。

了。”因缺少现金，克莱米曾经一度瞒着丘吉尔卖掉了一条昂贵的红宝石项链。他们因此争吵而又潸然泪下。

但他们的误解和分歧很少延续到第二天。他们都有着强大的意志，使自己平和地说出自己的想法。在一次争吵之后，克莱米坦承自己说得太多，感觉很后悔。

1913年初，她写信给他，说：“当我激动或者痛苦时，我总是说得比我的真实感受和想要表达的内容多——不会有任何保留。”

然而，在整个婚姻中，他们不断地提醒着自己要为对方牺牲。温斯顿说：“海军工作就像是一个最难缠的情妇，我得为她放弃一切——除了克莱米。”[1]

在恋情上，温斯顿无意模仿劳合·乔治。即使他有过诱惑，他也因为太忙，无法周旋于太太和另一个女人中间。他希望享有维奥莉特炽烈的钦佩之情，她也总是愿意聆听他的难处，鼓起他的希望。她已然成为他从未拥有过的一个特别的姐妹，而她与克莱米的关系也慢慢地成为那样的姐妹。1913年在巡游过程中，维奥莉特就完全被克莱米征服了。

维奥莉特总结说：“克莱米非常温柔沉静而且很好相处，她看起来越来越漂亮了。”[2]

在伦敦时，每当温斯顿工作到很晚或者在国外巡游时，维奥莉特就成为他妻子很好的陪伴。她实际上就住在海军部隔壁，就在10号。周末的时候，克莱米也经常是阿斯奎斯在萨顿考特尼码头的乡村别墅的常客。

至少，温斯顿夫妇都在努力经营他们的婚姻，试图减少不合并容许让步。他们不需要被提醒婚姻破裂的悲剧。珍妮在这方面有着非常多的经历。

随着她美貌的流逝，以及伊丽莎白展览的惨淡失败，现在珍妮又面临着在众目睽睽之下因离婚对簿公堂的境况。F. E. 史密斯做了她的代理

1 《温斯顿与克莱门蒂娜》(*Winston and Clementine*)，第85页和第70页；温斯顿·S. 丘吉尔致马尔伯勒公爵的信，1912年11月6日，国会图书馆。

2 伯纳姆·卡特，《幻灯片》(*Lantern Slides*)，第383页。

人，尽管程序很短，却十分耻辱。一个私家侦探被宣告出庭作证，当庭出示乔治·康沃利斯－韦斯特的通奸的污秽不堪的证据，甚至一个宾馆女服务员都被传唤为证人。

报纸报道说："路易莎·明顿，帕丁顿大西部宾馆的女服务员，声称她记得在1913年3月底看到一男一女待在宾馆，就是上尉大人和韦斯特夫人。"

F. E. 史密斯指着珍妮问女服务员："你在宾馆看到的女士是台下坐的这位吗？"

回答说"不是"，于是案件就在十分钟之内了结了。另一位"韦斯特夫人"并没有被确认身份，但很明显乔治有很多选择。珍妮得以离婚，并宣称她"未来仍将被称为伦道夫·丘吉尔夫人"。

温斯顿对乔治·康沃利斯－韦斯特的离开并不感到遗憾，这并不仅仅是因为他母亲的缘故。在过去，每当有传闻称乔治遇到财务问题或者婚姻问题，作为珍妮"著名的儿子"，温斯顿的名字总会被媒体提及。不出所料，"第一大臣之母"又因为离婚事件上了头条新闻。这种公众关注丘吉尔并不需要，因为他母亲令人难堪的不幸仅仅给他的敌人更多理由去嘲笑他自己并讥讽他的志向。[1]

4. 飞行员丘吉尔

也许对温斯顿婚姻最大的压力来自温斯顿学开飞机的决定。一直以来的无所畏惧以及对海军航空未来的迷恋使他认为自己应该首先了解飞行的优点以及风险。而且它们在目前的早期阶段是非常重要的。丘吉尔将之比作维多利亚时代开始时乔治·史蒂芬孙的蒸汽机车的不稳定性能。"我们现在处于飞行领域的史蒂芬孙时代，"他曾经说，"现在我们的机器

1 "康沃利斯–韦斯特夫人离婚",《每日镜报》(*Daily Mirror*)，1913年7月16日。

还很脆弱。但总有一天它们会变得稳定和强大，成为我们国家的财富。”

历史学家G. M. 杨曾回忆起他年轻时见一个人指着一架双翼飞机问：“它能装载机枪吗？”另一人回答：“亲爱的伙计，它现在连自己都载不动呢。”[1]

克莱米对温斯顿的空中冒险非常害怕，随着他冒的危险越来越大，现在已经到了她不可能接受的地步。他的一些冒险的确很危险，每次他登上海军原始的飞行机器时，她都担心他回不来了。

然而，事情并未像开始那样发展。1913年夏末，当他开始频繁地飞行时，克莱米坚持要坐上其中的一架飞机——在那个年代，这对于一个像她这样的女性来说是一件有勇气的尝试。温斯顿没有答应，她没有听第一大臣的话，径直爬进一架双座索普维斯双翼飞机里落座，几分钟后，她就与海军的一名新的飞行员——斯宾塞·格雷上尉飞向了天空。他们爬升至大约一千英尺的高度后在南安普顿飞出了几个螺旋形轨迹。

温斯顿无法跟着她飞上天。在她起飞的整个过程，他的眼睛都紧紧盯着地面，紧张地在地上来回踱步。

飞机降落后，她头发凌乱，拿着帽子出舱。起飞时她的帽子几乎要被风吹落。她微笑着，说飞行“很美！”

温斯顿摇了摇头。“你起飞后我如坐针毡。”他说。

他们离开停机坪时，他嘴里还不停地念着：“再也不要这样了！”

事后在给珍妮写信时，克莱米卸掉了自己勇敢的面具。她说：“这是个美好的体验，同时十分可怕……我感觉自己在一个脆弱的物件上，每时每刻都在想象着自己可能会摔到地面上。”[2]

---

1 伦道夫·丘吉尔，《温斯顿·S. 丘吉尔》（*Winston S. Churchill*），第681页；布里格斯编辑，《他们看到它发生》（*They Saw It Happen*），第27页。

2 克莱门蒂娜·丘吉尔致珍妮·丘吉尔的信，【1913年】9月3日，《查特韦尔文件》（CHAR）28/80/6–7（被错误记载为1912年）。克莱米说，她乘坐的是一架“航空飞机”而不是“海上飞机”，但媒体记载将此问题混淆了。参见“丘吉尔夫人坐上水上飞机”，《每日镜报》（*Daily Mirror*），1913年9月5日；“温斯顿·丘吉尔夫人进行了飞行”，《纽约时报》（*NYT*），1913年9月5日。

随着冬天的临近，她越发担心飞行器的安全，而温斯顿一直不停地尝试在不同的天气里登上各种新的型号——其中的一些是全新且没有试飞过的。他学飞行学得很慢，但他也更想了解当天气条件不那么理想时飞机能够做什么——因为这在战争中难免会遇到。有一次，他乘坐的海上飞机，在下雨并伴随着时速五十五英里大风的情况下降落在泰晤士河河口。

他大部分的飞行都是在希尔内斯附近的肯特郡一个叫亿斯特彻奇的飞机场完成的。在那里，他可以在其他飞行员进行起飞前的检修时混在他们中间。他穿着皮革夹克和飞行帽。几乎与其他人没有区别。且他总是努力融入他们，表现得像一位低级的官员而不是第一大臣。有一次在空中，当他能从几千英尺的海拔俯瞰这个区域时，他得到了有价值的信息。在此类航空图像还难以取得的时代，他就能够巡视到在战争情况之下他需要保卫的海军作战场地——隔离英国与法国和比利时之间的水域，且在晴朗的天气看到海岸的轮廓并仔细研究它们。这种经历使他超越了很多满足于依赖地图和平面图的将领们。

尽管还没有开始发展海军空中飞行力量，他却已经在背后付出了大量的努力，以使之成为能够独立于陆军的战斗力量。皇家海军空中勤务队便是他创立的。他把它变成了由世界上最优秀的飞行员组成的顶级飞行力量。他同时也重新命名了一种飞机——使用浮板起飞并能够降落在水面上的飞机。之前大家称之为“水上飞行器”（Hydroaeroplane）。丘吉尔第一次听到时就说：“那是个糟糕的名字。”于是他就转向飞行员，宣布：“我们给它取个更好的名字，叫海上飞机（Seaplane）吧。”[1]

由于完成他大部分的目标都不需要他自己飞行，他的教练便促使他轮流跟随不同的飞行员，以避免使任何一人负责单独护送他起飞。“没人会冒险让他单独飞行，”一个教导员告诉另一个，“如果【丘吉尔】发生了什么事，那么允许他单独飞行的那个人的事业也就完结了。”[2]

1 戴维斯，《空中的海员》（*Sailor in the Air*）。

2 伦道夫·丘吉尔，《温斯顿·S. 丘吉尔》（*Winston S. Churchill*），第83页。

9月，他开始与一位26岁、飞行年龄仅一年的年轻飞行员一起飞行。这位飞行员在训练过程中已经经历过一次悲剧，4月份他意外使一位帮助他起飞却没来得及撤离的飞行员致死。螺旋桨卡住了他，两小时后他伤重不治身亡。调查排除了该名飞行员的操作失误。

飞行员——怀尔德曼·拉辛顿机长——可能不会获得一些人的信任，但丘吉尔则不然。他欣赏他并且信任他。在伊斯特彻，他们一起双控飞行了几次。11月9日，星期六，他们一起飞行了三个小时后，他的教练说他“进步明显”。在五百英尺的高度他接过了操纵杆，操控了一个小时的飞机。当天晚上，他们在停靠在梅德韦港的“女巫号”上一起共进了晚餐。

12月2日，星期二的下午，丘吉尔在财政部与劳合·乔治开会时，通信员给了他一张便条。他打开以后，难以置信地盯着这条消息。他的新教练已于前一天，在伊斯特彻的一场坠机事故中牺牲。飞机爬升时突然熄火了，他坠落在地面并摔断了脖子。他去世时刚刚订婚，于是丘吉尔给那个年轻的姑娘写了一封信表示自己的同情。（五十年后她给他的官方传记作家写信说：“上帝是如此眷顾英国，幸好温斯顿先生没有乘坐那一架致命的飞机。”）[1]

回到家，温斯顿发现克莱米忧心忡忡，她一想到丘吉尔有可能在那架飞机上就心如刀绞。也就是在那个时候，她开始跟他说他曾经重复过的话，“再也不要这样了！”其他朋友也不停地在说。“为什么你总是要飞行呢？”F. E. 史密斯问道。“这会对你的家庭，你的事业和你的朋友很不公平。”[2]

---

1 “伊斯特彻空难事故”，《泰晤士报》（*Times*），1913年4月24日；维尔德曼－勒欣顿致艾尔利·海因的信，1913年11月30日，《姊妹篇》（*CV*），第2卷第1889页；温斯顿·S. 丘吉尔，《思想与冒险》（*Thoughts and Adventures*），第196页；“海军空难”，《泰晤士报》（*Times*），1913年12月3日；“第一大臣做飞行员”，《每日邮报》（*Daily Mail*），1913年12月2日；艾尔利·马登致马丁·吉尔伯特的信，1963年1月6日，《姊妹篇》（*CV*），第2卷第1895页。

2 F. E. 史密斯致温斯顿·S. 丘吉尔的信，1913年1月6日，《姊妹篇》（*CV*），第2卷第1895页。

在飞机失事的两天后，丘吉尔的确做出了明智的预防措施，他让埃迪·马什核实了一下自己的保险条款，保额是一万英镑，但是这包含空难吗？跟大家认为的一样，家庭律师立刻回复给他，“我认为条款包括与飞行器有关的事故造成的死亡。”[1]

但对于克莱米来说这是无谓的安抚，她仍然花几个月的时间说服她的丈夫停止飞行。他把自己不时的飞行看作责任，但后来还是承认，“我继续飞行完全出于爱好和兴趣。”像自己怀疑的一样，她试图把她戏剧般的噩梦讲给他听，以吓唬他，并且每次接到电报她都会害怕，“我觉得是宣布你死亡的电报。”在给他的一封信里她这么结尾，“再见，我亲爱的你，同时也是残忍的你。”

她会向任何愿意听她说话的人抱怨他对飞机疯狂鲁莽的迷恋。1914年战争开始前夕，在一场晚宴上，她向邻座一位年长的白发苍苍的作家诉说了她的担忧。她告诉作家，第一大臣在得知她怀有他们的第三个孩子时才略微收敛，他对她的遭遇充满同情。晚宴结束后，托马斯·哈代就写道：“温斯顿·丘吉尔夫妇莅临此地。我坐在温斯顿夫人旁边。他向她保证在特别事情【孩子出生】之前，他不再飞行了，但他并没有保证永远不再飞行了。”[2]

---

1 1913年12月4日西奥多·拉姆利致爱德华·马什的信，《查特韦尔文件》（*CHAR*）1/108/42。

2 温斯顿·S. 丘吉尔，《思想与冒险》（*Thoughts and Adventures*），第195页；《温斯顿与克莱门蒂娜》（*Winston and Clementine*），第91页；1914年7月17日，托马斯·哈迪致佛罗伦斯·亨尼克的信，《通信选登》（*Selected Letters*），第285页。

第25章

倒计时

一个不知名的刺客在巴尔干这个闭塞之地枪杀了一名大公会对一个正在努力避免内战的帝国产生什么影响？然而，随着局势的清晰，这才是一个漫长悲剧的序幕，这个悲剧很快会将阿尔斯特问题掩盖并任其发展，正如丘吉尔所言，“飘荡在爱尔兰的迷雾和暴风中。”

1. 战前的困惑

在1913年11月的一个潮湿的早晨，一位戴着圆形礼帽的壮硕男子站在伦敦丽兹酒店大门口等待出租车。他有着黑色的眼眸，蓄着黑色的胡须，带着很明显的外国格调。他很可能是从欧洲大陆来度假的银行家或者是进行外事磋商的外交人员，但他今天没有任何要完成的公干。这是他在伦敦的最后一天，他完全可以依照自己喜欢的方式度过这一天。当出租车到来时，门童帮他开门上车，并告诉司机去哈罗斯百货商店。

弗朗茨·斐迪南大公——奥匈帝国王位继承人就在那里消磨晨起的时间，他在商场里愉快地踱步，并挑选一些礼物寄回家中。他几乎没有引起其他购物者的注意，因为大部分人都不会知道他是谁。报纸上有几篇关于他作为国王的贵宾到访英国的报道，但几乎没人关注这些事情。只有两个外国君主能够引起伦敦上下的震动——德国皇帝和俄国沙皇。其他人只不过是杂志上模糊地刻画的头戴王冠的人物。[1]

然而，在七个多月后，就是这个名不见经传的购物者的死亡引发了一系列的事件，进而使帝国的神殿轰然倒塌，数以百万计的人失去生命。君主们似乎在寻找一个借口，以从短暂而壮丽的武装冲突中赢得些许荣耀，而在1914年6月28日，弗朗茨·斐迪南大公被塞尔维亚民族主义者暗杀，使得这种借口成为可能。各国动用大量的海军和陆军力量，发出最后通牒，进而——正如杰克·费舍尔预料的那样——开始了末日之战。但在1913年这个普通的11月的一天，这个漫步在哈罗斯百货公司整齐的柜台间的人能引起日后的一场世界之战，看起来似乎可笑。

更困难的事来自阻止德国不断的战争准备。谁是他们的目标？法国？俄国？英国？德国人真的以为他们只要把他们的战舰派到北海就能

1 “温莎的大公”，《每日邮报》(*Daily Mail*)，1913年11月8日。

把英国舰队从地球上消灭吗？对于英国的许多人来说，这两个高度文明的国家上演海军的末日之战，其中一国的无畏舰把另一国的消灭，这几乎是难以置信的。特别是现在这两个国家都有足够的全副武装的战舰，这样硬碰硬对于任何一个理智的人来说都太疯狂了。

回首1909年建造更多无畏舰的决绝的推动力，或者小“美洲豹”抵达阿加迪尔引发的骚乱，很多人现在都认为危险被夸大了，且已经到了停止军备竞赛——或者至少使之能够缓慢进行的时候了。应该用外交方式解决这类问题，这样，英国就可以集中精力解决国内的一些定时炸弹。妇女需要投票权，劳工需要有体面的生活，穷人需要脱离贫民窟的悲惨生活，而爱尔兰自治法案的陈年旧事需要和平的解决。

1913年，《经济学人》编辑弗朗西斯·郝斯特写了一本影响重大的书《六场骚乱》，书中批判军备竞赛是无谓的忙乱，不明白自由党为何“迎合海军军事无度的扩张这一罪恶的热情”。郝斯特称，自由党是时候把重心放到宣扬和平以及促进繁荣的正确事业上了。近日刚从自由党内阁退休的劳尔伯恩爵士也表示支持《六场骚乱》，并充满信心地澄清，“时间会证明德国无意于侵略我们，我们也无意于针对他们；愚蠢的人们会找机会大谈我们两国未来的战争，但这永远不可能发生。”[1]

看到局势有扭转倾向，戴维·劳合·乔治抓住时机发动了一个新的“和平攻势”。他认定他早期对于阿加迪尔危机一时的好战之举是政治上的不明智，因此在忙不迭地向郝斯特和其他自由党舆论专家证明，他已经得到教训并回归到了反战的本质。1914年元旦，在新一轮攻势中他发起了暗示性的第一炮。《每日纪事报》当天刊登的采访明确地表示他已经厌倦于为军备不断地筹措资金，他现在已经倾向于回到自由党历史悠久的节俭原则。

1911年出现的不祥的威胁现在已经不在担忧的范围了，他说。与德国的关系“近些年变得比过去的很多年愈发友好”。他坚持认为双方都更

1　赫斯特，《六场骚乱》（*The Six Panics*），第6页；罗奇，《劳合·乔治先生与战争》（*Mr. Lloyd George and the War*），第74页。

加理解对方的担忧，且“北海双方都正在或多或少地恢复理智。”他认为两个力量不大可能发生海上战争，因为德国人现在知道他们不可能在这样的战争中胜利。他是这样解释的，“即使德国想要挑战我们在海上的领先地位，军事力量对比悬殊的严峻现实也完全超出他的想象。”

所以，在新的环境下，他得到了这样一个唯一的理智性结论。他宣称，是时候停止“过于激进的努力”增加皇家海军本来就压倒性的力量。事实上，在他看来，继续扩张是危险的，因为这样会“过分地激怒别的国家”。他承认德国仍在进行军事扩张，但相信他们这样做有合理的原因。“这个国家被外敌侵略、蹂躏和毁灭过太多次了，因此她不能再允许自己有重蹈覆辙的可能。”[1]

没有证据支持劳合·乔治对英德关系积极的看法，也没有证据支持德国皇帝的海军将领不会在北海发起战争。但他愿意相信这些，因为他仰慕德国的很多地方，也有很多原因使他认为这些因素会占优势。从政治角度来说，此时此刻，他也没有任何优势再去说别的什么。不足为奇，二十多年之后在去德国访问希特勒时，他还是坚持这个观点。他告诉《每日快报》的读者，德意志第三帝国与日俱增的军力只是为了自我防卫。

“希特勒在纽伦堡的谈话是真的，”1936年劳合·乔治书中提到，“德国会抵抗每一个侵略他们国家的人，但他们自己已不再想侵略他国了。”在与希特勒会谈之后——劳合·乔治曾称赞其是“德国的乔治·华盛顿”——他甚至不惜反复鲁莽地推翻自己，他宣称：“欧洲德国霸权的建立，是旧时战前的军国主义追求的目标，不在纳粹主义的范围内。”[2]

正如1914年他忙不迭地为“旧时战前的军国主义”辩解，1936年他同样快速地低估广为流传的纳粹会迫害犹太人的可能。他解释说：“德国

1　罗奇，《劳合·乔治先生与战争》（*Mr. Lloyd George and the War*），第78–79页；格里格，《劳合·乔治：从和平到战争》（*Lloyd George*: *From Peace to War*），第134–135页。

2　戴维·劳合·乔治，“我与希特勒谈话”，《每日快报》（*Daily Express*），1936年9月17日。

人不比英国人更加喜欢迫害，在他们坏脾气爆发后，他们天生的好脾气会很快使他们回到宽容。”[1]

另外，在1936年他离开德国前，劳合·乔治还提醒纳粹党领导鲁道夫·赫斯和乔吉姆·冯·里宾特洛普要小心丘吉尔，“他是非不分。”[2]

2. 内阁中的战斗

1914年初，当劳合·乔治忙于宣扬他的更宽容的德国军国主义观点时，温斯顿和家人——包括珍妮——在法国西南海岸度假，住在属于威斯敏斯特一位公爵的城堡里。城堡里还有其他的客人，其中的一位名叫弗朗西斯·格林菲尔的客人一直在写日记记录着一切。日记成了宝贵的资料，因为里面包含了在战前这段重要的时期丘吉尔的一些有启示性的言论。格林菲尔，一个军人，有明显的动机去聆听温斯顿关于战争的可能，但他们同时又是老朋友，有很多讨论的话题。格林菲尔的哥哥罗伯特在乌姆杜尔曼与丘吉尔一起作战，并在那里牺牲。（弗朗西斯自己也于1915年死亡，但他是在战争中功成名就，赢得维多利亚十字勋章之后去世的。）

在圣诞节晚宴上，丘吉尔正在尖锐地批评劳合·乔治，这对他来说很不寻常。除此之外他还说他“井底之蛙”。丘吉尔本来还依靠劳合·乔治的支持帮助他领先德国海军，但1913年末他却得知这位大臣正在破坏他的努力，且内阁的其他成员也联合起来做同样的事。

事实上，就在第二天信差就到达了城堡，送来了劳合·乔治签署于12月24日的内阁备忘录。里面清楚地写明反对温斯顿建造四艘新战舰的

1　戴维·劳合·乔治，“我与希特勒谈话”，《每日快报》（*Daily Express*），1936年9月17日。

2　托伊，《劳合·乔治和丘吉尔》（*Lloyd George & Churchill*），第318页。

计划。他坚持减少这一数字。[1]

该大臣写道："要调配国家百万计的预算，除非要完全明确是为了维护海岸线安全的必要支出，……否则会将政府置于愚蠢的浪费行为上。"[2]

温斯顿知道他现在必须自己亲自上阵了。如果两个内阁成员在面对面针对一件此类重要事件交锋，很可能其中一个人会最终屈服或者让步。而温斯顿绝不是那个让步的人。

格林菲尔描写丘吉尔"一整天都低沉和若有所思。他工作了整个晚上，但在晚饭时间却不发一言，只颓然地坐着"。

然而，温斯顿却以戏剧化的方式在晚上突然恢复了活力，开始仔细地描述将要来临的战争的一切细节，以及应对它最好的办法。别人看到他似乎沮丧的时候其实他只是在注意力高度集中地沉思。时不时地，这些沉思——当他看不清前方的路时，他思维齿轮的摩擦——会使他阴郁起来，于是他就会阶段性地感到自己所谓的"意志消沉"。

当精力重新焕发的温斯顿开始侃侃而谈时，弗朗西斯·格林菲尔热忱地听着他的每字每句，并试图在日记中记录了其中一些："温斯顿于是又坦诚地谈了关于法德战争的问题——他认为法德必有一战。"丘吉尔不确定战争如何开始，但他相信英国必会卷入其中，因为"我们绝对不会坐视法国被德国摧毁"。他知道法国害怕战争，但也是由于他们缺乏对德国军事力量的重视，使他们抱着一个很大的希望——"如果德国皇帝打算亲自参战，德国可能会遇到难以料想的逆转。"

对于英国，温斯顿说："英国的行动依赖于四个或五个人。"他很可能把自己算作其中之一，因为他很清楚军队该如何参战。"英国应该在一侧，"他说，"这样可以单独执行命令【与法国分开】，并且保持与海上的联系。"

但是，要胜利，战争的领导者需要那些了解如何作战的人，但他告诉

1　弗朗西斯·奥克塔维厄斯·格林菲尔的日记，1913年12月25日，白金汉郡研究中心，艾尔斯伯里。

2　吉尔伯特，《戴维·劳合·乔治》（*David Lloyd George*），第72页。

格林菲尔，现阶段这仍然是海军的一大问题。对于一个像战士而非像领航者一样战斗的人，他不仅仅有一丝骄傲，且坦率得令人吃惊。“海军非常不善于战争。他们只会固执地死战。如果三艘军舰遇到四艘德国【军舰】，海军只会硬着头皮上前迎战而不是集合七艘或者八艘其他军舰。”[1]

一个像劳合·乔治这样从来没有参加过战争的人不会理解，在战争时，海军要做的远远不止是与德国军舰在公海的斗争——尽管这本身也是极大的挑战。海军同时也需要用军舰保护陆地上脆弱的陆军侧翼，并需要用军舰驶离港湾向遥远的内陆开火。德国的军队可以保护数以百万计的人民，而英国正规军的规模比德国的小。正如丘吉尔在他做下院议员第一年时辩称的那样，远征军无法独立战胜内陆军。但如果借助法国的帮助，在靠海的一侧作战，可能会扭转战争的局势。如果不行的话，皇家海军总能够进行营救。丘吉尔又分析，这只有在海上指挥能力远远高于其他国海军时才可行。

然而，这种分析远远超越了内阁能够预料到的情势。如果劳合·乔治最近的观点正确的话，就不会发生战争，因此就没有必要考虑侧翼以及法国和比利时海岸的海上力量问题。因此不需要四艘战舰，两艘就足够了——内阁许多成员认为两艘才是合情合理的。

“合情合理”这个词是关键。温斯顿的反对者总是说他“不通情理”。他们说他不听分析，也不会妥协。他仍然像个孩子一样，被宠坏了，总是要些他本不应得到的东西。在要求建设新战舰的斗争当中，劳合·乔治告诉他的朋友乔治·里德尔，“温斯顿像个第一次有银行账户的孩子一样奢侈。”（对一个刚刚从财政丑闻中挽救事业危机的人来说，提出这样的批评很有趣。）[2]

自由党内军备竞赛的批评者认为如此的集结并不理性，这很正常。刚开始温斯顿是在没有德国明确威胁的情况下表示反对的。但一旦他意

1 弗朗西斯·奥克塔维厄斯·格林菲尔的日记，1913年12月26日和28日，白金汉郡研究中心，艾尔斯伯里。

2 里德尔，《日记》（*Diaries*），第77页。

识到威胁确实存在，情况就改变了。在他主动向德国提出合情理的“海军假日”——且在1913年他再次发出邀请——但邀请却被一脚踢开，他就开始认为只有准备战争才是合理的。

这里面有一个严重的难以逃避的逻辑问题。如果德国攻击法国，如果英国不能坐视法国被“践踏”，如果英国远征军随时待命准备奔赴法国，且内阁同意出兵，温斯顿可以很容易地想象到在这些事发生后的可怕形势。作为海军第一大臣，他清楚地面临这样的选择：辞职且不惜一切代价去维护和平，或者屹立在原位准备好战争。面临这样抉择的时候，他遵从杰克·费舍尔推崇的口号——也许是最理性的口号——“如果你要战斗，就勇敢战斗吧。”

然而劳合·乔治想战斗又不战斗。他想在必要情况下保护法国，但并不是随时随地去保护。他希望英国海军有优势地位，但优势最好不要太大。因此既不要建造四艘军舰也不要没有军舰，他支持建两艘。但不管怎样，都要面对温斯顿。如果他要战斗，他就得应战。

于是，温斯顿结束在法国的停留后，回到了伦敦接着进行他的斗争。“劳合·乔治习惯于应付那些容易被威胁和恐吓的人，”他私底下说，“但他威胁不到我！他说内阁里的一些人要请辞。那就让他们辞职吧！”[1]

在接下来的两个月内，他为他的战舰斗争，也为任何能够硬塞进海军预算的具有军事价值的东西斗争。代价是巨大的。数据总是有争议且改来改去，但最终数字超过了五千万英镑。但他做了他发誓要做的事情。他没有在劳合·乔治面前退让，抵制了内阁与他曾经抵制雷吉·麦克纳的无畏舰时一样强有力的关于海军军费的非难。现在这两个人调转了位置。雷吉现在站在劳合·乔治这边。雷吉告诉一位朋友，“你知道我虽然是海军，但我反对浪费。”[2]

当争议持续存在使阿斯奎斯失去了耐心，他结束了争议，3月时解决了温斯顿四艘军舰和许多其他的要求，强制使劳合·乔治要么接受协议

1 里德尔，《日记》(*Diaries*)，第79页。

2 法尔，《雷金纳德·麦克纳》(*Reginald McKenna*)，第255页。

要么就辞职。首相确定他的大臣不会辞职，他猜对了。

当温斯顿赢得了这场战争后，就希望修复与劳合·乔治之间的友谊。但财政大臣现在对他表现得很冷淡，自内阁辩论之后就一直对他很不满。劳合·乔治后来对玛戈坦白说："如若不是温斯顿的热情和好脾气，我有时候认为我真没办法与他共事……他就像你说的，简直是小孩子！"[1]

3. 阿尔斯特危机

劳合·乔治对于德国的和缓态度被英国媒体曝光——也被德国军方获知——内阁中对丘吉尔的雄心壮志有着很强烈的反对之声。阿斯奎斯试图做一些事情团结他们，但行动得太慢了，也没有说服力。内阁中，阿斯奎斯成了几乎唯一支持温斯顿的人。1914年1月，一个海军文员在私信中说："事实上内阁非常讨厌丘吉尔无休止地发掘和破坏它的政策，正在找他的碴。他对于他们来说是个巨大的磨难。但他们的战场没挑好，由于他们的懒散，他可能已经把海军所有项目的细节都落实了。"[2]

在关于政治血液耗费在所有预算和否决权问题上之后，政府力量被削弱了。在德国乘机挑衅之前，另一股全副武装的势力决定检测一下他们的意志力。1913年至1914年，随着自治法案被废弃，爱德华·卡尔森和他的阿尔斯特联合主义正准备表示，他们关于内战的言论不是空谈。他们显示出了极高的组织能力，集结了十万民兵——组成阿尔斯特志愿军——且以政治和宗教自由为口号使整个运动异常狂热，五十万人签署"神圣盟约"以求废除自治法案并保护阿尔斯特。

1914年这股力量开始变得激进，甚至试图用走私的来复枪装备自己。

---

1 托伊，《劳合·乔治与丘吉尔》(*Lloyd George & Churchill*)，第136页。

2 1914年1月5日弗朗西斯·霍普伍德爵士致斯坦福德姆爵士的信，《姊妹篇》(*CV*)，第2卷第1842页。

德国很清楚阿尔斯特的暴乱会分散英国的军力，为他们针对法国的进攻提供了一个良好的普鲁士式的开始。根据霍尔丹爵士的回忆，"德国开始对英军在爱尔兰的问题产生令人不安的高度兴趣。"一个位于伦敦的奥地利领事馆向贝尔法斯特派驻了一个官员，专门调查整个事件。他的调查令人震惊。他完全相信联合主义者在准备一场轰轰烈烈的战斗。

奥地利外交官乔治·佛兰肯斯坦在战后回忆说："我发觉阿尔斯特处在一种一触即发的骚动状态，阿尔斯特决定进行武装抵抗的阴险用心被我带到贝尔法斯特，我在那里看到身着正式法衣的新教牧师正伴着祷文和圣歌为志愿军的彩旗祈福。数以千计的志愿军……由护卫队伴随着一路向前行进，而卡尔森露出坚毅冷峻的脸庞，显示出自己不屈的决心。人群把他高高举起，他们喊出他们的决心，不为任何事所阻止，不会从联盟被迫离开。"[1]

卡尔森是如此不屈，如此沉迷于自己阿尔斯特大屠杀的黑暗梦想里，以至于阿斯奎斯历次使法案更易于接受的修改意见，他都拒绝了。其中一项提议是在阿尔斯特延迟实施法案六年，但这引起了愤怒不满的声音。卡尔森说："这无异于判某人死刑但是延缓六年执行。"[2]

阿尔斯特联合主义者置英国政府于一个进退维谷的境地，如果首相是一个更强硬、更铁腕的人，他可能会在此时对抗卡尔森，且想办法孤立他。而在这个危机中内阁转而寻求温斯顿的帮助。内阁刚刚才拒绝他不合理的要求，突然间他就成了内阁最爱的斗牛犬，要负担起摆平联合主义领导人的重任。劳合·乔治认为他毕竟太为难温斯顿了，现在他被鼓励着去拉拢他的老朋友。"你有能力做一次演说，关闭这一历史通道。"他对他说。

奉承之语正中目标。丘吉尔在北部的布拉德福德发表了演说，警告联合主义者收回他们的威胁。"如果近日以来我们被迫听到的一切随心所

1　霍尔丹，《自传》(*An Autobiography*)，第287页；布里格斯编辑，《他们看到它发生》(*They Saw It Happen*)，第170页。

2　亚当斯，《博纳尔·劳》(*Bonar Law*)，第152页。

欲的、荒唐的、鲁莽的唠叨是为了结束并揭露一种险恶的目的，那我只能对你们说：让我们继续前行，把这些重大的问题加以检验。”他想要使他们惭愧而退却，但他们立场却很坚定。他犯了个错误，在德国隔岸观火时，甚至可能在希望这一切发生时——使他们的这场暴乱形成一个比原来更大的国内干扰。[1]

在接下来的四个多月的时间里，政府在全力解决阿尔斯特的动乱。然而误解却在不断扩大。几十个在卡勒——都柏林附近——服役的士兵以为他们要被派去贝尔法斯特与联合主义者作战，威胁要退出兵役，而这引发了对叛乱广泛的恐慌。丘吉尔认为阿尔斯特的兵力和军事设施不足可能会使军队在突袭中遇险，因此就派出驱逐舰帮助军队运输增援物资。当反对者得知他的行动时，他遭受了远比自己行为尺度夸张得多的猛烈攻击。作为一个图谋袭击阿尔斯特和导演“大屠杀”的始作俑者，联合主义者被激发出了对他的深深的恨意。仅就谣言本身，爱德华·卡尔森就试图把丘吉尔形容为未来热衷屠杀的沙皇。他谴责他为“伦道夫爵士的叛徒儿子，要把贝尔法斯特屠夫之名传给子孙后代”。[2]

对于他事业生涯里的批评，丘吉尔总是塑造一个没有完成的雕塑，使人根据自己的想法自由雕刻。人们可以用巧妙的技巧使他变成一个狂吠的无恶不作的魔鬼。其实从很大程度而言，很多人不能原谅的是他的贵族血统。而大家很容易忽略的是，虽然他身边都是急于受封的政客，但他在整个职业生涯中一直仅冠“温斯顿”的名字。但这都不影响他的贬低者下决心从他身上找到潜藏着的一个疯狂的公爵，一个趾高气昂的王子，一个暴戾的君王。

在阿尔斯特危机正处高潮时，《半月评论》给出了这样的描写：“丘吉尔先生使人想起了多个历史上其他的贵族煽动者……他们拥有极大的才能、克劳狄式的傲慢、鲁莽的言论并趾高气扬。拥有勇气，口才，无限

1　托伊，《劳合·乔治与丘吉尔》（*Lloyd George & Churchill*），第115页；“生怕我们忘掉”，《十九世纪》（*Nineteenth Century*），1919年3月。

2　伦道夫·丘吉尔，《温斯顿·S. 丘吉尔》（*Winston S. Churchill*），第484页。

的自信，无尽的壮志，但没有一丝的不安。”[1]

巧合的是，针对阿尔斯特进行内战的威吓仅仅是一系列粗鲁的言语争斗。1914年6月28日，当争斗仍如火如荼时，前一年秋天那位平和的伦敦游客被枪杀，成了另一场民族主义热望的牺牲品。原本弗朗茨·斐迪南大公访问伦敦不那么受关注，现在他的死亡却慢慢地进入英国公众关注的视野。包括契克思和亚瑟·李在内的保守派代表的反应很典型："奥地利大公（大公很多，我们却一个也不知道）在一个叫萨拉热窝（同样不熟悉的地点）被害的新闻在我们脑中没有留下什么印象，除了我们期待的宫廷舞会不得不因为宫廷哀悼活动而取消。”[2]

一个不知名的刺客在巴尔干这个闭塞之地枪杀了一名大公会对一个正在努力避免内战的帝国产生什么影响？然而，随着局势的清晰，这才是一个漫长悲剧的序幕，这个悲剧很快会将阿尔斯特问题掩盖并任其发展，正如丘吉尔所言，“飘荡在爱尔兰的迷雾和暴风中。”战争一经宣布，阿尔斯特就参加了战争，不过这次是针对德国，与帝国的其他地区并肩作战。[3]

---

1 “会议的品格”，《半月刊》（*Fortnightly Review*），1914年5月1日。

2 李，《完美的回合》（*A Good Innings*），第132页。

3 温斯顿·S. 丘吉尔，《世界危机》（*The World Crisis*），第205页。

第26章

最后一站

对这个悲剧的战役的诟病广泛地传开，但丘吉尔却独自品尝了失败的苦果。这位年轻的巨人过于贪心。虽然其他人也一样，但由于后果过于惨重，因此必须寻找一个位置适当的替罪羊，那就是温斯顿。当情势急转直下时，便立即有人开始指责他。

1. 战争爆发了

战争很快就波及各处。奥地利威胁塞尔维亚，俄国准备好攻打奥地利，而德国似乎对除奥地利之外的每个国家都虎视眈眈。最后通牒满天飞，年长的发言人聚在一起小声地议论，军队已被调动起来，皇家海军的战舰已经离港出海，随着最后期限的接近，紧张的警戒正在拉开。因为强烈的征服欲及心怀不明的不满，德国一直在寻找一个开战的借口，现在终于找到了，他与奥地利并肩与沙俄皇帝和他西方的盟友法国作战。

正如温斯顿预料的那样，英国不会容忍法国被击败，且德国决定通过比利时中部领土袭击法国，使得英国参战更加容易。1914年8月4日的夜晚很热，丘吉尔在海军军部等待着，而眼睛紧盯着钟表。德国还有一天的时间回复英国使其尊重比利时的中立地位的要求。

时间一分一分流逝，没有回复，到了11点时他透过开启的窗户听到大本钟的钟声。他后来回忆："随着那一个小时的沉闷钟声第一声敲响，房间掠过一阵沙沙声。意味着'开始对德敌对状态'的战争电报已经迅速发至各艘战舰。"[1]

年仅39岁，温斯顿就已经站在世界大战的风口浪尖了。他要担负起掌管世界上最大规模海军保卫他的岛国海岸线的重任。他仅仅用了13年的时间就从一个议会普通议员的位子走到战争中一个帝国最高将领的位置。经历了所有的努力、所有的政治斗争和所有的咒骂攻击，他现在终于有机会改变历史的进程，证明他英雄般生命的价值。

就在这个戏剧性的时刻，他过去生命中的一个人给他写了一封充满鼓励的信。这个人非常了解成功对他意味着什么，以及他为此等待了多久。8月10日，帕梅拉·利顿在信中对他说："我知道你一定感觉自己通

1 温斯顿·S. 丘吉尔，《世界危机》(*The World Crisis*)，第246页。

过英国海军首领的职务，以及英国在这场大战中的海军战役，实现了自己的梦想，发挥了自己的能力。”[1]

在战争刚开始的时候，英国很多人都觉得战争会在几个月内结束，到那时，最优秀的指挥官会带着荣耀凯旋。难道对于一个传统军事强国还有别的可能吗？在战争开始时，人们幻想部队轻而易举地越过河流，攻克城市，通过不流血的冲锋和悄无声息的计谋就能俘获敌军。把战争看作一种类似于体育竞技的观点十分盛行，以至于它的残酷轻而易举地被这种令人兴奋的幻想掩盖了。英国的战略家似乎认为自己像绅士的拳击手一样，依靠比分获得胜利，依靠智慧完全压倒强大得多的德军，迫使德国皇帝投降。当强大的英国军队把入侵者从战场赶走时，皇家海军会迅速出击德国舰队，建立起一个持久的封锁线。那时，许多英国人在“夏季战争”开始时如此希望。

在海军部，丘吉尔享有极大的优势，因为这是属于他的时刻——他预料的战争已经到来，他已经做好战争的准备，不论是陆地、海洋还是天空。他按捺不住自己的兴奋之情，但这却困扰着他身边的一些人，他们认为他不应因为作战如此开心。

其他人很高兴看到温斯顿如此努力，确保一个强大的海军能够主宰海洋。其中一个他没有料想到的崇拜者是传记和小品作家利顿·斯特雷奇，他1914年9月认真地说：“上帝把我们放到了岛上，温斯顿又给了我们海军，如果忽略这些优势就太荒唐了。”[2]

从一开始丘吉尔就认为这个挑战很令他兴奋，尽管他知道这意味着大量的死亡和破坏。他写信给克莱米说：“一切都会走向灾难和瓦解，但我却很兴奋，充分准备、跃跃欲试并且很高兴。难道这样不可怕吗？这些准备对我有可怕的吸引力。”[3]

1　1914年8月10日帕梅拉·利顿致温斯顿·S. 丘吉尔的信，《查特韦尔文件》（*CHAR*）/1/112/13。

2　霍尔罗伊德，《利顿·斯特雷奇》（*Lytton Strachey*），第308页。

3　《温斯顿与克莱门蒂娜》（*Winston and Clementine*），第96页。

当内阁就是否参战进行辩论时，一个意味深长的时刻来临了。8月1日，路易斯·哈考特——早前曾经辩称英国不大可能在陆地上进行战争——用惊讶和厌恶的口气在日记中写道："丘吉尔想调动起整个海军的力量：这非常暴力。"面临着德军准备侵入比利时，丘吉尔的确"暴力"，而哈考特是如此脱离实际，他自己竟全然不知。[1]

对于英国来说，促使战争陷入冗长艰苦的泥潭的是哈考特、劳合·乔治、阿斯奎斯以及其他自由党人，他们把国家投入战争却长久以来没有为之做出积极的努力。开始时他们似乎把战争当作分配出去的任务——军队做得很好，但是并不涉及他们太多的问题。战争开始十天后，丘吉尔内阁的对手雷吉·麦克纳在一个周六打高尔夫球时，向他的一个朋友刻薄地抱怨温斯顿过分关注海军事务。雷吉说丘吉尔，"他嘴里说得很好，但从来没做成过什么大事。"他又接着抱怨了一会儿，完全没有意识到这样的讽刺：自己在打高尔夫时，丘吉尔作为第一大臣在努力工作。

内阁成员老约翰·莫利在承认自己不想卷入战争后就心甘情愿地辞职了。他在政坛已经待了很久也早已不受欢迎，已经准备要退休了，因此他不害怕去反对参战决定。他给了温斯顿一个直截了当的解释："我在战争中的内阁毫无用处。我只会妨碍到你。如果我们不得不战，那我们就要一心一意地去战斗。在这种事情里已经没有我什么位置了。"[2]

首相喜欢莫利却不愿承认。他决定让众人投票，以决定是否参战，结果却证明了他的同僚请辞的智慧和他选择的错误。因为一旦战争开始，阿斯奎斯就越来越脱离战争。他会每天花上数小时时间给年轻的维尼夏·斯坦利写信，作为自我安慰和消遣的办法。尽管她比他年轻35岁，但他在战争刚开始的几个月内对她的爱恋与日俱增。在这个时间里，他

1 《路易斯·哈考特杂志》(*Lewis Harcout Journal*)，1914年8月1日，牛津大学图书馆。

2 里德尔，《日记》(*Diaries*)，第89页；温斯顿·S. 丘吉尔，《当代伟人》(*Great Contemporaries*)，第105页。

给她写的信经常以这样的字眼结尾："最爱的——不能更爱的——我用我的整个内心和灵魂爱你。"

他对战争几乎一无所知，大部分知识都来自书本。他从来不打算勉强自己在内阁会议表露开心或暴力，他也不打算抱着信念和决心作战——更不要提胆量了。在战争开始时疯狂严酷的几周，首相还是全神贯注地沿袭着自己的旧习惯，参加聚会，发表演讲，在喝多酒时打个盹。9月的一天，当战争部新长官基齐纳爵士和丘吉尔在埋头准备战斗计划时，阿斯奎斯在沉睡中，迷失在了维尼夏和其他世界的美妙幻境中。他给她写信说："我小睡之后，或者应该是以忽必烈汗的心境梦到了你可爱的文字之后，我又面临了基齐纳和温斯顿两人的严酷现实——温斯顿刚刚秘密飞往苏格兰北部某处访问了杰里科将军。"[1]

阿斯奎斯对维尼夏深深的迷恋，使他经常把战争机密通过写信泄露给她。他会这样写，"这非常机密"，然后就透露机密任务的很多细节或者军队动向。他的不慎会危及生命。事实上，他给她的许多信件都包含了讨论战争的内容，如同在讨论一项温柔轻松的客厅游戏一样，但其实是汇报给他的第二手战争信息，他像看作远距离棋类游戏里的动作一样。

作战与他无关。因为担心皇家海军在公海无法全力以赴作战，他签发了一个不那么振奋人心的战斗指令，使他听起来更像是位老阿姨在管理自己的外甥，而不像首领在指挥众多军队："正如我昨晚告诉温斯顿那样……他是时候捕获一些东西并破除陈规了。"[2]

但如果首相都无法领导，谁能呢？当然，温斯顿很快决定他不得不介入，填补这个空白。他拥有其他内阁成员缺少的一切关于战争的优势——充沛的精力、战斗经验，以及对胜利的渴望。其中一些人也承认这的确是他的优势，至少在早期是这样。在战争开始的前几个月，他似乎无处不在——一会儿在这里会见这位将军，一会儿又在那里与某位上

1　阿斯奎斯，《给维尼夏·斯坦利的信》(*Letters to Venetia Stanley*)，第365页和247页。

2　阿斯奎斯，《给维尼夏·斯坦利的信》(*Letters to Venetia Stanley*)，第309页。

将讨论战略战术——霍尔丹爵士写信给他，“阿斯奎斯今天下午告诉我，你自己相当于一个大部队，这是真的。”[1]

2. 安特卫普保卫战

丘吉尔把这个赞美记在了心里。当他决定以事实上的战地指挥官的名义投入战争时，震惊了军队和整个国家。作为海军第一大臣的他，并不应出现在战火中战舰的舰桥上，更不用说在前线指挥军队了。然而在10月3日，当他在比利时安特卫普港视察那里激烈的战斗时，结果却在那里停留了三天，去领导被围困的军队，仿佛一下子变成了一名上将。他处在连续不断的重火力攻击下，那里猛烈的炮火——以及对抗德军压倒性力量的最后一搏——唤醒了他身体内每一分战斗的本能。比利时陆军和皇家海军部队以及皇家海军陆战队并肩战斗——后者是他8月份才建立起来的——丘吉尔决心坚守在那个城市直到增援到来。

他那时充满疯狂的能量，似乎除了战斗忘记了一切。据一位意大利战地记者回忆，看到他穿着风衣戴着鸭舌帽穿梭在部队中间，在榴弹乱飞的阵地显得很醒目。严重的缺乏睡眠但大脑仍不间断地旋转，他想到各种方法保卫这座城市——有的很好，有的却不好。最坏的情况是他竟然给阿斯奎斯发电报，要求辞去第一大臣，担任“这个战场分遣队全权指挥官”。在战火中，他失去了所有判断轻重缓急的能力，认为捍卫安特卫普高于一切。在此时，对于他来说最重要的就是胜利。

在一个高级指挥官来到接手指挥后，他很幸运地活着回到伦敦。对他此次冒险，内阁成员有的难以相信，有的却高度敬仰。爱德华·格雷爵士突然产生了一种自豪感，他写信给克莱米，“我一想到我坐在一位英

1　1914年9月3日霍尔丹爵士致温斯顿·S. 丘吉尔的信，《姊妹篇》(*CV*)，第3卷第79页。

雄的旁边就感到由衷的开心。我无法告诉您我有多么敬仰他的勇气和豪侠精神以及作战的天赋。”[1]

尽管安特卫普后来被德国占领，但这场战役延迟了他们进攻法国海岸的进程，使他们未能成功控制航道港口。安特卫普的沦陷却很快带走了温斯顿英雄的光环，使他在一些人眼中成了笑话。他在战斗中的饱满热情误导了他，使他认为他自己能够拯救这座城市，而他的批评者很快就开始谴责他离开海军的工作在比利时港展开一场毫无希望的战斗。H.A. 格温，《晨邮报》编辑，坚持认为丘吉尔自己应为报纸称的“安特卫普失利”负责。格温和一些人相信第一大臣匆忙参战把英国军队置于危险的境地，只为了满足他一己对荣耀的渴望。

格温写道：“整个冒险都是丘吉尔主导的，看上去并没有经过深思熟虑，或者没有经过内阁的同意。”义愤填膺的编辑还给首相及其他内阁成员写信，要求罢免温斯顿。对报纸的所有者，他这样描写第一大臣，“假设我们的战舰都交给一个这样水准的人指挥，一个只会拍脑袋决策而不深思的人……会使我们进入一个新的远征中；而这次我们需要救助的每个人都在前方。”[2]

事实上，丘吉尔是在与基齐纳和格雷商量过后才决定去安特卫普的，基齐纳和格雷都认为尽可能久地拖住德国进入这个城市至关重要。丘吉尔做的工作就是鼓励比利时人坚持斗争，基齐纳还保证会提供五万步兵支持他的工作。当阿斯奎斯得知这个计划时，表示完全支持。“无畏的温斯顿午夜出发，今天上午9点钟时应该已经到达安特卫普，”首相在10月3日写信给维尼夏，“如果他能够使用外语发挥自己的能力，比利时人将会听到一个他们从未听过的演说。我相信他会使他们在关键时刻变得坚强起来。”

1 1914年10月5日温斯顿·S. 丘吉尔致H. H. 阿斯奎斯的信，以及1914年10月7日，爱德华·格雷爵士致克莱门蒂娜·丘吉尔的信，《姊妹篇》(*CV*)，第3卷第163页和178页。

2 格温，《刺耳的战争》(*The Rasp of War*)，第39页。

而且丘吉尔在那座城市时，的确曾起到了使比利时人坚持抵抗德国的作用。“温斯顿成功地使比利时人振奋起来，使他们放弃了撤退的恐慌想法。”阿斯奎斯10月5日写道。但当丘吉尔6日离开安特卫普时，精疲力竭的比利时军队的决心就已轰然倒塌，城市在四天后沦陷。阿斯奎斯没有找到温斯顿努力的任何错误，他把问题归结于比利时军力不足，而法国没有提供更多的支持。[1]

温斯顿晚年时为自己安特卫普的行动辩护，但他也承认“如果我当时年老十岁，我就会在接受此项毫无希望的任务时多犹豫一下”。[2]

历史上有很多领导者让他人奔赴死亡而自己不去面对战火，然而温斯顿的一些最激烈的批评者却单单嘲讽他做出相反的举动。但了解事情真相的内阁成员却对丘吉尔在安特卫普战役中的勇气和足智多谋感到十分敬佩。阿斯奎斯在10月7日称赞他：“他是个很棒的家伙，有学生般的简单朴素和好奇心……有人形容天才就是如此——脑子里有闪电劈的痕迹。”[3]

3. 达达尼尔海峡悲剧

三十多岁的丘吉尔帮助建立的皇家海军遭受了它应有的挫折，但它面对德军的威胁最终坚持下来，并在第一次世界大战中获得胜利。战争开始的前几个月在很多方面都有很大的危险，而弱小的海军可能会被打得措手不及而被早早地边缘化；英国远征军在法国登陆也会受到袭击，而军队就会被迫退回海上。但1914年末，毁灭性突击的危险却被树立在西部边防的铁丝网缓和。

---

1 阿斯奎斯，《给维尼夏·斯坦利的信》(*Letters to Venetia Stanley*)，第260页和262页。

2 温斯顿·S. 丘吉尔，《世界危机》(*The World Crisis*)，第388页。

3 阿斯奎斯，《给维尼夏·斯坦利的信》(*Letters to Venetia Stanley*)，第266–267页。

因为担心风险，参战的许多将领和政客都坐视僵局展开，他们希望能有突降的好运，或者数以千计的遭受猛烈攻击的人的偶然牺牲，使他们能够创造奇迹。丘吉尔恨透了这种消磨人的战事，他想在自己位置上做一些创造性的工作。他在寻找巧妙的方式去改变战线并给予决定性的打击而非小打小闹。由于对高层许多领导人都印象平平，他决定向他一向仰慕其非凡观点的——杰克·费舍尔寻求帮助。

国王立刻表示了反对，他认为他太老也太古怪了。丘吉尔不顾最初的反对，坚持在1914年10月末给费舍尔发出邀请，而他欣然同意重返现役。然而，把他请回海军却成了温斯顿战争中做出的最糟糕的决策。国王的担心事出有因。年龄渐长的缺陷在费舍尔身上渐渐显露出来，他已经近七十四岁高龄了，却还是一直难以接近——如果没有更难的话。在1915年初，他的一些手下就开始质疑费舍尔到底能为战争做出什么贡献。

1915年1月，赫伯特·里奇满上尉写到费舍尔时说："事实上他什么也没做，到下午他就回家睡觉，他老态龙钟且敏感多疑。把一个帝国的命运交到一个垂暮的老人手里是可怕的。他渴望成名，而害怕由于他的部署有任何坏事降临，很可悲。"[1]

丘吉尔可能认为自己还需要费舍尔的建议，但他比里奇满上尉更晚一些意识到老将军的确"宝刀已老"。同时，丘吉尔认为他无意中想到了一个绝妙主意，能够改变英国在战争中的命运。一如往常，阿斯奎斯认为有必要与维尼夏分享一下他最新的核心机密动向。1914年12月5日，阿斯奎斯信中写道，温斯顿"他多变的思维现在正放在土耳其跟保加利亚，他想组织一场针对加里波利和达达尼尔的史诗般的冒险"。[2]

起初，阿斯奎斯坚决反对这个主意。狭窄的达达尼尔海峡距离西线十分遥远。攻克土耳其（德国的盟友）有利于使俄国（英国的盟友）通过达达尼尔自由地进入地中海。这样巨大的分散力是为了迫使德国把注意力从西线转移出来。但如果这样做没能帮助俄国或者不能给德国足够的

1 麦凯，《基尔维斯顿的费舍尔》（*Fisher of Kilverstone*），第488页。

2 阿斯奎斯，《给维尼夏·斯坦利的信》（*Letters to Venetia Stanley*），第327页。

威胁呢？尽管海峡只有三十八英里那么长，但可以预料到土耳其会以全部的力量保卫每一寸土地。因为他们知道，如果任何一架敌军战舰能够穿过海峡，就可以径直到达君士坦丁堡且攻击它。

丘吉尔自己很快又有了别的想法。在12月末，他想到了另一个距离本国更近的目标——德国小岛博尔库姆岛，它位于北海，在大陆海岸线旁边。对它的突袭肯定会引起风浪，他告诉阿斯奎斯，“敌人将无法容忍我们占领它，因而可能引起海上战役。”必须要试试走新的路了，他一再强调。“除了把我们的部队派过去攻克铁丝防线，难道就没有别的选择了吗？”[1]

在接下来的几周内，丘吉尔便一直在宣传博尔库姆袭击，而杰克·费舍尔和基齐纳爵士则开始着手达达尼尔海峡的计划。1月12日，费舍尔给一位友人写信时告诉他，在加里波利半岛进行一场陆空联合袭击可能效果非常好——“我们可以很快地进入君士坦丁堡。”然而丘吉尔决定要更加小心谨慎，建议费舍尔放弃达达尼尔计划。这与攻打土耳其比德国简单没有关系，他说。“德国是敌人，”他写道，“并且如果一个战争只是寻找廉价的胜利和弱小的对手，那么战争就是不好的。”[2]

丘吉尔如果坚持那个观点的话可能会很成功，但在接下来的几天，当费舍尔建议全新的皇家海军舰艇“伊丽莎白女王号”参与袭击，成功说服了他转向达达尼尔计划。“伊丽莎白女王号”装备有温斯顿引以为傲的15英寸火炮，并且他很赞成通过攻击土耳其戍守海峡的要塞检验这些火炮远距离射击的能力。这对他来说关系重大，因为当土耳其看到来自皇家海军最强大的战舰发出的密集攻击给他们的要塞造成的损失后，他毫不怀疑他们会退缩。在这里，他被自己安特卫普的经验影响，因为在安

1　1914年12月29日温斯顿·S. 丘吉尔致H. H. 阿斯奎斯的信，《姊妹篇》(*CV*)，第3卷第344页。

2　1915年1月12日费舍尔爵士致威廉·提勒尔的信，以及1915年1月4日温斯顿·S. 丘吉尔致费舍尔爵士的信，《姊妹篇》(*CV*)，第3卷第407页和371页。费舍尔也在1915年1月4日给温斯顿·S. 丘吉尔的信中鼓吹了“海军占领伊斯坦布尔的益处”(《姊妹篇》(*CV*)，第3卷第372页)。

特卫普，德国大炮的连续炮火非常有效地击溃了比利时守卫者的意志。

在给俄国尼古拉斯大公的备忘录里，丘吉尔写道，该计划会包括“通过‘伊丽莎白女王号’上的15英寸火炮远距离开火，系统和慎重地消灭要塞，紧随其后的是旧式战舰的直接攻击。预计准备时间需要三四个星期，且希望它的方式与德国摧毁安特卫普外线的要塞的方式一样”。[1]

1月13日温斯顿给内阁做出解释，讲解海军如何能够“一个接一个地”拔掉要塞且在海峡获取控制权。劳合·乔治第一个做出回应，说他“喜欢这个计划”。基齐纳说“这很值得一试”。于是阿斯奎斯也表示赞成，很快，超过12艘战舰组成的舰队——其中绝大部分是老式船舶——在为攻击进行准备。

随即费舍尔开始重新对它进行考虑，担心可能会失败。但政府的其他人却为计划未来的成功变得越来越兴奋。在接近1月底的时候，爱德华·格雷认为“土耳其人如果知道自己的要塞将被一个一个攻克一定会吓得动弹不得”。在2月底的时候，首相已经准备“冒很大风险”去使计划成功，他这样告诉维尼夏。“我强烈赞同此观点，”他写信告诉她，“有机会控制达达尼尔海峡，占领君士坦丁堡，且把土耳其一分为二，而后使我们这一边长驱直入巴尔干半岛。现在有这样一个独一无二的机会，我们应该在这里多冒险，而不是眼睁睁地放弃这个机会。”[2]

然而他错了。这是一个自始至终的灾难。“伊丽莎白女王号”的机枪在2月表现很好，但3月18日，当老式军舰进入海峡要攻击另外的要塞时，他们进入了水雷区，其中的三艘在几个小时内就被炸毁。随后的几个月，情况变得越发糟糕，错误接连发生，海军尤其是陆军，在尝试清除土耳其加里波利军队时，证实了这个军队比英国想象中更加有纪律且意志坚定。

4月25日，澳大利亚和新西兰军队加入了庞大的英法联军与土耳其

1　1915年1月19日温斯顿·S. 丘吉尔致尼古拉斯大公的信，《姊妹篇》（*CV*），第3卷第430页。

2　“战争委员会会议”，1915年1月13日和1月28日，《姊妹篇》（*CV*），第3卷第409-410页，第464页；阿斯奎斯，《给维尼夏·斯坦利的信》（*Letters to Venetia Stanley*），第445-446页。

开战。尽管两方都展现出了极其英勇的一面，但他们却发现自己同样陷入西线持续的僵局之中。数万人在那年死于战斗。崎岖的地面，严峻的天气和军力不足使阿斯奎斯“独一无二的机会”变为了一个对时局无丝毫裨益的不幸遭遇。

4. 政治牺牲品

对这个悲剧的战役的诟病广泛地传开，但丘吉尔却独自品尝了失败的苦果。这位年轻的巨人过于贪心。虽然其他人也一样，但由于后果过于惨重，因此必须寻找一个位置适当的替罪羊，那就是温斯顿。当情势急转直下时，便立即有人开始指责他。到1915年5月，他的同僚及对手开始反对他。

作为首相的阿斯奎斯是决定冒险一试的人。他本应该为此次失败承担责任。然而他却逃避了，而对加里波利战役处理不当的基齐纳也一样。对于杰克·费舍尔，他会在之后假装自己长久以来反对达达尼尔计划。由于温斯顿的年轻和冒险的名气，对于不了解引发此次悲剧全过程的大众来说，人们更容易相信他是一个军事上的新手。因此很容易认为是他犯了错误，而不是阿斯奎斯、基齐纳或者费舍尔这样的老手犯了错误。

杰克第一个开始攻击他。5月13日，在皇家海军战舰“巨人号”被鱼雷击中，并失去了超过500人之后，老将军便不知所措了。他不仅想分辨到底是改变策略还是完全放弃，而且想让自己完全与此事摆脱干系。5月15日，他向温斯顿和阿斯奎斯递交了辞职信。温斯顿请求他改变主意，但他拒绝了，夸张地写道：“你会留下，但我得离开。”

而且费舍尔变得险恶起来，向温斯顿的敌人说一些关于他的煽动性的评论。“他是个危险的人物！”在给保守派领导人安德鲁·博纳尔·劳的信中，费舍尔如此形容丘吉尔。“温斯顿·丘吉尔一定要不惜一切代价出击！并且是立刻！”他警告由于东地中海的失利，“一个极大的国家灾难正在酝酿中”，而且他说这些都应该归因于温斯顿，说“我拒绝与他再有任何交集”。[1]

丘吉尔应该预料到此事即将发生。他所努力付出的一切都因为自己信任这位执拗的老将军而被破坏，也因为没能看到一个偏离行动中心的糟糕的远征计划中潜在的危险而失败。但一切都太迟了。他在战争中犯了一个可怕的错误，而这样的错误通常都是致命的。这在此事中意味着颜面扫地，而对于一个像他这样骄傲的人来说，是一种毁灭。

他的流星般的上升突然熄灭，而陨落改变了所有事情。在政府失败的压力下，阿斯奎斯准备不惜一切代价挽回自己的首相宝座。他的保守党敌人知道他不堪一击，费舍尔的辞职暴露了战时政府的弱点。5月18日，柯曾爵士写道：“内阁大厦忽然间倾覆，被年迈的费舍尔踢倒。”[2]

劳合·乔治没有太多感性因素去帮助温斯顿。牺牲他可以使阿斯奎斯和劳合·乔治继续掌权。“丘吉尔得离开。”5月15日，财政大臣告诉他的情人。“他会身败名裂。”而对于他自己在危机中的责任，劳合·乔治坚持他只是“不情愿地”接受内阁“同意攻击达达尼尔要塞的决定”。

乔治国王也对变动表示欢迎。他对丘吉尔的自命不凡早已感到厌倦。“首相将会有一个联合政府，”国王说，“只有那样我们才能把丘吉尔从海军内清除。”

温斯顿曾尝试讨好阿斯奎斯不要撤换他，却徒劳无功。他在5月20日对乔治·里德尔哀叹，“我彻底完了，我失去了所有我在意的事物——继续战斗、战胜德国。”到了这个地步他不再期望首相的任何帮助，他说首相“弱得可怕——弱得彻底。他的柔弱将是他的死因”。[3]

这次即使维奥莉特也不能给温斯顿提供帮助了。在维护她最好朋友

---

1 麦凯，《基尔维斯顿的费舍尔》（*Fisher of Kilverstone*），第498页。

2 威廉，《保卫帝国》（*Defending the Empire*），第232页。

3 吉尔伯特，《戴维·劳合·乔治》（*David Lloyd George*），第192页和197页；科斯，《阿斯奎斯》（*Asquith*），第195页。

的利益和看到她父亲在此次危机中幸免之间，她左右为难。她选择站在她父亲那边，为他的决定开脱。于是维奥莉特和温斯顿在他的办公室进行了一场含泪的对话。当她静静坐着，两眼盯着地面，他告诉她“我觉得你父亲把我陷进困境中了”。她在日记中坦言，“我为他感到非常伤心。”但除了催促她父亲再帮他找一个合适的位置，她什么也帮不了。阿斯奎斯保证他会尽力，但最后，丘吉尔才意识到，他除了为自己，已经没有能力为别人站出来说什么了。[1]

在5月的最后一周，首相与保守派结成了战时联盟，温斯顿对他们没有用，因此他们想让他离开内阁。没有什么比命运的倒转更加令人震惊了。贝尔福被提拔，接管了海军，丘吉尔最大的两个敌人——联合主义者爱德华·卡尔森和博纳尔·劳——被政府任用。温斯顿被羞辱不仅仅是因为失去了第一大臣的职位，而且仅被任命为一个兰卡斯特公爵郡大臣。虽然不情愿，但在意识到发生了什么以及怎么做之前，他还是接受了这个职位。

但这些改变很难解释。一年之前还在前线准备战争，而那时卡尔森和博纳尔·劳还在摩拳擦掌挑起战争。更难让人理解的是，卡尔森——那个曾经威胁如有必要就破坏所有法律、维护阿尔斯特的人——现在竟然成了大不列颠的大检察官。温斯顿的敌人们有理由开心，他曾经似乎遥不可及，现在，他们终于可以对他曾经的蔑视和无理报一箭之仇。费舍尔跟博纳尔·劳的谈话被保守派的报纸引用。“事实是，温斯顿是这个国家的一个祸害。”H. A. 格温的《晨邮报》说。

这场战争进行还不到一年——且仍需要三年才完结——但丘吉尔却以如此惊人的速度成为这里最早的政治牺牲品。如同拜伦爵士一样，温斯顿在与土耳其的战斗遇到了灾难。

也许对温斯顿的陨落最开心的是德国人。整个报纸充斥的都是调侃和讥讽之语。有人开玩笑说，德国失去了“最具价值的敌人”。原来他说过的话现在却被引用来讽刺他。一家报纸得意扬扬地写着：“‘德国奢华

1　伯纳姆·卡特，《可畏的斗士》（*Champion Redoubtable*）第53页。

的战舰'一语的造词者自己似乎成了他国家昂贵的奢侈品。"只可惜丘吉尔被警告不要进入战场以及冒被俘虏的风险。"否则如果他落入德国的手里，我们也不必收起他荣耀的宝剑，因为他自己已经毁掉它了。"[1]

他感到被背叛了，不仅仅是因为费舍尔，而且这种背叛还来自内阁的同僚，他们曾经支持他的达达尼尔战略，却假装他们没有过错。劳合·乔治对他的不支持尤其令他失望，尽管他还假装出对温斯顿境况的同情。谈到温斯顿离开海军，他说:"联合主义者不会，也不能容许他留在那里。却没有必要为了劝慰他们而把他从高高在上的指挥职位直接扔到下甲板上让他擦拭铜器。"阿斯奎斯对他亲密同伴遭受的糟糕对待的借口是，鉴于政治上对丘吉尔的敌意，他的确不能再让他在海军任职了。而既然劳合·乔治都几乎成了保守党的人质了，这看来的确是真的。[2]

5. 战斗或者死亡

很长时间以来，温斯顿都在打击中度过。他半生半死地苟活着。他后来形容他当时的感受时说:"伤口在流血但却感觉不到疼痛。"而仅四十岁的他现在看来比实际年龄要老很多。他走路明显驼背了，眼神也变得呆滞。一位战争记者在一场晚宴上看到温斯顿后很惊讶，后来他写道:"我对温斯顿·丘吉尔的变化感到非常惊讶。他看起来老多了，面色苍白，十分低落，为离开海军深感哀痛。"[3]

不仅是不幸遭遇重压在他心里，还有突然的失去希望使他灰心丧气。他就像是一台多年来全速运行的机器突然被转为慢速旋转。珍妮说:"我很

---

1 《晨邮报》(*Morning Post*)的引用来自《纽约时报》(*NYT*)"丘吉尔被指公共危险分子"，1915年4月27日;"德国嘲弄丘吉尔"，1915年11月14日。

2 劳合·乔治，《战争回忆录》(*War Memories*)，第139页。

3 索姆斯，《克莱门蒂娜·丘吉尔》(*Clementine Churchill*)，第161页；阿什米德·巴特莱特，《不设限的达达尼尔》(*The Uncensored Dardanelles*)，第121页。

怕温斯顿因无所事事而伤心。当你掌舵四年时间之后，怎么能黯然隐退，似乎要停滞下来呢？”而且，由于他仍在政府一个小机构任职，当别人在注定失败的战争中四处碰壁，而自己只能从边线旁观，更加难以忍受。

他回忆说：“我不得不眼看着极佳的机会溜走，看着我曾经制定的、满心信赖的计划被无效地执行。我像一个在恍惚状态下全身僵硬的人，无法进行干预，却与结果息息相关。”

当晚年的克莱米被问到什么是她丈夫一生中最大的压力时，她毫不犹豫地回答：“达达尼尔海峡。我认为这伤透了他的心。”[1]

他可以这么自我激励，他仍然活着，有一个忠诚的妻子和三个孩子去关爱。长着一头美丽红色头发的莎拉·丘吉尔在1914年10月出生，十分漂亮可爱。而克莱米非常地忠于她的丈夫，因此她不放过每次能够维护他名誉的机会。她甚至在给首相写信，列举出详细的原因说明为什么他应该要再有一次机会。像了解自己一样了解温斯顿的她告诉阿斯奎斯，她的丈夫有政府不能失去的三个宝贵品质——“能力，创造力以及与德国战斗视死如归的精神。”刚刚由于找到替罪羊而松一口气的首相看到信之后却无动于衷，把它当作“疯言疯语”扔掉了。[2]

尽管温斯顿热爱家庭，但他还是那个不安分的自己，想让自己在更大的行动平台上展示能力。在战争时代，对一个闲不下来的人来说有一个简单的治疗方法。他想要去战斗，但并不欣赏目前的堑壕战。他想成为一种将领，且愿意去任何地方做任何事情，只要能够指挥有希望的战争。但阿斯奎斯却不愿给他要职。在约五个月的时间内他都是赋闲的，在等待着永远不会到来的机会。作为填补他长期空闲的方式，他突然对绘画产生了兴趣。借助一位朋友的帮助，他开始画简单的肖像风景油画，且发现自己在这方面很有天赋。

丘吉尔发现这个工作非常引人入胜，能够使他至少短时间内忘却烦

1 莱斯利，《伦道夫·丘吉尔夫人》（*Lady Randolph Churchill*），第356和368页；库姆斯，《温斯顿·丘吉尔爵士》（*Sir Winston Churchill*），第107页。

2 索姆斯，《克莱门蒂娜·丘吉尔》（*Clementine Churchill*），第162页。

恼。正如他热爱修建沙堡一样，绘画使他通过自己能控制的方式锻炼他的想象力。杰克·费舍尔和劳合·乔治都无法扰乱和改变他对一排树、一个花园或者一条乡间小路的独特视角。他看到他想看到的东西就以自己的审美把它留在画布上。在公共生活中的他从未有过如此彻底的权威。画画成了他一生的爱好，后来他形容这项活动“每天都提供给我这样廉价、易得、单纯、有趣、自我恢复的工作过程”。[1]

然而在1915年，他人生中最黑暗的时刻，即使画画的乐趣有时都难以使他振奋精神。威尔弗里德·斯科恩·布伦特在8月拜访他时震惊地发现他十分消沉。他感觉温斯顿对克莱米的爱是唯一能防止他发疯的东西。当布伦特看他努力完成一幅画作时，温斯顿会突然转头，哀伤地看着他并竖起他的指头。“这双手上的鲜血比画布上的油彩还多，”他说，“千百万人被杀死了。我们以为这可能只是一件小事，是的，如果我们以正确的方式开始，它的确可能是小事。”而后，他的声音又消失了。[2]

随着夏天的离开，他画的风景变成了晦暗的色调，他知道，他需要做出改变。于是下决心在40岁时重新开始他的一切事业。他仍在女王牛津郡轻骑兵部队任职，因此自己仍然能够以普通少校的身份上前线，如果这是他能找到最好的去处的话。人们可能会嘲笑他，从坐着游轮的第一大臣沦为站在泥泞壕沟里，随时可能被杀死的一名普通少校军人。但是人们从一开始就一直嘲笑他，他无法改变这一点。

在1915年11月11日，他离开了政府的闲职，给阿斯奎斯的信中解释说他“不愿意在这样的局势下拿着丰厚的薪水而无所作为”。

他的辞职被报纸报道了，一起报道的还有他准备去法国参加战争的消息。在他离开之前，他收到了穆里尔·威尔逊的信。信中抒发了她简单纯粹的惜别之意。结语说：“我要告诉您我对您的勇气是多么敬佩。”[3]

1 库姆斯，《温斯顿·丘吉尔爵士》(*Sir Winston Churchill*)，第115页。

2 朗福德，《激情的朝圣之旅》(*A pilgrimage of passion*)，第409页。

3 1915年11月11日温斯顿·S. 丘吉尔致H. H. 阿斯奎斯的信，1915年11月16日穆里尔·威尔逊致温斯顿·S. 丘吉尔的信，《姊妹篇》(*CV*)，第3卷第1249页和第1274页。

在一场使很多参与者受到终生精神创伤或者身体残疾的战争中，丘吉尔是幸运的。他幸运地仅仅是事业受到了创伤。但是他却不知道这个伤口什么时候能够愈合，他何时能够重回巅峰。由于他曾经是如此自信，上升得如此迅速，因此对自己命运的陡然下落和走投无路毫无准备。和平时期他可能通过向政府投诉获得支持，以演说和报纸文章来为自己辩护。但在战争时期，这种个人运动却不合时宜。他不仅仅是被剥夺了权力而且被有效地噤声——至少是暂时。

生命中令人惊奇的转折总是似乎充满着各种可能性。在战争来临之前，他曾经飞跃一个又一个成功的高峰，总以为即使跌落也会有东西恰巧接住他。作为一个和平时期的英雄，他做好准备承受许多政治上的死亡，并知道他会再战。但是战争却使这个跌落的英雄除了奔赴法国战场别无选择，而在那里，失败常常意味着死亡。如同拜伦小说中的人物一样，他也许自己写出了自己的政治历险记，而现在他面临着终结的一章，必须要战斗，否则就是死亡。

他也无法从他父亲的故事中感到任何的安慰，因为从三十多岁丧失权力后，伦道夫爵士从未能够重新扬起他事业的风帆。温斯顿一定为此事忧心忡忡过，担心自己不过是重复了这样一个家庭悲剧。他的父亲在人世徘徊了许久，最后缓慢地走向了死亡。温斯顿却要上前线为自己博得一个机会。

11月中旬，人们为温斯顿举办了告别聚会。克莱米努力忍住流泪，而埃迪·马什却公然拭泪。珍妮说她很生气，她的“聪明的儿子”竟然被“降级成了前线士兵”。也许让温斯顿惊讶的是玛戈和维奥莉特也来了，而亨利却没出现。派对上有食物和饮料；温斯顿穿上了自己的制服并向大家保证会写信回来。[1]

他的命运之星如此黯淡，因此他认为自己的名誉不会再遭受更多非议。从此时起，似乎只要他活着，就是上升之路。即使是赌博，他也愿意再次投掷骰子并押上全部身家性命，重新赢得所有财富。他准备好给

1 莱斯利，《伦道夫·丘吉尔夫人》（*Lady Randolph Churchill*），第362页。

克莱米的信，内容为“我死后”。信是夏季的时候写的，包括一些保险信息和其他财务信息，但在结尾他简短地强调了他最珍视的东西。现在，他人生前四十年中的灿烂阳光和狂风暴雨都已过去。如果他没能有机会再继续人生的篇章，这封信应该是一个灵魂对克莱米的诉说。

“不要为我太过悲伤，”信中说，“我是一个自信的灵魂。死亡只是个意外事件，不是我们之间发生的最重要的事情。总体来说，特别是自从我遇到你，我亲爱的，我一直是幸福的。是你让我明白一个女人的心可以多么忠诚。如果有另一个世界，我会在那里守护你。同时，你要向前看，感受生命的自由和欢乐，疼爱孩子们，守护我的记忆。上帝保佑你。再见。W.”[1]

---

1 《温斯顿与克莱门蒂娜》（*Winston and Clementine*），第111页。

尾声

尽管丘吉尔在战壕中得以幸存并且渐渐地重建了自己的事业，但他1915年失去的一些东西却永远无法重获。在四十多岁时，大多数人的青春开始渐渐消逝，但丘吉尔失去的却不仅仅是年轻的外表和充沛的精力。他失去的是自己曾经视如生命般重要且用之不竭的精神，是一种曾经助他巧妙克服重重危机的灵动的火花。但这些都在1915年逐渐飘忽，且最终消逝。丘吉尔再也不是原来的丘吉尔了。

他心中仍然存有浪漫情怀、爱国热情和勇敢奋战的无畏精神，且他在政治上坚持努力，直到1940年他的春天再次到来。而那时他已变得更加冷酷和冷静，内心的童稚只有偶尔奇妙的微笑和若有所思的蹙眉之时才能显露些许。他已经得到了在漫长人生中所能经历的最高层级的惨痛的教训——即使是最好的计划也会扭曲走样，即使是最好的朋友也可能难以信任，即使是最好的初衷也会被人误解。他已经尝到了失败的滋味，有过自我质疑的时刻，这对世界来说是件好事，然而，爱德华时代很多同僚们从他身上发现的不可思议的闪光的视野和领导力，却在第一次世界大战后悄无声息地消逝了。

如此魔力发生的原因是他的性格经过经年累月的考验变得更加坚韧了。贝尔福、张伯伦、劳合·乔治和阿斯奎斯都教会年轻的丘吉尔珍贵的东西。通常，一个政界人士能够与这些政治大亨平等地斗争本身已经是他的荣耀了，而到了20世纪40年代，作为首相的他在第二个事业巅峰时得到这些就会太迟了。在与爱德华时代最伟大的政治家一决高下之后，他在他的任职生涯中显示了成熟的领导水平且自知几乎无人能够与之匹敌。且有足够的驱动力使他避免成为劳合·乔治一样僵化的政治人物，后者的观点在丘吉尔任首相时期已大大落后了。

在他第一次掌权结束后的25年内，丘吉尔一直郁郁地坐视别人登上高峰，而自己却似乎潦倒地栖身低位或完全没有大臣的权威。他不得不学会耐心，并通过撰写大量的书籍，包括《我的早年生活》以及他关于第一次世界大战的历史著作，深思自己早期的经历。随着他的等待，老一辈的巨头一个接一个地消逝。阿斯奎斯1916年卸任，由劳合·乔治接替，他费尽心机地保留首相的职位达六年之久。阿斯奎斯1928年去世，贝尔福1930年去世，而劳合·乔治1945年才去世。

自由党政治家丘吉尔在20世纪20年代已经死亡，而保守派的丘吉尔重生接替了他。毫无疑问，他的再次倒戈又引起了攻击，而劳合·乔治与阿斯奎斯二人合力将自由党变成了毫无未来可言的少数派。丘吉尔相信自己能够弥补自由党与保守党斗争的裂痕，但有充分理由相信他只是在自欺欺人，虽然他自己拒绝接受他从政早期的那些诺言早已消逝。他继续坚守这份承诺，尽管没几个人认为这值得坚守。他的过去是他的财富，他也经常回头悼念它、缅怀它并希望某一天会有其他人看到它的价值。

他的宿敌爱德华·卡尔森似乎知道丘吉尔的个性中包含了一种不放弃的精神。在温斯顿被免去第一大臣很久之后，一位记者问卡尔森："丘吉尔的问题是什么？"

一向毫无感情的卡尔森想了一下，给出了一个极富洞察力的回答，可能温斯顿知道后会莞尔一笑：

"他是个危险的乐观主义者。"[1]

1 马克森，《采访的奇遇》（*Adventure in Interviewing*），第154页。

致谢

我一直在怀疑如果自己未能幸运地联合两位文字巨匠——我的经纪人，莫利·弗里德里希，以及我的编辑，普里西拉·佩因顿，我的这本书就不会最终完成。他们两个都给我提供了热情的支持和鼓励，这对我把自己的思想最终转化成一本完成的作品至关重要。莫利是他的代理作者的捍卫者，普里西拉是每一位作者都想找到的编辑——博学，深刻且严谨。

我还要感谢弗里德里希代理公司露西·卡尔森和莫利·舒尔曼专业的帮助和友善的关注。在西蒙和舒斯特出版公司，我很感激来自迈克尔·什切尔班、汤姆·班克罗夫特和麦克·琼斯的努力工作和全面的建议。

在英国，我的好友艾德里安·克拉克极大地帮助我减轻查阅资料的压力，慷慨地搜索各种存档的资料。我十分感恩他不懈的努力。

在牛津大学图书馆，阅览室主管科林·哈里斯给我推荐了特殊馆藏区宝贵的文件档案。我非常感谢他实用的建议，他热忱地回答我的疑问，使我获得极大的鼓舞。

在我大学里帮助我的众人中，我尤其要感谢印第安纳州长，丹·布拉德利；图书馆馆长，艾伯塔·戴维斯·科默；我的系主任，罗伯特·佩兰；以及下列同事：谢莉尔·L. 布莱文斯，基思·伯曼，汤姆·德里克，玛丽·安·邓肯，凯西·爱德华兹，基特·金卡德和霍利·莫斯曼。

并感谢乔和南希·费舍尔，李和玛利亚·麦金利，韦斯和玛丽·博奇·拉特利夫，约翰·西维和琼·谢尔登给予的各种支持。

我珍视来自我女儿萨拉和瓦妮莎的爱，而且如果没有我妻子——苏的爱，我不会有任何值得一提的成就。

温斯顿·丘吉尔著作精选

《当代伟人》. 芝加哥：芝加哥大学出版社，1973【 1937 】.

《自由主义与社会问题》. 伦敦：霍德斯托顿出版社，1909.

《伦敦经比勒陀利亚到雷帝史密斯》. 伦敦：朗文，格林出版社，1900.

《伦道夫·丘吉尔爵士》. 第一卷版次 . 伦敦：麦克米伦出版社，1907【 1906 】.

《马尔伯勒：他的生命与时光》. 两卷 . 芝加哥：芝加哥大学出版社，2002【 1933–1938 】.

《我的非洲之旅》. 多伦多：威廉·布里格斯，1909【 1908 】.

《我的早年生活：1874–1904 》. 纽约：试金石 / 西门，斯考特出版社，1996【 1930 】.

《河流之战：夺回苏丹纪录》. 纽约：卡罗尔，格拉夫出版社，2000【 1899 】.

《萨伏罗拉：拉脱维亚革命记》. 伦敦：朗文，格林出版社，1900.

《第二次世界大战：大联盟》. 波士顿：霍顿·米夫林出版社，1950.

《马拉坎德野战记：边境战争插曲》. 伦敦：朗文，格林出版社，1901【 1932 】.

《思想与冒险》. 编辑杰姆斯·W. 穆勒。威尔明顿，DE：ISI 出版社，2009【 1932 】.

《世界危机：1911–1914 》. 纽约：斯克里布纳，1923.

参考书目

R. J. Q. 亚当斯,《博纳尔·劳》. 斯坦福：斯坦福大学出版社，1999.

保罗·埃迪森,《丘吉尔：意外的英雄》. 牛津：牛津大学出版社，2005.

《丘吉尔在国内：1900–1955》. 伦敦：皮里米科出版社，1993.

克里斯托弗·安德鲁,《保卫王国：军情5处权威史学》. 纽约：可诺夫出版社，2009.

艾莉丝·阿什米德–巴特利特,《不设限的达达尼尔》. 伦敦：哈钦森出版社，1928.

赫伯特·亨利·阿斯奎斯,《在议会的五十年》. 伦敦：卡塞尔出版社，1926.

《H. H. 阿斯奎斯：给维尼夏·斯坦利的信》. 迈克尔与埃莉诺·布鲁克编辑. 牛津：牛津大学出版社，1982.

辛西娅·阿斯奎斯夫人,《日记1915–1918》. 伦敦：哈钦森出版社，1968.

玛戈·阿斯奎斯,《玛戈·阿斯奎斯自传》. 马克·博纳尔·卡特编辑. 波士顿：霍顿米夫林出版社，1963.

格特鲁德·M. 阿特伍德,《川拜村的威尔逊家》. 贝弗利，东约克郡，英国：赫顿出版社，1988.

康苏微洛·范德比尔特·巴尔桑,《光辉与黄金》. 梅德斯通，肯特，英国：乔治曼出版社，1973【1953】.

埃塞尔·巴里摩尔,《回忆录：自传》. 纽约：哈波兄弟出版社，1955.

莱昂利尔·巴里摩尔,《我们巴里摩尔家族》. 纽约：阿普尔顿世纪田地出版社，1951.

约翰·赫里奇·巴特，《巴纳多医生：孤儿的养父》. 伦敦：帕特里奇出版社，1904.

艾伦·S. 巴克森代尔，《温斯顿·伦纳德·斯宾塞·丘吉尔：刑事改革者》. 牛津：皮特·郎出版社，2010.

麦克斯·比尔博姆，《七个人》. 纽约：克诺夫出版社，1920.

哈罗德·贝格比，《能工巧匠》. 伦敦：梅休因出版社，1905.

芭芭拉·贝尔福，《布拉姆·斯托克：德拉库拉伯爵作者传》. 纽约：克诺夫出版社，1996.

达芙妮·班尼特，《玛戈：牛津伯爵夫人与阿斯奎斯的一生》. 伦敦：维克多·格兰茨出版社，1984.

马尔特·比贝斯科，《温斯顿·丘吉尔爵士：勇气之王》. 纽约：约翰·戴出版社，1959【 1957 】.

弗雷德里克·伯肯黑德，《丘吉尔：1874–1922》. 编辑，约翰·科尔维尔，伦敦：哈拉普出版社，1989.

玛戈·卜伦登，《沃里克伯爵夫人传》. 伦敦：卡塞尔，1967.

威尔弗里德·斯科恩·布伦特，《我的日记：1888–1914年事件的个人叙述》. 伦敦，卡塞尔出版社，1967.

维奥莉特·伯纳姆·卡特，《令人敬畏的冠军：维奥莉特·伯纳姆·卡特1914至1945年日记及书信集》. 伦敦：长生鸟书业，1999.

马克·伯纳姆·卡特和马克·波特尔编辑 .《幻灯片——维奥莉特·伯纳姆·卡特1904至1914年日记及书信集》. 伦敦：长生鸟书业，1997.

维奥莉特·伯纳姆·卡特，《温斯顿·丘吉尔：私密画像》【我所知道的温斯顿·丘吉尔】. 纽约：科内斯基·科内斯基出版社，1999【 1965 】.

菲利普·博尔德，《雅克·路易斯·大卫：帝国的放逐》. 新天出版社，CT：耶鲁大学出版社，2005.

皮尔斯·卜伦登,《温斯顿·丘吉尔：真正的英雄》. 伦敦：梅休因出版社，1985.

雷金纳德·布雷特,《雷金纳德，伊谢尔子爵的书信和日记》. 4卷，伦敦：尼克尔森·沃森出版社，1934–1938.

阿萨·布里格斯编辑,《他们见证了它的发生：英国历史见证者记录集，1897–1940》. 牛津：巴泽尔·布莱克威尔，1960.

戈登·布鲁克–谢泼德,《欧洲的叔父》. 伦敦：柯林斯，1975.

安东尼·蒙塔古·布朗,《长久的日落：温斯顿·丘吉尔最后一位秘书的回忆录》. 伦敦：卡塞尔出版社，1995.

约翰·巴肯,《弗朗西斯和里福斯代尔·格林菲尔：回忆录》. 伦敦：托马斯尼尔森及子孙出版社，1920.

斯蒂芬·布柴齐,《丘吉尔与查特维尔：丘吉尔房产与花园的不为人知的故事》. 伦敦，弗朗西斯·林肯，2007.

约翰·坎贝尔,《F.E. 史密斯，伯肯黑德第一伯爵》. 伦敦，乔纳森·凯普，1983.

大卫·坎纳丁,《英国贵族的衰退与没落》. 纽约：复古书业，1999【1990】.

《在丘吉尔的影响下：继往开来的英国》. 纽约和牛津：牛津大学出版社，2003.

大卫·坎纳丁和罗兰·奎纳尔特编辑,《21世纪的温斯顿·丘吉尔》. 剑桥和伦敦：剑桥大学出版社和皇家历史社会出版社，2004.

约翰·M. 卡兰,《殖民部与尼日利亚，1898–1914》. 斯坦福，CA：胡佛出版社，1985.

米兰达·卡特,《乔治，尼古拉斯和威廉：皇室三表兄弟与走向一战之路》. 纽约，复古书业，2011.

大卫·塞西尔,《哈特菲尔特宫的塞西尔家族：英国统治家族》. 波士顿：霍顿·米夫林，1973.

奥斯丁·张伯伦,《政治的内核：书信编年记录，1906–1914》. 新天堂，CT：耶鲁大学出版社，1937.

约瑟夫·张伯伦，《帝国联盟与关税改革：1903年5月15日至11月四日期间的演讲》. 伦敦，格兰特·理查德，1903.

伦道夫·S. 丘吉尔，《温斯顿·S. 丘吉尔：年轻的发言人，1901–1914》. 波士顿：霍顿·米夫林，1967.

莎拉·丘吉尔，《绣帷一线》. 纽约：多德，米德，1967.

《丘吉尔自行整理：引证全集》. 编辑，理查德·M. 浪沃斯，纽约：公共事务出版社，2008.

《丘吉尔战争文件：逐渐扩大的战争，1941》. 编辑，马丁·吉尔伯特，纽约：诺顿，2001.

格雷厄姆·T. 克鲁斯，《丘吉尔的两难境地：1915年达达尼尔战役背后的真实故事》. 圣巴巴拉，CA：普雷格，2010.

科林·克利福德，《阿斯奎斯家族》. 伦敦：约翰·莫利，2002.

《南威尔士煤矿游行：通讯和报道》. 伦敦：英国国王文书局，1911.

约翰·科尔维尔，《权力的边缘：十篇唐宁街日记，1939–1955》. 纽约：诺顿，1986.

大卫·库姆斯和明妮·S. 丘吉尔，《温斯顿·丘吉尔爵士：他的一生和他的画作》. 莱姆·瑞吉斯，多西特，UK：仓库出版社，2011.

戴安娜·库伯，《彩虹来来去去》. 波士顿：霍顿·米夫林，1958.

乔治·康沃利斯–韦斯特，《爱德华盛世或其他的一些事》. 纽约：普特南，1931.

乔治·康沃利斯–韦斯特夫人【珍妮·丘吉尔】，《伦道夫·丘吉尔夫人回忆录》. 纽约：世纪出版社，1908.

罗亚尔·科迪索斯，《怀特洛·瑞德的一生》. 2卷，纽约：斯克里布纳，1921.

亚瑟·G. 雷德兰，《威尔逊线》. 斯特劳德，格洛斯特郡，UK：坦帕斯，2000.

玛丽·柯曾，《柯曾夫人的印度：一位女总督的信》. 约翰·布拉德利，纽约：博孚尔书业，1986.

乔治·丹杰菲尔德，《自由党领导下的英国的奇异之死》. 斯坦福，CA：斯坦福大学出版社，1997【1935】.

理查德·达文波特－海恩斯，《伊蒂：德斯伯乐夫人的人生和世界》. 伦敦：菲尼克斯，2009.

弗朗西斯·唐纳森，《无线电公司丑闻》. 纽约：哈考特，布雷斯和世界出版社，1962.

杰姆斯·道格拉斯，《伦敦冒险记》. 伦敦：卡塞尔，1909.

里昂·埃德尔，《亨瑞·杰姆斯：领导者，1901–1916》. 纽约：埃文书业，1978【1973】.

盖·伊登，《丘吉尔肖像》. 伦敦：哈钦森，1945.

J. 休·爱德华，《戴维·劳合·乔治：此人与政治家》. 2卷，纽约：希尔斯，1929.

D.H. 埃里森，《张伯伦家族》. 伦敦：约翰·莫利，1966.

威廉·韦伯斯特·埃尔斯沃斯，《作家的黄金年代：出版人的回忆录》. 波士顿：霍顿·米夫林，1919.

马丁·法尔，《雷金纳德·麦克纳：政治家中的投资家，1863–1916》. 纽约：劳特里奇，2008.

巴里·J. 福尔克，《音乐厅和现代性：维多利亚后期流行文化的起源》. 雅典：俄亥俄大学出版社，2004.

布莱恩·H. 费尔，《议会：威斯敏斯特宫图文向导》. 伦敦：艾尔和斯波蒂斯伍德，1961.

尼尔·费格逊，《战争的遗憾》. 纽约：基础书业，1999.

约翰·阿巴斯诺特·费舍尔，《回忆录》. 伦敦：霍德和斯托顿，1919.

R.F. 福斯特，《伦道夫·丘吉尔爵士：政治的一生》. 牛津：克拉伦登出版社，1981.

《W.B. 耶茨：一生》. 2卷，牛津：牛津大学出版社，1997–2003.

玛丽安·福勒,《布伦海姆:宫殿档案》. 伦敦:企鹅书业,1991.

杰姆斯·福克斯,《五姐妹:弗吉尼亚的兰霍恩家族》. 纽约:西蒙和舒斯特,2000.

华威女爵,弗朗西斯,《判别》. 纽约:查尔斯·斯克里布纳,1932.

《生命的潮起潮落》. 纽约:威廉·莫罗,1929.

保尔·福塞尔,《伟大的战争及现代记忆》. 纽约:牛津大学出版社,1977【1975】.

A.G. 加德纳,《社会的支柱》. 纽约:达顿,1916【1913】.

《先知,神父和国王》. 伦敦:奥尔斯顿,1908.

《战争中的公爵》. 伦敦:登特,1915.

本特利·布林克霍夫·吉尔伯特,《戴维·劳合·乔治:政治的一生》. 2卷,哥伦布:俄亥俄州立大学出版社,1987–1992.

马丁·吉尔伯特,《丘吉尔:一生》. 纽约:亨利·霍尔特,1991.

《丘吉尔与美国》. 纽约:自由出版社,2005.

《温斯顿·S. 丘吉尔:战争的挑战,1914–1916》. 波士顿:霍顿·米夫林,1971.

大卫·吉尔莫,《柯曾:帝国政治家》. 纽约:法勒,施特劳斯和吉鲁,2003.

阿尔弗雷德·科林,《空中力量对英国人民和政府的影响 1909–1914》. 斯坦福,CA:斯坦福大学出版社,1989.

亚瑟·格里菲斯 – 博斯克恩,《议会的四十年》. 伦敦:约翰·莫利,1907.

约翰·格里格,《劳合·乔治:从和平到战争,1912–1916》. 伯克利:加利福尼亚大学出版社,1985.

《劳合·乔治:人民冠军,1902–1911》. 克利:加利福尼亚大学出版社,1978.

H.A. 格温,《战争的挫磨:H.A. 格温致巴瑟斯特公爵夫人的信,1914–1918》. 编辑,基斯·威尔逊,伦敦:西季威克和杰克逊,1988.

理查德·包尔滕·霍尔丹,《自传》. 花园城市，纽约：道布尔迪，多伦，1929.

托马斯·哈迪,《信件选登》. 编辑，迈克尔·米尔盖特，牛津：克拉伦登出版社，1990.

弗兰克·哈里斯,《现在人物肖像：第三部》. 纽约：创作出版社，1920.

克里斯托弗·哈索尔,《爱德华·马什传》. 纽约：哈考特，布雷斯，1959.

赛琳娜·黑斯廷,《萨姆塞特·毛姆笔下的秘密生命：自传》. 纽约：随机库，2010.

乔治·伯克贝克·希尔,《约翰逊医生（苏格兰）的足迹》. 伦敦：桑普森·娄，1890.

F.W.赫斯特,《六场骚乱及其他文章》. 伦敦：梅休因，1913.

查尔斯·霍布豪斯,《阿斯奎斯的书橱内：查尔斯·霍布豪斯的来信》. 编辑，爱德华·大卫，纽约：圣马丁出版社，1978.

奥利弗·温德尔·霍姆斯,《本质的霍姆斯：奥利弗·温德尔·霍姆斯信件、演说、判决书及其他文章选》. 编辑，理查德·A.波斯纳，芝加哥：芝加哥大学出版社，1996.

奥利弗·温德尔·霍姆斯和路易斯·爱因斯坦,《霍姆斯与爱因斯坦的信件：霍姆斯法官与路易斯·爱因斯坦通信集，1903–1935》. 编辑，杰姆斯·毕夏普·皮博迪，纽约：圣马丁出版社，1964.

迈克尔·霍尔罗伊德,《伯纳德·肖》. 3卷，纽约：随机库，1988–1991.

《利顿·斯特雷奇：新传记》. 纽约：法勒，施特劳斯和吉鲁，1995.

让·E.霍华德和马里恩·F.奥康纳，编辑,《莎士比亚再版：思想和历史中的文字》. 纽约和伦敦：梅休因，1987.

伯纳德·霍德尔曼,《阿尔伯特·巴林》. 翻译：W.J.埃格斯，伦敦：卡塞尔，1922.

特里斯特拉姆·亨特,《建设耶路撒冷：维多利亚城的兴衰》. 纽约：都市书业，2005.

H.蒙哥马利·海德,《雷丁爵士：鲁弗斯·埃塞克，雷丁第一男爵》. 纽约：法勒，施特劳斯，吉鲁，1967.

亨利·杰姆斯,《亨利·杰姆斯：用信件书写一生》. 编辑，菲利普·霍恩，伦敦：艾伦·莱恩，1999.

罗伯特·罗兹·杰姆斯,《丘吉尔：失败学，1900–1939》. 伦敦：韦登菲尔德和尼克尔森，1970.

《伦道夫·丘吉尔爵士：温斯顿·丘吉尔的父亲》. 纽约：巴恩斯，1960.

罗伊·詹金斯,《丘吉尔传》. 纽约：普卢姆/企鹅出版社，2002.

约翰·乔立夫,《雷蒙德·阿斯奎斯：生活和通信》. 伦敦：柯林斯，1980.

约翰·基根,《第一次世界大战》. 纽约：复古书业，2000.

帕特里克·J.凯利,《提尔皮茨和皇家德国海军》. 布卢明顿：印第安纳州立大学出版社，2011.

拉迪亚德·吉普林,《拉迪亚德·吉普林通信录，1911–1919》. 编辑，托马斯·平尼，爱荷华市：爱荷华大学出版社，1999.

史蒂芬·E.科斯,《阿斯奎斯》. 纽约：圣马丁出版社，1976.

《霍尔丹爵士：自由党替罪羊》. 纽约：哥伦比亚大学出版社，1969.

尼可拉斯·A.朗伯,《约翰·费舍尔爵士的海军改革》. 哥伦比亚：南卡罗莱纳大学出版社，2002.

阿诺德·兰道,《随处：探索者的回忆录》. 2卷，纽约：弗雷德里克·A.斯托克斯，1924.

埃里克·拉森,《雷霆》. 纽约：皇冠出版社，2006.

亚瑟·李,《"完美的回合"福尔哈姆·李子爵的私人文件》. 编辑艾伦·克拉克，伦敦：约翰·莫利，1974.

希里亚·李,《让·汉密尔顿女士：1861–1941》. 伦敦：希里亚·李，

2001.

希里亚·李和约翰·李,《丘吉尔家族肖像》. 纽约：帕尔格雷夫·麦克米伦，2010.

西德尼·李,《爱德华七世传》. 2卷，伦敦：麦克米伦，1925.

杰姆斯·利斯－米尔恩,《神秘的爱德华时代：雷金纳德，伊舍第二子爵的一生》. 伦敦：西季威克和杰克逊，1986.

安妮塔·莱斯利,《伦道夫·丘吉尔夫人：珍妮·杰罗姆的故事》. 纽约：斯克里布纳，1969.

大卫·林赛,《克劳福德文件：克劳福德伯爵，大卫·林赛日记》. 编辑约翰·文森特，英国，曼彻斯特：曼彻斯特大学出版社，1984.

戴维·劳合·乔治,《家信：1885–1936》. 编辑肯尼斯·O.摩根，卡迪夫和伦敦：威尔士大学出版社和牛津大学出版社，1973.

《战争之镜》. 伦敦：奥当出版社，1938.

弗朗西斯·劳合·乔治,《过往时光》. 伦敦：哈钦森，1967.

伊丽莎白·郎福德,《激情的朝圣之旅：威尔弗里德·斯科恩·布伦特的一生》. 伦敦：陶丽斯·帕克，2007【1979】.

玛丽·S.洛夫尔,《丘吉尔家：在爱与战争中》. 纽约：诺顿，2011.

亨利·W.露西,《鲍尔弗的议会：1900–1905》. 伦敦：霍德和斯托顿，1906.

康斯坦斯·利顿,《监狱与罪犯：我的一些经历》. 编辑詹森·哈斯拉姆，布法罗，纽约州：布罗德维尤出版社，2008【1914】.

菲奥娜·麦卡锡,《拜伦：生活与传说》. 纽约：法尔，施特劳斯和吉鲁，2002.

麦克尔·麦克多盖尔,《议会书》. 伦敦：伊斯比斯特，1897.

瑞德克·F.麦凯,《贝尔福：睿智的政客》. 牛津：牛津大学出版社，1985.

《基尔维斯顿的费舍尔》. 牛津：克拉伦出版社，1973.

麦肯齐，诺曼和珍妮·麦肯齐,《费边社》. 纽约：西蒙和斯考特，

1977.

亚历山大·麦金托什,《约瑟夫·张伯伦：真实传记》. 伦敦：霍德和斯托顿，1906.

里奥·麦金斯特里,《罗斯伯利·动荡中的政治家》. 伦敦：约翰·莫利，2005.

伊恩·马尔科姆,《空置的宝座》. 伦敦：麦克米伦，1931.

威廉·曼彻斯特,《最后的雄狮：温斯顿·S. 丘吉尔：一人，1932–1940》. 波士顿：里特尔，布朗，1988.

《最后的雄狮：温斯顿·S. 丘吉尔：荣耀的视野，1874–1932》. 纽约：戴尔塔/戴尔，1989【1983】.

艾萨克·马克森,《冒险的访问》. 伦敦：约翰·莱恩，伦敦大学图书馆馆长，1920.

爱德华·马什,《众人回忆录》. 纽约：哈伯兄弟，1939.

彼得·T. 马什,《约瑟夫·张伯伦：政客中的企业家》. 新天，CT：耶鲁大学出版社，1994.

罗伯特·K. 马西,《钢铁堡垒：英国，德国和伟大海洋战争的胜利》. 纽约：随机库，2003.

《无畏舰：英国，德国和大战的到来》. 纽约：巴兰坦，1992.

露西·马斯特曼,《C.F.G. 马斯特曼传》. 伦敦：弗兰克·卡斯，1968【1939】.

贾斯丁·麦卡锡,《英国政治人物记》. 纽约：前景，1903.

麦克梅纳明，迈克尔和科特·佐勒,《成为温斯顿·丘吉尔：年轻的温斯顿和他的美国顾问》. 纽约：英格玛书业，2009.

H.L. 门肯,《报纸业往日：门肯传1898–1906》. 巴尔迪莫：约翰·霍普金斯大学出版社，2006【1941】.

莫迪马·约翰斯,《战争的印象》. 伦敦：亚当和查尔斯·布莱克，1901.

乔治·梅迪雷恩,《乔治·梅迪雷恩通信录》. 2卷，纽约：斯克莱布诺，1912.

菲利斯·莫伊尔，《我曾是温斯顿·丘吉尔的助理》. 纽约：威尔弗雷德·芬克，1941.

艾伦·穆尔黑德，《加里波利》. 纽约：常青树，2002【1956】.

查尔斯·莫兰，《莫兰日记中的丘吉尔》. 波士顿：霍顿·米夫林，1966.

泰德·摩根，《丘吉尔：急迫的年轻人，1874–1915》. 纽约：西门和斯考特，1982.

约翰·莫利，《辞职备忘录：1914年8月》. 伦敦：麦克米伦，1928.

《回忆录》. 2卷，纽约：麦克米伦，1917.

欧特耐·莫雷尔，《欧特耐在盖新顿：欧特耐·莫雷尔夫人回忆录，1915–1918》. 编辑罗伯特·盖锁恩–哈迪，纽约：可诺夫，1975.

尼可拉斯·莫斯利，《朱利安·格林菲尔：他的一生和逝去的时光，1888–1915》. 纽约：霍尔特，莱因哈特和温斯顿，1976.

伊丽莎白·内尔，《丘吉尔先生的助理》. 纽约：考沃德·麦肯恩盖尔，1958.

哈罗德·尼克尔森，《乔治五世国王的一生和当权期间》. 加登城，纽约州：双日，1953.

大卫·奥格尔维，《自传》. 纽约：韦利，1997.

托马斯·帕克南，《布尔战争》. 伦敦：麦克唐纳，1982.

《抢占非洲：1876–1912》. 纽约：兰登书屋，1991.

艾米丽·潘科赫斯特，《我自己的故事》. 伦敦：伊芙丽·纳什，1914.

路易斯·N. 帕克，《德雷克：露天演出》. 伦敦：约翰·雷恩，伦敦大学图书馆馆长，1913.

玛热丽·佩勒姆，《卢格德：权力之年，1898–1945》. 伦敦：柯林斯，1960.

玛戈·比德斯，《巴里摩尔宫》. 纽约：试金石/西门和斯考特，1991.

《帕特夫人：帕特里克·坎贝尔夫人》. 纽约：阿尔福瑞德· A. 克诺夫，1984.

弗雷德里克·庞森比,《三任国王的回忆录》. 纽约：达顿，1952.

J.B. 普里斯特利,《爱德华时代》. 纽约：哈伯和罗，1970.

奥特·拉制巴华,《谢恩·莱斯利：崇高的失败》. 都柏林：利普利特出版社，2009.

唐纳德·里德编辑,《爱德华时代的英格兰》. 新布伦瑞克，NJ：罗格斯大学出版社，1982.

乔治·里德尔,《里德尔日记：1908–1923 》. J.M. 麦科文，伦敦：阿斯龙出版社，1986.

威廉· H. 雷丁,《多数名流与少数其他：一些回忆录》. 加登城，纽约州：双日，佩奇，1912.

基斯·罗宾斯,《爱德华·格雷爵士：格雷第一子爵传》. 伦敦：卡塞尔，1971.

沃尔特·罗奇,《劳合·乔治先生与战争》. 伦敦：查托和温达斯，1920.

西奥多·罗斯福,《西奥多·罗斯福的美国历史》. 编辑丹尼尔·拉迪，纽约：哈伯·柯林斯，2010.

肯尼思·罗斯,《晚年的西塞尔》. 纽约：哈伯和罗，1975.

诺曼·罗斯,《丘吉尔：不羁的巨人》. 伦敦：陶丽斯·帕克，2009【 1995 】.

罗德·罗斯伯利,《伦道夫·丘吉尔爵士》. 伦敦：亚瑟· L. 汉弗莱斯，1906.

罗德·罗斯摩尔,《我能说的事》. 纽约：乔治·H. 多兰，1912.

贾尔斯·圣奥宾,《爱德华七世：王子和国王》. 纽约：文学协会，1979.

赛利亚·桑迪丝,《追寻丘吉尔：温斯顿·丘吉尔的旅程》. 伦敦：哈伯·柯林斯，2003.

C.P.斯考特,《C.P.斯考特的政治日记，1911–1928》. 编辑威尔逊·特雷弗，伊萨卡，纽约：康奈尔大学出版社，1970.

安妮·塞巴,《美国的珍妮：伦道夫·丘吉尔夫人瑰丽的一生》. 纽约：诺顿，2007.

乔治·W.斯莫利,《英美回忆录》. 第二版，纽约：帕特南，1912.

弗雷德里克·温斯顿·费尔诺· F.E. 史密斯,《F.E. 史密斯的一生：伯肯黑德第一伯爵》. 伦敦：埃尔和斯波蒂斯伍德，1959.

罗宾·史密斯,《苏格兰的崛起：城市，乡镇，农村的综合导引》. 爱丁堡：修士门，2001.

埃塞尔·史密斯,《接下来发生什么》. 伦敦：郎满思，格林，1940.

玛丽·索姆斯,《克莱门蒂娜·丘吉尔婚姻传记》. 纽约：帕拉冈豪斯，1988【1979】.

《家庭纪念册：丘吉尔家族四代人选》. 波士顿：霍顿·米夫林，1982.

J.A.斯彭德,《生活，新闻与政治》. 2卷，伦敦：卡塞尔，1927.

大卫·斯坦福,《丘吉尔和特务机构》. 纽约：远望出版社，1998.

彼得·史丹斯基编辑,《丘吉尔传略》. 纽约：希尔和王，1973.

利顿·斯特雷奇,《维多利亚女王》. 纽约：哈考特，布雷斯，1921.

阿曼达·麦肯齐氏·斯图亚特,《康苏微洛和阿尔瓦·范特比尔特：镀金时代的母女故事》. 纽约：哈伯·柯林斯，2006.

丹尼斯·斯图亚特,《敬爱的公爵夫人：米莉森特，萨瑟兰郡公爵夫人1867–1955》. 伦敦：格兰茨，1982.

马修·斯特奇斯,《沃尔特·西科特的一生》. 伦敦：哈伯·常青树，2005.

约翰·特雷恩,《蒙巴顿将军的时代和一生》. 伦敦：哈钦森，1968.

保尔·汤姆森,《爱德华时代：英国社会的翻新》. 第二版，伦敦和纽约：劳特里奇，1992.

阿尔弗里德·冯·蒂尔皮兹,《我的回忆录》. 2卷，纽约：多德，米德，1919.

安东尼·特罗洛普，《自传》. 纽约：多德，米德，1905【1883】.

理查德·托伊，《丘吉尔的帝国：塑造他的世界和他塑造的世界》. 纽约：亨利·霍尔特，2010.

《劳合·乔治和丘吉尔：伟大之路的竞争对手》. 伦敦：潘·麦克米伦，2008.

保尔·格雷厄姆·特鲁布拉德，《拜伦爵士》. 波士顿：德维恩，1977.

芭芭拉·W.塔奇曼，《八月的枪声》. 纽约：巴兰坦，1994【1962】.

《荣耀之塔》. 纽约：巴兰坦 1996【1966】.

马克·吐温和威廉·笛安·豪厄尔斯，《马克·吐温与豪厄尔斯通信选集 1872–1910》. 编辑弗雷德里克·安德森、威廉·M.吉布森、亨利·纳什，剑桥，MA：哈佛大学出版社贝尔纳普出版社，1967.

汉弗莱·华德夫人，《科利登家族传》. 纽约：哈伯及兄弟出版社，1913.

比阿特丽丝·韦伯，《比阿特丽丝·韦伯日记》. 4 卷，编辑诺曼和珍妮·麦肯齐氏，剑桥，MA：哈佛大学出版社贝尔纳普出版社，1982–1985.

H.G.威尔斯，《新马基雅维利》. 纽约：达菲尔德，1910.

《埃塞克·哈尔满爵士的妻子》. 纽约：麦克米伦，1914.

伊迪斯·沃顿，《北京简略》. 纽约：试金石 / 西门和斯考特，1998【1934】.

萨拉·惠勒，《彻里：阿普斯利·彻里–加勒德》. 纽约：新时代图书馆，2003.

奥斯卡·怀尔德，《奥斯卡·怀尔德通信集》. 梅林·霍兰德和鲁伯特·哈特–戴维斯编辑，纽约：亨利·霍尔特，2000.

罗德里·威廉，《保卫帝国：保守党与英国保卫策略，1899–1915》. 纽黑文，CT：耶鲁大学出版社，1991.

塞缪尔·R.威廉森,《伟大战略政策：英法备战，1904–1914》. 剑桥，MA：哈佛大学出版社，1969.

约翰·威尔逊,《*CB*：亨利·坎贝尔–班纳曼爵士的一生》. 伦敦：康斯特布尔，1973.

《温斯顿与克莱门蒂娜：丘吉尔家族的私信》. 编辑玛丽·索姆斯，波士顿：霍顿·米夫林，1998.

弗朗西斯·M.沃尔科特,《时代的遗产：多种多样的回忆录》. 纽约：明顿，鲍尔其，1932.

安东尼·伍德,《十九世纪的英国：1815–1914》. 哈洛，埃塞克斯，英国：郎曼，1982.

肯尼斯·杨格,《亚瑟·杰姆斯·贝尔福：政治家，首相，活动家和哲人幸福的一生，1848–1930》. 伦敦：G.贝尔和子孙，1963.

西德尼·H.赛贝尔,《贝尔福：政治生涯传记》. 剑桥：剑桥大学出版社，1973.

缩略词

CHAR：查特韦尔文件，丘吉尔档案中心，丘吉尔学院，剑桥。缩微版，盖尔/圣智学习出版集团，2001–2005

CS:《温斯顿· S. 丘吉尔：演讲全集，1897–1963》8卷，罗伯特罗兹·杰姆斯编辑，纽约：切尔西豪斯出版社，1974

CV：丘吉尔·伦道夫和马丁·吉尔伯特，《温斯顿· S. 丘吉尔：姊妹篇》5卷，波士顿：霍顿·米夫林出版社，1966–1979

NYT:《纽约时报》

版贸核渝字（2013）第008号

图书在版编目（CIP）数据

野心浪漫：丘吉尔的奋斗与浮沉 /（美）谢尔顿著；
何初心，惠露译. -- 重庆：重庆出版社，2015.9
书名原文：Young titan: the making of Winston Churchill

ISBN 978-7-229-09795-0

Ⅰ. ①野… Ⅱ. ①谢… ②何… ③惠… Ⅲ. ①丘吉尔，
W.S.C.（1874～1965）—传记 Ⅳ. ①K835.617=5

中国版本图书馆CIP数据核字（2015）第086599号

野心 浪漫：丘吉尔的奋斗与浮沉
YEXIN LANGMAN：QIUJIER DE FENDOU YU FUCHEN

［美］迈克尔·谢尔顿　著
何初心　惠　露　译

出 版 人：罗小卫
策　　划：华章同人
出版监制：陈建军
责任编辑：徐宪江
特约编辑：穆　爽
营销编辑：王丽红
责任印制：杨　宁
封面设计：视觉共振设计工作室

重庆出版集团
重庆出版社　出版

（重庆市南岸区南滨路162号1幢）

投稿邮箱：bjhztr@vip.163.com
北京联兴盛业印刷股份有限公司　印刷
重庆出版集团图书发行有限公司　发行
邮购电话：010-85869375/76/77转810

重庆出版社天猫旗舰店
cqcbs.tmall.com

全国新华书店经销

开本：787mm×1092mm　1/16　印张：25.75　字数：380千
2015年9月第1版　2015年9月第1次印刷
定价：48.00元

如有印装质量问题，请致电023-61520678